本书获得福建省自然科学基金项目（项目号：2018J01811）

我国企业科技创新资助政策体系

主　编　苏世彬
副主编　苏国彬

中国财经出版传媒集团
经济科学出版社
Economic Science Press

图书在版编目（CIP）数据

我国企业科技创新资助政策体系/苏世彬主编.
—北京：经济科学出版社，2019.7
ISBN 978-7-5218-0775-2

Ⅰ.①我… Ⅱ.①苏… Ⅲ.①企业创新-金融支持-金融政策-研究-中国 Ⅳ.①F279.23②F832.0

中国版本图书馆CIP数据核字（2019）第182150号

责任编辑：李晓杰
责任校对：郑淑艳
责任印制：李　鹏

我国企业科技创新资助政策体系
主　编　苏世彬
副主编　苏国彬
经济科学出版社出版、发行　新华书店经销
社址：北京市海淀区阜成路甲28号　邮编：100142
总编部电话：010-88191217　发行部电话：010-88191522
网址：www.esp.com.cn
电子邮件：esp@esp.com.cn
天猫网店：经济科学出版社旗舰店
网址：http://jjkxcbs.tmall.com
北京密兴印刷有限公司印装
787×1092　16开　18.75印张　480000字
2019年9月第1版　2019年9月第1次印刷
ISBN 978-7-5218-0775-2　定价：56.00元
（图书出现印装问题，本社负责调换。电话：010-88191510）

汇桔网阮林树总监、中国海峡人才市场曾仕鹏主任、宁夏点享管理咨询有限公司总经理郭风忠等人的大力支持。

教材出版之后，拟依托福州大学教学平台开设面向全校的校选课，作为我国政府科技管理部门的“宣传队”和“播种机”，这对于创新型国家创建具有很大的现实意义：第一，从人才培养角度，可以大规模培养熟知我国企业科技创新资助政策的实用型人才，大学生通过本课程的学习，可以直接受聘于大企业、各类辅导中介机构，解决社会人才短缺问题；教师和学生也可以因为熟悉这些政策而开展各类科技创新项目创业、辅导中介机构创业等，为我国科技企业发展提供源源不断的种子选手，推动“大众创业　万众创新”国策在创业教育领域的深入开展。第二，科技创新创业者通过本教材能够比较系统地了解我国各类企业科技创新资助政策，引导他们有序深入地开展科技创新创业活动，激发他们创新创业的积极性和主动性，促进“大众创业　万众创新”国策在全社会的深入实施。第三，对于大企业和辅导中介机构，可以通过学校人才的培养节约他们招聘和培养员工的各种成本，还可以深挖项目潜能，从而为我国科技创新事业做出更大贡献。第四，从学校角度，可以通过相关人才的培养，有效解决学生的创新创业问题，提高学校在区域乃至全国范围的核心竞争力和知名度。第五，本教程是政府科技部门的“宣传队”，依托高校对全社会宣传我国各种企业科技创新资助政策，提高全社会的企业科技创新资助政策意识提高了，政府相关部门的工作质量也就得到了相应的提高，从而推动所在地区的产业升级，提升竞争力。

在出版过程中，获得了福建省自然科学基金项目（项目号：2018J01811）资助，得到了经济科学出版社的大力支持和帮助，在此一并致以诚挚的谢意。最后，限于本人的实际经历、专业基础和研究能力，疏漏在所难免。恳请同行专家、学者批判指正（电子邮件：sushibin2003@163.com，微信号：15280102310），以便本人对相关问题有更深的认识，并在未来工作中不断完善本教材。

苏世彬

2019年8月于榕城

目　录

第一章　导　论

学习目的

通过本章学习，了解企业科技创新资助相关概念，初步认识企业科技创新在企业生存与发展的重要作用和我国企业科技创新现状，在此基础上，熟悉我国对企业科技创新的重视程度，与此同时，了解企业科技创新资助与科技创新的关系，最后了解我国企业科技创新资助政策体系的划分思路。

第一节　企业科技创新资助政策的相关概念

一、企业科技创新的相关概念

科技创新，英文为 science and technology innovation，是原创性科学研究和技术创新的总称，它是指创造和应用新知识、新技术和新工艺，采用新的生产方式和经营管理模式，开发新产品，提高产品质量，提供新服务的过程。科技创新可以被分成三种类型：知识创新、技术创新和现代科技引领的管理创新。

二、科技创新资助政策的相关概念与特点

科技创新资助政策是指企业因为科技创新活动从政府无偿取得货币性资产或非货币性资产的行为，但不包括政府作为企业所有者投入的资本。我国目前主要科技创新资助方式：财政贴息、研究开发补贴、政策性补贴、税收优惠或减免、科技创新奖励等。

科技创新资助政策具有两个特点：

一是无偿性。无偿性是科技创新资助政策的基本特征。政府并不因此享有企业的所有权，企业将来也不需要偿还。这一特征将科技创新资助政策与政府作为企业所有者投入的资本、政府采购等区分开来。科技创新资助政策通常附有一定的条件，这与科技创新资助政策的无偿性并无矛盾，并不表明该项资助政策有偿，而是企业经法定程序申请取得科技创新资助后，应当按照政府规定的用途使用该项资助。

二是直接取得资产。科技创新资助政策是企业从政府直接取得的资产，包括货币性资产和非货币性资产，形成企业的收益。比如，企业取得科技创新资助，先征后返

（退）、即征即退等办法返还的税款，行政划拨的土地使用权，天然起源的天然林，等等。不涉及资产直接转移的经济支持不属于科技创新资助，比如政府与企业间的债务豁免，除税收返还外的税收优惠，如直接减征、免征、增加计税抵扣额、抵免部分税额等。

第二节 科技创新的重要性

一、科技创新对企业竞争力的作用

科技创新是引领发展的第一动力。科技型企业要切实增强科技创新能力，更好地发挥科技创新对企业发展的引领作用，要围绕产业链，布局创新链，注重人才培养，加强产学研合作，不断提升企业的原始创新能力，加快新产品的研发进度，提高产品附加值和竞争力。

中美贸易战中的华为

1987 年，44 岁的任正非集资 2.1 万元在深圳创立华为公司，时至今日，华为已经从一家不起眼的小作坊发展为世界领先的信息与通信基础设施和智能终端提供商，致力于把数字世界带入每个人、每个家庭、每个组织，构建万物互联的智能世界。华为 32 年的飞速发展，得益于中国的改革开放和世界科技水平的不断提升。据介绍，华为在全球 18 万员工中，研究人员就占到了 45%，每年的研发包括基础研究的投入占销售额的 15% 左右。2018 年，华为在研发方面投入达到了 150 亿美元，未来 5 年将超过 1000 亿美元。近日，世界知识产权组织（WIPO）发布的 2018 年专利国际申请数量显示，华为远远领先于其他公司，专利数量是居世界第二位的日本三菱电机的约两倍，这也是继 2017 年之后，华为连续两年排在首位。从 2018 年的数据来看，5G 相关申请数量增长明显。据悉，在华为的专利申请中，约三成与 5G 相关。

2018 年 3 月 22 日，美国总统唐纳德·特朗普签署备忘录，宣布依据 1974 年贸易法第 301 条指示美国贸易代表对从中国进口的商品征收关税，以“惩罚中国偷窃美国知识产权和商业秘密”，涉及商品总计约达 600 亿美元。中国商务部其后作出反制措施向 128 种美国进口商品征税，其中包括美国向中国出口最多的货品大豆。中美贸易战正式爆发，随着贸易战的不断升级，2018 年 4 月，美国政府通过一个新政策，将禁止获得补贴的电信公司采购华为和中兴公司的电信设备。美国声称这些电信设备将带来国家安全风险。美国多家电信公司和零售商放弃了与华为的合作。紧接着，美国司法部就开始调查华为，而华为的动作更快，提早宣布将在 2018 年底彻底退出美国市场，并且开始针对美国华为的员工开始裁员。2019 年 4 月中旬，华为宣布在美国的 57 家工厂全部撤离，在华为做出这个决定后，美国百万民众爆发游行发泄不满，他们中有很多人不满美国 5G 建设比较滞后，希望华为能够帮助美国建设 5G 网络，也有部分人因为华为撤厂失去了工作。

2019年5月15日，特朗普签发“紧急状态令”，这一命令赋予了美国商务部禁止“对国家安全制造不可接受的风险”相关交易的权力。美国商务部工业和安全局（BIS）随后便把华为及其70家附属公司列入了出口管制的“实体名单”（entity list），这意味着华为在美国的进口与出口活动，都必须先取得BIS的批准才能进行。在美国禁令发出的第二天（5月17日）凌晨，华为旗下半导体公司海思总裁何庭波发表了一封内部信，称华为多年前已经做出过极限生存的假设，预计有一天，所有美国的先进芯片和技术将不可获得，而华为仍将持续为客户服务。她宣布，之前为公司的生存打造的“备胎”，一夜之间全部“转正”，为华为的正常业务保驾护航。2019年5月20日，美国决定对华为的“实体清单”禁令延迟90天实施，直到8月中旬才会生效，理由是华为及其商业伙伴需要时间来升级软件以及处理一些合同义务问题。

针对美方祭出令市场愕然的重招，美国显然有重要的意图，有可能是要遏制中国5G产业成长，背后是一场中美科技创新冷战。在任正非看来，从华为遭遇美国禁令到近期不断升级的贸易摩擦，实际是科技创新实力的较量。华为公司因为在5G方面长期的科技创新，在中美贸易中成为牺牲品，但由于华为长期重视企业科技创新，并没有因为美国的禁令而一败涂地，反而能够从容应对，并引发国人对科技创新的重视，也引发国人集体爱国热情的迸发。在中美贸易战背景下，华为应对策略的有效性如何，谁在这种贸易战中能够成为最终的赢家，我们将拭目以待，但是如果没有强大科技创新作为支撑，华为也应该早早败下阵来了，可见，科技创新对于企业的核心竞争力塑造和市场竞争力的提升发挥着极其重要的作用。

资料来源：作者根据相关资料整理，部分内容参见方翔．“世界离不开华为”，任正非的底气从哪里来？这个数据告诉你答案［N］．新民晚报，2019-03-21，http：//baijiahao.baidu.com/s？id=1628602631203652418&wfr=spider&for=pc.

二、中国的科技创新①

我国已经成为具有重要影响力的科技大国，科技创新对经济社会发展的支撑和引领作用日益增强。

重大创新成果不断涌现——嫦娥四号、北斗三号、载人航天、大飞机、中微子振荡等重大创新成果举世瞩目；高铁网络、移动支付、数字经济等引领世界潮流；深海深地探测、超级计算、人工智能等面向国家重大需求的战略高技术领域持续取得重大突破；科技进步贡献率达58.5%。创新的浪潮，在不断奔涌。年轻的浙大教授胡海岚在《自然》杂志同时刊发两篇论文后，收到诺贝尔科学奖获得者发来的邮件，对方想一起开展脑科学项目研究，表示“这是未来最有价值的一个研究”；中科院上海有机所肿瘤免疫治疗药物单项成果，转化效益达4.57亿美元……

一些前沿领域在国际上进入并行、领跑阶段——人工智能被誉为新一轮科技革命

---

① 武卫政，赵永新，余建斌，吴月辉，谷业凯，喻思南，刘诗瑶．提升科技创新能力［N］．人民日报，2019-02-18，http：//scitech.people.com.cn/n1/2019/0218/c1007-30759190.html.

中的战略性技术。《纽约时报》曾撰文指出，世界人工智能的另一个中心在中国。这一领域崛起的不是几家而是一批中国企业，腾讯、百度、依图、商汤……他们开始把研发中心放到美国硅谷。相关统计显示，当前中国的人工智能企业数量、专利申请数量以及融资规模均仅次于美国，位列全球第二；全球最值得关注的100家人工智能企业，中国企业超过20家。

科研人员、设备、资金等支撑条件今非昔比——截至2018年，我国研发人员总量预计达418万人，居世界第一。发明专利申请量和授权量居世界首位，高新技术企业达到18.1万家，科技型中小企业突破13万家。重大科技基础设施经历了从少到多、从学习跟踪到自主创新的过程，兴建和投入使用了散裂中子源、强磁场装置、同步辐射光源、大型天文望远镜、海洋科考船等一大批大科学装置设施，设施数量、建造规模和覆盖领域逐步扩大。2018年全社会R&D支出占GDP比重预计为2.15%。

社会一旦有技术上的需要，则这种需要就会比10所大学更能把科学推向前进。我国正在大力推进供给侧结构性改革，推动经济向高质量转变，既向科技创新提出了前所未有的巨大需求，也为成果转化应用提供了得天独厚的庞大市场。

从基础研究到核心技术研发、科技成果转化，“原创”“关键”“引领”等词语越来越多地出现在中国科技的词典里。科技领域不断崛起的新动能，正快速重塑经济增长格局，深刻改变生产生活方式。

实践反复告诉我们，关键核心技术是要不来、买不来、讨不来的。只有把关键核心技术掌握在自己手中，才能从根本上保障国家经济安全、国防安全和其他安全。

第三节 我国政府对科技创新的重视

新中国成立后特别是改革开放以来，党和政府高度重视科技事业。从“向科学进军”到迎来“科学的春天”，从“科学技术是第一生产力”到“创新是引领发展的第一动力”，中国科技一直在抢抓机遇，不断开拓创新。

一、历届政府和国家领导人对科技创新的重视

1. 向科学进军

中国共产党夺取政权后，面临着一个积贫积弱又饱经战乱的烂摊子。1949年10月31日，新中国诞生还不到1个月，毛泽东便亲自将中国科学院印信颁给院长郭沫若——中国科学院正式成立。这一举措在全国及海外华裔科技人员中引起了强烈反响，同时也体现出党中央对建立与发展中国自己的科学事业寄予厚望。1956年1月，中共中央召开全国知识分子问题会议。就是在这次会议上，党中央发出了“向科学进军”的伟大号召。不久，我国政府制定了《1956～1967年科学技术发展远景规划》，国家集中和调动了一切可能的力量和资源，在很短时间内就建立起相对完整的研发体系，才造就了“两弹一星”的辉煌。遗憾的是，中国科技事业的发展由于“文化大革命”而受到了极大挫折。

2. 科学技术是第一生产力

1978年3月18日，全国科学大会在北京隆重举行。邓小平发表重要讲话，阐明了马克思主义关于科学技术在社会发展中的地位、作用的理论，旗帜鲜明地指出“科学技术是生产力”，重申知识分子是工人阶级的一部分，是为社会主义服务的脑力劳动者，是劳动人民的一部分，把尽快培养出一批具有世界第一流水平的科学技术专家，作为我们科学、教育战线的重要任务。人们说，科学的春天来了。1985年3月，中共中央做出《关于科学技术体制改革的决定》，从宏观上制定了科学技术必须为振兴经济服务、促进科技成果商品化等方针和政策，从而为科技成果向现实生产力的转化以及高新技术产业化的发展，奠定了政策基础。1988年9月5日，在会见捷克斯洛伐克总统胡萨克时，邓小平说：“科学技术是第一生产力。”这一论述精辟地阐明了科学技术是经济发展的首要推动力，继承并发展了马克思主义的生产力学说。

3. 实施科教兴国战略

1995年5月26日，江泽民在全国科学技术大会上，代表中共中央、国务院首次正式提出实施“科教兴国”的战略。在中共十五大上，江泽民再次提出把科教兴国战略和可持续发展战略作为跨世纪的国家发展战略。2001年7月1日，江泽民在庆祝中国共产党成立八十周年大会上的讲话中指出：“科学技术是第一生产力，而且是先进生产力的集中体现和主要标志”。①

4. 创新型国家创建

胡锦涛指出科技创新能力是一个国家科技事业发展的决定性因素，是国家竞争力的核心，是强国富民的重要基础，是国家安全的重要保证。2006年1月9日在全国科技大会上宣布中国未来15年科技发展的目标：2020年建成创新型国家，使科技发展成为经济社会发展的有力支撑。中国科技创新的基本指标是，到2020年，经济增长的科技进步贡献率要从39%提高到60%以上，全社会的研发投入占GDP比重要从1.35%提高到2.5%。

5. 创新驱动发展战略

2012年底召开的党的十八大明确提出：“科技创新是提高社会生产力和综合国力的战略支撑，必须摆在国家发展全局的核心位置”“强调要坚持走中国特色自主创新道路、实施创新驱动发展战略。这是我们党放眼世界、立足全局、面向未来作出的重大决策。”之后习近平总书记用形象的比喻，作出一系列重要论述：“当今世界，科技创新已经成为提高综合国力的关键支撑，成为社会生产方式和生活方式变革进步的强大引领，谁牵住了科技创新这个牛鼻子，谁走好了科技创新这步先手棋，谁就能占领先机、赢得优势。”“具有自主知识产权的核心技术，是企业的‘命门’所在。企业必须在核心技术上不断实现突破，掌握更多具有自主知识产权的关键技术，掌控产业发展主导权。”“科技竞争就像短道速滑，我们在加速，人家也在加速，最后要看谁速度更快、谁的速度更能持续。”②

---

① 刘亚东．重温毛泽东邓小平江泽民关于科技和创新的论述［N］．科技日报，2006－01－08，http：//scitech.people.com.cn/GB/53753/4007451.html.

② 武卫政，赵永新，余建斌，吴月辉，谷业凯，喻思南，刘诗瑶．提升科技创新能力［N］．人民日报，2019－02－18，http：//scitech.people.com.cn/n1/2019/0218/c1007－30759190.html.

二、国家中长期科学和技术发展规划纲要（2006～2020 年）

到 2020 年，我国科学技术发展的总体目标是：自主创新能力显著增强，科技促进经济社会发展和保障国家安全的能力显著增强，为全面建设小康社会提供强有力的支撑；基础科学和前沿技术研究综合实力显著增强，取得一批在世界具有重大影响的科学技术成果，进入创新型国家行列，为在 21 世纪中叶成为世界科技强国奠定基础。到 2020 年，全社会研究开发投入占国内生产总值的比重提高到 2.5% 以上，力争科技进步贡献率达到 60% 以上，对外技术依存度降低到 30% 以下，本国人发明专利年度授权量和国际科学论文被引用数均进入世界前 5 位。

未来 15 年，我国科学技术发展的总体部署：一是立足于我国国情和需求，确定若干重点领域，突破一批重大关键技术，全面提升科技支撑能力。本纲要确定 11 个国民经济和社会发展的重点领域，并从中选择任务明确、有可能在近期获得技术突破的 68 项优先主题进行重点安排。二是瞄准国家目标，实施若干重大专项，实现跨越式发展，填补空白。本纲要共安排 16 个重大专项。三是应对未来挑战，超前部署前沿技术和基础研究，提高持续创新能力，引领经济社会发展。本纲要重点安排 8 个技术领域的 27 项前沿技术，18 个基础科学问题，并提出实施 4 个重大科学研究计划。四是深化体制改革，完善政策措施，增加科技投入，加强人才队伍建设，推进国家创新体系建设，为我国进入创新型国家行列提供可靠保障。

三、党的十九大报告中的科技创新

党的十九大报告在加快建设创新型国家一节中指出，创新是引领发展的第一动力，是建设现代化经济体系的战略支撑。要瞄准世界科技前沿，强化基础研究，实现前瞻性基础研究、引领性原创成果重大突破。加强应用基础研究，拓展实施国家重大科技项目，突出关键共性技术、前沿引领技术、现代工程技术、颠覆性技术创新，为建设科技强国、质量强国、航天强国、网络强国、交通强国、数字中国、智慧社会提供有力支撑。加强国家创新体系建设，强化战略科技力量。深化科技体制改革，建立以企业为主体、市场为导向、产学研深度融合的技术创新体系，加强对中小企业创新的支持，促进科技成果转化。倡导创新文化，强化知识产权创造、保护、运用。培养造就一大批具有国际水平的战略科技人才、科技领军人才、青年科技人才和高水平创新团队。

四、“十三五”国家科技创新规划

2016 年，国务院印发了《“十三五”国家科技创新规划的通知》，这里只节选了《“十三五”国家科技创新规划》的发展目标和总体部署部分。

“十三五”国家科技创新规划

……

第一篇　迈进创新型国家行列

……

第二章　确立科技创新发展新蓝图

……

三、发展目标

“十三五”科技创新的总体目标是：国家科技实力和创新能力大幅跃升，创新驱动发展成效显著，国家综合创新能力世界排名进入前15位，迈进创新型国家行列，有力支撑全面建成小康社会目标实现。

——自主创新能力全面提升。基础研究和战略高技术取得重大突破，原始创新能力和国际竞争力显著提升，整体水平由跟跑为主向并行、领跑为主转变。研究与试验发展经费投入强度达到2.5%，基础研究占全社会研发投入比例大幅提高，规模以上工业企业研发经费支出与主营业务收入之比达到1.1%；国际科技论文被引次数达到世界第二；每万人口发明专利拥有量达到12件，通过《专利合作条约》（PCT）途径提交的专利申请量比2015年翻一番。

——科技创新支撑引领作用显著增强。科技创新作为经济工作的重要方面，在促进经济平衡性、包容性和可持续性发展中的作用更加突出，科技进步贡献率达到60%。高新技术企业营业收入达到34万亿元，知识密集型服务业增加值占国内生产总值（GDP）的比例达到20%，全国技术合同成交金额达到2万亿元；成长起一批世界领先的创新型企业、品牌和标准，若干企业进入世界创新百强，形成一批具有强大辐射带动作用的区域创新增长极，新产业、新经济成为创造国民财富和高质量就业的新动力，创新成果更多为人民共享。

——创新型人才规模质量同步提升。规模宏大、结构合理、素质优良的创新型科技人才队伍初步形成，涌现一批战略科技人才、科技领军人才、创新型企业家和高技能人才，青年科技人才队伍进一步壮大，人力资源结构和就业结构显著改善，每万名就业人员中研发人员达到60人年。人才评价、流动、激励机制更加完善，各类人才创新活力充分激发。

——有利于创新的体制机制更加成熟定型。科技创新基础制度和政策体系基本形成，科技创新管理的法治化水平明显提高，创新治理能力建设取得重大进展。以企业为主体、市场为导向的技术创新体系更加健全，高等学校、科研院所治理结构和发展机制更加科学，军民融合创新机制更加完善，国家创新体系整体效能显著提升。

——创新创业生态更加优化。科技创新政策法规不断完善，知识产权得到有效保护。科技与金融结合更加紧密，创新创业服务更加高效便捷。人才、技术、资本等创新要素流动更加顺畅，科技创新全方位开放格局初步形成。科学精神进一步弘扬，创新创业文化氛围更加浓厚，全社会科学文化素质明显提高，公民具备科学素质的比例超过10%。

……

四、总体部署

未来五年，我国科技创新工作将紧紧围绕深入实施国家“十三五”规划纲要和创新驱动发展战略纲要，有力支撑“中国制造2025”、“互联网+”、网络强国、海洋强国、航天强国、健康中国建设、军民融合发展、“一带一路”建设、京津冀协同发展、长江经济带发展等国家战略实施，充分发挥科技创新在推动产业迈向中高端、增添发展新动能、拓展发展新空间、提高发展质量和效益中的核心引领作用。

一是围绕构筑国家先发优势，加强兼顾当前和长远的重大战略布局。加快实施国家科技重大专项，启动“科技创新2030—重大项目”；构建具有国际竞争力的产业技术体系，加强现代农业、新一代信息技术、智能制造、能源等领域一体化部署，推进颠覆性技术创新，加速引领产业变革；健全支撑民生改善和可持续发展的技术体系，突破资源环境、人口健康、公共安全等领域的瓶颈制约；建立保障国家安全和战略利益的技术体系，发展深海、深地、深空、深蓝等领域的战略高技术。

二是围绕增强原始创新能力，培育重要战略创新力量。持续加强基础研究，全面布局、前瞻部署，聚焦重大科学问题，提出并牵头组织国际大科学计划和大科学工程，力争在更多基础前沿领域引领世界科学方向，在更多战略性领域实现率先突破；完善以国家实验室为引领的创新基地建设，按功能定位分类推进科研基地的优化整合。培育造就一批世界水平的科学家、科技领军人才、高技能人才和高水平创新团队，支持青年科技人才脱颖而出，壮大创新型企业家队伍。

三是围绕拓展创新发展空间，统筹国内国际两个大局。支持北京、上海建设具有全球影响力的科技创新中心，建设一批具有重大带动作用的创新型省市和区域创新中心，推动国家自主创新示范区和高新区创新发展，系统推进全面创新改革试验；完善区域协同创新机制，加大科技扶贫力度，激发基层创新活力；打造“一带一路”协同创新共同体，提高全球配置创新资源的能力，深度参与全球创新治理，促进创新资源双向开放和流动。

四是围绕推进大众创业万众创新，构建良好创新创业生态。大力发展科技服务业，建立统一开放的技术交易市场体系，提升面向创新全链条的服务能力；加强创新创业综合载体建设，发展众创空间，支持众创众包众扶众筹，服务实体经济转型升级；深入实施知识产权和技术标准战略。完善科技与金融结合机制，大力发展创业投资和多层次资本市场。

五是围绕破除束缚创新和成果转化的制度障碍，全面深化科技体制改革。加快中央财政科技计划（专项、基金等）管理改革，强化科技资源的统筹协调；深入实施国家技术创新工程，建设国家技术创新中心，提高企业创新能力；推动健全现代大学制度和科研院所制度，培育面向市场的新型研发机构，构建更加高效的科研组织体系；实施促进科技成果转移转化行动，完善科技成果转移转化机制，大力推进军民融合科技创新。

六是围绕夯实创新的群众和社会基础，加强科普和创新文化建设。深入实施全民科学素质行动，全面推进全民科学素质整体水平的提升；加强科普基础设施建设，大力推动科普信息化，培育发展科普产业；推动高等学校、科研院所和企业的各类科研设施向社会公众开放；弘扬科学精神，加强科研诚信建设，增强与公众的互动交流，培育尊重知识、崇尚创造、追求卓越的企业家精神和创新文化。

……

资料来源：中国政府网，http：//www. gov. cn/zhengce/content/2016 -08/08/content_5098072. htm。

五、“十三五”国家科技人才发展规划

为深入实施人才优先发展战略，坚持把人才资源开发放在科技最优先的位置，优化人才结构，构建科学规范、开放包容、运行高效的人才发展治理体系，形成具有国际竞争力的创新型科技人才制度优势，努力培养造就规模宏大、结构合理、素质优良的创新型科技人才队伍，2017 年科技部制定了《“十三五”国家科技人才发展规划》，这里只节选了“规划目标”的内容。

“十三五”国家科技人才发展规划

为全面贯彻党的十八大和十八届三中、四中、五中、六中全会和习近平总书记关于人才工作的系列指示精神，贯彻《国家创新驱动发展战略纲要》《关于深化人才发展体制机制改革的意见》，深入实施《国家中长期科学和技术发展规划纲要（2006～2020 年）》《国家中长期人才发展规划纲要（2010～2020 年）》《国家中长期科技人才发展规划（2010～2020 年）》，为 2020 年进入创新型国家行列和全面建成小康社会奋斗目标提供科技人才支撑，为 2050 年实现建成世界科技强国目标奠定坚实基础，按照《“十三五”国家科技创新规划》的总体部署和要求，制定《“十三五”国家科技人才发展规划》（以下简称《科技人才规划》）。

……

（二）规划目标

到 2020 年，适应实施创新驱动发展战略的要求，初步形成规模宏大、素质优良、结构合理、富有活力的科技人才队伍，科技人才培养体系和管理制度更加完善，在重点领域形成科技人才国际竞争优势，为进入创新型国家行列、全面建成小康社会的目标提供有力支撑。

——科技人才队伍规模稳步扩大。我国 R&D 人员全时当量由 2014 年的 371 万人年达到 2020 年的 480 万人年以上，R&D 研究人员全时当量由 2014 年的 152 万人年达到 2020 年的 200 万人年以上，每万名就业人员中研究开发人力投入由 2014 年的 48 人年提升到 2020 年的 60 人年以上。

——科技人才结构显著优化。基础研究人员占 R&D 人员的比重达到 7%左右；重点产业领域人才和科技创业人才队伍规模不断扩大，企业高层次创新型科技人才的比重持续增加；年龄结构梯次配备，院士等高层次科技人才的平均年龄逐步降低；边远贫困地区、边疆民族地区和革命老区科技人才总量有较大增长。

——科技人才资源开发投入力度明显增强。健全多元人才投入机制，R&D 人员年人均研发经费由2014 年的37 万元/年提升到2020 年的50 万元/年，与发达国家之间的差距进一步缩小。提高人才投资效益，人才使用效能获得较大提升。

——科技人才的国际竞争力显著提高。在基础研究领域涌现出一批世界一流的科学家，在前沿技术和战略高技术领域拥有一批科技领军人才，在重点产业领域拥有一批高端工程技术人才，在新兴技术领域拥有一批创新创业人才。

“十三五”期间，我国科技人才工作的总体部署是：一是理顺科技人才队伍建设和经济社会发展的关系，形成创新型科技人才优先发展的战略布局，突出“高精尖缺”导向，加快科技人才队伍结构的战略性调整和优化；二是改革和完善人才发展机制，深入实施重大人才工程，加快优秀科技人才的培养和引进，重视对引进人才的使用、后续支持和跟踪服务；三是清除人才管理中的体制机制障碍，充分给予科技人才科研自主权，尊重科技发展和科技人才成长规律，对从事不同创新活动的科技人才实行分类评价和有效激励，充分激发科技人才特别是中青年科技人才的创新活力；四是按照市场规律促进科技人才良性有序流动，优化科技人力资本配置，探索新型科技人才与智力流动服务模式；五是逐步形成有利于创新型科技人才成长和发挥作用的科研生态环境，依托大众创业、万众创新，积极推动创新成果有效转化，为创新型国家建设提供强大的科技人才队伍保证。

……

资料来源：上虞区人民政府网站，http：//xxgk. shangyu. gov. cn/art/2018/2/5/art_1372421_15458262. html。

六、“十三五”国家科技创新基地与条件保障能力建设专项规划

2017 年，科技部、国家发展和改革委员会，财政部制定《“十三五”国家科技创新基地与条件保障能力建设专项规划》，这里只节选“建设目标”和“重点任务”的内容。

“十三五”国家科技创新基地与条件保障能力建设专项规划

……

（一）建设目标

该规划提出明确的建设目标，具体如下：落实实施创新驱动发展战略要求，立足体系建设，着力解决基础研究、技术研发、成果转化的协同创新，着力提升科技基础条件保障能力和科技资源开放共享服务能力，夯实自主创新的物质技术基础。以国家实验室为引领，推进国家科技创新基地建设向统筹规划、系统布局、分类管理的国家科技创新基地体系建设转变，推进科技基础条件建设向大幅提高基础支撑能力和自我保障能力转变，推进科技资源共享服务向大幅提高服务质量和开放程度转变。到2020 年，形成布局合理、定位清晰、管理科学、运行高效、投入多元、动态调整、开放共享、协同发展的国家科技创新基地与科技基

础条件保障能力体系。

——布局建设若干体现国家意志、实现国家使命、代表国家水平的国家实验室。

——面向前沿科学、基础科学、工程科学，推动学科发展，在优化调整的基础上，部署建设一批国家重点实验室。统筹推进学科、省部共建、企业、军民共建和港澳伙伴国家重点实验室建设发展。

——面向国家重大战略任务和重点工程建设需求，在优化整合的基础上建设一批国家工程研究中心。

——面向国家长远发展的重大产业技术领域需求，建设若干综合性国家技术创新中心。面向经济社会发展和产业转型升级对共性关键技术的需求，建设一批专业性国家技术创新中心。

——面向重大临床医学需求和产业化需要，建设一批国家临床医学研究中心。

——面向科技创新需求，在优化调整的基础上，择优新建一批有重要影响力的科学数据中心、生物种质和实验材料资源库（馆）。

——面向国家经济社会发展需求，在生态保护、资源环境、农林业资源、生物多样性、地球物理、重大自然灾害防御等方面择优遴选建设一批国家野外科学观测研究站。

——面向为科学研究和创新创业提供高水平服务的需求，推动国家重大科研基础设施布局建设，突破实验动物资源和模型、科研用试剂、计量基础标准和标准物质等一批关键技术，组织开展重要领域、区域的科学考察调查，完成一批重要志书典籍编研。

（二）重点任务

围绕经济社会发展和创新社会治理、建设平安中国等国家战略需求，立足于提升科技创新能力，按照建设发展总体要求，加强统筹规划与系统布局，明确重点任务和目标，全面推进以国家实验室为引领的国家科技创新基地与科技基础条件保障能力建设，为实施创新驱动发展战略提供有力的支撑和保障。

科学与工程研究类基地定位于瞄准国际前沿，聚焦国家战略目标，围绕重大科学前沿、重大科技任务和大科学工程，开展战略性、前沿性、前瞻性、基础性、综合性科技创新活动。主要包括国家实验室、国家重点实验室。

技术创新与成果转化类基地定位于面向经济社会发展和创新社会治理、建设平安中国等国家需求，开展共性关键技术和工程化技术研究，推动应用示范、成果转化及产业化，提升国家自主创新能力和科技进步水平。主要包括国家工程研究中心、国家技术创新中心和国家临床医学研究中心。

……

资料来源：财政部网站，http://www.most.gov.cn/mostinfo/xinxifenlei/fgzc/gfxwj/gfxwj2017/201710/t20171026_135754.htm。

七、2021 ~2035 年国家中长期科学和技术发展规划战略研究总体研究板块启动①

2019 年 4 月 15 日，科技部社会发展科技司组织召开了 2021 ~2035 年国家中长期科学和技术发展规划战略研究社会发展板块启动会。资源、环境、海洋、生物、人口健康、公共安全、城镇化与城市发展 7 个专题研究组的 140 余位专家参加会议。

科技部社发司吴远彬司长在讲话中强调，科技部高度重视国家中长期科技发展规划战略研究工作，要把习近平新时代中国特色社会主义思想和习近平关于科技创新的重要论述贯穿到战略研究的全过程，要准确把握中长期科技发展规划的历史脉络，充分认识本次规划编制工作的重大意义。希望在座专家高度重视，加快推进相关研究工作，以高度的历史责任感和时不我待的紧迫感来完成这次研究工作，切实提高规划战略研究的质量。一是要客观分析，把握趋势；二是要聚焦重大，把握全局；三是要针对问题，突破难点；四是要远近结合，点面兼顾；五是要解放思想，大胆创新；六是要全球视野，广聚众智。希望各专题组、有关单位按照科技部的统一部署，深入开展调查研究工作，加强沟通协调，一起努力，高质量地完成本次战略研究工作，为下一步国家中长期科技发展规划的制定提供坚定基础。

科技部社发司田保国副司长从编制中长期科技发展规划的必要性、重点工作、组织机制、进度安排、近期重点工作安排 5 个方面简要介绍了战略研究工作的总体部署和具体要求。各专题专家组组长，结合国家中长期科技发展规划战略研究的总体部署安排，结合本领域科技发展的特点，就如何做好本领域战略研究工作发表了意见建议。

随后，资源、环境、海洋、生物、人口健康、公共安全、城镇化与城市发展 7 个专题研究组分别组织了与会专家的分组会议。大家就如何做好本领域的战略研究工作进行研讨，积极建言献策，发表意见，商讨尽快形成本领域专题研究工作方案，做好相关专题战略研究工作。

第四节 科技创新资助政策与企业科技创新的关系

一、科技创新资助政策与企业科技创新之间的关系

科技创新资助政策与企业科技创新之间存在着紧密联系，具体如下：

（1）科技创新资助政策为企业主提供科技创新方向，有利于提高企业科技创新绩效。科技创新资助政策是政府科技创新意愿的具体表现，代表着社会发展的主流方向，这些政策的出台，经过全国范围的调查和论证，是实业界和理论界智慧的结晶，

① 见财政部网站，http：//www. most. gov. cn/kjbgz/201904/t20190418_146116. htm。

而科技创业者和科技企业主在从事创业和企业经营过程中，往往凭借个人感觉来制定企业科技创新方向，这种方向的制定带有很强的主观意识，有时和主流方向并不一致，但是科技创业者或者企业主为了获得科技创新资助，就必须按照科技创新资助政策规定的方向来设计其科技创新规划，如果不按照这种方式来设计，就无法有效获得科技创新资助，为此，在科技创新资助政策的指导下，企业就能够更加有效地制定其科技创新规划，提高企业科技创新绩效。

（2）科技创新资助政策弥补企业研发投入不足，有利于企业科技创新深入开展。企业要开展科技创新，就意味着企业要投入大量的前期科研经费，就目前我国市场而言，企业在经营过程中困难重重，往往没有过多的资金用于科技创新，这非常不利于企业长久经营。而企业科技创新资助政策就为企业资金不足提供了难得的补充，在不同类别的企业科技创新资助政策中，国家会为企业科技创新提供不同的资金补助，比如，企业通过高新技术企业认定，就可以获得20万～200万元不等的政府奖励，并且可以享受企业所得税减免40%的优惠政策，这对于从事科技创新的企业而言，无疑是雪中送炭；而对于企业科技项目资助而言，企业通过申请相关项目，可以无偿获得国家相应科研经费，额度可以从几万元到几千万元，甚至是上亿元，这对于企业科技创新来说，可以大大节约自身研发投入，从而有更多的精力从事企业管理的其他方面，科技企业者还可以依托国家资助的资金展开系统深入的科研，从而有利于企业的可持续性发展。

（3）科技创新资助政策体系为企业提供发展战略方向，有利于企业科技创新能力持续提高。科技企业在发展过程中，需要有一定的战略眼光，但是在现在多变的社会环境中，科技企业主往往很难具备这种素质，而我国企业科技创新资助政策刚好为科技企业主有效制定其发展战略提供了一种有效指引；在我国，国家往往会根据不同发展阶段的企业制定不同类别的企业科技创新资助政策，比如，对于刚刚起步的科技企业，比较适合申报科技型中小企业，经过一定时间的发展和积累后，可以申报高新技术企业。之后还有科技小巨人领军企业、技术创新示范企业等，通过企业科技创新资助政策的引导，科技企业发展就有了一个比较明确的方向，从而在企业科技创新资助政策的引导下一步一步往前走，有利于企业科技创新能力的持续提高。

（4）创新人才支撑政策体系为企业科技创新提供源源不断的原动力。企业科技创新需要的是人才，尤其是高层次的创新创业人才，如何有效吸引企业科技创新所亟须的高端创新创业人才便是科技企业主面临的一个既现实又紧迫的任务，如果没有相应的高层次创新创业人才做支撑，任何企业科技创新资助政策就会变为无效政策，因此理应把创新人才支撑体系纳入我国企业科技创新资助体系中，通过国家制定的创新人才支撑政策体系，为高层次创新创业人才安心从事科技创新事业提供生活方面、工作方面和学习方面等不同于一般人的政策，而且所需要的各种费用都由国家相关部门来承担，这一方面提高了科技企业主吸引从事科技创新的高层次人才的筹码，另一方面也增强了高层次创新创业人才开展科技创新的积极性和主动性，从而为企业科技创新提供源源不断的动力。

个，2016 年和 2017 年企业办 R&D 数量分别为 72963 个和 82667 个、对应的科研人员数量分别为 292.4 万人和 325.4 万人，为我国科技事业发展提供平台保障。[①]

第四，创新人才大幅度增长，对经济社会发展贡献明显。党的十八大以来，我国人才资源总量达 1.75 亿人，较五年前增长 43.8%，人才资源规模、科技人力资源以及研发人员数量等指标居全球首位、创历史新高。人才创新能力明显增强，科研水平从跟跑向并跑、领跑转变，创新成果从量的增长向质的提升转变，涌现出量子调控、中微子振荡等一批基础研究重大原创性成果，载人航天、探月工程、深海潜器、超级计算等战略高技术领域取得重大突破，高铁、4G 移动通信、核电、新能源汽车、杂交水稻等重大创新成果加速应用、引领世界新潮流，我国在全球人才和创新版图中的位势大大提升。人才对经济社会发展贡献率大幅提高，人才优势更多更好地转化为创新发展优势[②]。

二、我国企业科技创新资助政策体系的构建

为了推动科技创新，我国政府积极地实施企业科技创新资助政策，目前，这些资助政策大部分由科技部、财政部、税务总局、工业和信息化部、国家发展和改革委员会、国家知识产权局、国务院国资委和全国总工会及其省属机构、各省级政府等不同部门出台与实施。通过对这些资助政策的分析，我们发现，企业在科技创新资助体系中处于主体地位，离开了企业，企业科技创新资助政策就无从谈起；而企业要真正开展科技创新活动，大多不是自发形成的，而是必须依托各类科研机构或科研平台，可见，科技创新平台是企业科技创新的依托；有了主体和平台之后，企业如何实现科技创新，或者企业要开展什么样的科技创新，这就需要借助企业设立的各种研究项目或者各种奖励，因此科技创新奖励和项目是企业科技创新资助的核心内容。但是不管是主体、依托还是核心内容，如果离开了创新人才这个关键因素，任何的企业科技创新资助政策都是无效的，创新人才在企业科技创新资助政策体系中发挥着决定性的作用。为此，根据以上的分析，本书把我国的企业科技创新资助政策体系划分为科技创新企业资助政策体系、科技创新奖励和项目资助政策体系、科技创新平台资助政策体系加创新人才支撑资助政策体系（即我国企业科技创新资助政策体系“三加一”模式）。其中，我国重大的创新人才支撑资助政策大部分是由中央人才工作协调小组制定实施，中央人才工作小组组长一般由中央组织部部长兼任，成员单位包括中央组织部、中央宣传部、中央统战部、人力资源社会保障部、国家发展改革委、教育部、科技部、工业和信息化部、民政部、财政部、农业农村部、文化和旅游部、国家卫生计生委、国务院国资委、国家外国专家局、中科院、社科院、工程院、国务院扶贫办、中国科协等 20 个部门，协调小组办公室设在中央组织部。

不管是企业科技创新资助政策还是创新人才支撑资助政策，都是分散于我国不同部委或是省市相关机构，出台的时间也非常的不一致，目前对这些政策都是各个部门

① 国家统计局．2018 中国统计年鉴［M］．北京：中国统计出版社，2018.
② 罗旭．让人才引擎释放澎湃动力——十八大以来我国创新型人才队伍建设述评［N］．光明日报，2017－09－18.

根据自己的工作实际进行相应的政策汇编，不成体系，对部门工作具有很强的指导意义，但无法系统地呈现给急需了解这些信息的科技企业主和未来的科技企业主（大学生），这非常不利于我国企业科技创新资助政策以及创新人才支撑资助政策在我国深入实施，降低了我国企业科技创新资助政策以及创新人才支撑资助政策的实施效果，为此，对我国各类企业科技创新资助政策与创新人才支撑资助政策进行系统梳理，以加速我国创新型国家创建。

根据以上我国企业科技创新资助政策的分类，并结合资助制定和实施单位颁布的各类政策，对我们企业科技创新资助体系划分为一些四大类：

第一类为科技创新企业资助政策。主要包括科技型中小企业、高新技术企业、技术创新示范企业、知识产权优势企业、技术先进型服务企业、“专精特新”中小企业、双软企业认证和科技小巨人领军企业等。

第二类为企业科技项目资助政策体系。主要包括重点研发计划、科技重大专项、专利奖、技术发明奖和科学进步奖、科技创新券、研发费用后补助、福建省在科技创新方面的系列资助。

第三类为企业科技创新平台资助政策体系。主要包括中国创新创业大赛、“创客中国”中小企业创新创业大赛、众创空间与星创天地、科技企业孵化器、技术创新中心、工程研究中心、企业技术中心、新一代人工智能开放创新平台、新型研发机构、福建省各类科技创新平台资助、其他的科研平台。

第四类为创新人才支撑资助政策体系。主要包括引进海外高层次人才（千人计划）、国家高层次人才特殊支持计划、百千万人才工程、创新人才推进计划、科技特派员制度、福建省创新人才支撑政策。

以上企业科技创新资助的分类是针对大众的项目，还有一些针对具体行业具体省份的政策没有收录进来，比如，针对农业科技、健康医疗、“制造 2025”等各行各业还有一系列的相关政策，因为行业性太强，本书就没有收录进来。对此感兴趣的读者可以自行到相关部委网站寻找。比较特殊的是“双软认证”，尽管行业性比较强，但是在这个网络时代，软件的发展对于其他部门的发展具有关键的支撑作用，因此收录到本书中。

思考题

1. 企业科技创新是如此重要，请举一个实际例子说明如何增强企业科技创新能力。

2. 谈谈你所了解的我国企业科技创新资助政策，并说明这些政策是如何对企业的科技创新能力产生影响。

第二章　科技创新企业资助政策体系

学习目的

通过本章的学习，熟悉不同类型科技创新企业的相关资助政策，了解不同科技创新企业认定的基本条件及流程，为科技创新企业提供一定的政策咨询和政策引导。

第一节　科技型中小企业

一、我国科技型中小企业概况

截至2018年底，进入全国科技型中小企业信息库的企业数量已突破13万家，研发投入强度大多集中在5%～7%。入库科技型中小型企业每年平均引进应届大学生3名，科技人员占职工比例整体超过1/3。2017年，入库科技型中小企业平均在研项目在5项左右，全部研发投入约为279.4万元①。科技型中小企业除了具有科技含量高、建设所需资金少、建成周期短、决策机制灵活等一般特点之外，还具有一些具体特征：（1）科技型中小企业研发投入高；（2）科技型中小企业具有高成长性；（3）科技型中小企业具有高风险性；（4）科技型中小企业具有高收益性。

我国的科技型中小企业始于20世纪80年代初，和发达国家相比起步较晚。随着国际竞争不断加剧，我国政府深刻认识到，面对全球科技高速发展，为了保持国家的科技创新优势，必须不断为科技长远发展积蓄后劲，不断全面强化中小企业科技提升，以适应知识经济时代的要求。科技中小企业在我国经济发展过程中发挥着重要作用：第一，科技型中小企业技术创新提升国家整体竞争力；第二，科技型中小企业产业集群提升区域行业竞争力；第三，科技型中小企业夯实科技创新的微观基础②。

---

① 邹碧颖．13万家企业进入全国科技型中小企业信息库［N］．中国知识产权报，2018－12－24，http：//www.shzgh.org/zscq/mtjj/n2513/u1ai21831.html.

② 于明言．为什么要优先发展科技型中小企业［N］．学习时报，2014－04－01，http：//www.cssn.cn/dybg/gqdy_jj/201404/t20140401_1054140.shtml.

二、科技型中小企业优惠政策

科技型中小企业开展研发活动中实际发生的研发费用，未形成无形资产计入当期损益的，在按规定据实扣除的基础上，在2017年1月1日至2019年12月31日期间，再按照实际发生额的75%在税前加计扣除；形成无形资产的，在上述期间按照无形资产成本的175%在税前摊销。研究开发费用口径按照《财政部　国家税务总局　科技部关于完善研究开发费用税前加计扣除政策的通知》规定执行。2018年，全国共有8.4万家科技型中小企业享受到研发费用税前加计扣除75%的优惠政策，减免企业所得税369.32亿元。

除了以上优惠政策外，科技型中小企业还是参加中国创新创业大赛的一个必备条件，很多省份开展的科技贷、科技创新券也需先具备科技型中小企业的资格，同时还是申请各类科创板的一个基本条件。

三、科技型中小企业的相关政策及申报注意事项

中共中央办公厅、国务院办公厅印发的《深化科技体制改革实施方案》中提出“制定科技型中小企业的条件和标准、为落实扶持中小企业创新政策开辟便捷通道”，2017年《政府工作报告》提到“科技型中小企业研发费用加计扣除比例由50%提高到75%，千方百计使结构性减税力度和效应进一步显现”，为响应党中央、国务院关于促进科技型中小企业发展等决策部署，科技部、财政部、国家税务总局三部门在广泛深入调查研究的基础上，出台了《科技型中小企业评价办法》，统一了全国科技型中小企业标准，对于落实科技型中小企业精准扶持政策、壮大科技型中小企业群体、用税收减法换“双创”新动能加法、培育经济发展新动能具有重大意义。

为了帮助企业更好地申请科技型中小企业资格，2017年10月，科技部火炬中心还制定了“科技型中小企业评价工作指引（试行）”对企业申请科技型中小企业资格进行指导，目前，国家从事科技中小企业认定的网站是科技型中小企业服务/（http：//www.innofund.gov.cn），通过该网站可以获悉科技型中小企业的相关信息，并且依托该网站进行科技型中小企业的申请。

由于引导企业参与科技型中小企业最重要的文件是《科技型中小企业评价办法》，对此进行重点介绍。

四、科技型中小企业评价办法

2017年5月，科技部、财政部、国家税务总局研究制定了《科技型中小企业评价办法》，内容如下。

科技型中小企业评价办法

第一章 总 则

第一条 为贯彻落实《国家创新驱动发展战略纲要》，推动大众创业万众创新，加速科技成果产业化，加大对科技型中小企业的精准支持力度，壮大科技型中小企业群体，培育新的经济增长点，根据《深化科技体制改革实施方案》要求，制定本办法。

第二条 本办法所称的科技型中小企业是指依托一定数量的科技人员从事科学技术研究开发活动，取得自主知识产权并将其转化为高新技术产品或服务，从而实现可持续发展的中小企业。

第三条 科技型中小企业评价工作采取企业自主评价、省级科技管理部门组织实施、科技部服务监督的工作模式，坚持服务引领、放管结合、公开透明的原则。

第四条 科技部负责建设“全国科技型中小企业信息服务平台”（以下简称“服务平台”）和“全国科技型中小企业信息库”（以下简称“信息库”）。科技部火炬高技术产业开发中心负责服务平台和信息库建设与运行的日常工作。

企业可根据本办法进行自主评价，并按照自愿原则到服务平台填报企业信息，经公示无异议的，纳入信息库。

第五条 各有关部门和各级人民政府应当对纳入信息库的科技型中小企业提供精准支持和精准服务，制定的支持企业技术创新的政策措施应优先支持纳入信息库的企业。

第二章 评价指标

第六条 科技型中小企业须同时满足以下条件：（一）在中国境内（不包括港、澳、台地区）注册的居民企业。（二）职工总数不超过500人、年销售收入不超过2亿元、资产总额不超过2亿元。（三）企业提供的产品和服务不属于国家规定的禁止、限制和淘汰类。（四）企业在填报上一年及当年内未发生重大安全、重大质量事故和严重环境违法、科研严重失信行为，且企业未列入经营异常名录和严重违法失信企业名单。（五）企业根据科技型中小企业评价指标进行综合评价所得分值不低于60分，且科技人员指标得分不得为0分。

第七条 科技型中小企业评价指标具体包括科技人员、研发投入、科技成果三类，满分100分。

1. 科技人员指标（满分20分）。按科技人员数占企业职工总数的比例分档评价。A. 30%（含）以上（20分）；B. 25%（含）~30%（16分）；C. 20%（含）~25%（12分）；D. 15%（含）~20%（8分）；E. 10%（含）~15%（4分）；F. 10%以下（0分）。

2. 研发投入指标（满分50分）。企业从（1）（2）两项指标中选择一个指标进行评分。

（1）按企业研发费用总额占销售收入总额的比例分档评价。A. 6%（含）以上（50分）；B. 5%（含）~6%（40分）；C. 4%（含）~5%（30分）；D. 3%（含）~

4%（20分）；E. 2%（含）~3%（10分）；F. 2%以下（0分）。

（2）按企业研发费用总额占成本费用支出总额的比例分档评价。A. 30%（含）以上（50分）；B. 25%（含）~30%（40分）；C. 20%（含）~25%（30分）；D. 15%（含）~20%（20分）；E. 10%（含）~15%（10分）；F. 10%以下（0分）。

3. 科技成果指标（满分30分）。按企业拥有的在有效期内的与主要产品（或服务）相关的知识产权类别和数量（知识产权应没有争议或纠纷）分档评价。A. 1项及以上Ⅰ类知识产权（30分）；B. 4项及以上Ⅱ类知识产权（24分）；C. 3项Ⅱ类知识产权（18分）；D. 2项Ⅱ类知识产权（12分）；E. 1项Ⅱ类知识产权（6分）；F. 没有知识产权（0分）。

第八条　符合第六条第（一）~（四）项条件的企业，若同时符合下列条件中的一项，则可直接确认符合科技型中小企业条件：（一）企业拥有有效期内高新技术企业资格证书；（二）企业近五年内获得过国家级科技奖励，并在获奖单位中排在前三名；（三）企业拥有经认定的省部级以上研发机构；（四）企业近五年内主导制定过国际标准、国家标准或行业标准。

第九条　科技型中小企业评价指标的说明：（一）企业科技人员是指企业直接从事研发和相关技术创新活动，以及专门从事上述活动管理和提供直接服务的人员，包括在职、兼职和临时聘用人员，兼职、临时聘用人员全年须在企业累计工作6个月以上。（二）企业职工总数包括企业在职、兼职和临时聘用人员。在职人员通过企业是否签订了劳动合同或缴纳社会保险费来鉴别，兼职、临时聘用人员全年须在企业累计工作6个月以上。（三）企业研发费用是指企业研发活动中发生的相关费用，具体按照财政部、国家税务总局、科技部《关于完善研究开发费用税前加计扣除政策的通知》（财税〔2015〕119号）有关规定进行归集。（四）企业销售收入为主营业务与其他业务收入之和。（五）知识产权采用分类评价，其中：发明专利、植物新品种、国家级农作物品种、国家新药、国家一级中药保护品种、集成电路布图设计专有权按Ⅰ类评价；实用新型专利、外观设计专利、软件著作权按Ⅱ类评价。（六）企业主导制定国际标准、国家标准或行业标准是指企业在国家标准化委员会、工业和信息化部、国际标准化组织等主管部门的相关文件中排名起草单位前五名。（七）省部级以上研发机构包括国家（省、部）重点实验室、国家（省、部）工程技术研究中心、国家（省、部）工程实验室、国家（省、部）工程研究中心、国家（省、部）企业技术中心、国家（省、部）国际联合研究中心等。

第三章　信息填报与登记入库

第十条　企业可对照本办法自主评价是否符合科技型中小企业条件，认为符合条件的，可自愿在服务平台上注册登记企业基本信息，在线填报《科技型中小企业信息表》。

各省级科技管理部门组织有关单位对企业填报的《科技型中小企业信息表》内容是否完整进行确认。内容不完整的，在服务平台上通知企业补正。信息完整且符合条件的，由省级科技管理部门在服务平台公示10个工作日。

公示无异议的企业，纳入信息库并在服务平台公告；有异议的，由省级科技管理部门组织有关单位进行核实处理。

第十一条 省级科技管理部门为入库企业赋予科技型中小企业入库登记编号（以下简称“登记编号”）。

有关单位可通过服务平台查验企业的登记编号。

第十二条 已入库企业应在每年3月底前通过服务平台对《科技型中小企业信息表》中的信息进行更新，并对本企业是否仍符合科技型中小企业条件进行自主评价，仍符合条件的，由省级科技管理部门按本办法第十条和第十一条规定程序办理。

第十三条 已入库企业发生更名或与第二章规定的条件有关的重大变化的，应在三个月内通过服务平台填报变化情况。

第十四条 已入库企业有下列行为之一的，由省级科技管理部门撤销其行为发生年度登记编号并在服务平台上公告：（一）企业发生重大变化，不再符合第二章规定条件的；（二）存在严重弄虚作假行为的；（三）发生科研严重失信行为的；（四）发生重大安全、重大质量事故或有严重环境违法行为的；（五）被列入经营异常名录和严重违法失信企业名单的；（六）未按期更新《科技型中小企业信息表》信息的。

第十五条 科技部根据工作需要对省级科技管理部门管理工作进行监督检查。省级科技管理部门对已入库企业进行抽查，对经抽查或审核企业确认不符合条件的，由省级科技管理部门按照第十四条规定处理。

第四章 附 则

第十六条 本办法由科技部、财政部、国家税务总局负责解释。

各省级科技管理部门、财政部门、税务部门可根据本地区情况制定实施细则。

第十七条 本办法自发布之日起实施。

资料来源：财政部网站，http：//www.most.gov.cn/mostinfo/xinxifenlei/fgzc/gfxwj/gfxwj2017/201705/t20170510_132709.htm。

第二节 高新技术企业

一、我国高新技术企业的历史沿革

我国高新技术企业认定工作始于20世纪90年代初，从1998年纳入统计以来，高新技术企业的工业增加值连年稳步增长，已从最初的2140.5亿元，增长到2007年的22109.9亿元，年平均增长速度为29.6%。旧的管理办法已取得了有目共睹的成就。然而，评估全国企业科技创新能力，形势并不乐观。据统计，2008年以前，全国规模以上企业开展科技研发活动的仅占25%，研究开发支出占企业销售收入的比重仅为0.56%，大中型企业研发占比为0.76%，高新技术企业平均为2%；只有0.3‰的企业拥有自主知识产权。2008年4月，一改原有政策对加工生产环节较为偏重的导向，一部更加注重培育企业自主研发和创新能力的《高新技术企业认定管理办法2008》应运而生，只有符合“在国家重点支持的高新技术领域内，持续进行研究开发与技术成果转化，形成企业核心自主知识产权，并以此为基础开展经营活动”的高新技术企业才能享受国家税收优惠。“创新能力”和“知识产权”两道门槛将2007年底约5.6万家的高新技术企业中72%的成员“挤”出队列，截至2008年底，全国仅有15541家企业按照新办法通过认定①。

认定办法实施8年来，总体运行平稳、效果良好，但随着形势发展也显露出一些问题：（1）技术领域范围滞后，一些新兴产业特别是现代服务业在技术领域中体现不足；（2）认定条件已不适应发展新要求，对中小企业支持力度不够；（3）认定程序有待优化，后续监管也需要进一步加强。为了贯彻落实党的十八届五中全会提出的创新、协调、绿色、开放、共享五大发展理念，落实推进供给侧结构改革的各项举措，用税收减法换“双创”新动能加法，以促进产业结构调整，增强持续增长动力，科技部、财政部、国家税务总局在广泛深入调查研究的基础上，修订完善了认定办法为《高新技术企业认定管理办法2016》，经国务院批准后印发。

截至2018年底，全国高新技术企业达到18.1万家，高新技术企业工作已经成为各地科技管理部门深入实施创新驱动发展战略、推动科技创新支撑引领现代化经济体系建设的重要抓手②。

二、为什么要申报高新技术企业

一是享受税收减免优惠政策。凡经认定的高新技术企业，其企业所得税税率由原来的25%降为15%，相当于在原来基础上降低了40%，连续3年，3年期满之后可以申请复审，复审通过继续享受3年税收优惠（如某企业年纳税1000万元，申报通过的当年，即可享受减免400万元的优惠，3年就可减免1200万元税收，6年则减免2400万元）。

二是享受财政补贴（不同地方补贴标准均不一样）。以福建省为例，申报省级高新技术企业培育入库，可以享受政府补贴20万～200万元不等，如果申请国家级高新技术企业培育入库，还可以再奖励20万元现金。

三是享受国家科研经费支持和财政拨款。经认定的高新技术企业可凭批准文件和《高新技术企业认定证书》办理享受国家、省、市有关优惠政策，更容易获得国家、省、市各级的科研经费支持和财政拨款；高新技术企业称号将会是众多税收优惠、资金扶持等政策的一个基本门槛。

四是获得国家级的资质认证硬招牌。高新技术企业无论对于何种企业都是一个难得的国家级的资质认证，对依靠科技立身的企业更是不可或缺的硬招牌，其品牌影响力仅次于中国名牌产品、中国驰名商标、国家免检产品。无论是广告宣传还是产品招投标工程，都将对企业有非常大的帮助。

五是促进企业科技转型。创新是企业发展的根本动力，高新技术企业认定政策是

① 高新技术企业认定管理工作网，http：//www.innocom.gov.cn/gxjsqyrdw/gqxw/201308/5b7a16c04e2d49758b2b85608e302f97.shtml。

② 高新技术企业认定管理工作网，http：//www.innocom.gov.cn/gxjsqyrdw/gqxw/201904/72559c9e9a124fdab39d2519b65183c2.shtml。

一项引导政策，目的是引导企业调整产业结构，走自主创新、持续创新的发展道路，激发企业自主创新的热情，提高科技创新能力。

六是提高企业市场价值。证明企业在本领域中具有较强的技术创新能力、高端技术开发能力，有利于企业开拓国内外市场，是企业投标时的重要条件。

七是提高企业资本价值。高新技术企业是吸引地方政府、行业组织对企业实施优惠政策和资金扶持的重要条件，也更具有吸引风险投资机构和金融机构的实力，从而推动企业快速投入到产业化经营中去。

八是吸引人才。科技创业的核心是优秀科技人才，高新技术企业员工享受积分入库、子女入学、申请公租房、购房等倾斜性政策，更有利于企业吸引人才留住人才。

九是享受用地供给优惠。优先获得办公及工业用地，甚至还可以免费用地。

十是资产折旧优势。固定资产加速折旧，对财务报表有利。

十一是企业上市加分。企业所得税减免、研发费用税前加计扣除是企业上市前税务筹划的重要政策工具。

十二是申请各种科技贷、科技创新券的必备条件，企业主也可以据此优先申请省级科技创业领军人物，同时还可以优先享受各种财政项目、科研平台。

十三是申请各类科技创新板的一个基本条件。

三、高新技术企业认定网及相关政策

目前，我国开展高新技术企业认定的网站是高新技术企业认定管理工作网（http：//www.innocom.gov.cn/）。各省、自治区、直辖市为了更好地鼓励本地高新技术企业的发展，也制定了相应的省级高新技术企业入库政策和奖励政策，对高新技术企业认定的主管部门是所在省、自治区、直辖市的科技厅（局），对高新技术企业认定一般是在5月份或8月份，不同省份申请认定的时间不一致，具体要参考所在地区省级科技厅相关通知。

与高新技术企业认定直接相关的政策文件主要有《高新技术企业认定管理办法》《高新技术企业认定管理工作指引》《关于企业委托境外研究开发费用税前加计扣除有关政策问题的通知》《关于延长高新技术企业和科技型中小企业亏损结转年限的通知》《研究与试验发展（R&D）投入统计规范（试行）》《关于提高研究开发费用税前加计扣除比例的通知》《关于研发费用税前加计扣除归集范围有关问题的公告》《关于完善研究开发费用税前加计扣除政策的通知》《关于企业研究开发费用税前加计扣除政策有关问题的公告》等。其中，《高新技术企业认定管理办法》对于企业更好地理解高新技术企业认定帮助最大，因此，后面重点给予介绍。

四、高新技术企业认定管理

2016年1月，科技部、财政部、国家税务总局印发新修订的《高新技术企业认定管理办法》，内容如下。

高新技术企业认定管理办法

第一章　总　　则

第一条　为扶持和鼓励高新技术企业发展，根据《中华人民共和国企业所得税法》（以下称《企业所得税法》）、《中华人民共和国企业所得税法实施条例》（以下称《实施条例》）有关规定，特制定本办法。

第二条　本办法所称的高新技术企业是指：在《国家重点支持的高新技术领域》内，持续进行研究开发与技术成果转化，形成企业核心自主知识产权，并以此为基础开展经营活动，在中国境内（不包括港、澳、台地区）注册的居民企业。

第三条　高新技术企业认定管理工作应遵循突出企业主体、鼓励技术创新、实施动态管理、坚持公平公正的原则。

第四条　依据本办法认定的高新技术企业，可依照《企业所得税法》及其《实施条例》、《中华人民共和国税收征收管理法》（以下称《税收征管法》）及《中华人民共和国税收征收管理法实施细则》（以下称《实施细则》）等有关规定，申报享受税收优惠政策。

第五条　科技部、财政部、税务总局负责全国高新技术企业认定工作的指导、管理和监督。

第二章　组织与实施

第六条　科技部、财政部、税务总局组成全国高新技术企业认定管理工作领导小组（以下称“领导小组”），其主要职责为：（一）确定全国高新技术企业认定管理工作方向，审议高新技术企业认定管理工作报告；（二）协调、解决认定管理及相关政策落实中的重大问题；（三）裁决高新技术企业认定管理事项中的重大争议，监督、检查各地区认定管理工作，对发现的问题指导整改。

第七条　领导小组下设办公室，由科技部、财政部、税务总局相关人员组成，办公室设在科技部，其主要职责为：（一）提交高新技术企业认定管理工作报告，研究提出政策完善建议；（二）指导各地区高新技术企业认定管理工作，组织开展对高新技术企业认定管理工作的监督检查，对发现的问题提出整改处理建议；（三）负责各地区高新技术企业认定工作的备案管理，公布认定的高新技术企业名单，核发高新技术企业证书编号；（四）建设并管理“高新技术企业认定管理工作网”；（五）完成领导小组交办的其他工作。

第八条　各省、自治区、直辖市、计划单列市科技行政管理部门同本级财政、税务部门组成本地区高新技术企业认定管理机构（以下称“认定机构”）。认定机构下设办公室，由省级、计划单列市科技、财政、税务部门相关人员组成，办公室设在省级、计划单列市科技行政主管部门。认定机构主要职责为：（一）负责本行政区域内的高新技术企业认定工作，每年向领导小组办公室提交本地区高新技术企业认定管理工作报告；（二）负责将认定后的高新技术企业按要求报领导小组办公室备案，对通过备案的企业颁发高新技术企业证书；（三）负责遴选参与认定工作的评审专家（包括技术专家和财务专家），并加强监督管理；（四）负责对已认定企业进行监督检查，受理、核实并处理复核申请及有关举报等事项，落实领导小组及其办公室提出的整改建议；（五）完成领导小组办公室交办的其他工作。

第九条 通过认定的高新技术企业，其资格自颁发证书之日起有效期为三年。

第十条 企业获得高新技术企业资格后，自高新技术企业证书颁发之日所在年度起享受税收优惠，可依照本办法第四条的规定到主管税务机关办理税收优惠手续。

第三章 认定条件与程序

第十一条 认定为高新技术企业须同时满足以下条件：（一）企业申请认定时须注册成立一年以上；（二）企业通过自主研发、受让、受赠、并购等方式，获得对其主要产品（服务）在技术上发挥核心支持作用的知识产权的所有权；（三）对企业主要产品（服务）发挥核心支持作用的技术属于《国家重点支持的高新技术领域》规定的范围；（四）企业从事研发和相关技术创新活动的科技人员占企业当年职工总数的比例不低于10%；（五）企业近三个会计年度（实际经营期不满三年的按实际经营时间计算，下同）的研究开发费用总额占同期销售收入总额的比例符合如下要求：1. 最近一年销售收入小于5000万元（含）的企业，比例不低于5%；2. 最近一年销售收入在5000万元至2亿元（含）的企业，比例不低于4%；3. 最近一年销售收入在2亿元以上的企业，比例不低于3%。其中，企业在中国境内发生的研究开发费用总额占全部研究开发费用总额的比例不低于60%；（六）近一年高新技术产品（服务）收入占企业同期总收入的比例不低于60%；（七）企业创新能力评价应达到相应要求；（八）企业申请认定前一年内未发生重大安全、重大质量事故或严重环境违法行为。

第十二条 高新技术企业认定程序如下：

（一）企业申请

企业对照本办法进行自我评价。认为符合认定条件的在“高新技术企业认定管理工作网”注册登记，向认定机构提出认定申请。申请时提交下列材料：1. 高新技术企业认定申请书；2. 证明企业依法成立的相关注册登记证件；3. 知识产权相关材料、科研项目立项证明、科技成果转化、研究开发的组织管理等相关材料；4. 企业高新技术产品（服务）的关键技术和技术指标、生产批文、认证认可和相关资质证书、产品质量检验报告等相关材料；5. 企业职工和科技人员情况说明材料；6. 经具有资质的中介机构出具的企业近三个会计年度研究开发费用和近一个会计年度高新技术产品（服务）收入专项审计或鉴证报告，并附研究开发活动说明材料；7. 经具有资质的中介机构鉴证的企业近三个会计年度的财务会计报告（包括会计报表、会计报表附注和财务情况说明书）；8. 近三个会计年度企业所得税年度纳税申报表。

（二）专家评审

认定机构应在符合评审要求的专家中，随机抽取组成专家组。专家组对企业申报材料进行评审，提出评审意见。

（三）审查认定

认定机构结合专家组评审意见，对申请企业进行综合审查，提出认定意见并报领导小组办公室。认定企业由领导小组办公室在“高新技术企业认定管理工作网”公示10个工作日，无异议的，予以备案，并在“高新技术企业认定管理工作网”公告，由认定机构向企业颁发统一印制的“高新技术企业证书”；有异议的，由认定机构进行核实处理。

第十三条 企业获得高新技术企业资格后，应每年5月底前在“高新技术企业认定管理工作网”填报上一年度知识产权、科技人员、研发费用、经营收入等年度发展情况报表。

第十四条 对于涉密企业，按照国家有关保密工作规定，在确保涉密信息安全的前提下，按认定工作程序组织认定。

第四章 监督管理

第十五条 科技部、财政部、税务总局建立随机抽查和重点检查机制，加强对各地高新技术企业认定管理工作的监督检查。对存在问题的认定机构提出整改意见并限期改正，问题严重的给予通报批评，逾期不改的暂停其认定管理工作。

第十六条 对已认定的高新技术企业，有关部门在日常管理过程中发现其不符合认定条件的，应提请认定机构复核。复核后确认不符合认定条件的，由认定机构取消其高新技术企业资格，并通知税务机关追缴其不符合认定条件年度起已享受的税收优惠。

第十七条 高新技术企业发生更名或与认定条件有关的重大变化（如分立、合并、重组以及经营业务发生变化等）应在三个月内向认定机构报告。经认定机构审核符合认定条件的，其高新技术企业资格不变，对于企业更名的，重新核发认定证书，编号与有效期不变；不符合认定条件的，自更名或条件变化年度起取消其高新技术企业资格。

第十八条 跨认定机构管理区域整体迁移的高新技术企业，在其高新技术企业资格有效期内完成迁移的，其资格继续有效；跨认定机构管理区域部分搬迁的，由迁入地认定机构按照本办法重新认定。

第十九条 已认定的高新技术企业有下列行为之一的，由认定机构取消其高新技术企业资格：（一）在申请认定过程中存在严重弄虚作假行为的；（二）发生重大安全、重大质量事故或有严重环境违法行为的；（三）未按期报告与认定条件有关重大变化情况，或累计两年未填报年度发展情况报表的。对被取消高新技术企业资格的企业，由认定机构通知税务机关按《税收征管法》及有关规定，追缴其自发生上述行为之日所属年度起已享受的高新技术企业税收优惠。

第二十条 参与高新技术企业认定工作的各类机构和人员对所承担的有关工作负有诚信、合规、保密义务。违反高新技术企业认定工作相关要求和纪律的，给予相应处理。

第五章 附 则

第二十一条 科技部、财政部、税务总局根据本办法另行制定《高新技术企业认定管理工作指引》。

第二十二条 本办法由科技部、财政部、税务总局负责解释。

第二十三条 本办法自2016年1月1日起实施。原《高新技术企业认定管理办法》（国科发火〔2008〕172号）同时废止。

资料来源：高新技术企业认定管理工作网，http://www.innocom.gov.cn/。

五、其他说明

高新技术企业可以分为省级高新技术企业和国家高新技术企业，认定标准基本上按照国家高新技术企业认定标准，所以上面重点介绍国家高新技术企业认定管理办法。但是在激励方面，不同地区为了鼓励本地高新技术企业的认定工作，都会结合所在地区的财力状况制定相应的奖励政策和其他激励政策来鼓励符合条件的企业申请高新技术企业的认定，感兴趣的读者结合所在省级地区的情况进行对应了解。

第三节　技术创新示范企业

一、技术创新示范企业认定好处

技术创新示范企业是由工信部和财政部联合认定的，根据两部委的标准，这些企业须具有核心竞争能力和领先地位，还具有较强的盈利能力和较高的管理水平，销售收入和利润总额呈稳定上升势头，现金流量充足。“技术创新示范企业”这个头衔的“含金量”很高，可以提高企业的知名度，对公司的品牌和形象建设有很大帮助。目前，各地对国家技术创新示范企业都有不同的鼓励措施。例如，贵州省经信委、省财政厅对获得国家级、省级技术创新示范企业，将分别给予100万元、50万元一次性奖励，同时对企业申报技术创新专项资金扶持项目时予以优先倾斜①。技术创新示范企业还是申请各类科技贷、科技创新券的条件之一，同时也是申请各类科创板的条件之一。企业主也可以根据此认定申请各类科技创新创业领军人物，同时还可以优先申请各种财政项目、科研平台等。

二、技术创新示范企业认定概况

截至2019年4月15日，我国认定和通过滚动复核的国家技术创新示范企业已达558家，这些技术创新骨干企业坚持高强度研发投入，发挥辐射带动作用，为制造业高质量发展提供了有力支撑。国家级技术创新示范企业认定依据是《关于印发〈技术创新示范企业认定管理办法（试行）〉的通知》，各省的省级技术创新示范企业依据各省的认定管理办法。

2019年4月26日，工业和信息化部办公厅正式启动组织推荐2019年国家技术创新示范企业的通知（http：//www.miit.gov.cn/newweb/n973401/n1234636/n1234637/c6948010/content.html），各省级工业和信息化主管部门的认定工作时间要见具体通知。

---

① 国家技术创新示范企业，http：//www.miit.gov.cn/newweb/n973401/n1234636/n1234640/c3784351/content.html。

三、技术创新示范企业认定管理办法

2010年9月，工业和信息化部、财政部印发《技术创新示范企业认定管理办法（试行）》，内容如下。

技术创新示范企业认定管理办法（试行）

第一章 总 则

第一条 为深入贯彻落实中央关于建设创新型国家的战略部署，促进和完善以企业为主体、市场为导向、产学研相结合的技术创新体系的建设，做好技术创新示范企业的认定工作，鼓励工业企业开展技术创新，加快转变经济发展方式，依据《中华人民共和国科学技术进步法》《国家中长期科学和技术发展规划纲要（2006~2020年）》《国家产业技术政策》，特制定本办法。

第二条 技术创新示范企业（以下简称示范企业）是指工业主要产业中技术创新能力较强、创新业绩显著、具有重要示范和导向作用的企业。

第三条 示范企业认定工作遵循公平、公正、公开原则，统筹规划，合理配置资源，规范、有序推进。

第四条 工业和信息化部联合财政部负责示范企业认定的相关管理工作。

各省、自治区、直辖市、计划单列市工业和信息化主管部门（以下简称省级工业和信息化主管部门）联合同级财政部门负责组织本地区示范企业的申报工作，并做好对示范企业的指导和管理工作。

第二章 认 定

第五条 示范企业的认定每年组织一次。

第六条 申报示范企业的基本条件：（一）具有独立法人资格，财务管理制度健全，会计信用、纳税信用和银行信用良好；（二）在国内建有科研、生产基地且中方拥有控制权；（三）已认定为省级以上企业技术中心的企业；（四）技术创新成果通过实施技术改造，取得了较显著的成效；（五）具有一定的生产经营规模，从业人员300人以上，年销售收入3000万元以上，资产总额4000万元以上。

第七条 认定基本标准：（一）具有核心竞争能力和领先地位。掌握企业发展的核心技术并具有自主知识产权，整体技术水平在同行业居于领先地位。积极主导或参与国际、国家或行业技术标准的制定工作。（二）具有持续创新能力和研发投入。企业研发投入占年销售收入比例3%以上，有健全的研发机构或与国内外大学、科研机构建立了长期稳定的合作关系。在领先的技术领域具有较强的发展潜力。重视科技人员和高技能人才的培养、引进和使用。（三）具有行业带动作用性和自主品牌。在行业发展中具有较强的带动性或带动潜力。注重自主品牌的管理和创新，通过竞争发展，形成了企业独特的品牌，并在市场中享有相当知名度。（四）具有较强的盈利能力和较高的管理水平。企业近3年连续盈利，整体财务状况良好，销售收入和利润总额呈稳定上升势头，现金流量充足。建立了比较完善的知识产权管理体系和质量保证体系。（五）具有较强应用新技术能力。积极实施技术改造，具有重大科技成果的转化能力，节能减排降耗具有较强示范作用。（六）具有创新发展战略和创新文化。重视企业经营发展战略创新，努力营造并形成企业的创新文化，把技术创新和自主品牌创新作为经营发展战略的重要内容。

第三章 工作程序

第八条 认定申请。

地方企业向其所在省级工业和信息化主管部门提出申请并按要求上报申报材料。

省级工业和信息化主管部门联合同级财政部门对企业申报材料进行审查，按照国家有关要求，确定推荐企业名单。并将推荐企业的申报材料及审核意见在规定时间内一起上报工业和信息化部。

中央管理企业可按要求将推荐企业的申报材料直接上报工业和信息化部。

第九条 申报材料：（一）申报材料包括：1.《技术创新示范企业申报书》《企业基本情况表》《企业技术创新评价指标》；2. 经会计师事务所审计的上年度会计报表；3. 本办法第六条和第七条有关的其他证明材料。（二）申报材料中的有关数据以各级统计机构、职能部门公开数据及经会计师事务所审计的会计报表为准。（三）上述申报材料要求提供原件一式三份及电子版。

第十条 组织评审：（一）工业和信息化部委托中介机构或组织有关专家对企业申请材料进行初评。（二）工业和信息化部联合财政部对初评结果、专家评审意见等进行综合审查，或组织必要的实地考察，提出审核意见，并在工业和信息化部门户网站公示15个工作日。

第十一条 认定及授牌：工业和信息化部联合财政部对符合条件的企业进行认定，并授予“技术创新示范企业”称号。每年集中认定和授牌一次。

第四章 示范企业管理

第十二条 示范企业名录及发展情况将在工业和信息化部等有关部门门户网站公布。

第十三条 示范企业每年4月30日前将上一年度企业技术创新发展情况通过其所在省级工业和信息化主管部门报工业和信息化部。

第十四条 工业和信息化部在产业技术创新方面，对示范企业予以指导和支持。

第十五条 工业和信息化部对示范企业实行动态管理，依据本办法每三年进行一次评价，对合格的示范企业予以确认，对不合格的撤销称号、发布有关公告并摘牌。

第十六条 对已经认定的示范企业，如发现弄虚作假，除撤销批复文件、称号外，暂停其所在省、自治区、直辖市、计划单列市下一年度的申报工作。

第五章 附 则

第十七条 省级工业和信息化主管部门联合同级财政部门可比照本办法，组织开展省级示范企业认定工作。

第十八条 本办法由工业和信息化部、财政部负责解释。

第十九条 本办法自发布之日起施行。

资料来源：国家技术创新示范企业，http://www.miit.gov.cn/newweb/n973401/n1234636/n1234637/c6790835/content.html。

四、其他说明

鉴于篇幅限制，本书重点介绍了国家级技术创新示范企业的基本概况，不同的省级行政区也都在国家级标准基础上制定了各地区的技术创新示范企业的认定标准和激励措施，国家技术创新示范企业网站（http：//www.miit.gov.cn/newweb/n973401/n1234636/n1234639/index.html）就收集了浙江省、陕西省、重庆市、河北省、甘肃省、安徽省、贵州省、新疆维吾尔自治区、山西省、江苏省、广西壮族自治区、河南省等多个省级技术创新示范企业认定工作实施方案，感兴趣的读者可以对所在省级行政区的相关政策做进一步了解。

第四节 知识产权优势企业

一、知识产权优势企业政策沿革[①]

2008 年 6 月 5 日，国务院发布《国家知识产权战略纲要》，实施国家知识产权战略。10 月 9 日，国务院批复同意建立国家知识产权战略实施工作部际联席会议制度，在国务院领导下，统筹协调国家知识产权战略实施工作，成员由国务院分管副秘书长和 28 个部门分管领导组成，联席会议办公室设在国家知识产权局。

2011 年 4 月 7 日，国家知识产权战略实施工作部际联席会议 28 个成员单位共同印发实施《2011 年国家知识产权战略实施推进计划》，在 7 个方面提出 176 项具体措施。10 月 14 日，国家知识产权局等 10 部委共同编制并发布了《国家知识产权事业发展“十二五”规划》，确定了大力实施国家知识产权战略的指导思想。该规划提出了 10 项重大工程，其中，第三项工程就是知识产权优势企业培育工程，该工程提出，“制定和完善知识产权优势企业认定标准。分期、分批选择一批支柱产业骨干企业、大中型工业企业、成长型高新技术企业，以及具有一定竞争力的科技型中小企业，通过建立重点企业联系机制、建设企业知识产权工作交流站、派遣知识产权特派员等方式，对企业各个知识产权工作环节设立专项培育计划。在同等条件下，对知识产权优势企业，各级政府及有关部门优先给予财税优惠政策和资金扶持。”

《2012 年全国专利事业发展战略推进计划》在“专利助推企业转型升级”计划明确提出“实施知识产权优势企业培育工程。制定和完善知识产权优势企业认定标准。通过建立重点企业联系机制、建设企业专利工作交流站、设立企业专利工作薄弱环节专项培育计划等方式，培育 50 家知识产权优势企业。”

《2013 年全国专利事业发展战略推进计划》的“专利支撑经济社会发展”主体任务明确提出，“发布《企业知识产权管理规范》，开展知识产权优势企业培育工程，

① 见国家知识产权局网站，http：//www.sipo.gov.cn/gk/fzgh/。

通过3～5年的实施，形成1000家由央企和省市龙头企业构成的知识产权优势企业，5000家知识产权达标企业，带动数万企业知识产权能力提升。”为此应该开展知识产权优势企业培育工程。制定全国统一的知识产权（专利）优势企业认定办法，大力培育知识产权优势企业。遴选10个重点省份，培育50家知识产权优势企业（2013年内完成，管理司负责，并组织指导各有关省级知识产权局实施；为地方选做类工作措施）。

《2014年全国专利事业发展战略推进计划》的“专利支撑经济社会发展”主体任务明确提出，要发挥政府的引导作用，大力培育知识产权优势企业，推进企业知识产权管理标准化，有效促进企业知识产权管理能力提升。具体举措包括“培育知识产权优势企业和示范企业。制定知识产权优势企业和示范企业培育指南与验收标准，围绕企业知识产权优势方向制定培育措施。一类省份可申报培育50家国家知识产权优势企业，二类省份可申报培育25家国家知识产权优势企业，三类省份可申报培育15家国家知识产权优势企业”；“全面推进企业知识产权管理标准体系建设。构建《企业知识产权管理规范》认证体系、贯标服务体系和配套支持体系。同有关部门制定实施《企业知识产权管理规范》的政策措施，引导各地逐步开展贯标工作。一类省份至少培育30家达标企业，二类省份至少培育20家达标企业，三类省份至少培育10家达标企业”。

《2015年全国专利事业发展战略推进计划》的“专利支撑经济社会发展”主体任务明确提出，加快培育知识产权优势企业，推进企业知识产权管理标准化，大力扶持小微企业创新发展。具体内容包括：启动实施知识产权强企工程。出台《国家知识产权优势企业、示范企业培育指南》，加快推进知识产权优势和示范企业培育工作。深入推进企业知识产权管理标准化，会同有关部门制定实施《企业知识产权管理规范》的政策措施，完善标准认证体系、贯标服务体系和配套支持体系，引导各地逐步开展贯标工作。各地根据《国家知识产权优势企业、示范企业培育指南》，开展知识产权优势企业、示范企业培育工作，积极推行企业知识产权管理标准，增加优势企业、示范企业、贯标企业数量。新增贯标企业数量相对2014年有一定幅度增长。

《2016年全国专利事业发展战略推进计划》的“专利支撑经济社会发展”主体任务明确提出，积极探索和推进知识产权强省、强市、强企建设，为知识产权强国建设提供有力支撑。具体内容包括“深入实施知识产权强企工程。全面推进企业知识产权管理标准化，出台知识产权优势企业建设指南，建立强企建设工作支撑体系。各地开展知识产权优势企业选拔和培育工作，积极推行企业知识产权管理标准”。

二、国家知识产权优势企业和国家知识产权示范企业的好处

（1）企业知识产权管理规范，对外有良好的知识产权保护意识，企业不容易产生侵权及被侵权造成损失。

（2）知识产权保护得力，企业具有良好荣誉，企业对外业务合作及业务开发有保障，合作方也更容易接受。

（3）对知识产权的重视说明企业对未来的发展也很重视，企业员工更有安全感

和归属感。

（4）被评为知识产权优势企业及示范企业的企业，对后期参评高新技术企业等更高级的企业荣誉有加分，给企业未来的发展更有底蕴。

（5）为减少企业经济负担，政府将提供10万~15万元的奖励。

（6）提高竞争者入市门槛，减少竞争者，单项产品享有垄断市场的权利，提高利润。

（7）它是申请各种科技贷、科技创新券的条件之一，也是申请各类科创板的条件之一。企业主也可以据此申请各类创新创业领军人物，同时还可以优先申请各类财政项目、科研平台等。

三、国家知识产权优势企业培育工作方案

《国家知识产权优势企业培育工作方案》为实现知识产权强企发展目标指明了方向，具体文件内容如下。

国家知识产权优势企业培育工作方案

为做好国家知识产权优势企业（以下简称“优势企业”）培育工作，特制订本方案。

一、总体要求

发挥好优势企业培育在企业贯标推行、优势企业培育、示范企业培育“三阶段”培育路径的中坚作用，着力培育一批知识产权数量和质量较高、知识产权保护和运用能力较强，知识产权市场竞争优势初步形成，具有区域影响力的优势企业，影响和带动一大批企业运用知识产权有效提升市场竞争优势。

在培育组织上，坚持省局主导与联动培育相结合。采取各省、自治区、直辖市知识产权局和计划单列市、新疆生产建设兵团知识产权局（以下简称“省局”）为主搭建培育平台，国家知识产权局（以下简称“国家局”）进行重大事项统筹协调的方式开展。鼓励各省局按照本方案要求，充分发挥主动性，结合本地实际，制定富于特色的优势企业培育方案，联合相关部门创造性地开展优势企业培育工作，形成横向协调、纵向联动的工作局面。

在培育理念上，坚持市场主导与政策引导相结合。有效发挥市场在资源配置中的决定性作用，推动企业摸清家底、厘清思路、完善措施、提高能力，以知识产权优势助力企业创新发展。充分发挥政府的引导作用，促进创新要素和发展资源向优势企业汇聚，为优势企业培育营造良好的政策环境、市场环境。

在培育指导上，坚持分类指导与突出特色相结合。要结合产业分类、战略定位及发展基础，按照企业所属行业在知识产权种类、数量、运用方式等方面的差异，实施分类指导。同时，基于本地区企业分布特点和发展阶段，采取积极有效措施，推动企业形成知识产权优势，体现地方培育工作特色，运用知识产权助力企业做大做强。

二、培育方向

围绕提升企业知识产权创造优势、知识产权运用优势、知识产权保护优势三方面

开展优势企业培育工作，促进企业形成上述知识产权优势，不断增强市场竞争力。

（一）着力提升企业知识产权创造优势

发挥专利信息的导向作用，降低创新成本，优化创新路径，提高创新效率，规避创新风险，促进创新成果产权化，知识产权产业化、商用化。推动企业围绕技术创新和市场开拓优化专利布局，形成具有数量规模、质量优势的知识产权资源储备，促进企业知识产权创造提质增效。

（二）着力提升企业知识产权运用优势

推动企业管好用好知识产权，通过知识产权转移转化、知识产权投融资和知识产权规则运用等，加快实现创新成果的价值，运用知识产权打造企业竞争优势，提升企业核心竞争力。

（三）着力提升企业知识产权保护优势

引导企业建立与其战略目标相协调的知识产权管理体系与管理模式，完善与其商业发展模式相适应的知识产权保护和风险防控机制，为企业增强市场竞争优势，进而提升市场控制力提供有效支撑。

三、申报条件和工作程序

（一）申报条件：1. 属于区域内骨干企业，对产业发展具有一定影响力；2.《国家知识产权优势企业知识产权评价指标体系》评分达90分以上的企业，或者第1～3项一级指标中，某一项一级指标得分比达到80%以上且总分达70分以上的企业。

（二）工作程序：1. 企业提出申报。企业向所在地省局提出申请。2. 省局评审及推荐。各省局组织相关领域专家对照《国家知识产权优势企业知识产权评价指标体系》，对企业进行评审；对于符合条件的，通过“国家知识产权示范企业和优势企业申报系统”择优推荐至国家局。3. 国家局确定名单。国家局对企业申报材料及评分等进行核查。对合格的公示10个工作日，公示期满无异议的，由国家局确定为“国家知识产权优势企业”，开展优势企业培育工作，有效期3年。国家局原则上每年9月开展一次优势企业核准工作。4. 复核。获评优势企业3年期满后，由各省局组织企业进行复核。复核的主要内容为审核有关企业当前的状况是否符合优势企业条件，不符合条件的取消优势企业资格，并且2年之内不得再次申报。通过复核的企业，由各省局于优势企业期满6个月内通过“国家知识产权示范企业和优势企业申报系统”报国家局备案，保留“国家知识产权优势企业”称号，开展新一轮优势企业培育工作。逾期未报送备案的，视为退出优势企业工作序列，优势企业称号自动取消，并且2年内不得再次申报。

（三）申报材料

1. 省局推荐材料。包括推荐函，推荐企业名单（需注明《优势企业、示范企业知识产权评价指标体系（a表）》中“12. 特色加分”包括的三级指标、考察要点、评分标准等），本区域优势企业培育工作总体方案（包括本地区优势企业培育目标、工作计划、组织管理、政策支持、资金保障、督导检查等内容）。2. 企业申报材料。包括《国家知识产权优势企业申报书》，优势企业工作方案（应明确工作基础、工作目标和任务、工作措施等）。3. 其他相关材料。以上材料于每年7月底前，通过“国家知识产权示范企业和优势企业申报系统”报送。

（四）称号取消

企业在近3年有以下情况之一的，取消优势企业称号，并且2年内不得再次申报：1. 在知识产权、质量安全、节能环保等方面受到行政处罚的；2. 存在恶意侵犯知识产权行为的；3. 存在非正常专利申请的；4. 骗取专利申请资助奖励费用的；5. 伪造证明材料、虚报数据的。

四、工作措施

（一）健全优势企业培育政策体系

要基于本地区企业发展需求，协调各有关部门研究制定与知识产权有关的财政、金融、科技、教育等政策，探索建立各具特色的优势企业培育政策支撑体系，加大优势企业培育专项资金保障，形成培育工作合力。推荐优势企业关键技术领域的专利申请进行优先审查，提高企业专利挖掘布局能力，加强企业专利资源战略储备。

（二）推进优势企业内部管理体系优化

引导优势企业实施《企业知识产权管理规范》国家标准（以下简称《管理规范》），作为完善企业知识产权管理的基础性工作。制定优势企业推行《管理规范》的支持政策及推进计划，集聚一批优秀贯标服务团队与优势企业对接，辅导优势企业建立科学、规范的知识产权管理体系，加强知识产权全过程管理。

（三）强化优势企业维权保护

加强行政执法队伍建设和执法能力建设，创新执法维权工作机制，规范行政执法自由裁量权，加大电商、展会等重点领域以及涉及民生、高新技术等重点产业的执法维权力度，积极做好执法办案工作，切实维护企业的合法权益。完善企业知识产权信用评价、诚信公示和失信惩戒机制。依托知识产权维权援助中心，建立优势企业维权援助服务快速反应机制，对优势企业知识产权保护状况进行主动跟踪、全面监测、专题指导、快速维权。

（四）加强优势企业人才培养

专利管理人员职业名录已纳入《中华人民共和国职业分类大典》。探索建立专利管理职业资格制度，推进企业知识产权人才队伍建设。优先推荐优势企业相关人员参与国家知识产权人才库选拔，进一步提高优势企业人员占比。针对优势企业高层管理人员，依托“中国企业知识产权网”等平台，以企业经理人论坛等形式或网络化方式，推动其形成知识产权战略管理理念。针对优势企业知识产权管理人员，依托国家知识产权培训基地及全国知识产权师资信息平台等形成企业知识产权师资队伍，编制企业人才培训系列教材，以管理培训、业务研讨、专题沙龙、考察交流等形式，提升优势企业知识产权管理能力。针对优势企业知识产权实务人员，优先推荐其参与国家局各类课题研究或高端平台项目，以现场教学或远程培训等方式，加强企业知识产权战略规划、资本运作、法律事务等实务人才培养。

五、组织管理

（一）进行联动培育

国家局负责优势企业培育工作的组织领导和统筹协调。各省局负责本行政区内企业培育工作组织落实，制定本区域优势企业培育工作总体方案，并给予配套支持，并于每年11月底前报送优势企业培育工作年度总结至专利管理司。每年对优势企业培育工作进行考核，考核结果将与各项企业工作支持政策挂钩。对于表现突出的省局和优势企业予以表扬，并组织经验推广。

（二）加强信息交流

国家局层面，运用市场化思维，将“中国企业知识产权网”着力打造为集企业知识产权信息发布、信息共享、信息服务为一体的开放式互动平台，形成企业知识产权管理工作政企互动、企企交流、线上线下联动的集聚效应。省局层面，通过“中国企业知识产权网”区域端口，组织优势企业做好知识产权信息报送，联合打造企业知识产权一体化、开放式互动平台。

（三）做好专家服务

各省局建立包括专家学者、企业高管、服务机构高管、政府机关人员等在内的本地区企业知识产权专家顾问团，定期为优势企业提供专家咨询意见。基于优势企业需求，建立优势企业服务站，协调组织专利审查、知识产权管理、运用、法律服务等方面专家，为优势企业获权、用权、维权提供咨询服务。

六、国家知识产权优势企业知识产权评价指标体系

国家知识产权优势企业知识产权评价指标体系（试行）

一级指标及权重	二级指标	考察要点	权重
知识产权创造（35分）	1. 产出导向	（1）综合运用知识产权信息，引导研发创新，优化知识产权产出导向	5
	2. 产出数量	（2）截至上一年底有效专利拥有量	5
		（3）近三年专利申请总量	5
		（4）截至上一年底商标、版权、计算机软件著作权、植物新品种、集成电路布图设计等其他知识产权拥有量	5
	3. 产出质量	（5）近三年专利申请量中发明专利占比	5
		（6）近三年专利授权率	7
		（7）累计向国外申请知识产权数量	3
知识产权运用（25分）	4. 自行实施专利	（8）近三年专利产品收入占企业销售收入比重（近三年的专利产品收入占企业销售收入比例之和除以3）	18
	5. 其他知识产权收益（取三项考核内容的最高分值）	（9）近三年知识产权许可、转让收益	7
		（10）近三年知识产权融资额	
		（11）知识产权作价作为注册资本额	
知识产权管理与保护（40分）	6. 管理体系	（12）通过国家标准《企业知识产权管理规范》GB/T29490—2013认证	10
	7. 管理制度	（13）制定企业知识产权战略和实施情况	2
		（14）建立企业职务发明人权益保护和奖励机制	3
	8. 管理投入	（15）设立知识产权管理机构，专职人员至少2人	5
		（16）近三年研发经费投入占企业销售收入比重的平均值（近三年的研发经费投入比例之和除以3）	3

续表

一级指标及权重	二级指标	考察要点	权重
知识产权管理与保护（40分）	8. 管理投入	（17）近三年知识产权经费投入占研发经费投入比重的年平均值（知识产权经费指用于知识产权战略制定与实施、申请/注册、维护、诉讼、检索分析、培训和奖励等方面的经费投入）	5
		（18）近三年核心人员知识产权培训率（“核心人员”包括企业管理人员、知识产权工作人员和研发人员。培训率为被培训核心人员占核心人员总数的比例）	2
	9. 预警	（19）建立知识产权预警机制及应对方案	5
	10. 纠纷应对	（20）近三年有效处理国内外知识产权纠纷获得赔偿或避免损失	5
加分项（50分）	11. 获得奖励	（21）企业获得的国家级和省级知识产权工作奖励。纳入评价范围的包括企业近五年获得的国家级知识产权奖励和近三年获得的省级知识产权奖励。国家级知识产权奖励包括中国专利奖、中国商标金奖、世界知识产权组织版权金奖（中国）和国家技术发明奖；省级知识产权奖励是指省级政府设立的知识产权奖励，不含省级政府下属部门或单位颁发的奖项	10
	12. 特色加分	（22）具体指标和考察内容由省局根据本省优势企业工作特色进行研究确定	40

注：有关评分标准另行发布。

资料来源：杭州市余杭区人民政府网站，http：//www.yuhang.gov.cn/xxgk/zcfg/bmwj/201706/t20170619_1090257.html。

四、国家知识产权示范企业培育工作方案

《国家知识产权示范企业培育工作方案》的内容具体如下。

国家知识产权示范企业培育工作方案

为做好国家知识产权示范企业（以下简称“示范企业”）培育工作，特制订本方案。

一、总体要求

发挥好示范企业培育在企业贯标推行、优势企业培育、示范企业培育“三阶段”培育路径的引领示范作用，着力培育形成一批具备知识产权战略管理理念，知识产权创造、运用、保护、管理能力全面发展，知识产权综合竞争优势突出，具有行业影响力和标杆性的示范企业，影响和带动一大批企业运用知识产权有效提升市场竞争优势。

在培育组织上，坚持总体统筹与合力培育相结合。采取国家局为主搭建培育平台，各地方局多层级联动的方式，综合运用多种政策措施，合力推进示范企业工作，

才培养机制，构建示范企业综合管理服务工作平台，为打造一批具备国际竞争优势的示范企业提供有力支撑。

（一）创新示范企业运营引导机制

一是引导示范企业建立专利导航重大决策工作机制。建立专利分析与示范企业决策深度融合、持续互动的决策支撑机制，在企业知识产权战略制定、重大科技项目管理、资产重组运营、国际市场开拓等重大决策中，依托专利分析引导企业规划发展路径，系统配置优势资源。二是引导示范企业构建以企业为主导的、以知识产权为纽带的协同创新机制。建立示范企业与高校院所、金融机构、专利服务机构等知识产权协同创新工作机制，围绕关键技术领域集中突破并形成知识产权。三是促进示范企业加快以运用为目的的国内外知识产权布局。指导示范企业做好高技术领域知识产权布局，推荐示范企业关键技术领域的专利申请进行优先审查，促进企业加强优质知识产权资产战略储备。四是引导示范企业开展知识产权储备运营。实现企业强化知识产权综合运用，通过知识产权交易、许可、标准化、资本化等多种途径，促进企业知识产权价值最大化。指导企业积极构建和参与标准制定、专利联盟，利用知识产权获取竞争优势。

（二）强化示范企业海外保护机制

依托国家局和中国国际贸易促进委员会等相关部门和行业的战略合作平台，强化示范企业“走出去”政策支持。一是建立企业涉外知识产权事务协调机制。依托中国国际贸易促进委员会驻外代表处建立驻外知识产权工作站，建立集重大知识产权问题需求收集、信息反馈、协调应对于一体的工作机制。二是鼓励示范企业开展“走出去”国际合作。支持示范企业建立涉外企业知识产权联合机制，鼓励示范企业牵头建立行业或知识产权联盟联合防御基金，提高企业应对国际知识产权纠纷的能力。三是加强企业“走出去”知识产权信息共享。开展示范企业“走出去”状况调研，优先在示范企业发展一批涉外知识产权事务志愿者观察员企业，加强涉外知识产权问题研究，发布海外知识产权操作指南、国外知识产权环境报告等。四是构建企业海外知识产权工作专家咨询服务机制。根据企业需求开展企业海外知识产权布局、维权咨询服务和展会知识产权法律服务，推动高水平知识产权服务机构与企业“走出去”需求对接。

（三）完善示范企业综合服务机制

一是建立示范企业知识产权深度服务机制。组建企业知识产权管理服务团队，应示范企业需求，建立示范企业知识产权服务站，开展知识产权特派员服务，进行深度工作交流。二是加强知识产权优质服务资源与企业需求对接机制。遴选优秀知识产权服务队伍，定期为示范企业提供有针对性的知识产权问诊咨询服务。三是实施示范企业专利信息利用能力提升计划。引导示范企业综合利用专利制度和专利情报信息制定技术创新策略，支持和指导企业基于行业发展动向和企业需求，开展产业专利信息分析并发布相关行业分析报告。四是发挥示范企业行业内的领军作用，支持示范企业参与建设重点产业专利信息服务平台。

（四）加强示范企业人才培养机制

一是加强示范企业知识产权人才队伍建设。专利管理人员职业名录已纳入《中华人民共和国职业分类大典》。国家局将联合有关部门，探索建立专利管理职业资格制度，推进企业知识产权人才队伍建设。优先推荐示范企业相关人员参与国家知识产权人才库选拔，进一步提高示范企业人才在国家知识产权专家咨询委员会、专家库、领军人才库、高层次人才库等的人员占比。二是持续开展有针对性的多层级示范企业知识产权工作培训交流。针对示范企业高层管理人员，依托“中国企业知识产权网”等平台，以企业经理人论坛等形式和网络化方式，推动其形成知识产权战略管理理念。针对企业知识产权管理人员，依托国家知识产权培训基地及全国知识产权师资信息平台等形成企业知识产权师资队伍，以管理培训、业务研讨、专题沙龙、考察交流等形式，提升示范企业知识产权管理能力。针对企业知识产权实务人员，分别针对不同产业领域示范企业、外向型企业开展知识产权实务培训，优先推荐其参与国家局各类课题研究或高端平台项目，以现场教学或远程培训等方式，加强企业知识产权战略规划、资本运作、法律事务等实务人才培养，推进示范企业知识产权人才队伍的专业化、国际化。

五、组织管理

（一）加强示范企业培育工作协调联动

国家局负责搭建示范企业培育工作平台，建立示范企业重大事项联系及议事机制，统筹协调解决示范企业培育重大问题。各省局负责本行政区内企业培育工作组织落实，制定本区域示范企业培育工作总体方案，并给予配套支持；建立示范企业日常工作联系机制，做好示范企业知识产权工作信息监测，基于示范企业需求，开展个性化服务。示范企业要建立示范工作联络员制度和信息上报机制，及时报送相关工作信息和需求。各省局于每年11月底前将示范企业培育工作年度总结报送专利管理司。国家局每年对示范企业培育工作进行考核，考核结果将与各项企业工作支持政策挂钩。对于表现突出的省局和示范企业予以表扬，并组织经验推广。

（二）做好企业知识产权信息服务平台

国家局层面，运用市场化思维，探索建立企业知识产权服务的众联网模式，将“中国企业知识产权网”着力打造为集企业知识产权信息发布、信息共享、信息服务为一体的开放式互动平台，形成企业知识产权管理工作政企互动、企企交流、线上线下联动的集聚效应。省局层面，通过“中国企业知识产权网”区域端口，组织示范企业做好知识产权信息报送，联合打造企业知识产权一体化、开放式互动平台。

（三）完善示范企业培育工作决策支撑

夯实企业知识产权管理研究基础，摸查企业知识产权整体状况，建立示范企业重点问题、热点问题、前沿问题跟踪研究长效机制，开展知识产权强企标准、企业知识产权评价、专利与标准等企业知识产权工作重大问题研究。选取示范企业对重点研究成果开展试点后进行推广，实现前沿研究与企业实践相互促进。建立企业知识产权工作专家咨询委员会，在示范企业重大战略调整、重大事件协调等方面提供专家咨询支持。

六、国家知识产权示范企业知识产权评价指标体系

国家知识产权示范企业知识产权评价指标体系（试行）（A 表）

一级指标及权重	二级指标	考察要点	权重
知识产权创造（35 分）	1. 产出导向	（1）综合运用知识产权信息，引导研发创新，优化知识产权产出导向	5
	2. 产出数量	（2）截至上一年底有效专利拥有量	5
		（3）近三年专利申请总量	5
		（4）截至上一年底商标、版权、计算机软件著作权、植物新品种、集成电路布图设计等其他知识产权拥有量	5
	3. 产出质量	（5）近三年专利申请量中发明专利占比	5
		（6）近三年专利授权率	7
		（7）累计向国外申请知识产权数量	3
知识产权运用（25 分）	4. 自行实施专利	（8）近三年专利产品收入占企业销售收入比重（近三年的专利产品收入占企业销售收入比例之和除以 3）	18
	5. 其他知识产权收益（取三项考核内容的最高分值）	（9）近三年知识产权许可、转让收益	7
		（10）近三年知识产权融资额	
		（11）知识产权作价作为注册资本额	
知识产权管理与保护（30 分）	6. 管理体系	（12）通过国家标准《企业知识产权管理规范》GB/T29490—2013 认证	10
	7. 管理制度	（13）制定企业知识产权战略和实施情况	2
		（14）建立企业职务发明人权益保护和奖励机制	3
	8. 管理投入	（15）设立知识产权管理机构，专职人员至少 2 人	5
		（16）近三年研发经费投入占企业销售收入比重的平均值（近三年的研发经费投入比例之和除以 3）	3
		（17）近三年知识产权经费投入占研发经费投入比重的年平均值（知识产权经费指用于知识产权战略制定与实施、申请/注册、维护、诉讼、检索分析、培训和奖励等方面的经费投入）	5
		（18）近三年核心人员知识产权培训率（“核心人员”包括企业管理人员、知识产权工作人员和研发人员。培训率为被培训核心人员占核心人员总数的比例）	2
	9. 预警	（19）建立知识产权预警机制及应对方案	5
	10. 纠纷应对	（20）近三年有效处理国内外知识产权纠纷获得赔偿或避免损失	5
获得奖励（10 分）	11. 获得奖励	（21）企业获得的国家级和省级知识产权工作奖励。纳入评价范围的包括企业近五年获得的国家级知识产权奖励和近三年获得的省级知识产权奖励。国家级知识产权奖励包括中国专利奖、中国商标金奖、世界知识产权组织版权金奖（中国）和国家技术发明奖；省级知识产权奖励是指省级政府设立的知识产权奖励，不含省级政府下属部门或单位颁发的奖项	10

注：有关评分标准另行发布。

国家知识产权示范企业知识产权评价指标体系（试行）（B表）

一级指标及权重	二级指标	考察要点	权重
知识产权战略管理能力（15分）	1. 战略层面规划知识产权工作	（1）建立与企业整体发展相匹配的知识产权战略规划	5
		（2）建立专利导航决策机制，引导企业重大决策	5
	2. 较高的知识产权信息化管理水平	（3）具有企业专利数据库，建立知识产权信息化管理平台，有效管理企业知识产权	5
知识产权创造能力（15分）	3. 具有行业优势的专利全球布局	（4）建立海外专利布局机制并实施	5
		（5）在其他国家或地区的有效专利或其他知识产权储备在本行业内名列前茅	5
	4. 科学的知识产权激励机制	（6）建立知识产权入股、股权和分红权等形式的激励机制	5
知识产权运营能力（40分）	5. 专利运营机制有效运行	（7）依托专利分析等手段，建立专利运营机制	10
	6. 知识产权与资本市场的对接	（8）专利产品销售额占企业产品总销售额的比例较大	5
		（9）通过知识产权转让、许可等各种途径，拓宽企业知识产权价值实现渠道	5
	7. 知识产权产业协作积极开展	（10）牵头组建或加入专利运用协同体，实现协同发展	5
		（11）牵头组建或加入专利联盟	5
	8. 积极参与知识产权标准化	（12）参与国际标准制定	10
知识产权维权保护能力（30分）	9. 有效管控知识产权风险	（13）建立贯穿生产经营全流程的知识产权侵权预警机制和风险监控机制	5
		（14）定期开展知识产权风险测评	5
	10. 尊重他人知识产权	（15）通过开展知识产权尽职调查、获得知识产权许可等方式，避免主观恶意侵犯他人知识产权	5
	11. 参与行业性专利纠纷处理	（16）推动建立行业知识产权维权协作机制，参与行业专利纠纷处置	10
	12. 解决国内外知识产权争端	（17）编制并适时调整企业知识产权争端解决预案	5

注：有关指标说明及评分标准另行发布。

资料来源：杭州市余杭区人民政府网站，http：//www.yuhang.gov.cn/xxgk/zcfg/bmwj/201706/t20170619_1090259.html。

五、其他说明

国家知识产权优势企业和国家知识产权示范企业是由国家知识产权局和各地区知识产权管理部门负责认定管理。2018年4月10日，国家知识产权局正式启动2018年度国家知识产权示范企业和优势企业考核复核申报工作（http：//www.sipo.gov.cn/gztz/1121396.htm），不同年份该项工作的启动时间不太一致，不同地区的启动时间也不一致，对这方面信息感兴趣的读者一定要随时关注各地及国家知识产权局的相关网站通知。

第五节 技术先进型服务企业

一、技术先进型服务企业所得税政策

2017 年 11 月，财政部、国家税务总局、商务部、科技部、国家发展和改革委员会五部门印发了《关于将技术先进型服务企业所得税政策推广至全国实施的通知》，具体内容如下。

关于将技术先进型服务企业所得税政策推广至全国实施的通知

为贯彻落实《国务院关于促进外资增长若干措施的通知》（国发〔2017〕39 号）要求，发挥外资对优化服务贸易结构的积极作用，引导外资更多投向高技术、高附加值服务业，促进企业技术创新和技术服务能力的提升，增强我国服务业的综合竞争力，现就技术先进型服务企业有关企业所得税政策问题通知如下：

一、自 2017 年 1 月 1 日起，在全国范围内实行以下企业所得税优惠政策

1. 对经认定的技术先进型服务企业，减按 15% 的税率征收企业所得税。

2. 经认定的技术先进型服务企业发生的职工教育经费支出，不超过工资薪金总额 8% 的部分，准予在计算应纳税所得额时扣除；超过部分，准予在以后纳税年度结转扣除。

二、享受本通知第一条规定的企业所得税优惠政策的技术先进型服务企业必须同时符合以下条件

1. 在中国境内（不包括港、澳、台地区）注册的法人企业；

2. 从事《技术先进型服务业务认定范围（试行）》（详见附件）中的一种或多种技术先进型服务业务，采用先进技术或具备较强的研发能力；

3. 具有大专以上学历的员工占企业职工总数的 50% 以上；

4. 从事《技术先进型服务业务认定范围（试行）》中的技术先进型服务业务取得的收入占企业当年总收入的 50% 以上；

5. 从事离岸服务外包业务取得的收入不低于企业当年总收入的 35%。

从事离岸服务外包业务取得的收入，是指企业根据境外单位与其签订的委托合同，由本企业或其直接转包的企业为境外单位提供《技术先进型服务业务认定范围（试行）》中所规定的信息技术外包服务（ITO）、技术性业务流程外包服务（BPO）和技术性知识流程外包服务（KPO），而从上述境外单位取得的收入。

三、技术先进型服务企业的认定管理

1. 省级科技部门会同本级商务、财政、税务和发展改革部门根据本通知规定制定本省（自治区、直辖市、计划单列市）技术先进型服务企业认定管理办法，并负责本地区技术先进型服务企业的认定管理工作。各省（自治区、直辖市、计划单列市）技术先进型服务企业认定管理办法应报科技部、商务部、财政部、税务总局和国家发展改革委备案。

2. 符合条件的技术先进型服务企业应向所在省级科技部门提出申请，由省级科技部门会同本级商务、财政、税务和发展改革部门联合评审后发文认定，并将认定企业名单及有关情况通过科技部“全国技术先进型服务企业业务办理管理平台”备案，科技部与商务部、财政部、税务总局和国家发展改革委共享备案信息。符合条件的技术先进型服务企业须在商务部“服务贸易统计监测管理信息系统（服务外包信息管理应用）”中填报企业基本信息，按时报送数据。

3. 经认定的技术先进型服务企业，持相关认定文件向所在地主管税务机关办理享受本通知第一条规定的企业所得税优惠政策事宜。享受企业所得税优惠的技术先进型服务企业条件发生变化的，应当自发生变化之日起15日内向主管税务机关报告；不再符合享受税收优惠条件的，应当依法履行纳税义务。主管税务机关在执行税收优惠政策过程中，发现企业不具备技术先进型服务企业资格的，应提请认定机构复核。复核后确认不符合认定条件的，应取消企业享受税收优惠政策的资格。

4. 省级科技、商务、财政、税务和发展改革部门对经认定并享受税收优惠政策的技术先进型服务企业应做好跟踪管理，对变更经营范围、合并、分立、转业、迁移的企业，如不再符合认定条件，应及时取消其享受税收优惠政策的资格。

5. 省级财政、税务、商务、科技和发展改革部门要认真贯彻落实本通知的各项规定，在认定工作中对内外资企业一视同仁，平等对待，切实做好沟通与协作工作。在政策实施过程中发现问题，要及时反映上报财政部、税务总局、商务部、科技部和国家发展改革委。

6. 省级科技、商务、财政、税务和发展改革部门及其工作人员在认定技术先进型服务企业工作中，存在违法违纪行为的，按照《公务员法》《行政监察法》等国家有关规定追究相应责任；涉嫌犯罪的，移送司法机关处理。

7. 本通知印发后，各地应按照本通知规定于2017年12月31日前出台本省（自治区、直辖市、计划单列市）技术先进型服务企业认定管理办法并据此开展认定工作。现有31个中国服务外包示范城市已认定的2017年度技术先进型服务企业继续有效。从2018年1月1日起，中国服务外包示范城市技术先进型服务企业认定管理工作依照所在省（自治区、直辖市、计划单列市）制定的管理办法实施。

附件：技术先进型服务业务认定范围（试行）

1. 信息技术外包服务（ITO）

1.1　软件研发及外包

类别	适用范围
软件研发及开发服务	用于金融、政府、教育、制造业、零售、服务、能源、物流、交通、媒体、电信、公共事业和医疗卫生等部门和企业，为用户的运营/生产/供应链/客户关系/人力资源和财务管理、计算机辅助设计/工程等业务进行软件开发，包括定制软件开发，嵌入式软件、套装软件开发，系统软件开发、软件测试等
软件技术服务	软件咨询、维护、培训、测试等技术性服务

1.2 信息技术研发服务外包

类别	适用范围
集成电路和电子电路设计	集成电路和电子电路产品设计以及相关技术支持服务等
测试平台	为软件、集成电路和电子电路的开发运用提供测试平台

1.3 信息系统运营维护外包

类别	适用范围
信息系统运营和维护服务	客户内部信息系统集成、网络管理、桌面管理与维护服务；信息工程、地理信息系统、远程维护等信息系统应用服务
基础信息技术服务	基础信息技术管理平台整合、IT 基础设施管理、数据中心、托管中心、安全服务、通信服务等基础信息技术服务

2. 技术性业务流程外包服务（BPO）

类别	适用范围
企业业务流程设计服务	为客户企业提供内部管理、业务运作等流程设计服务
企业内部管理服务	为客户企业提供后台管理、人力资源管理、财务、审计与税务管理、金融支付服务、医疗数据及其他内部管理业务的数据分析、数据挖掘、数据管理、数据使用的服务；承接客户专业数据处理、分析和整合服务
企业运营服务	为客户企业提供技术研发服务、为企业经营、销售、产品售后服务提供的应用客户分析、数据库管理等服务。主要包括金融服务业务、政务与教育业务、制造业务和生命科学、零售和批发与运输业务、卫生保健业务、通信与公共事业业务、呼叫中心、电子商务平台等
企业供应链管理服务	为客户企业提供采购、物流的整体方案设计及数据库服务

3. 技术性知识流程外包服务（KPO）

适用范围
知识产权研究、医药和生物技术研发和测试、产品技术研发、工业设计、分析学和数据挖掘、动漫及网游设计研发、教育课件研发、工程设计等领域

资料来源：中国政府网，http：//www.gov.cn/fuwu/2018－05/31/content_5295002.htm。

二、全国技术先进型服务企业业务办理

2017 年 12 月，科技部火炬中心印发《全国技术先进型服务企业业务办理管理平台指引（试行）》，具体内容如下。

全国技术先进型服务企业业务办理管理平台指引（试行）

根据《关于将技术先进型服务企业所得税政策推广至全国实施的通知》（财税〔2017〕79号）（以下简称通知）文件精神，结合实际工作需要，制定本全国技术先进型服务企业业务办理管理平台指引。

一、平台定位和功能

为了落实通知要求，更加高效、便捷地开展全国技术先进型企业业务办理工作，更好地促进技术先进型企业的发展，科技部火炬高技术产业开发中心（以下简称"火炬中心"）在科技部领导下，负责"全国技术先进型服务企业业务办理管理平台"（http：//tas. innocom. gov. cn）建设与运行的日常管理工作，承担技术先进型服务企业备案工作。

"全国技术先进型服务企业业务办理管理平台"是包括企业、省级各部门以及国家各部委共同参与的协同工作网络平台，通过平台实现技术先进型服务企业申报、认定、备案、监督检查等工作流程，并通过信息收集和跟踪调查，为各级管理部门调整政策与决策提供支撑依据。

二、认定服务工作流程

为更好地服务地方，全国技术先进型服务企业业务办理管理平台提供了企业注册、申请认定（复核）、评审、核心信息变更、跟踪管理、税收政策落实等工作流程供参考使用，具体根据各省级管理办法实行。具体认定服务工作流程如下：

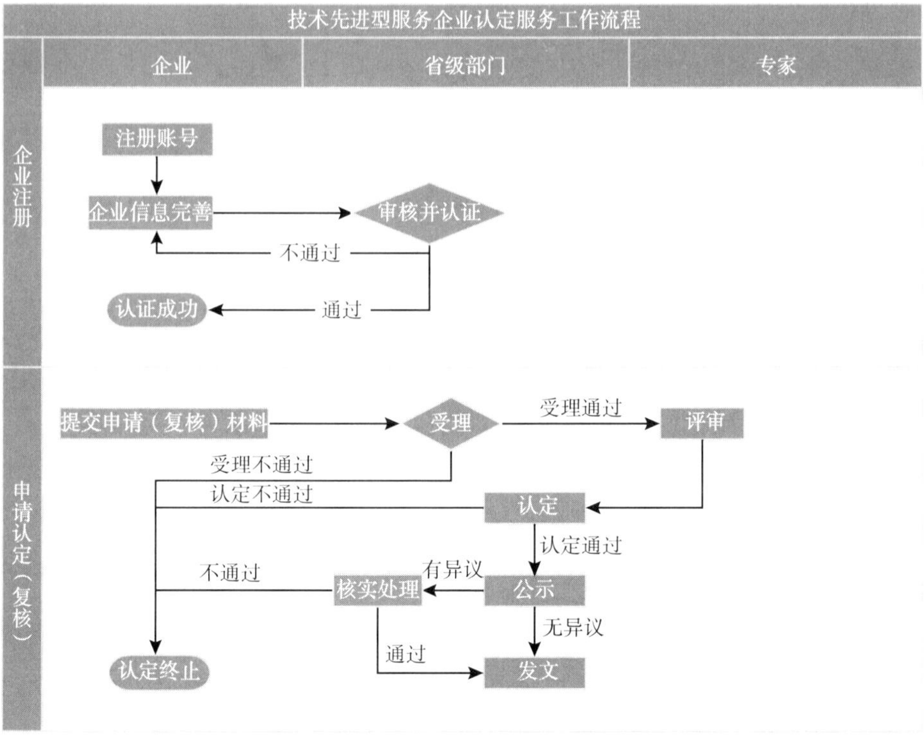

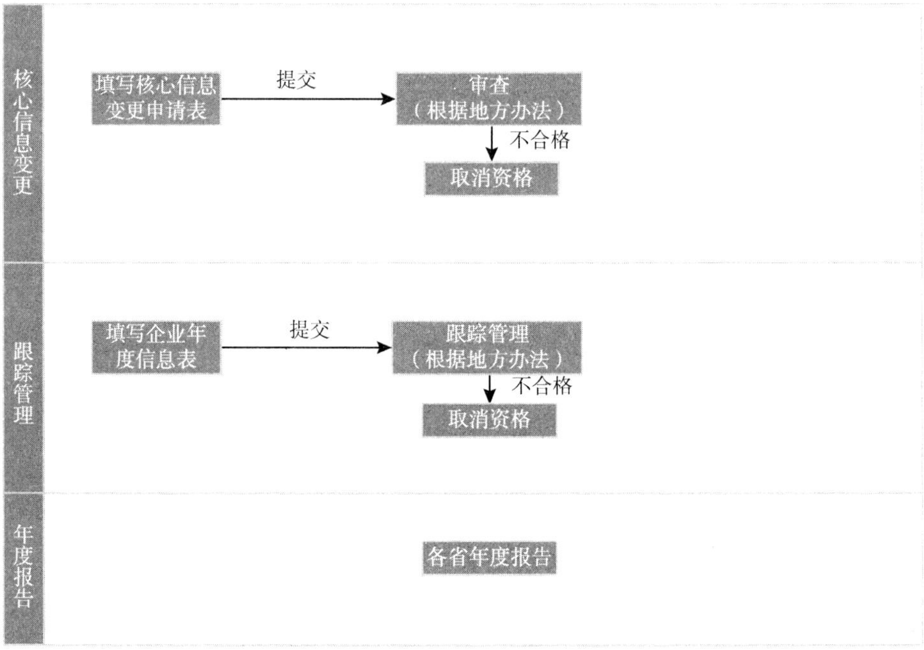

（一）企业申报

1. 注册登记。企业登录“全国技术先进型服务企业业务办理管理平台”（网址：http：//tas. chinatorch. gov. cn 或者 http：//tas. innocom. gov. cn），进入，按要求填写《企业注册登记表》（附件 1），并通过“全国技术先进型服务企业业务办理管理平台”提交至认定机构（根据各省管理办法指定机构）。认定机构核对企业注册信息，在“全国技术先进型服务企业业务办理管理平台”上确认激活后，企业可以开展后续申报工作。

2. 提交材料。企业登录“全国技术先进型服务企业业务办理管理平台”，按要求填报《全国技术先进型服务企业认定（复核）申请表》（附件 2，以下简称《申请表》）及上传省级部门要求提交的相关证明材料，同时报送纸质《申请表》（加盖企业公章）至省级科技部门。

（二）省级部门认定

1. 省级部门（或委托认定机构）对企业注册信息进行审核认证，认证通过后，对申请企业《申请表》进行形式审查，检查《申请表》是否完整、信息与相关证明文档是否一致、首页是否加盖企业公章以及其他问题。

2. 省级部门对申请企业进行联合评审，对评审通过的企业公示无异议后发文认定。

三、备案管理

技术先进型服务企业备案管理工作在“全国技术先进型服务企业业务办理管理平台”中进行。备案管理工作流程示意如下：

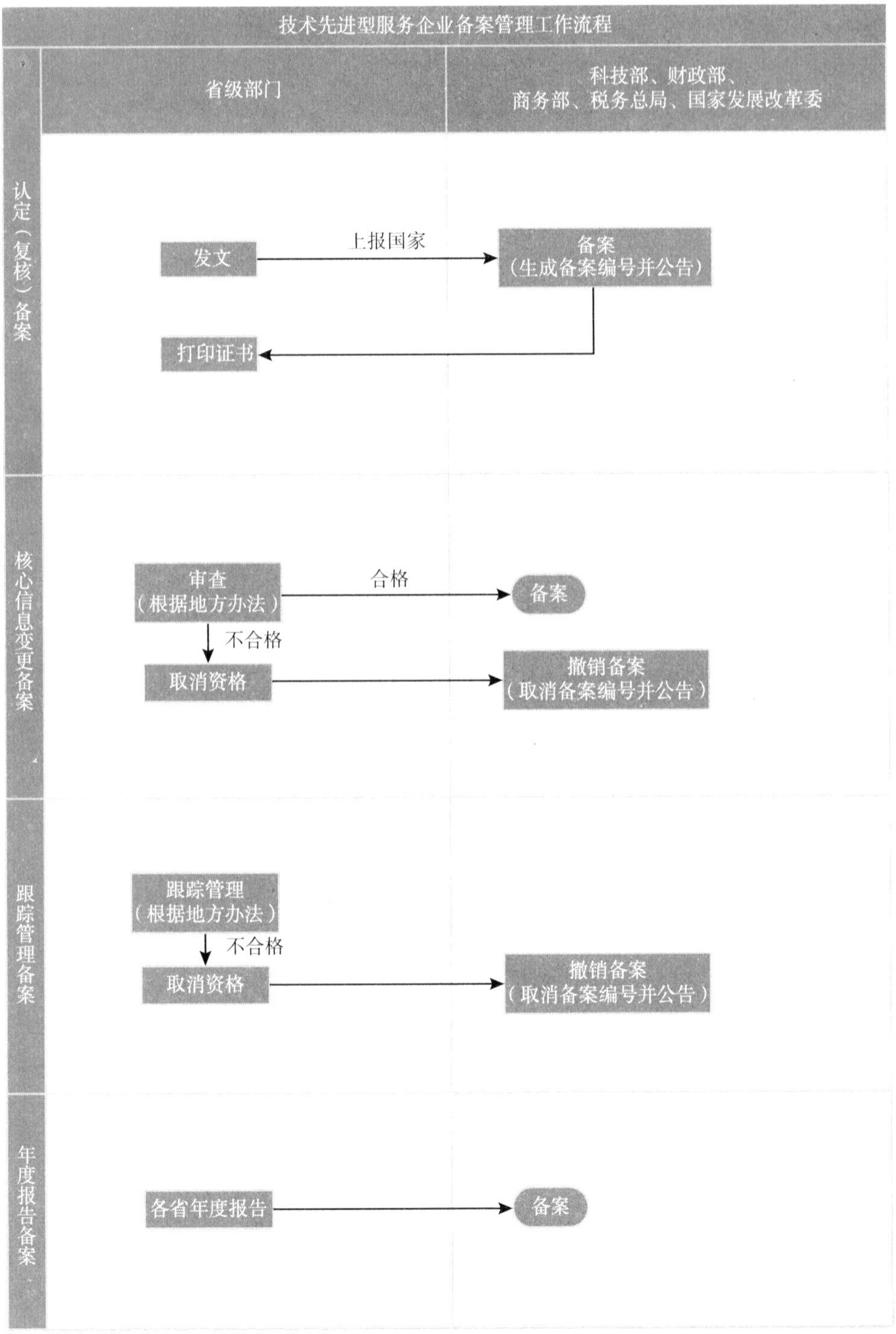

（一）认定（复核）备案

省级部门将认定企业名单通过“全国技术先进型服务企业业务办理管理平台”报备，同时报送认定文件和备案函至火炬中心，由火炬中心给予备案编号。

省级部门对主管税务机关提请复核的事项，按照认定程序开展复核工作。如复核企业不再符合认定条件，应及时取消其享受税收优惠政策的资格，并通过“全国技术先进型服务企业业务办理管理平台”报备，同时报送相应文件至火炬中心，由火炬中心取消备案编号。

（二）核心信息变更备案

享受企业所得税优惠的技术先进型服务企业条件（核心信息）发生变化时，应当自发生变化之日起15日内向主管税务机关报告，同时在“全国技术先进型服务企业业务办理管理平台”填写《技术先进型服务企业核心信息变更申报表》（附件3，以下简称《申报表》）及上传相关证明文件，同时报送纸质《申报表》（加盖企业公章）至省级科技部门，由省级科技部门审核无误后报送火炬中心备案并保留原备案编号；对企业名称变更的企业重新核发备案编号。

（三）跟踪管理备案

省级部门根据技术先进型服务企业填报的《技术先进型服务企业年度信息表》（附件4，以下简称信息表）开展跟踪管理工作，对因经营范围、合并、分立、转业、迁移等变更，不再符合认定条件的企业，应及时取消其享受税收优惠政策的资格，并通过“全国技术先进型服务企业业务办理管理平台”报备，同时报送相应文件至科技部火炬中心，由火炬中心取消备案编号。

（四）年度报告备案

省级部门汇总本地技术先进型服务企业有关工作情况，于每年6月30日之前通过“全国技术先进型服务企业业务办理管理平台”填写《××省（自治区、直辖市、计划单列市、新疆生产建设兵团）技术先进型服务企业认定管理工作年度报告》（附件5，以下简称年度报告），通过“全国技术先进型服务企业业务办理管理平台”报备，同时报送纸质报告（加盖公章）至火炬中心。

四、信息共享服务机制

火炬中心将认定的技术先进型服务企业备案信息与财政部、税务总局、商务部、科技部和国家发展改革委共享。

五、附件

1. 企业注册登记表（略）
2. 全国技术先进型服务企业认定（复核）申请表（略）
3. 技术先进型服务企业核心信息变更申报表（略）
4. 技术先进型服务企业年度信息表（略）
5. ××省（自治区、直辖市、计划单列市、新疆生产建设兵团）技术先进型服务企业认定管理工作年度报告（略）

资料来源：天津港保税区科技与工业创新局，http：//kjfzj. tjftz. gov. cn/system/2018/01/11/010084842. shtml。

三、福建省技术先进型服务企业认定管理办法

这里主要介绍《福建省技术先进型服务企业认定管理办法》，具体内容如下。

福建省技术先进型服务企业认定管理办法（试行）

第一章 总 则

第一条 为促进我省技术先进型服务企业的发展，提升企业技术创新和技术服务能力，根据财政部、国家税务总局、商务部、科技部、国家发展改革委《关于将技术先进型服务企业所得税政策推广至全国实施的通知》（财税〔2017〕79号）和《全国技术先进型服务企业业务办理管理平台指引（试行）》（国科火字〔2017〕227号）要求，特制定本办法。

第二章 组织与实施

第二条 省科技厅牵头并会同省财政厅、省国税局、省地税局、省商务厅、省发展改革委共同组成福建省技术先进型服务企业认定管理工作领导小组（以下简称“省认定领导小组”），主要职责为：指导、管理和监督技术先进型服务企业的认定工作，并对认定中的重大事项进行决策。

第三条 领导小组下设办公室（以下简称“认定办公室”），由省财政厅、省国税局、省地税局、省商务厅、省发展改革委相关人员组成，认定办公室设在省科技厅，具体职责为：（一）负责福建省（不含厦门）技术先进型服务企业认定工作；（二）负责对已认定的技术先进型服务企业进行监督、管理，受理、核实并处理有关举报；（三）遴选福建省技术先进型服务企业认定工作专家；（四）完成领导小组交办的其他工作。

第四条 省认定领导小组办公室每年发布申报公告，明确具体的申报材料要求及受理截止时间，每年受理2次，受理时间为每年2月和10月。

第三章 认定条件和程序

第五条 技术先进型服务企业必须同时符合以下条件：

（一）在福建省（不含厦门）内注册的法人企业；（二）从事《技术先进型服务业务认定范围（试行）》（详见附件1）中的一种或多种技术先进型服务业务，采用先进技术或具备较强的研发能力；（三）具有大专以上学历的员工占企业职工总数的50%以上；（四）从事《技术先进型服务业务认定范围（试行）》中的技术先进型服务业务取得的收入占企业当年总收入的50%以上；（五）从事离岸服务外包业务取得的收入不低于企业当年总收入的35%。

从事离岸服务外包业务取得的收入，是指企业根据境外单位与其签订的委托合同，由本企业或其直接转包的企业为境外单位提供《技术先进型服务业务认定范围（试行）》中所规定的信息技术外包服务（ITO）、技术性业务流程外包服务（BPO）和技术性知识流程外包服务（KPO），而从上述境外单位取得的收入。

第六条 申请技术先进型服务企业需提交以下申报材料：（一）《全国技术先进型服务企业认定申请表》；（二）企业营业执照、税务登记证或载有统一社会信用代码的营业执照、工作场所证明材料（网上提交原件扫描件，书面提交加盖企业印章的复印件）；（三）经中介机构鉴证的企业上一年度财务报告；（四）企业上年度技术先进型服务收入及离岸服务外包业务收入明细表（加盖企业公章），并附服务（离岸服务）销售合同（服务合同、合作开发合同、委托开发协议书）和销售票据（销售发票、外汇收入核销证明）；需提供上一年度技术先进服务业务专项审计报告及企业所得税年度纳税申报表（主表）；（五）企业采用先进技术或具备较强研发能力佐证材料，包括知识产权证书，新产品或新技术证明（查新）材料，获本省或国家科技立项证明，获本省或国家科技奖励证明以及其他相关证明材料（可选报）；（六）企业员工花名册（注明员工学历结构、从事离岸服务外包人员情况）、企业上年度就业人员社会保险费或个人所得税的缴纳证明（加盖企业印章）；

第七条 技术先进型服务企业认定程序：（一）注册登记。自我评价符合认定条件的企业，本着自愿原则，登录"全国技术先进型服务企业业务办理管理平台"（以下简称"技先平台"，网址：http：//tas. chinatorch. gov. cn 或者登录 http：//tas. innocom. gov. cn），按要求填写《企业注册登记表》（附件2），并通过"全国技术先进型服务企业业务办理管理平台"提交至省级认定机构。省级认定机构核对企业注册信息，在"全国技术先进型服务企业业务办理管理平台"上确认激活后，企业开展后续申报工作。（二）企业申报。注册成功的企业进入"技先平台"，按要求在线填写《全国技术先进型服务企业认定（复核）申请表》（附件3，以下简称《申请表》）及上传相关证明文件，同时报送纸质材料（一式二份，加盖企业印章）至所在设区市（平潭综合实验区）科技行政主管部门。（三）初审推荐。各设区市（区）科技行政部门会同财政、国税、地税、商务及发展改革部门对企业的申报材料进行初步审查，检查《申请表》是否完整、信息与相关证明文档是否一致、首页是否加盖企业公章以及其他问题，符合条件的，向省认定领导小组办公室提出推荐意见。（四）评审认定。根据初审推荐意见，省认定领导小组办公室按技术领域和服务行业，组织不少于5名相关技术领域和财务专家进行评审，提出认定意见。经省认定领导小组各成员单位会商后，确定认定企业名单。（五）公示结果。认定企业名单在省科技厅等网站上公示10个工作日。公示有异议的，由省认定领导小组办公室对有关问题进行核实处理。公示无异议的，由省认定领导小组发文认定，并通过科技部"全国技术先进型服务企业业务办理管理平台"备案，并颁发"技术先进型服务企业证书"（加盖认定领导小组成员单位公章）。

第八条 经认定的技术先进型服务企业，持相关认定文件向当地主管税务机关办理税收优惠政策事宜，享受规定的税收优惠政策：（一）减按15%的税率征收企业所得税。（二）企业发生的职工教育经费支出，不超过工资薪金总额8%的部分，准予在计算应纳税所得额时扣除；超过部分，准予在以后纳税年度结转扣除。

第四章 监督管理

第九条 经认定的技术先进型服务企业，其资格自颁发证书之日起有效期为三年。

第十条 符合条件的技术先进型服务企业须在商务部"服务外包业务管理和统计系统（服务外包信息管理应用）"中填报企业基本信息，按时报送数据。

第十一条 享受企业所得税优惠的技术先进型服务企业（核心信息）发生变化的，应当自发生变化之日起15日内向主管税务机关报告，同时在"技先平台"填写《技术先进型服务企业核心信息变更申报表》（附件4）及上传相关证明文件，同时分别报送纸质材料（各一式二份，加盖企业公章）至省市科技行政主管部门，由省级科技部门审核无误后报送火炬中心备案并保留原备案编号；对企业名称变更的企业重新核发备案编号。

第十二条　经认定的技术先进型服务企业应于下一年度1月20日前在“技先平台”填报《技术先进型服务企业年度信息表》（附件5），由省市科技行政部门会同财政、国税、地税、商务及发展改革部门对经认定并享受税收优惠政策的技术先进型服务企业做好跟踪管理，完善信息共享服务机制。

第十三条　各设区市科技行政主管部门要于每年6月10日前填写《××市（区）技术先进型服务企业认定管理工作年度报告》（附件6）（加盖公章）上报省厅报备。

第十四条　对已认定的技术先进型服务企业，出现下述情况之一的，应进入复核程序处理：1. 发现在申请认定过程中提供虚假信息的；2. 认定领导小组各成员单位提请复核的；3. 企业因变更经营范围、合并、分立、转业、迁移等变更；4. 主管税务机关在执行税收优惠政策过程中，发现企业不具备技术先进型服务企业资格的。

对复核证实不符合规定的企业，取消技术先进型服务企业资格和享受的税收优惠政策；对经复核确属提供虚假信息的，两年内不再受理该企业的认定申请。

第十五条　企业的复核由省认定领导小组办公室提出初步核审意见，省认定领导小组确定最终意见，并通过科技部“技先平台”备案。

第十六条　跨地区整体迁移的技先企业，在其技先企业资格有效期内完成迁移的，其资格继续有效；跨地区部分搬迁的，由迁入地认定机构按照本办法重新认定。

第十七条　省市科技、财政、税务、商务和发展改革部门及其工作人员在认定技术先进型服务企业中，存在违法违纪行为的，按照《公务员法》《行政监察法》等国家有关规定追究相应责任；涉嫌犯罪的，移送司法机关处理。

第五章　附　　则

第十八条　本办法由省认定领导小组负责解释和修订。

第十九条　本办法自发布之日起实施。福州市、平潭综合实验区已认定的2017年度技术先进型服务企业继续有效。从本办法发布之日起，福建省技术先进型服务企业认定管理工作依照本管理办法实施。

附件：1. 技术先进型服务业务认定范围（略）

2.《企业注册登记表》（略）

3.《全国技术先进型服务企业认定申请表》（略）

4.《技术先进型服务企业核心信息变更申请表》（略）

5.《技术先进型服务企业年度信息表》（略）

6.《××市（区）技术先进型服务企业认定管理工作年度报告》（略）

资料来源：福建省科学技术厅，http：//kjt. fujian. gov. cn/xxgk/zcwj/201802/t20180206_1034829. htm。

四、《福建省技术先进型服务企业认定管理办法（试行）》政策解读①

为深入贯彻党的十九大精神，大力实施创新驱动发展战略，提升福建省现代服务业和新兴产业发展水平，根据《财政部 税务总局 商务部 科技部 国家发展改革委关于将技术先进型服务企业所得税政策推广至全国实施的通知》（财税〔2017〕79 号）要求，福建省科技厅高度重视，组成政策文件起草小组，在衔接福州、厦门和平潭综合实验区三地原有做法基础上，学习借鉴了江苏、四川等地经验，认真起草《福建省技术先进型服务企业认定管理办法（试行）》（下称《办法》）。并征求了省财政厅、省国税局、省地税局、省商务厅、省发展改革委等部门单位意见建议，几易其稿，严谨论证，于 2018 年 1 月 19 日经省科技厅等六部门研究同意，联合印发实施。

《办法》主要分为五章：

第一章总则，主要概括了《办法》起草的目的意义和政策依据。

第二章组织与实施，共有三条（第二条至第四条）。第二条明确了省级技术先进型服务企业认定工作的组织领导机构及其主要职责；第三条明确认定工作负责具体执行的机构及职责内容；第四条明确认定工作申报通知要求及年度工作节点。

第三章认定条件和程序，共有四条（第五条至第八条）。第五条明确提出申报认定省级技术先进型服务企业应具备的相应条件，即行业范围、技术创新和经营状况等定量化标准要素；第六条明确企业申报认定需提交的相关佐证材料及注意事项；第七条明确申报认定工作程序，主要包括注册登记、企业申报、初审推荐、评审认定和公示结果五个环节以及强调的相关具体要求和事项；第八条明确经认定的技术先进型服务企业，可能享受规定的税收优惠政策：（1）减按 15% 的税率征收企业所得税；（2）企业发生的职工教育经费支出，不超过工资薪金总额 8% 的部分，准予在计算应纳税所得额时扣除；超过部分，准予在以后纳税年度结转扣除。

第四章监督管理，共有九条（第九条至第十七条）。第九条明确获得省级技术先进型服务企业认定资格有效期限为三年；第十条至十二条，强调了获得认定资格的企业有责任义务配合相关主管部门做好相关信息的统计、核实等管理工作，同时对企业发生相应变化的，必须重新报备的要求及注意事项；第十三条明确建立年度报告制度，市级科技行政管理部门需在规定时间里完成年度报告总结提交；第十四条明确需复核企业认定资格条件的几种情形以及弄虚作假的相应惩罚机制；第十五条至第十七条，明确了复核备案及区域迁移的技先企业相关要求事项，以及认定管理中工作人员的违纪违规惩罚事宜。

第五章附则，共有两条（第十八条和第十九条）。第十八条明确了该办法的修释主体；第十九条明确办法实施时间及与原有工作衔接的相关事宜。

五、其他说明

福建省技术先进型服务企业认定是由福建省科学技术厅等六部门联合组织实施，

① 福建省科学技术厅，http：//kjt. fujian. gov. cn/xxgk/zcjd/bmzcwjjd/201802/t20180206_543827. htm。

2018 年 3 月 6 日，福建省科学技术厅等六部门联合下发《关于组织开展 2018 年福建省技术先进型服务企业认定工作的通知》（http：//kjt. fujian. gov. cn/xxgk/zcwj/201803/t20180319_2725665. htm），除了福建省外，其他地区也都结合自身的特点制定了所在省级地区的技术先进型服务企业认定管理办法，请对此感兴趣的读者要及时关注所在地区科技厅等相关部门的网站信息。

第六节 “专精特新”中小企业

在 2018 年以前，“专精特新”中小企业认定和管理工作主要由各省级行政区自行开展，没有全国性的政策，因为笔者在福建，所以重点介绍福建省的“专精特新”中小企业认定管理办法，其他地区的相关政策请自行到相关网站查询。

一、福建省“专精特新”中小企业评审概况

福建省从 2017 年开始实施“专精特新”中小企业认定管理暂行办法，当年就认定了 224 家，2018 年认定了 200 家，接下来，福建省将着力把“专精特新”中小企业打造成为中小企业工作的品牌抓手，持续开展培育工作，力争通过几年时间，使“专精特新”中小企业认定数量达 1000 家以上，成为福建省工业经济的中坚力量和经济发展的重要支撑。

二、福建省“专精特新”中小企业优惠政策

对经认定的福建省“专精特新”中小企业，由省经信委、财政厅联合授予“福建省‘专精特新’中小企业”称号，并由其所在市经信、财政部门从该年省级工业和信息化发展专项金对每家企业相应资金奖励。例如，2018 年，三明市经济和信息化委员会和三明市财政局就给予其 10 万元现金奖励。①

有关县（市、区）工信、财政部门将精心抓好辖区内“专精特新”中小企业跟踪服务工作，在资金奖励、融资支持、技术改造、品牌认定、市场开拓、管理提升等方面加大政策支持，引导企业专注主业、重视研发、提升质量，培育一批细分领域专精特新“小巨人”企业，持续为工业经济发展提供新动能。

抓好运行监测，为精准做好“专精特新”中小企业的跟踪培育和服务工作，省工信厅将省级“专精特新”中小企业纳入中小企业运行监测体系。

中共中央办公厅、国务院办公厅近日印发《关于促进中小企业健康发展的指导意见》。其中指出，要完善政府采购支持中小企业的政策。各级政府要为中小企业开展政府采购项下融资业务提供便利，依法及时公开政府采购合同等信息。研究修订政府采购促进中小企业发展暂行办法，采取预算预留、消除门槛、评审优惠等手段，落实

① 三明市信息和工业化局网站，http：//jxw. sm. gov. cn/xxdt/tzgg/201812/t20181229_1253638. html。

政府采购促进中小企业发展政策。在政府采购活动中，向“专精特新”中小企业倾斜。

“专精特新”中小企业是申请各种科技贷、各类科技创新板块、科技创新券的优先条件之一，企业主也可以据此优先申请省级科技创业领军人物，同时还可以申请各种财政项目、科研平台。

三、福建省“专精特新”中小企业认定管理

2017年5月，福建省经信委、财政厅研究制定了《福建省“专精特新”中小企业认定管理暂行办法》，具体内容如下。

福建省“专精特新”中小企业认定管理暂行办法

第一章 总 则

第一条 为贯彻落实工业和信息化部印发的《促进中小企业发展规划（2016～2020年）》，结合省经信委牵头制定实施的《福建省中小企业成长计划（2016～2018年）》，引导推进我省中小企业“专精特新”发展，根据《工业和信息化部关于促进中小企业“专精特新”发展的指导意见》（工信部企业〔2013〕264号），制定本办法。

第二条 认定福建省“专精特新”中小企业，旨在引导我省中小企业围绕《中国制造2025》重点领域，利用“互联网+”战略机遇，走“专精特新”发展之路，提升自主创新能力、加快转型升级，培育一批主营业务突出、竞争力强以及具有良好发展前景的“专精特新”中小企业，持续为我省经济发展注入新的活力。

第三条 “专精特新”企业具有以下特征：（一）专业化。专注核心业务，具有专业化生产、服务和协作配套的能力，为大企业、大项目和产业链提供零部件、元器件、配套产品和配套服务。（二）精细化。具备精细化生产、精细化管理、精细化服务，以美誉度高、性价比好、品质精良的产品和服务在细分市场中占据优势。（三）特色化。采用独特的工艺、技术、配方或特殊原料进行研制生产，产品或服务具有独特性、独有性、独家性特点，掌握自主知识产权。（四）新颖化。开展技术创新、管理创新和商业模式创新，通过行业的交叉融合提供新的产品或服务，具有“新技术、新产业、新业态、新模式”等四新经济发展特征。

第四条 省经信委、省财政厅按照科学公开、公平公正、自愿申报的原则，开展福建省“专精特新”中小企业认定和管理工作。各设区市及平潭综合实验区经信、财政部门协助做好辖区内福建省“专精特新”中小企业的推荐申报和跟踪管理工作。

第二章 认定条件

第五条 申报福建省“专精特新”中小企业应符合以下两项基本条件和任何一项专项条件。

（一）基本条件：1. 在我省登记注册两年以上，具有独立法人资格，符合《中小企业划型标准规定》（工信部联企业〔2011〕300号）界定的工业、信息传输业、软件和信息技术服务业中小企业。企业主导产品或服务符合《中国制造2025》和《福建省实施〈中国制造2025〉行动计划》重点方向，具有良好发展前景和较好的经济、

社会效益，信用良好。2. 企业上年度营业收入2000万元以上，上年度营业收入增速不低于15%或近两年平均增速不低于10%。

（二）专项条件：1. 专业化：企业专注核心业务，具有较高专业化生产、服务和协作配套能力，能为大企业、大项目和龙头企业提供关键零部件、关键元器件、配套产品和配套服务，主导产品和服务在国内或省内细分市场处于领先地位，主导产品和服务营业收入占本企业销售收入的60%以上。2. 精细化：企业建立精细高效的管理制度和流程，取得质量管理体系认证，开展精细化生产、精细化管理、精细化服务，装备居国内同行业领先水平，企业管理效益突出、降本增效显著，属所在设区市品牌企业。企业产品和服务美誉度高、性价比好、品质精良，在细分市场具有一定的比较优势。3. 特色化：企业利用特色资源，弘扬传统技艺和地域文化，采用独特工艺、技术、配方或原料，研制生产具有地方或企业特色的产品。企业拥有发明专利、软件著作权或专有技术3项以上，主导产品和服务具有自主知识产权，并在生产中应用。企业研发投入占营业收入比重达2%以上。4. 新颖化：开展技术创新、管理创新和商业模式创新，适应或创造消费新需求，拥有符合“新技术、新产业、新业态、新模式”等四新经济发展特征的产品或服务，形成新的经济增长点，具有新的竞争优势。具有较高的信息化应用水平，通过行业的交叉融合提供新的产品或服务，拥有近2年内新授权的发明专利或独特、独有的工艺、配方等专有技术。

第三章　认定程序

第六条　省经信委、省财政厅每年组织开展一次福建省“专精特新”中小企业申报和认定工作，具体时间及要求以当年申报工作通知为准。

第七条　符合条件的企业可向所属设区市（或平潭综合实验区，下同）经信部门、财政部门申报并提供以下材料：（一）福建省“专精特新”中小企业认定申报书（附件）。（二）企业法人营业执照复印件。（三）以下证明符合申报条件的有关资料和证书复印件：1. 专业化：与大企业、大项目和龙头企业签订的关键零部件、关键元器件、配套产品或配套服务协议，主导产品和服务在国内或省内细分市场地位说明材料。2. 精细化：企业质量管理体系认证证书，企业精细化管理、装备水平、管理效益、产品品牌和市场比较优势说明材料。3. 特色化：企业发明专利、软件著作权、专有技术等证明材料或证书复印件，企业弘扬传统技艺文化、生产具有特色产品说明材料。4. 新颖化：2年内新授权的发明专利或独特、独有的工艺、配方等专有技术证明材料或证书复印件，企业有关发展“新技术、新产业、新业态、新模式”等四新经济、信息化应用水平说明材料。（四）属特殊行业的企业须提供特殊行业许可证或相关准入证明。

第八条　设区市经信部门收到所属企业的申报材料后，根据本办法和年度申报工作通知进行初审，提出拟推荐名单并会同同级财政部门正式行文推荐上报省经信委、省财政厅。

第九条　省经信委会同省财政厅按规定程序对各设区市推荐上报的企业进行审核，提出拟认定企业名单并进行公示。

第十条　经公示无异议的，由省经信委、省财政厅联合公布名单，并授予福建省“专精特新”中小企业称号。

第四章 跟踪管理

第十一条 省经信委、省财政厅对福建省“专精特新”中小企业实行动态管理，每三年复核一次。对复核不合格的企业，取消福建省“专精特新”中小企业称号。

第十二条 申报企业须如实填报、提供申报要求材料，真实反映企业实际情况；如存在弄虚作假、虚报伪造申报材料行为，经调查属实的，由省经信委、省财政厅取消其申报和认定资格。

第十三条 福建省“专精特新”中小企业发生重大违法违规事件，且被有关行政主管部门处理的，省经信委、省财政厅将取消其福建省“专精特新”中小企业称号和下一年度申报资格。

第十四条 福建省“专精特新”中小企业发生更名、重组等重大调整事项后，企业应在一个月内向所属设区市经信部门报告，并向省经信委、省财政厅申请办理更名等手续，逾期不报的，视为自动放弃福建省“专精特新”中小企业称号。

第十五条 福建省“专精特新”中小企业列入全省中小企业运行监测体系，须按要求定期报送企业相关信息。

第五章 附　则

第十六条 本办法由省经信委、省财政厅负责解释。

第十七条 本办法自发布之日起施行。

资料来源：福建省人民政府，http://www.fujian.gov.cn/zc/zxwj/bmwj/201705/t20170524_1310694.htm。

四、“专精特新”中小企业由省级升格为全国

在2018年以前，“专精特新”中小企业主要由各省（自治区、直辖市）进行省级认定，从2018年开始，这个政策就上升为国家层面的政策。

工业和信息化部办公厅关于开展专精特新“小巨人”企业培育工作的通知

为进一步推动民营经济和中小企业高质量发展，提高企业专业化能力和水平，按照《工业强基工程实施指南（2016～2020年）》《促进中小企业发展规划（2016～2020年）》（工信部规〔2016〕223号）和《关于促进中小企业“专精特新”发展的指导意见》（工信部企业〔2013〕264号）要求，我部决定在各省级中小企业主管部门认定的“专精特新”中小企业及产品基础上，培育一批专精特新“小巨人”企业。有关事项通知如下：

一、工作目标

专精特新“小巨人”企业是“专精特新”中小企业中的佼佼者，是专注于细分市场、创新能力强、市场占有率高、掌握关键核心技术、质量效益优的排头兵企业。我部计划利用三年时间（2018～2020年），培育600家左右专精特新“小巨人”企业。其中，2018年培育100家左右专精特新“小巨人”企业，促进其在创新能力、

国际市场开拓、经营管理水平、智能转型等方面得到提升发展。

二、培育条件

2018年被推荐的专精特新“小巨人”企业应符合以下条件：

（一）基本条件

1. 在中华人民共和国境内工商注册登记、连续经营3年以上并具有独立法人资格的中小企业，符合《中小企业划型标准规定》（工信部联企业〔2011〕300号）规定，属于各省级中小企业主管部门认定的（或重点培育）的“专精特新”中小企业或拥有被认定为“专精特新”产品的中小企业，以及创新能力强、市场竞争优势突出的中小企业。

2. 坚持专业化发展战略，长期专注并深耕于产业链中某个环节或某个产品，能为大企业、大项目提供关键零部件、元器件和配套产品，以及专业生产的成套产品。企业主导产品在国内细分行业中拥有较高的市场份额。

3. 具有持续创新能力，在研发设计、生产制造、市场营销、内部管理等方面不断创新并取得比较显著的效益，具有一定的示范推广价值。

4. 管理规范、信誉良好、社会责任感强，生产技术、工艺及产品质量性能国内领先。企业重视并实施长期发展战略，重视人才队伍建设，核心团队具有较好的专业背景和较强的生产经营能力，有发展成为相关领域国际领先企业的潜力。

有下列情况之一的企业，不得被推荐：在申请过程中提供虚假信息；近三年发生过安全、质量、环境污染事故；有偷漏税和其他违法违规、失信行为的。

（二）重点领域

专精特新“小巨人”企业的主导产品应符合《工业“四基”发展目录》所列重点领域，从事细分产品市场属于制造业核心基础零部件、先进基础工艺和关键基础材料；或符合制造强国战略明确的十大重点产业领域，属于重点领域技术路线图中有关产品；或属于国家和省份重点鼓励发展的支柱和优势产业。结合产业发展实际，后续将逐步扩大行业领域范围。

（三）专项指标

1. 经济效益。上年度企业营业收入在1亿元至4亿元之间，近2年主营业务收入或净利润的平均增长率达到10%以上，企业资产负债率不高于70%。

2. 专业化程度。企业从事特定细分市场时间达到3年及以上，其主营业务收入占本企业营业收入的70%以上，主导产品享有较高知名度，且细分市场占有率在全国名列前茅或全省前3位（如有多个主要产品的，产品之间应有直接关联性）。

3. 创新能力。近2年企业研发经费支出占营业收入比重在同行业中名列前茅，从事研发和相关技术创新活动的科技人员占企业职工总数的比例不低于15%，至少获得5项与主要产品相关的发明专利，或15项及以上实用新型专利、外观设计专利。近2年企业主持或者参与制（修）订至少1项相关业务领域国际标准、国家标准或行业标准。企业具有自主知识产权的核心技术和科技成果，具备良好的科技成果转化能力。企业设立研发机构，具备完成技术创新任务所必备的技术开发仪器设备条件或环境（设立技术研究院、企业技术中心、企业工程中心、院士专家工作站、博士后工作站等）。

4. 经营管理。企业有完整的精细化管理方案，取得相关质量管理体系认证，采用先进的企业管理方式，如5S管理、卓越绩效管理、ERP、CRM、SCM等。企业实施系统化品牌培育战略并取得良好绩效，拥有自主品牌，获得省级及以上名牌产品或驰名商标1项以上。企业产品生产执行标准达到国际或国内先进水平，或是产品通过发达国家和地区的产品认证（国际标准协会行业认证）。企业已建立规范化的顾客满意度评测机制或产品追溯体系。

三、组织实施

（一）组织推荐

我部根据各地已培育认定的“专精特新”中小企业数量，确定了推荐名额（见附件3）。请各省级中小企业主管部门参考佐证材料（见附件2），积极组织企业填写推荐表（见附件1），择优向我部推荐。已列为我部公布的制造业单项冠军的企业不再推荐报送。

（二）审核公布

我部组织对各省级中小企业主管部门上报的推荐材料进行审核。根据审核结果，确定专精特新“小巨人”培育企业名单，并在部门户网站公布。

（三）动态管理

公布的专精特新“小巨人”企业有效期为3年，有效期满当年可再次申报。在有效期内发现为虚假申报或存在违法违规行为的，一经查实，予以撤销。

四、相关要求

（一）加强组织领导。各省级中小企业主管部门要做好培育专精特新“小巨人”企业的具体方案，建立相关部门协同配合、共同推动的工作机制，加强对培育企业的指导、跟踪和服务，建立阶段性工作总结和监督检查制度，确保工作取得成效。

（二）完善支撑服务。借鉴其他国家先进经验，主动研究完善促进专精特新“小巨人”企业发展的政策措施。充分调动各级政府、服务机构、投资机构等积极性，鼓励开展惠赠专精特新“小巨人”企业服务专项行动，加强对企业产权保护、技术创新、管理提升、市场开拓、品牌建设、融资增信等方面的支持和服务。

（三）注重示范引导。认真总结培育专精特新“小巨人”企业的经验和做法，注重发挥专精特新“小巨人”企业的示范引领作用，引导广大中小企业走专精特新发展道路，不断提高民营经济和中小企业发展质量。

请各省级中小企业主管部门于2018年12月20日前将正式文件、加盖公章的推荐表纸质件（一式两份）和电子光盘交换至工业和信息化部（中小企业局）。

附件：1. 2018年专精特新“小巨人”企业推荐表（略）

2. 佐证材料（供参考）（略）

3. 各省份推荐名额（略）

资料来源：工业和信息化部网站，http://www.miit.gov.cn/newweb/n1146295/n1652858/n1652930/n3757016/c6510758/content.html。

五、其他说明

2018年11月26日，工业和信息化部下发了关于开展专精特新“小巨人”企业培育工作的通知（http：//www.miit.gov.cn/newweb/n1146295/n1652858/n1652930/n3757016/c6510758/content.html），各地开展本项工作的时间也不尽相同，请关注所在地主管部门的相关网站信息。

第七节　双软企业

一、历史沿革

"双软认证"是指软件企业的认定和软件产品的登记；企业申请双软认证除了获得软件企业和软件产品的认证资质，同时也是对企业知识产权的一种保护方式，更可以让企业享受国家提供给软件行业的税收优惠政策。

根据国务院最新公布的《国务院关于取消和调整一批行政审批项目等事项决定》中，2015 年 3 月 15 日取消双软认证的行政审批，改为由各省级软件行业协会牵头的"双软评估"。

二、双软认证的好处

双软认证的好处虽然没有高新技术企业那么多优惠政策，但是相对于其他行业来说优惠还是很多的。

1. 作为税收减免的重要依据

财政部、国家税务总局《关于贯彻落实〈中共中央、国务院关于加强技术创新，发展高科技，实现产业化的决定〉有关税收问题的通知》规定："对经过国家版权局注册登记，在销售时一并转让著作权、所有权的计算机软件征收营业税，不征收增值税"；对我国境内新办软件生产企业经认定后，自开始获利年度起，第一年和第二年免征企业所得税，第三年至第五年减半征收企业所得税（两免三减）；经认定的软件生产企业的工资和培训费用，可按实际发生额在计算应纳税所得额时扣除。工资只要是合理支出，不管是不是软件企业均可税前扣除。非软件企业，应在教育经费的限额内扣除（职工薪酬总额的 1.5% 或者 2.5% 视规定情况而定），超过部分不予扣除；而软件企业则无此限制，均可扣除。

2. 作为法律重点保护的依据

《国务院关于印发鼓励软件产业和集成电路产业发展若干政策的通知》第三十二条规定："国务院著作权行政管理部门要规范和加强软件著作权登记制度，鼓励软件著作权登记，并依据国家法律对已经登记的软件予以重点保护。"比如：软件版权受到侵权时，对于软件著作权登记证书司法机关可不必经过审查，直接作为有力证据使用；此外也是国家著作权管理机关惩处侵犯软件版权行为的执法依据。

3. 作为技术出资入股

《关于以高新技术成果出资入股若干问题的规定》中规定："计算机软件可以作

为高新技术出资入股，而且作价的比例可以突破公司法20%的限制达到35%”。甚至有的地方政府规定：“可以100%的软件技术作为出资入股”，但是都要求首先必须取得软件著作权登记。

4. 作为申请科技成果的依据

科技部关于印发《科技成果登记办法》的通知第八条规定：“办理科技成果登记应当提交《科技成果登记表》及下列材料：应用技术成果：相关的评价证明（鉴定证书或者鉴定报告、科技计划项目验收报告、行业准入证明、新产品证书等）和研制报告；或者知识产权证明（专利证书、植物品种权证书、软件登记证书等）和用户证明。”这里的软件登记证书指的是软件著作权的登记证书和软件产品登记证书，其他部委也有类似规定。

5. 企业破产后的有形收益

在法律上著作权视为“无形资产”，企业的无形资产不随企业的破产而消失，在企业破产后，无形资产（著作权）的生命力和价值仍然存在，该无形资产（著作权）可以在转让和拍卖中获得有形资金。

三、2018年中国软件业务收入前百家企业发展报告

我国软件产业的发展情况可通过前百强的业务收入情况来反映，下文为2018年我国软件业务收入前百家企业发展报告。

2018年（第17届）中国软件业务收入前百家企业发展报告及名单

根据国家统计局批准、工业和信息化部统计的2017年全国软件和信息技术服务业年报数据，经各地工业和信息化主管部门初步审核、工业和信息化部最终核定，2018年（第17届）中国软件业务收入前百家企业（下称“本届软件百家企业”）名单揭晓。

一、本届软件百家基本情况

本届软件百家企业入围门槛为软件业务年收入16.2亿元，比上届提高1.7亿元，增长11.9%；2017年共完成软件业务收入7712亿元，比上届增长16.5%。其中，排首位的企业是华为技术有限公司，该公司已连续十七年蝉联软件百家企业之首，中兴通讯股份有限公司、海尔集团公司分别列第二和第三名。

二、本届软件百家企业发展特点

当前我国经济发展进入新常态，全社会加快形成对深化供给侧结构性改革、大力实施创新驱动战略、构建全面开放新格局的共识，进一步提升信息技术对产业发展和转型升级的引领和带动作用的认识，软件和信息技术服务业进入新的发展机遇期。软件百家企业抓住机遇，强化科技创新，加快转型升级，坚持开放发展，抓好新兴领域信息技术突破，深入推进大数据、人工智能技术在传统行业和领域的应用，实现了稳中向好的发展态势。

（一）业务收入实现快速增长，规模实力迈上新台阶

本届软件百家企业整体规模继续扩大，2017 年共完成软件业务收入 7712 亿元，比上届增长 16.5%，增速同比加快 6.3 个百分点，高于全行业收入增速 2.3 个百分点，占全行业收入比重达到 14%。其中，软件业务收入过 100 亿元的企业达 13 家，比上届增加 4 家；软件业务收入过 40 亿元的企业已近半，达 47 家，比上届增加 9 家。较五年前软件百家企业的业务收入翻了一番，过百亿企业数增加了 11 家，过 40 亿元企业数增加了 28 家。

（二）加快探索转型升级路径，部分企业实现领先发展

本届软件百家企业中，超过三成的企业收入增长率超过 20%；增速超过 50% 的企业达到 9 家；两年持续在榜企业中，排名提升超过 10 位的企业达到 15 家。部分企业依靠积极转型和自主创新实现突破，如北京华胜天成公司实施服务转型以及在云计算领域打造自主品牌“天成云”，排名提升 41 位；部分企业深入研究和推进新兴技术的应用，如北京易华录公司将大数据和人工智能技术应用于智慧城市和交通、安防领域，排名提升 29 位；部分企业推动专业领域的高端化发展和在新兴领域布局并重，如江苏润和科技在聚焦金融信息化领域的同时，围绕物联网“芯片、平台、应用”的战略布局也初步成型，排名提升 20 位；部分企业如科大讯飞、大疆创新等，在新兴领域积累独特核心技术，连续两年排名大幅提升，今年分别提升 18 位和 14 位；另有部分企业依托自有终端品牌优势，深耕产业链上下游，提供移动端解决方案，如广东维沃软件、小米移动、云中飞均实现 10 位以上排名提升。

（三）企业持续发展能力增强，但盈利水平出现分化

本届软件百家企业更新率明显下降，两年都在榜企业 93 家，有 7 家企业首次或重新进入名单，企业持续增长能力增强。本届软件百家企业 2017 年实现利润总额 1713 亿元，比上届增长 15.8%，占全行业利润的 19.6%；受竞争激烈、人工等成本上升较快影响，本届软件百家企业平均主营利润率为 10.7%，平均总资产利润率 8.5%，分别低于上届 0.8 个和 0.7 个百分点。其中主营利润率低于 5% 的企业 24 家，比上届增加 6 家；但连续两年利润率超过 20% 的企业达 11 家，比上届增加 2 家，持续盈利能力有所增强。

（四）企业研发投入保持增长，创新质量进一步提升

本届软件百家企业共投入研发经费 1550 亿元，占全行业研发投入的 27.6%，远超收入和利润在全行业比重，是软件业研发投入的关键主体。企业平均研发强度 9.7%（研发经费占主营业务收入比例），高于全行业平均水平 2.1 个百分点；研发强度超过 15% 的企业有 15 家，其中有 12 家连续两年研发强度超过 15%；参与研发的人员数接近 46 万人，占软件百家企业总从业人员数的 46%，与上届相比增长 17.9%。本届软件百家企业的著作权登记量超过 3 万件，比上届增长近 40%；据国家知识产权局公布的 2017 年国内企业专利授权量排名，华为、中兴分列第 2 和第 5 名，小米移动和深圳云中飞所属的小米、欧珀公司专利授权量也名列前茅。

（五）产业链体系不断延伸，新兴领域实现蓬勃发展

本届软件百家企业在软件产品、信息技术服务和嵌入式系统软件三个领域的收入占比分别为 30%、45% 和 25%，与上届相比，信息技术服务领域收入占比明显上升。产业链的完整性不断提升，在传统软件开发领域，发展出“传统产品模式”和“软

件服务化模式”，满足客户个性化需求；在信息技术服务领域，从单一的系统集成服务向产业链的前后端延伸扩展，基本形成信息技术咨询服务、设计与开发服务和信息系统集成及后期运维服务齐头并进的发展格局；在新兴产业领域，充分运用大数据、移动互联网、云计算等信息技术和手段，企业实现快速迭代，催生出更多的新兴服务业态，本届软件百家企业的云服务相关的运营服务收入增长超过90%，数据处理服务收入增长1倍以上。随着各项技术之间、技术与产业之间的融合加深，产业链中的分工也在进一步细化和延展，有的企业从“网”延伸到“云”，发展云数据中心、云操作系统以及拓展大数据、人工智能的应用，有的企业从“网”延伸到“端”，从现有的固定终端向云终端、从家庭终端向企业和个人终端、从通信终端向物联网终端，以及运行于各种终端的App方面发展，构建出软、硬、服务一体化的产业链体系。

（六）坚持开放发展，国际化经营稳步推进

本届软件百家企业坚持以业务国际化为增长新动能，积极拓展国际市场，强化与重要客户和战略伙伴的深入合作，谋求海外市场布局和本地化经营。本届软件百家企业2017年实现软件出口257亿美元，比上届增长22.4%；出口主要市场由传统市场向新兴市场拓展，特别是随着“一带一路”基础设施的互联互通以及各类国际合作不断落地，对“一带一路”沿线国家和地区的软件出口明显上升，虽整体规模不大，但增势突出，对东南亚等国软件出口扩大1倍，对非洲和印度的软件出口分别增长了50倍和30余倍；传统的主要出口和外包服务市场发展分化，对欧洲国家出口稳步上升，对美出口小幅增长，对日出口出现下滑。本届百家企业跨国经营活动深度和广度不断拓展，有四成以上企业持续开展跨国经营活动，有20家在境外设立了分公司或研发中心，有18家在境外设立分支机构，在海外的本地化经营稳步推进。

（七）贡献日益提升，发展尚需努力

本届软件百家企业2017年上缴了全行业30%的税金，吸纳从业人数99.4万人，占全行业从业人数的16%，比上届增加了17.4万人，有力支撑经济和社会的发展。与此同时，也要清醒地认识到，与国际大企业相比，百家企业整体偏小偏弱，技术创新能力和竞争力仍不强，核心技术自主性差，基础软件、系统软件仍掌握在欧美企业手中。除此之外，本届百家企业还出现一些值得注意的问题：一是成本和费用上升较快，盈利能力和研发投入有待提高。本届软件百家企业主营业务成本增长26.1%，销售费用增长34.9%，管理费用增长14.9%，人工成本增长超过10%，均呈现较快增长势头，部分企业主营利润率和研发强度的提高已受影响。二是企业转型和跨界发展仍面临不少困难和障碍，很多企业仍处于转型探索过程中，主营方向与定位模式不清晰，增长受到影响；一些企业顺应技术与产业融合趋势努力跨界，推进信息技术在工业领域的融合应用仍面临多方面挑战。三是高端顶层设计人才和跨界型核心人才缺乏、人才流失问题持续突出，影响着企业未来的发展能力。国内外环境变化，可能会使一些问题更加凸显，这些需要我国软件企业持续深化改革创新，坚定转向高质量发展之路。

附件：2018（第17届）中国软件业务收入前百家企业名单（略）

资料来源：福建省软件行业协会，http://www.fsia.org.cn/news_view.aspx?id=505。

四、软件产品管理办法

2009 年 2 月 4 日，中华人民共和国工业和信息化部第 6 次部务会议审议通过了《软件产品管理办法》，其具体内容如下。

软件产品管理办法

第一章　总　　则

第一条　为了加强软件产品管理，促进我国软件产业发展，根据国家有关法律、行政法规和国务院《鼓励软件产业和集成电路产业发展的若干政策》（以下简称《产业政策》），制定本办法。

第二条　中华人民共和国境内的软件产品（含国产软件和进口软件）经营与管理活动，适用本办法。

单位或者个人自己开发并自用的软件以及委托他人开发的自用专用软件不适用本办法。

第三条　本办法所称的软件产品，是指向用户提供的计算机软件、信息系统或者设备中嵌入的软件或者在提供计算机信息系统集成、应用服务等技术服务时提供的计算机软件。

本办法所称的国产软件，是指在我国境内开发生产的软件产品。

本办法所称的进口软件，是指在我国境外开发，以各种形式在我国生产、经营的软件产品。

第四条　软件产品的开发、生产、销售、进出口等活动应当遵守我国有关法律、法规和标准规范。任何单位和个人不得开发、生产、销售、进出口含有下列内容的软件产品：（一）侵犯他人知识产权的。（二）含有计算机病毒的。（三）可能危害计算机系统安全的。（四）不符合我国软件标准规范的。（五）含有法律、行政法规等禁止的内容的。

第五条　中华人民共和国工业和信息化部（以下称工业和信息化部）负责全国软件产品的管理。其主要职责是：（一）制定并发布软件产品测试标准和规范。（二）对省、自治区、直辖市及计划单列市软件产业主管部门登记的软件产品进行备案。（三）指导、监督、检查全国的软件产品管理工作。（四）指导并监督软件产品检测机构，按照我国软件产品的标准规范和软件产品的测试标准及规范，进行符合性检测。（五）制定全国统一的软件产品登记号码体系、制作软件产品登记证书。（六）发布软件产品登记公示。

第六条　省、自治区、直辖市及计划单列市软件产业主管部门依法负责本行政区域内软件产品的登记、报备和管理工作。

第二章　软件产品的登记和备案

第七条　软件产品实行登记和备案制度。

符合本办法规定并经登记和备案的国产软件产品，可以享受《产业政策》规定的有关鼓励政策。

第八条　国产软件产品应当由该软件产品的开发、生产单位申请登记和备案，并提交下列材料：(一）软件产品登记申请表。(二）企业法人营业执照副本和复印件。(三）软件产品样品。(四）软件产品在我国境内开发及申请单位拥有知识产权的有效证明。(五）软件检测机构出具的检测证明材料。(六）其他需要出具的材料。

第九条　进口软件中在我国境内进行本地化开发、生产的产品，其在我国境内开发的部分，由著作权人和原开发单位提供在我国境内开发的证明材料，并按照本办法第八条的规定提交相关登记备案材料，经登记备案后可以享受《产业政策》规定的有关鼓励政策。

第十条　进口软件产品的登记备案，由负责进口的单位提交下列材料：(一）软件产品登记申请表。(二）申请单位营业执照副本复印件。(三）软件产品样品。(四）软件产品著作权人授权在中国经营的证明材料。(五）软件检测机构出具的检测证明材料。(六）软件产品符合国家软件进口程序的材料。

第十一条　省、自治区、直辖市及计划单列市软件产业主管部门委托所在地的软件产品登记机构，负责软件产品登记申请的受理和审查。

省、自治区、直辖市及计划单列市软件产品登记机构对本办法第八条、第十条所列的申请材料进行审查。经审查，申请材料齐全的，送省、自治区、直辖市及计划单列市软件产业主管部门核报工业和信息化部备案。工业和信息化部应当在指定媒体上对报备的软件产品进行公示；公示7个工作日无异议的，由省、自治区、直辖市及计划单列市软件产业主管部门核发软件产品登记号和软件产品登记证书。

软件产品登记的有效期为5年，有效期届满前可以申请延续。

第三章　软件产品的生产

第十二条　在我国境内生产软件产品应当遵守我国的法律规定，符合我国技术标准、规范和本办法的规定。

第十三条　软件产品生产单位所生产的软件产品应当是本单位享有著作权或者经过著作权人或者其他权利人许可其生产的软件。

第十四条　软件产品生产单位应当对其生产的软件进行内容检查。

第十五条　软件产品的开发生产应当遵守法律、法规的规定，符合国家的有关技术和安全标准。

第十六条　提供给用户的软件产品的外包装上，应当标明该软件的名称、版本号、软件著作权人、软件产品登记号、软件生产单位（进口单位）和单位地址、生产日期。

第十七条　提供给用户的软件产品（包括进口的和在国内生产的国外软件产品），应当配有完备的中文说明书、使用手册等说明文件，并在产品上或者说明文件等书面文件中注明提供技术服务的单位、内容和方式。

第四章　软件产品的销售

第十八条　软件产品的开发、生产单位可以直接经营销售其软件产品。

第十九条　以代理方式进行软件产品销售的，代理方（软件产品销售单位）与被代理方（软件产品开发或者生产单位）之间、总代理与分代理之间应当签订书面代理合同。代理合同中应当明确规定代理权限、区域、期限、技术服务以及工业和信息化部规定的其他内容。

代理方应当在其经营场所的显著位置悬挂代理资格证书。代理资格证书应当包括代理权限、代理期限、区域、代理级别等内容。代理方在对外宣传、广告中应当如实表达上述内容。

第二十条 以许可证贸易形式经营软件产品的，软件产品经营单位应当与生产单位签订书面许可合同。软件产品经营单位在销售软件产品时，应当告知用户阅读许可证协议，并要求用户在阅读后做出是否同意的表示。

第二十一条 软件产品经营单位销售的软件产品应当符合本办法第四条的规定，并以书面或者文档的形式告知用户提供技术服务的单位、服务内容、服务方式和费用。没有注明提供服务的单位的，视为软件产品销售单位提供有关技术服务。没有注明额外收取服务费的，视为软件产品价格包含服务费。

第二十二条 软件产品的测试版应当明确标出并免费提供，不得进行营利性销售。

第五章 监督管理

第二十三条 工业和信息化部会同国家有关部门对全国软件产品的开发、生产、销售、进出口等活动进行监督检查。

各级软件产业主管部门会同当地有关主管部门对本行政区域内软件产品的开发、生产、销售、进出口等活动进行监督检查。

第二十四条 已登记的软件产品含有本办法第四条所列内容或者以内容虚假的登记备案材料骗取软件产品登记的，省、自治区、直辖市及计划单列市软件产业主管部门应当撤销该软件的登记号、登记证书。已经享受的税收优惠等应当予以追回，由省、自治区、直辖市及计划单列市软件产业主管部门报工业和信息化部。工业和信息化部给予警告，并予以公布。

软件产品不符合我国技术标准、规范和本办法规定，或者有证据证明其不能满足使用要求以及与生产单位标称或者承诺的功能不相符的，由省、自治区、直辖市及计划单列市软件产业主管部门报工业和信息化部。工业和信息化部会同有关部门依法对该软件产品的生产单位进行处罚。

第六章 附　则

第二十五条 本办法自2009年4月10日起施行。2000年10月27日发布的《软件产品管理办法》（中华人民共和国信息产业部令第5号）同时废止。

资料来源：福建省软件行业协会，http：//www.fsia.org.cn/laws_view.aspx？id=44。

五、软件企业认定管理办法

2013年2月，工业和信息化部、国家发展和改革委员会、财政部、国家税务总局印发《软件企业认定管理办法》，具体内容如下。

软件企业认定管理办法

第一章 总 则

第一条 根据《国务院关于印发鼓励软件产业和集成电路产业发展若干政策的通知》(国发〔2000〕18号)、《国务院关于印发进一步鼓励软件产业和集成电路产业发展若干政策的通知》(国发〔2011〕4号)以及《财政部 国家税务总局关于进一步鼓励软件产业和集成电路产业发展企业所得税政策的通知》(财税〔2012〕27号),特制定本办法。

第二条 本办法所称软件企业是指在中国境内依法设立的从事软件产品开发销售(营业)及相关服务,并符合财税〔2012〕27号文件有关规定的企业。

第三条 工业和信息化部、国家发展和改革委员会、财政部、国家税务总局根据部门职责做好相关工作。

第四条 工业和信息化部履行全国软件产业管理职责,指导软件产业发展,组织管理全国软件企业认定工作,主要职责是:(一)指导、监督和检查全国软件企业认定工作;(二)对软件企业认定名单和年审名单进行公示和备案;(三)受理和处理对软件企业认定结果和年审结果的复审申请;(四)受理和处理对软件企业认定和年审的相关投诉和举报;(五)指导和管理"中国双软认定网",提供公共服务。

第五条 各省、自治区、直辖市及计划单列市、新疆生产建设兵团工业和信息化主管部门(以下统称省级主管部门)负责管理本行政区域内的软件企业认定工作。主要职责是:(一)制定本行政区域内软件企业认定工作细则和管理制度,报工业和信息化部备案;(二)管理本行政区域内软件企业的认定和年审,将认定名单和年审名单报工业和信息化部备案;(三)公布本行政区域内软件企业认定名单,并颁发软件企业认定证书;(四)受理和处理本行政区域内对软件企业认定结果和年审结果的异议申请;(五)向工业和信息化部报送本行政区域内软件企业认定年度总结报告及相关数据信息。

第六条 中国软件行业协会及地方相应机构配合开展政策实施情况评估等工作,并由中国软件行业协会将有关情况汇总后及时报送工业和信息化部、国家发展和改革委员会、财政部和国家税务总局。

第二章 认定条件和程序

第七条 软件企业认定须符合财税〔2012〕27号文件的有关规定和条件。

第八条 企业向省级主管部门提出软件企业认定申请,并提交下列材料:(一)《软件企业认定申请书》(可从"中国双软认定网"下载填写);(二)企业法人营业执照副本、税务登记证复印件(复印件须加盖企业公章);(三)企业开发及经营的软件产品列表(包括本企业开发和代理销售的软件产品),以及企业主营业务中拥有软件著作权或专利等自主知识产权的有效证明材料;(四)企业拥有的《软件产品登记证书》或《计算机信息系统集成企业资质证书》、与用户签订的信息技术服务合同(协议)等信息技术服务相关证明材料;(五)企业职工人数、学历结构、研究开发人员数及其占企业职工总数的比例说明,以及企业职工劳动合同和社会保险缴纳证明等相关证明材料；（六）经具有国家法定资质的中介机构鉴证的企业上一年度和当年度（实际年限不足一年的按实际月份）财务报表（含资产负债表、损益表、现金流量表）以及企业软件产品开发销售（营业）收入、企业软件产品自主开发销售（营业）收入、企业研究开发费用、境内研究开发费用等情况表并附研究开发活动说明材料（研究开发费用、软件产品开发销售（营业）收入政策口径分别按照财税〔2012〕27号文件第十三条、第十六条的规定归集）；（七）企业生产经营场所、开发环境及技术支撑环境的相关证明材料，包括经营场所购买或租赁合同，软硬件设施清单等；（八）保证产品质量的相关证明材料，包括建立符合软件工程要求的质量管理体系的说明以及有效运行的过程文档记录等；（九）工业和信息化部要求出具的其他材料。

第九条　省级主管部门自受理软件企业认定申请之日起20个工作日内按照本办法第七条规定，对软件产品开发销售（营业）情况、技术研发能力情况（包括研发环境、研发团队以及场所购买或租赁情况等）、质量保障能力情况（包括质量保障体系、测试实验环境与工具等）、知识产权情况（包括核心技术知识产权情况、知识产权保护情况等）、企业管理情况（包括管理团队、经营管理制度等）等进行审查，必要时可组织产业、财务等专家围绕上述方面对申请企业进行评审。

第十条　省级主管部门根据审查情况做出认定，并将认定的软件企业名单（纸质文件和电子版）报送工业和信息化部。

第十一条　工业和信息化部在部门户网站和“中国双软认定网”上对省级主管部门报送的经认定的软件企业名单公示7个工作日，没有异议的，予以备案。有异议的，工业和信息化部不予备案，发回报送的省级主管部门重新审核。

第十二条　省级主管部门依据工业和信息化部备案情况，公布本行政区域内软件企业认定名单，颁发软件企业认定证书，并将获证软件企业名单抄送同级发展改革、财政、税务部门。

第十三条　软件企业认定实行年审制度。软件企业按照本办法第八条等有关规定向省级主管部门提交年审材料（软件企业年审申请书可从“中国双软认定网”下载填写）。省级主管部门依据本办法第七条规定对其认定的软件企业进行年审，将年审结果报工业和信息化部。工业和信息化部在部门户网站和“中国双软认定网”上对省级主管部门报送的年审结果公示7个工作日，没有异议的，予以备案。有异议的，工业和信息化部不予备案，发回报送的省级主管部门重新审核。

省级主管部门根据工业和信息化部备案情况，确定、公布年审结果，并抄送同级发展改革、财政、税务部门。

未年审或年审不合格的企业，即取消其软件企业的资格，软件企业认定证书自动失效，不再享受有关鼓励政策。按照财税〔2012〕27号文件规定享受软件企业定期减免税优惠的企业，如在优惠期限内未年审或年审不合格，则在软件企业认定证书失效年度停止享受财税〔2012〕27号文件规定的软件企业定期减免税优惠政策。

第十四条　企业对认定结果或年审结果有异议时，可在公布后20个工作日内，向所在地的省级主管部门提出申请，提交异议申请书及有关证明材料。省级主管部门受理申请后，应当进行调查核实，并在受理后45个工作日内作出处理。

企业对处理意见仍有异议的，可向工业和信息化部提出复审申请。工业和信息化部应当在45个工作日内作出处理决定。

第十五条　软件企业发生更名、分立、合并、重组以及经营业务重大变化等事项，应当自发生变化之日起15个工作日内向所在地省级主管部门进行书面报备。变化后仍符合软件企业认定条件的，办理相应的变更手续；变化后不符合软件企业认定条件的，终止软件企业认定资格。省级主管部门应及时将软件企业变更报备情况抄送同级发展改革、财政、税务部门。

认定年度次年2月份前，省级主管部门应将本行政区域内软件企业认定年度总结报告及相关数据信息报送工业和信息化部，并抄送同级发展改革、财政、税务部门。同级发展改革、财政、税务部门可将上述报告及相关数据信息分别报送国家发展和改革委员会、财政部、国家税务总局。

第三章　行业规范

第十六条　软件企业、中国软件行业协会及地方相应机构应当加强信用评价等诚信体系建设工作，推动软件行业自律，自觉维护行业秩序，促进软件产业健康发展。

第十七条　软件企业开发销售的软件产品和提供的信息技术服务应当符合我国相关标准和规范。

第十八条　软件企业应当增强创新发展能力，优化人才结构，提升国际化发展水平。(一）发挥企业技术创新主体作用，深化产学研用结合；（二）加大研究开发投入，提高软件产品自主开发销售（营业）收入的比例，加强知识产权创造、运用、保护和管理；（三）加强软件开发环境和信息技术服务支撑环境建设，改进软件开发过程，开发软件测试和评价技术，提升软件产品测试、验证水平，建立健全质量管理体系；(四）加强人才培养和引进、品牌建设、国际交流与合作，加快建立国际化营销网络和研发中心，提高软件和信息技术服务出口能力和国际市场占有率。

第十九条　软件企业应当按照国家统计法规的有关要求向工业和信息化部及时报送相关经济运行数据和信息。

第四章　监督管理

第二十条　工业和信息化部加强对省级主管部门、中国软件行业协会及地方相应机构的监督，对违反本办法规定的省级主管部门、中国软件行业协会，可给予通报、限期改正；对违反本办法规定的地方相应机构，可责令省级主管部门给予通报、限期改正。

第二十一条　参与软件企业认定工作的人员如有下列行为之一的，由其所属部门或机构责令限期改正，并依法给予行政处分；构成犯罪的，依法追究刑事责任。(一）违反认定工作程序和工作原则；（二）滥用职权、玩忽职守、徇私舞弊、索贿受贿；(三）违反认定工作保密规定等要求；(四）其他违反本办法规定的行为。

第二十二条　经认定的软件企业有以下情形之一的，由所在地省级主管部门视情节轻重，给予通报、取消软件企业认定资格，并报工业和信息化部备案，同时通报同级发展改革、财政和税务部门。(一）在申请认定或年审过程中提供虚假信息；(二）有逃避缴纳税款或帮助他人逃避缴纳税款等行为，或因违反《中华人民共和国税收征收管理法》及其实施细则受到税务机关处罚；（三）在安全、质量、统计、知识产权、市场竞争、企业管理等方面有重大违法行为，受到有关部门处罚；（四）未及时报告使企业认定条件发生变化的更名、分立、合并、重组以及经营业务重大变化等情况。对被取消软件企业认定资格且当年已享受税收优惠政策的，由有关部门予以追缴，情节严重的三年内不予受理其软件企业认定申请。

第五章 附 则

第二十三条 取得软件企业认定证书的软件企业，可向有关部门申请办理相应手续并按相关规定享受鼓励政策。

2011 年 1 月 1 日前完成认定的软件企业，在享受企业所得税优惠政策期满前，仍按照《软件企业认定标准及管理办法（试行）》（信部联产〔2000〕968 号）的认定条件进行年审，优惠期满后按照本办法重新认定，但不得享受财税〔2012〕27 号文件第三条规定的优惠政策。

第二十四条 软件企业认定证书由工业和信息化部统一印制，正本和副本各一份。

第二十五条 本办法由工业和信息化部会同国家发展和改革委员会、财政部、国家税务总局负责解释。

第二十六条 本办法自 2013 年 4 月 1 日起实施。原有规定与本办法规定不一致的，按照本办法执行。

资料来源：福建省软件行业协会，http：//www. fsia. org. cn/laws_view. aspx？id =45。

六、实施细则

由于双软认定的工作权限已经下放到各省级软件协会，各省级软件协会都会根据本地实际情况制定相应的评估实施细则，以福建省为例，2018 年 11 月 9 日，福建省软件行业协会发布了福建省软件企业评估和软件产品评估实施细则（试行）（http：//www. fsia. org. cn/service_view. aspx？id = 54），对总则、评估对象、评估标准、申请条件、软件企业评估程序、软件产品评估程序、监督管理、相关事项、附件等做了详细规定，对此感兴趣的读者要查阅所在地省级软件协会相关网站通知。

第八节 科技小巨人领军企业

一、福建省培育科技小巨人领军企业行动计划

2016 年 1 月，福建省人民政府印发了《培育科技小巨人领军企业行动计划（2016 ~ 2020 年）》，具体内容如下。

培育科技小巨人领军企业行动计划（2016 ~ 2020 年）

为贯彻落实省委、省政府“培育一批科技小巨人领军企业”的工作部署，立足

现有基础，遴选梳理一批科技小巨人领军企业，通过若干年努力，从中培育一批专精特的行业龙头企业，一批拥有自主知识产权和自主品牌的创新型企业，使其成为引领我省产业转型升级的重点骨干企业。

一、发展目标

以新一代信息技术、新材料、高端装备制造、节能环保、新能源、生物与新医药、海洋高新、现代农业等战略新兴产业领域为重点，重点培育和发展一批科技小巨人领军企业。到2020年，培育和发展科技小巨人领军企业1000家以上，任务分解如下：（一）福州、厦门、泉州各200家；（二）漳州、三明各100家；（三）莆田、龙岩、南平、宁德各50家；（四）平潭综合实验区10家。

二、遴选标准

建立“科技小巨人领军企业培育发展库”，科技小巨人领军企业应同时符合以下条件，入库进行培育：（一）企业于福建省内工商注册登记，系具有独立法人资格、符合国家划型标准的中小企业。（二）企业上年度营业收入在2000万元以上，主营产品的销售额应占60%以上。（三）企业近3年研发投入年平均不低于销售收入的3%（软件类企业不低于5%）。（四）从事研发和相关技术创新活动的科技人员占比不低于10%。（五）拥有技术创新团队，能够持续进行项目开发和技术创新活动。建有研发机构，具备完成技术创新任务所必备的科研设施、技术装备和实验条件。（六）具备良好的科技成果转化能力与一定的自主知识产权数量。企业近三年内拥有自主知识产权1项以上。（七）具有良好的信用等级和较强的融资能力，企业资产负债率不高于70%。（八）高新技术企业、创新型企业、高成长企业同等条件下优先。

三、扶持措施

（一）优化发展环境：1. 培育对象的发展项目优先列入省、设区市重点建设计划。2. 培育对象投资项目的核准（备案）、生产许可、用地、环保、外贸、资质资格认定、海关、检验检疫等审批核准手续全部纳入网上审批、限时办结。指导培育对象用好用足国家及我省已出台的惠企政策，及时协调解决培育对象的困难和问题。

（二）加大研发支持力度：1. 培育对象独立或联合申报国家和我省科技计划项目、产业开发专项、技术改造项目，同等条件下予以优先推荐或优先立项支持。2. 优先推荐培育对象参评高新技术企业、创新型企业、知识产权优势企业。3. 加强对培育对象研发费用税前加计扣除政策辅导，企业开展研发活动中实际发生的研发费用，未形成无形资产计入当期损益的，在按规定据实扣除的基础上，按照本年度实际发生额的50%，从本年度应纳税所得额中扣除；形成无形资产的，按照无形资产成本的150%在税前摊销；同时，财政对企业享受加计扣除政策实际减免的所得税额，给予同量资金奖励，从省级设立的科技小巨人领军企业研发费用加计扣除奖励专项资金中安排。4. 落实进口设备免税和重大技术装备及关键零部件进口免税、固定资产加速折旧、企业购进或自制机器设备等固定资产所发生的进项税额抵扣政策。对投资鼓励类项目引进国外先进技术设备，省级财政按其进口环节增值税的5%给予补助，省重点技术改造项目优惠政策可予以叠加。5. 省级科技创新券优先对培育对象围绕自身研发项目而对外委托的科学仪器设备使用、检验检测、知识产权、数据分析、法律咨询、创业培训等科技创新服务予以补助，每年最高20万元。

（三）加快研发机构建设：1. 对培育对象组建的国家重点实验室、工程实验室、工程（技术）研究中心等国家级或省级科技研发创新平台，按照省政府关于加快高水平科技研发创新平台建设发展的六条措施予以奖励。对认定的国家、省级工业设计中心分别给予 80 万元、50 万元奖励。2. 培育对象牵头设立产业技术研究院等新型研发机构，其在承担科技计划项目、创新平台建设等方面，与科研机构享受同等政策支持。支持建设由培育对象牵头、产学研用充分结合的国家级、省级产业技术创新战略联盟。

（四）推进重大科技成果落地转化和产业化：1. 优先支持培育对象在“6.18”及海峡技术转移中心等平台发布产业技术需求，推动企业对接新技术成果。2. 对培育对象在我省转移转化的重大成果项目，采取后补助和常规项目资助相结合的方式，分阶段（技术成果购买、中间试验、工业性生产试验、重大产品或装备产业化）给予资金资助，单个项目最高资助总额可达 2000 万元。

（五）支持市场开拓：1. 落实支持企业开拓市场措施，鼓励培育对象参加国内外知名专业展会，按相关规定予以展位费补助。培育对象为规模以上工业制造业企业的，参与省外公开招标项目中标并单个中标合同金额 600 万元以上，且实际履行合同收付款项已达到合同总金额 60% 以上的，按合同金额 3% 给予奖励，单个企业同一项目累计奖励金额不超过 300 万元，单个企业年度签约项目奖励金额不超过 500 万元。2. 鼓励使用培育对象生产的首台（套）重大技术装备，对属于国内首台（套）的按销售价格 60%、属于省内首台（套）的按销售价格 30% 对生产企业及用户给予补助，最高补助金额不超过 500 万元。3. 加大各级财政资金、公共服务部门对培育对象的新技术新产品的采购力度，带动新技术新产品在全社会的推广应用。支持培育对象优先获得政府采购合同，降低培育对象政府采购保证金缴交比例。

（六）加强知识产权工作：1. 培育对象并购国外高端品牌的，按并购金额的 5% 给予补助，单项补助不超过 500 万元。鼓励培育对象实施技术标准战略，对主导制订国际标准、国家标准和行业标准的，分别给予每项不高于 50 万元、30 万元和 20 万元的奖励。2. 建立面向培育对象的专利申请绿色通道，对亟须授权的核心专利申请，报请国家知识产权局优先审查。建立培育对象维权援助机制，缩短侵权处理周期，加大对反复侵权、恶意侵权等行为的查处力度。3. 培育对象以专利权质押获得银行信贷，对符合条件的优先给予贴息资助，资助比例按同期银行贷款基准利率的 30% ~ 50% 予以贴息，总额最高不超过 50 万元。积极开展专利保险服务，支持培育对象对核心专利进行投保，符合条件的按有关规定给予补助。4. 培育对象购买高等学校、科研单位职务发明专利，单项技术交易额为 20 万元（含）以上，50 万元（含）以下的项目，并属非关联交易并实施转化的，按技术交易额的 10% 给予补助，每家企业补助额度最高不超过 50 万元。对入选知识产权优势企业的培育对象在安排专利产业化项目给予重点支持。

（七）强化创新人才支撑：1. 支持培育对象加强高层次人才队伍建设。优先支持培育对象申报院士工作站、博士后科研工作站。实施高层次人才集聚工程、人才兴企工程，推动和引导培育对象用好用足人才政策。引导高层次人才创业投资基金优先投向高层次人才领办的优秀项目，试行“一项目一议”“一团队一议”的支持办法，探索“重大项目+高端团队”的引才聚才方式。加大对培育对象聘任“985工程”“211工程”高校工科类毕业生的支持力度。支持高端外国专家以多种形式服务培育对象。2. 建立健全科研人员双向流动机制，支持高校、科研院所科研骨干带领团队参与培育对象协同创新，并给予科研项目优先立项支持。鼓励国有企事业单位科研人员离岗赴培育对象创业，经同意离岗者可在3年内保留人事关系，并与原单位其他在岗人员同等享有参加职称评定、社会保险等方面的待遇，3年内要求返回原单位的，按原职级待遇安排工作。

（八）健全科技金融服务体系：1. 扶持企业进入国内外资本市场的各项政策，优先支持培育对象。省新兴产业创业投资引导基金优先对培育对象进行股权投资。优先对符合条件的培育对象的科技保险费用予以补贴。2. 办好中国创新创业大赛（福建赛区）暨福建创新创业大赛，加大奖金、科技项目立项、投融资服务、孵化器入住等优惠配套政策，引导创投等社会资源投资培育对象。3. 推进银行组建科技专业支行等各类科技专营服务机构，建立对培育对象的单独授信评审机制，提供投贷联动金融服务，创新股权质押贷款等各类金融产品。4. 政府支持的担保公司优先对培育对象提供融资担保，各地政府支持的担保公司对培育对象的担保业务，省再担保公司可适当提高再担保代偿比例。支持设立科技专业担保公司，优先纳入省再担保公司合作对象范围。5. 强化培育对象上市辅导，支持培育对象改制上市融资。对在“新三板”和海峡股权交易中心挂牌培育对象一次性给予不超过30万元的后补助奖励。

（九）完善科技中介服务体系：1. 建设一批涵盖战略咨询、信息服务、创新驿站、技术市场、科技金融、知识产权等的科技中介机构或企业，为培育对象发展提供政策咨询、市场调研与预测等方面的服务。2. 以培育对象发展需求为导向，在全省创业园区完善和建设检验检测公共服务平台，加快建设一批国家、省级质检中心和计量测试中心。

四、抓好落实

（一）优化工作机制：各级各部门要建立动态管理机制，强化工作联动和协调，形成工作合力，推动科技小巨人领军企业培育工作的有力开展。1. 建立由科技、经信、发改、财政等有关部门组成的省科技小巨人领军企业培育工作联席会议制度，联席会议具体事务由省科技厅承担；各设区市人民政府、平潭综合实验区管委会参照建立相应联席会议制度。2. 各设区市人民政府、平潭综合实验区管委会组织实施辖区内科技小巨人领军企业培育工作。根据遴选标准和任务，制定培育计划，确定培育名单，做好培育工作。培育名单每年更新一次，培育名单和计划报送省联席会议办公室。培育名单中的企业经认定后进入“科技小巨人领军企业培育发展库”。

（二）实行重点扶持：各设区市人民政府、平潭综合实验区管委会要出台相应配套政策和措施，实行领导挂钩、重点培育、重点发展，将科技小巨人领军企业发展情况纳入对各级领导班子的考核范围，每年年底要对科技小巨人领军企业培育工作情况进行检查通报。省直各责任单位和设区市人民政府、平潭综合实验区管委会加强协作，密切配合，落实各项扶持措施。

（三）营造创新氛围：各级各有关部门要通过多种渠道，广泛宣传科技小巨人领军企业创新创业精神，树立创新创业典型，营造浓厚的大众创业、万众创新氛围，加快推动全省产业转型升级，促进福建经济再上新台阶。

资料来源：福建省人民政府网站，http：//www. fujian. gov. cn/zc/zfxxgkl/gkml/jg-zz/kjwwzcwj/201602/t20160219_1183818. htm。

二、最新进展

据统计，福建省 2016 年共遴选第一批 655 家科技小巨人领军企业入库培育，2017 年继续培育第二批科技小巨人领军企业 649 家，2018 年共培育第三批 522 家，三年总共培育了 1826 家企业入库科技小巨人领军企业，提前完成了发展目标 1000 家。

三、其他说明

据了解，科技小巨人领军企业入库培育政策并不是全国性的政策，基本上在一些发达地区的省市大多都有该政策。在福建省，科技小巨人领军企业是由福建省科学技术厅、福建省发展和改革委员会、福建省工业和信息化厅、福建省财政厅四个部门联合组织。2019 年 1 月 17 日，四个部门就联合发文关于开展 2019 年科技小巨人领军企业遴选和认定工作的通知（http：//www. zhangpu. gov. cn/cms/html/zpxrmzf/2019 - 02 - 03/544746739. html），具体由省科技厅负责组织实施，不同省份的认定时间和部门也不太一致，请关注所在地的政府相关网站。

思考题

1. 请谈谈以上几种科技创新型企业资助政策在你所在地区具体的优惠政策，并谈谈这些政策对发展相应类型企业的作用。

2. 请从以上不同类型企业中选择一种，并依托某家具体企业，撰写一份相应的认定材料。

第三章　企业科技奖励和项目资助政策体系

学习目的

通过本章学习，知晓我国重点研发计划、国家科技重大专项、中国专利奖、技术发明奖、科学进步奖、科技创新券和研发费用后补助等政策内容，了解福建省在科技创新项目资助方面的系列政策。通过对多种科技资助和项目资助政策的了解，掌握具体政策内容的核心要点，能够为符合申请资格的企业提供辅导服务。

第一节　重点研发计划

一、国家重点研发计划率先试点改革的背景

国家计划管理改革的核心任务就是要按照全面落实创新驱动发展战略的要求，提高科技计划的效率，增强创新能力，建立公开统一的国家科技管理平台，构建新的科技计划体系框架和布局，着力解决制约我国科技计划引领带动创新发展的深层次重大问题。遵循科技发展的客观规律，发挥科技人员的积极性和创造性，更好地推动以科技创新为核心的全面创新。

在构建新的科技计划体系框架和布局方面，国家重点研发计划是五类计划中最早启动的一项改革，也是整合力度最大的一个计划，以前的“973 计划”、“863 计划”、国家科技支撑计划以及公益性行业科研专项等都在其中。从功能定位看，国家重点研发计划要为国民经济和社会发展各主要行业提供科技支撑，涉及面广，社会各界十分关注。它的改革具有标杆作用，也肩负着为其他四类计划的优化整合和管理改革“架桥铺路”的重要使命，要通过改革后的新机制发挥出更加高效的创新供给能力，充分验证改革措施的科学性和可行性。

2017 年，国家重点研发计划总支出 2283526. 08 万元，单项资助额度由几百万元到几亿元不等；2018 年，我国财政核定的国家重点研发计划总预算 299. 35 亿元；2019 年相关总预算已经超过了 300 亿元。国家重点研发计划已经成为各个科研机构、企业展示科研实力的重要国家舞台。①

---

① 财政部网站，http：//www. most. gov. cn/xinwzx/xwzx/twzb/gjzdyfjh/twzbwzzy/201602/t20160217_124144. htm。

二、国家重点研发计划网站及相关政策

国家重点研发计划的管理网站是 http：//service. most. gov. cn/sbylb2018zy/。科技部会不定期发布国家重点研发计划重点项目专项年度申报指南，由于各个专项启动实施的时间不统一，因此关注国家重点研发计划的读者要及时关注管理网站申报指南发布动态，以免错失良机。

针对国家重点研发计划，国家颁布了一系列的相关政策，具体包括《国家重点研发计划管理暂行办法》《国家重点研发计划资金管理办法》《国家重点研发计划重点专项项目预算编报指南》《国家重点研发计划重点专项项目预算评估规范》，2019年初，还下发了《科技部　财政部关于进一步优化国家重点研发计划项目和资金管理的通知》。在所有相关政策文件中，《国家重点研发计划管理暂行办法》对于企业更好地理解该计划帮助是最大的，因此在下面章节中重点介绍该办法。

三、国家重点研发计划管理暂行办法

2017 年 6 月，科技部、财政部印发《国家重点研发计划管理暂行办法》，具体内容如下。

国家重点研发计划管理暂行办法

第一章　总　　则

第一条　为保证国家重点研发计划的顺利实施，实现科学、规范、高效和公正的管理，按照《国务院关于改进加强中央财政科研项目和资金管理的若干意见》（国发〔2014〕11 号）、《国务院印发关于深化中央财政科技计划（专项、基金等）管理改革方案的通知》（国发〔2014〕64 号）等的要求，制定本办法。

第二条　国家重点研发计划由中央财政资金设立，面向世界科技前沿、面向经济主战场、面向国家重大需求，重点资助事关国计民生的农业、能源资源、生态环境、健康等领域中需要长期演进的重大社会公益性研究，事关产业核心竞争力、整体自主创新能力和国家安全的战略性、基础性、前瞻性重大科学问题、重大共性关键技术和产品研发，以及重大国际科技合作等，加强跨部门、跨行业、跨区域研发布局和协同创新，为国民经济和社会发展主要领域提供持续性的支撑和引领。

第三条　国家重点研发计划按照重点专项、项目分层次管理。重点专项是国家重点研发计划组织实施的载体，聚焦国家重大战略任务、以目标为导向，从基础前沿、重大共性关键技术到应用示范进行全链条创新设计、一体化组织实施。

项目是国家重点研发计划组织实施的基本单元。项目可根据需要下设一定数量的课题。课题是项目的组成部分，按照项目总体部署和要求完成相对独立的研究开发任务，服务于项目目标。

第四条　国家重点研发计划的组织实施遵循以下原则：（一）战略导向，聚焦重

大。瞄准国家目标，聚焦重大需求，优化配置科技资源，着力解决当前及未来发展面临的科技瓶颈和突出问题，发挥全局性、综合性带动作用。（二）统筹布局，协同推进。充分发挥部门、行业、地方、各类创新主体在总体任务布局、重点专项设置、实施与监督评估等方面的作用，强化需求牵引、目标导向和协同联动，促进产学研结合，普及科学技术知识，支持社会力量积极参与。（三）简政放权，竞争择优。建立决策、咨询和具体项目管理工作既相对分开又相互衔接的管理制度，主要通过公开竞争方式遴选资助优秀创新团队，发挥市场配置技术创新资源的决定性作用和企业技术创新主体作用，尊重科研规律，赋予科研人员充分的研发创新自主权。（四）加强监督，突出绩效。建立全过程嵌入式的监督评估体系和动态调整机制，加强信息公开，注重关键节点目标考核和组织实施效果评估，着力提升科技创新绩效。

第五条　国家重点研发计划纳入公开统一的国家科技管理平台，充分发挥国家科技计划（专项、基金等）管理部际联席会议、战略咨询与综合评审委员会、项目管理专业机构、评估监管与动态调整机制、国家科技管理信息系统的作用，与国家自然科学基金、国家科技重大专项、技术创新引导专项（基金）、基地和人才专项等加强统筹衔接。

第二章　组织管理与职责

第六条　国家科技计划（专项、基金等）管理部际联席会议（以下简称联席会议）负责审议国家重点研发计划的总体任务布局、重点专项设置、专业机构遴选择优等重大事项。

第七条　战略咨询与综合评审委员会（以下简称咨评委）负责对国家重点研发计划的总体任务布局、重点专项设置及其任务分解等提出咨询意见，为联席会议提供决策参考。

第八条　科技部是国家重点研发计划的牵头组织部门，主要职责是会同相关部门和地方开展以下工作：（一）研究制定国家重点研发计划管理制度；（二）研究提出重大研发需求、总体任务布局及重点专项设置建议；（三）编制重点专项实施方案，编制发布年度项目申报指南；（四）提出承接重点专项具体项目管理工作的专业机构建议，代表联席会议与专业机构签署任务委托协议，并对其履职尽责情况进行监督检查；（五）开展重点专项年度与中期管理、监督检查和绩效评估，提出重点专项优化调整建议；（六）建立重点专项组织实施的协调保障机制，推动重点专项项目成果的转化应用和信息共享；（七）组建各重点专项专家委员会，支撑重点专项的组织实施与管理工作；（八）开展科技发展趋势的战略研究和政策研究，优化国家重点研发计划总体任务布局。

第九条　相关部门和地方通过联席会议机制推动国家重点研发计划的组织实施，主要职责是：（一）凝练形成相关领域重大研发需求，提出重点专项设置的相关建议；（二）参与重点专项实施方案和年度项目申报指南编制；（三）参与重点专项年度与中期管理、监督检查和绩效评估等；（四）为相关重点专项组织实施提供协调保障支撑，加强对所属单位承担国家重点研发计划任务和资金使用情况的日常管理与监督；（五）做好产业政策、规划、标准等与重点专项组织实施工作的衔接，协调推动重点专项项目成果在行业和地方的转移转化与应用示范。

第十条 重点专项专家委员会由重点专项实施方案编制参与部门（含地方，以下简称专项参与部门）推荐的专家组成，主要职责是：（一）开展重点专项的发展战略研究和政策研究；（二）为重点专项实施方案和年度项目申报指南编制工作提供专业咨询；（三）在项目立项的合规性审核环节提出咨询意见；（四）参与重点专项年度和中期管理、监督检查、项目验收、绩效评估等，对重点专项的优化调整提出咨询意见。

第十一条 项目管理专业机构（以下简称专业机构）根据国家重点研发计划相关管理规定和任务委托协议，开展具体项目管理工作，对实现任务目标负责，主要职责是：（一）组织编报重点专项概算；（二）参与编制重点专项年度项目申报指南；（三）负责项目申报受理、形式审查、评审、公示、发布立项通知、与项目牵头单位签订项目任务书等立项工作；（四）负责项目资金拨付、年度和中期检查、验收、按程序对项目进行动态调整等管理和服务工作；（五）加强重点专项下设项目间的统筹协调，整体推进重点专项的组织实施；（六）按要求报告重点专项及其项目实施情况和重大事项，接受监督；（七）负责项目验收后的后续管理工作，对项目相关资料进行归档保存，促进项目成果的转化应用和信息共享；（八）按照公开、公平、公正和利益回避的原则，充分发挥专家作用，支撑具体项目管理工作。

第十二条 项目牵头单位负责项目的具体组织实施工作，强化法人责任。主要职责是：（一）按照签订的项目任务书组织实施项目，履行任务书各项条款，落实配套条件，完成项目研发任务和目标；（二）严格执行国家重点研发计划各项管理规定，建立健全科研、财务、诚信等内部管理制度，落实国家激励科研人员的政策措施；（三）按要求及时编报项目执行情况报告、信息报表、科技报告等；（四）及时报告项目执行中出现的重大事项，按程序报批需要调整的事项；（五）接受指导、检查并配合做好监督、评估和验收等工作；（六）履行保密、知识产权保护等责任和义务，推动项目成果转化应用。

第十三条 项目下设课题的，课题承担单位应强化法人责任，按照项目实施的总体要求完成课题任务目标；课题任务须接受项目牵头单位的指导、协调和监督，对项目牵头单位负责。

第三章 重点专项与项目申报指南

第十四条 科技部围绕国家重大战略和相关规划的贯彻落实，牵头组织征集部门和地方的重大研发需求，根据“自下而上”和“自上而下”相结合的原则，会同相关部门和地方研究提出国家重点研发计划的总体任务布局，经咨评委咨询评议后，提交联席会议全体会议审议。

第十五条 根据联席会议审议通过的总体任务布局，科技部会同相关部门和地方凝练形成目标明确的重点专项，并组织编制重点专项实施方案，作为重点专项任务分解、概算编制、项目申报指南编制、项目安排、组织实施、监督检查、绩效评估的基本依据。实施方案要围绕国家重大战略需求和规划部署，聚焦本专项要解决的重大科学问题或要突破的共性关键技术，全链条创新设计，合理部署基础研究、重大共性关键技术、应用示范等研发阶段的主要任务，并明确任务部署的进度安排。

第十六条 重点专项实施方案由咨评委咨询评议，并按照突出重点、区分轻重缓急的原则提出启动建议后，提交联席会议专题会议审议，并将审议结果向联席会议全体会议报告。联席会议审议通过的重点专项应按程序报批。

第十七条　重点专项实行目标管理，执行期一般为五年，执行期间可根据需要优化调整。重点专项完成预期目标或达到设定时限的，应当自动终止；确有必要的，可延续实施。

需要优化调整或延续实施的重点专项，由科技部、财政部商相关部门提出建议，经咨评委咨询评议后报联席会议专题会议审议，按程序报批。

第十八条　拟启动实施的重点专项，应按规定明确承接具体项目管理工作的专业机构并签订任务委托协议，由专业机构组织编报重点专项概算，并与财政预算管理要求相衔接。

第十九条　重点专项的年度项目申报指南，由科技部会同专项参与部门及专业机构编制。重点专项专家委员会为指南编制提供专业支撑。指南编制工作应充分遵循实施方案提出的总体目标和任务设置，细化分解形成重点专项年度项目安排。项目应相对独立完整，体量适度，设立可考核可评估的具体指标。指南不得直接或变相限定项目的技术路线和研究方案。对于同一指南方向下不同技术路线的申报项目，可以择优同时支持。

第二十条　项目申报指南应明确项目遴选方式，主要通过公开竞争择优确定项目承担单位。对于组织强度要求较高、行业内优势单位较为集中或典型应用示范区域特征明显的指南方向，也可采取定向择优等方式遴选项目承担单位，但须对申报单位的资质、与项目相关的研究基础以及配套资金等提出明确要求。

第二十一条　经公开征求意见与审核评估后，项目申报指南通过国家科技管理信息系统（以下简称信息系统）公开发布。发布指南时可公布重点专项年度拟立项项目数及相应的总概算。指南编制专家名单、形式审查条件要求等应与指南一并公布。保密项目采取非公开方式发布指南。自指南发布日到项目申报受理截止日，原则上不少于50天。

第二十二条　建立多元化的投入体系，鼓励地方、行业、企业与中央财政共同出资，组织实施重点专项，建立由出资各方共同管理、协同推进的组织实施模式，支持重点专项项目成果在地方、行业和企业推广应用、转化落地。

第四章　项目立项

第二十三条　具有较强科研能力和条件、运行管理规范、在中国大陆境内注册、具有独立法人资格的科研机构、高等学校、企业等，可根据项目申报指南要求申报项目。多个单位组成申报团队联合申报的，应签订联合申报协议，并明确一家单位作为项目牵头单位。项目下设课题的，也应同时明确课题承担单位。

第二十四条　申报项目应明确项目（课题）负责人。项目（课题）负责人应具有领导和组织开展创新性研究的能力，科研信用记录良好，年龄、工作时间等符合指南要求。项目（课题）负责人及研发骨干人员按相关规定实行限项管理。

第二十五条　国家重点研发计划实行对外开放与合作。境外科研机构、高等学校、企业等在中国大陆境内注册的独立法人机构，可根据指南要求牵头或参与项目申报；受聘于在中国大陆境内注册的独立法人机构的外籍科学家及港、澳、台地区科研人员，符合指南要求的可作为项目（课题）负责人申报。

第二十六条　项目申报一般包括预申报和正式申报两个环节，并相应开展首轮评审和答辩评审。项目评审专家应从国家科技专家库中选取，按照相关规定向社会公布，并实行回避制度和轮换机制。鼓励邀请外籍专家参与国家重点研发计划的项目评审工作。

第二十七条　项目牵头单位应按照项目申报指南的要求，通过信息系统提交简要的预申报书。专业机构受理项目预申报并进行形式审查后，采取网络评审、通讯评审或会议评审等方式组织开展首轮评审，不要求项目申报团队答辩。

第二十八条　专业机构通过首轮评审择优遴选出3～4倍于拟立项数量的申报项目，通知项目牵头单位通过信息系统填报正式申报书，经形式审查后，以视频会议等方式组织开展答辩评审。

第二十九条　预申报项目数低于拟立项数量3～4倍的，专业机构可不组织首轮评审，直接通知项目牵头单位填报正式申报书，经形式审查后进入答辩评审环节。

第三十条　组织答辩评审时，专业机构应要求评审专家提前审阅评审材料，并在评审前就指南内容、评审规则等向评审专家进行说明。

第三十一条　专业机构根据指南要求和答辩评审结果，按照择优支持原则提出年度项目安排方案，报科技部进行合规性审核。

第三十二条　科技部对项目立项程序的规范性、拟立项项目与指南的相符性等进行审核，形成审核意见反馈专业机构。审核工作应以适当方式听取重点专项专家委员会专家的咨询意见。

第三十三条　专业机构对通过合规性审核的拟立项项目通过信息系统进行公示，并依据公示结果发布立项通知，与项目牵头单位签订项目任务书。项目下设课题的，项目牵头单位也应与课题承担单位签订课题任务书。

项目（课题）任务书应以项目申报书和专家评审意见为依据，突出绩效管理，明确考核目标、考核指标、考核方式方法，以及普及科学技术知识的要求。对于保密项目，专业机构应与项目牵头单位签订保密协议。

第三十四条　专业机构完成立项工作后，应将立项情况报告专项参与部门。

第三十五条　对于突发、紧急的国家重大科技需求，科技部可根据党中央、国务院要求，组织相关部门或地方对已设立的重点专项研发任务进行调整，研究提出快速反应项目，采取定向择优等方式组织实施。涉及重点专项中央财政资金总概算调整的，按程序报批。

第三十六条　专业机构应将形式审查和评审结果通过信息系统及时反馈项目牵头单位，并建立项目申诉处理机制，按规定受理项目相关申诉意见和建议，开展申诉调查，及时向申诉者反馈处理意见。

第五章　项目实施

第三十七条　项目承担单位（包括项目牵头单位、课题承担单位和参与单位等）应根据项目（课题）任务书确定的目标任务和分工安排，履行各自的责任和义务，按进度高质量完成相关研发任务。应按照一体化组织实施的要求，加强不同任务间的沟通、互动、衔接与集成，共同完成项目总体目标。

第三十八条　项目牵头单位和项目负责人应切实履行牵头责任，制定本项目一体化组织实施的工作方案，明确定期调度、节点控制、协同推进的具体方式，在项目实施中严格执行，全面掌握项目进展情况，并为各研究任务的顺利推进提供支持。对可能影响项目实施的重大事项和重大问题，应及时报告专业机构并研究提出对策建议。

第三十九条　课题承担单位和参与单位应积极配合项目牵头单位组织开展的督导、协调和调度工作，按要求参加集中交流、专题研讨、信息共享等沟通衔接安排，及时报告研究进展和重大事项，支持项目牵头单位加强研究成果的集成。

第四十条　项目实施中，专业机构应安排专人负责项目管理、服务和协调保障工作，通过全程跟进、集中汇报、专题调研等方式全面了解项目进展和组织实施情况，及时研究处理项目牵头单位提出的有关重大事项和重大问题，及时判断项目执行情况、承担单位和人员的履约能力等。在项目实施的关键节点，及时向项目牵头单位提出有关意见和建议。

第四十一条　对于具有创新链上下游关系或关联性较强的相关项目，专业机构应当建立专门的统筹管理机制，督导相关项目牵头单位在项目实施中加强协调和联动，按照重点专项实施方案的部署和进度安排，共同完成研发任务。

第四十二条　实行项目年度报告制度。项目牵头单位应按照科技报告制度要求，于每年 11 月底前，通过信息系统向专业机构报送项目年度执行情况报告。项目执行不足 3 个月的，可在下一年度一并上报。

第四十三条　实行项目中期检查制度。执行周期在 3 年及以上的项目，在项目实施中期，专业机构应对项目执行情况进行中期检查，对项目能否完成预定任务目标做出判断，并形成中期执行情况报告。具有明确应用示范目标的项目，专业机构应邀请有关部门和地方共同开展中期检查工作。

第四十四条　项目实施中须对以下事项作出必要调整的，应按程序通过信息系统报批：（一）变更项目牵头单位、课题承担单位、项目（含课题）负责人、项目实施周期、项目主要研究目标和考核指标等重大调整事项，由项目牵头单位提出书面申请，专业机构研究形成意见，或由专业机构直接提出意见，报科技部审核后，由专业机构批复调整；（二）变更课题参与单位、研发骨干人员、课题实施周期、课题主要研究目标和考核指标等重要调整事项，由项目牵头单位提出书面申请，专业机构研究审核批复，并报科技部备案；（三）其他一般性调整事项，专业机构可委托项目牵头单位负责，并做好指导和管理工作。

第四十五条　项目实施中遇到下列情况之一的，项目任务书签署方均可提出撤销或终止项目的建议。专业机构应对撤销或终止建议研究提出意见，报科技部审核后，批复执行。（一）经实践证明，项目技术路线不合理、不可行，或项目无法实现任务书规定的进度且无改进办法；（二）项目执行中出现严重的知识产权纠纷；（三）完成项目任务所需的资金、原材料、人员、支撑条件等未落实或发生改变导致研究无法正常进行；（四）组织管理不力或者发生重大问题导致项目无法进行；（五）项目实施过程中出现严重违规违纪行为，严重科研不端行为，不按规定进行整改或拒绝整改；（六）项目任务书规定其他可以撤销或终止的情况。

第四十六条　撤销或终止项目的，项目牵头单位应对已开展工作、经费使用、已购置设备仪器、阶段性成果、知识产权等情况做出书面报告，经专业机构核查批准后，依规完成后续相关工作。对于因非正当理由致使项目撤销或终止的，专业机构应通过调查核实或后评估明确责任人和责任单位，并纳入科研诚信记录。

第四十七条 专业机构应对受托管理重点专项下设项目的总体执行情况定期梳理汇总，形成重点专项执行情况报告，以及进一步完善重点专项组织实施工作的意见和建议，通过书面或会议方式向专项参与部门报告，为重点专项管理工作提供支撑。

执行满6个月以上的重点专项，专业机构在每年12月份向科技部提交当年度执行情况报告；执行期5年及以上的重点专项，专业机构在第3年提交中期执行情况报告。

第四十八条 专项参与部门应当加强重点专项的年度及中期管理工作，定期听取重点专项执行情况报告，每年不少于1次，及时研究解决重点专项实施中的重大问题，加强协调保障和组织推动，对专业机构进一步完善具体项目管理工作提出意见和建议。

第四十九条 事关重点专项总体实施效果的重大项目取得超过预期的重大突破或实施进度严重滞后，或外部环境发生重大变化时，科技部、财政部应会同其他专项参与部门及时研究提出优化调整或终止执行重点专项的建议，按程序报批。

第六章 项目验收与成果管理

第五十条 项目执行期满后，专业机构应立即启动项目验收工作，要求项目牵头单位在3个月内完成验收准备并通过信息系统提交验收材料，在此基础上于6个月内完成项目验收，不得无故逾期。项目下设课题的，项目牵头单位应在项目验收前组织完成课题验收。

第五十一条 项目因故不能按期完成须申请延期的，项目牵头单位应于项目执行期结束前6个月提出延期申请，经专业机构提出意见报科技部审核后，由专业机构批复执行。项目延期原则上只能申请1次，延期时间原则上不超过1年。

未按要求提出延期申请的，专业机构应按照正常进度组织验收工作。

第五十二条 专业机构应根据不同项目类型，组织项目验收专家组，采用同行评议、第三方评估和测试、用户评价等方式，依据项目任务书所确定的任务目标和考核指标开展验收。

对于具有创新链上下游关系或关联性较强的相关项目，验收时应有整体设计，强化对一体化实施绩效的考核。

第五十三条 项目验收专家组一般由技术专家、管理专家和产业专家等共同组成。验收专家组构成应充分听取专项参与部门意见。验收专家执行回避制度。

第五十四条 项目验收专家组在审阅资料、听取汇报、实地考核、观看演示、提问质询的基础上，按照通过验收、不通过验收或结题三种情况形成验收结论。（一）按期保质完成项目任务书确定的目标和任务，为通过验收；（二）因非不可抗拒因素未完成项目任务书确定的主要目标和任务，按不通过验收处理；（三）因不可抗拒因素未完成项目任务书确定的主要目标和任务的，按照结题处理。

第五十五条 提供的验收文件、资料、数据存在弄虚作假，或未按相关要求报批重大调整事项，或不配合验收工作的，按不通过验收处理。

第五十六条 专业机构应统筹做好项目验收和财务验收工作。验收工作结束后3个月内，专业机构应将项目验收结论与财务验收意见一并通知项目牵头单位，并报科技部备案；项目承担单位应按相关规定填写科技报告和成果信息，纳入国家科技报告系统和科技成果转化项目库。项目验收结论及成果除有保密要求外，应及时向社会公示。

第五十七条 项目形成的研究成果，包括论文、专著、样机、样品等，应标注“国家重点研发计划资助”字样及项目编号，英文标注：“National Key R&D Program of China”。第一标注的成果作为验收或评估的确认依据。

第五十八条 项目形成的知识产权的归属、使用和转移，按照国家有关法律、法规和政策执行。相关单位应事先签署正式协议，约定成果和知识产权的归属及权益分配。为了国家安全、国家利益和重大社会公共利益的需要，国家可以许可他人有偿实施或者无偿实施项目形成的知识产权。

第五十九条 依法取得知识产权的单位应当积极应用和有序扩散项目成果，传播和普及科学知识，促进技术交易和成果转化，并落实支持成果转化的科研人员激励政策。专项参与部门应在协调推动项目成果转移转化和应用示范方面给予支持。

第六十条 对涉及国家秘密的项目及取得的成果，按有关规定进行密级评定、确认和保密管理。

第七章 监督与评估

第六十一条 国家重点研发计划建立全过程嵌入式的监督评估机制，对重点专项及其项目管理和实施中指南编制、立项、专家选用、项目实施与验收等工作中相关主体的行为规范、工作纪律、履职尽责情况等进行监督，并对重点专项总体实施和资金使用情况及效果进行评估评价，创造公平公开公正的科研环境，提高创新绩效。

第六十二条 监督评估工作应以国家重点研发计划的相关制度规定、重点专项实施方案、项目申报指南、任务书、协议、诚信承诺书等为依据，按照责权一致的原则和放管服要求确定监督评估对象和重点。接受监督评估的单位应当建立健全内控制度和常态化的自查自纠机制，加强风险防控，强化管理人员、科研人员的责任意识、绩效意识、自律意识和科研诚信，积极配合监督评估工作。

第六十三条 监督评估工作由科技部、财政部会同其他专项参与部门组织开展，一般应先行制定年度工作方案，明确当年监督评估的范围、重点、时间、方式等，避免交叉重复，并注重发挥重点专项专家委员会专家的作用。涉及项目监督评估的，应主要针对事关重点专项总体实施效果的重大项目。

第六十四条 监督工作应当深入科研和管理一线，加强事中、事后和关键环节的监督，但不得干涉正常的具体项目管理工作，不得额外增加专业机构和项目承担单位的负担。监督的主要内容包括但不限于以下方面：（一）科技计划相关管理部门管理科技计划的科学性、规范性，科技计划的实施绩效；（二）专业机构管理工作的科学性、规范性，及其在项目管理过程中的履职尽责和绩效情况；（三）项目承担单位法人责任制落实情况、项目执行情况及资金的管理使用情况；（四）参与科技计划、项目咨询评审和监督工作的专家，以及支撑机构的履职尽责情况；（五）科研人员在项目申报、实施和资金管理使用中的科研诚信和履职尽责情况。

第六十五条 建立公众参与监督的工作机制。按照公开为常态，不公开为例外的原则，加大项目立项、验收、资金安排和专家选用等信息公开力度，主动接受公众和舆论监督，听取意见，推动和改进相关工作。收到投诉举报的，应当按有关规定登记、分类处理和反馈；投诉举报事项不在权限范围内的，应按有关规定移交相关部门和地方处理。

项目承担单位应当在单位内部公开项目立项、主要研究人员、科研资金使用、项目合作单位、大型仪器设备购置以及研究成果情况等信息，加强内部监督。

第六十六条 建立监督工作应急响应机制。发现重大项目执行风险、接到重大违规违纪线索、出现项目管理重大争议事件时，相关部门应立即启动应急响应机制，进行调查核实，或责成专业机构调查核实，提出意见和建议。

第六十七条 监督工作应当形成监督结论和意见，及时向相关部门或专业机构反馈。对于需进一步改进完善项目管理或组织实施工作的，应提出明确建议或要求，责成相关专业机构及时核查具体情况，采取相应措施进行整改。

第六十八条 因发生重大变化须对重点专项进行优化调整的，应根据需要委托第三方机构，对重点专项实施情况进行定性与定量相结合的评估，与专家咨询意见一起作为决策参考。

第六十九条 重点专项即将达到或已经达到执行期限时，应责成专业机构对重点专项实施情况进行总结评估，在此基础上委托第三方机构开展总体绩效评估，对重点专项的目标实现程度、任务布局合理性、组织管理水平、效果与影响等做出全面评价。

第七十条 及时严肃处理违规行为，并实行逐级问责和责任倒查。对有违规行为的咨询评审专家，予以警告、责令限期改正、通报批评、阶段性或永久性取消咨询评审和申报参与项目资格等处理；对有违规行为的项目承担单位和科研人员，予以约谈、通报批评、暂停项目拨款、追回已拨项目资金、终止项目执行、阶段性或永久性取消申报参与项目资格等处理；对有违规行为的专业机构，予以约谈、通报批评、解除委托协议、阶段性或永久性取消项目管理资格等处理。

处理结果应以适当方式向社会公布，并纳入科研诚信记录。违法、违纪的，应及时移交司法机关和纪检部门。

第七十一条 建立统一的信息系统，为重点专项及其项目管理和监督评估提供支撑。重点专项的形成、年度与中期管理、动态调整、监督评估，以及项目的立项、资金安排、过程管理、验收与跟踪管理等信息，统一纳入信息系统，全程留痕，可查询、可申诉、可追溯。

第八章 附 则

第七十二条 涉及资金使用、管理等事项，执行国家重点研发计划资金管理办法及相关规定。管理要求另有规定的重点专项，按有关规定执行。

第七十三条 本办法自发布之日起施行。科技部依据本办法制定相应的实施管理细则。2015 年 12 月 6 日科技部、财政部颁布的《关于改革过渡期国家重点研发计划组织管理有关事项的通知》(国科发资〔2015〕423 号) 同时废止。

资料来源：安徽中医药大学财务处，http：//cwc. ahtcm. edu. cn/2018/0803/c545a61695/page. htm。

四、省级重点研发计划文件

各省级行政区都会根据本地区的实际情况开展省级重点研发计划，主要依托所在地区省级科技厅，在此不可能一一列举，感兴趣的读者可以对所在地区的省级科技重大专项文件进行检索，下文为浙江省2019年度省重点研发计划项目申报的通知。

浙江省科学技术厅关于组织2019年度省重点研发计划项目申报的通知

各市、县（市、区）科技局（委），有关高等学校、科研院所，各有关单位：

为贯彻落实党的十九大精神，以家国情怀实施一批重大项目，突破并解决一批影响我省高新技术产业和新兴产业发展的核心技术，开发一批标志性目标产品，转化一批重大科技成果，促进我省八大万亿产业发展和“10+1”传统产业升级改造，推动经济由高速增长转向高质量发展，引领浙江产业转型升级，根据《浙江省重大科技专项资金竞争性分配管理办法》，经研究，决定启动2019年度省重点研发计划项目的申报工作。现将有关事项通知如下：

一、项目类型与组织方式

（一）主动设计项目。根据我省国民经济和社会发展的重大科技需求，我厅在征集需求和充分论证的基础上，主动设计了159个项目（课题），其中工业领域55个、农业农村领域37个、社会发展领域54个、国际合作领域1个、军民融合领域12个。主动设计项目通过面向社会公开征集、各设区市和归口管理部门限额推荐的方式组织申报。

（二）省重点企业研究院项目。12家省重点农业企业研究院（名单见附件1）可对照责任书约定的建设期研发任务和目标，主动设计项目1项，并通过竞争性持续择优支持。宁波市的有关单位根据当地计划安排进行申报。

二、申报要求

（一）主动设计项目。应征主动设计项目的，应当对照申报指南的项目名称、研发内容和目标进行申报（详见附件2）。申报企业须设立并正常运营1年以上（2017年4月27日前工商注册），并具有相应的研发能力和研发投入。规上工业企业2017年研发投入占主营业务收入比例须达到1.5%以上；申报和参与企业均应设置研发投入会计辅助账。高等学校、科研院所牵头申报的项目，如有明确技术应用示范和产业化任务的，应当与具备相应示范和转化产业化条件的企业或应用单位合作申报，并承担相应的自筹经费。涉农科技企业可适当放宽申报门槛。

（二）省重点农业企业研究院项目。省重点农业企业研究院项目应当根据建设责任书要求，明确今后3至5年发展的攻关方向和主要任务，按照解决关键核心技术需求的紧迫性、对产业发展影响度和技术成熟度，凝练并主动设计项目1项。项目名称根据责任书目标技术主攻方向，由企业研究院自行凝练确定。研究院是独立法人的，可作为项目申报主体，如是企业内置的，由研究院依托企业作为申报主体。

（三）优先支持的项目。符合以下条件之一的申报项目，同等条件下优先给予支持：

1. 国家自主创新示范区、国家和省级高新技术产业园区、高新技术特色小镇、农业科技园区、可持续发展实验区和成果转移转化示范区内的申报单位；

2. 产业化项目优先支持企业牵头与高校院所产学研联合申报；

3. 重大国际科技合作项目；

4. 企业研发投入强度较大的高新技术企业和有风险资本介入的高成长科技型中小企业；

5. 45 周岁以下中青年科研人员申报的项目；

6. 经认定的浙商回归企业；

7. 创新型领军企业和省领军型创新创业团队所在企业；

8. 建有省重点企业研究院，完成 3 年重点企业研究院项目，且项目实施绩效明显的企业；

9. 工程建设单位应用实施重大科技创新成果的工程建设项目；

10. 与申报企业核心技术相关的发明专利产业化项目。

（四）限额申报。符合条件的项目申请人和申报单位在限定时间内提交申报材料，由设区市科技局（委）或归口管理部门统筹各领域项目后择优推荐。推荐项目应切实做到好中选优，不搞平衡。26 县绿色技术应用专项项目由相关县（区）限额推荐一项，省重点农业企业研究院项目由相关县（区）推荐，均不计入限额申报数。

三、申报程序和时间安排

（一）网络申报。本次项目申报实行网络在线填报方式，申请人和申报单位须通过省科技厅门户网站的“办事大厅”（http：//www. zjkjt. gov. cn/news/node05/index. htm）进行网络申报。申报系统于 2018 年 5 月 10 日开放。

（二）申报管理。市、县（市、区）科技局（委）和归口管理部门应当在规定时间内做好项目的组织推荐工作，对申请人和申报单位填报信息的真实性进行审核，协调并协助做好申报材料的提交工作。

在组织申报过程中，市、县（市、区）科技局（委）和归口管理部门应强化主动服务，严格落实“最多跑一次”改革要求，切实减轻科研人员和申报单位负担。

（三）纸质材料报送。为贯彻落实“最多跑一次”改革，项目申报先通过网络申报，待项目通过形式审查、网络评审和处室评审并公示入库后，纸质材料再与预算申报书一并由设区市科技局（委）或归口管理部门统一报送至科技项目受理中心。纸质材料在网络申报的基础上通过系统打印，以保证纸质材料与电子申报材料的一致性。未入库项目无需报送纸质材料。

项目申报纸质材料包括：申请表、可行性报告和经费预算书等，一式一份。符合优先支持第一条的项目、省重点农业企业研究院项目和通过国际合作方式组织申报项目，请在备注栏中注明。通知中需要附相关申报材料附件的，一并报送相关纸质材料复印件。

各设区市科技局（委）和归口管理部门请在申报截至 2 个工作日内，将推荐函和推荐汇总表（附件3）盖章后传真至省科技项目受理中心。原件可与申报纸质材料一并报送。

（四）申报时间要求。2019年度重点研发计划项目申报截止时间：2018年6月15日。请设区市科技局（委）和归口管理部门在规定时间内做好组织申报和审核推荐工作。

四、其他需要说明的事项

（一）关于项目申报资格。

1. 申报单位和需拨付省级财政经费的参与单位原则上应为在我省注册的高等学校、科研院所和企业等，具有独立法人资格，运行管理规范。

2. 作为项目负责人同时主持各类省级科技计划项目（不含院所专项中的条件建设和设备购置类项目）数不得超过1项、作为主要参加人员（除项目负责人外排名前3）在研项目不得超过2项、合计不超过3项。承担在研项目已达上述限定数的，不得申报本项目。

3. 企业承担项目一般不超过1项，省创新型领军企业（含培育）可承担不超过2项。承担在研项目数已达上述限定的，不得申报本项目。

4. 项目申请人和申报单位须在知识产权、环保、金融、生产安全等方面信用记录良好，无信用不良记录。

5. 根据《科技部国际合作司关于通报国家国际科技合作基地2017年度评估结果及有关情况的函》和《浙江省科学技术厅关于公布国际科技合作基地2017年度绩效评价结果的通知》，1家国家考核优秀和7家省级考核优秀的国际科技合作基地（详见附件4），可单独申报一项国际合作项目，不计入限额申报数。

（二）关于项目申请人要求。项目申请人应具有协调推进项目实施的组织能力、开展研发创新的科研能力、遵纪守法诚实守信的良好信用。为更好地落实项目承担单位主体责任，项目负责人原则上应为项目申报单位的在职人员；企业申请的项目，如项目申请人不是该企业在职人员，应当作出说明并由企业出具赋予项目负责人管理项目实施的授权书。即将在项目实施期内退休的项目申请人不得申报。

（三）关于申报单位研发能力。项目申报单位的研发能力和管理水平是确保项目顺利实施的重要因素，将作为评审指标纳入专家网络评审。请各项目申报单位和归口管理部门高度重视，在项目申报系统中如实填写和严格审核相关信息，确保信息真实准确。

（四）关于申报项目实施期限。主动设计项目的实施期由项目申报单位根据技术成熟度、实现目标的难易程度科学确定，原则上不超过4年。

（五）关于省重点农业企业研究院项目。各市、县（市、区）科技局（委）应协调并解决项目实施和研究院发展遇到的问题，落实好责任书约定的研究院建设配套资金。本次组织申报的项目，将通过竞争性评审程序立项支持（不设淘汰比例），对因不符合项目实施要求而未予立项的，可在下一年度继续申报。

（六）关于国际科技合作。项目申报单位利用国外科技资源和力量合作应征工业、农业和社发领域主动设计项目的，请在申报系统中选择“国际合作项目”，同时在申报材料中注明，并请通过系统另行提交合作协议一式二份。

（七）关于军民融合项目。军民融合项目要求面向军方需求突破关键技术，立足浙江产业转型加强转化应用，具体要求如下：

1. 围绕“军转民”“民参军”“军民共用”三个方向的重大需求和先进技术，重点解决军民融合发展中的热点难点问题，凝练形成标杆型、引领型的重大项目。

2. 申报时，须满足下列条件之一：

（1）申报单位中含有军工单位；

（2）申报单位具有“军工四证”；

（3）提供技术来源于军用技术和合作协议等证明材料（“军转民”项目）；

（4）提供军方需求证明材料（“民参军”项目）。

要求在项目申报系统中上传上述材料。

3. 鼓励军工发明专利转化应用到民用领域，或将民用发明专利应用于军工领域。

（八）发明专利产业化项目。发明专利产业化项目须由企业牵头，且项目实施后能够形成批量生产销售。申报企业须对所依托的专利技术具有合法使用权，且距专利权法定期限到期不少于5年（从2019年1月1日起计算），无权属、侵权等纠纷。发明专利产业化项目请在备注栏中注明，并在申报系统中填写相关信息并提交发明专利证书，专利证书复印件与纸质材料一并报送。

（九）关于自筹经费。由企业承担的转化应用类项目，财政补助比例不高于项目总经费的25%。

（十）关于限额推荐数。限额推荐数测算公式为：2019年度省重点研发计划限额数＝限额基数×(1－项目逾期率)，逾期率超过10%的单位或归口管理部门再额外扣减限额数。各单位限额数可登录申报系统查询。限额推荐数详见附件5。

1. 限额基数。各设区市限额基数综合考虑所属县（市、区）个数，国家和省级高新园区、农业科技园区、可持续发展实验区等数量，以及上年省委经济工作目标责任制考核结果和高新技术企业数占全省高新技术企业数比重等指标测算安排。其他单位限额基数在上年限额推荐数基础上适当放大。

2. 自主推荐。为更好地推进高新园区等创新平台建设发展，国家级高新区可自主推荐10项，省级高新区和科技成果转移转化示范县（市、区）可自主推荐5项，国家级可持续发展实验区和省级以上农业科技园区可自主推荐2项，并由各设区市汇总后统一推荐上报（项目数计入各设区市限额申报数）。以上园区和实验区在自主确定推荐项目的基础上，还可同时推荐项目参加各设区市的择优推荐。

（十一）其他注意事项。

1. 各设区市科技局（委）和归口管理部门，应当严格审查申报项目信息的真实性。项目申请单位应承诺本次申报的项目没有获得国家和省级有关部门的立项支持，以避免重复立项、重复支持。

2. 项目申报单位承担项目实施的主体责任。项目申请人不是申报单位在职人员的情况下，申报单位承担项目实施管理的主体责任和信用责任。

3. 申报项目的可行性报告、经费预算书等电子申报附件材料中应严格回避项目申请单位及项目组成员的相关信息，以确保网络远程专家评审的公正性。

4. 申报材料和相关证明材料不得包含法律禁止公开的秘密内容或申请人要求保

密的内容，如涉密需脱密后提交。

5. 我厅将按照各设区市科技局（委）和归口管理部门的推荐时间对申报项目开展形式审查。对于在项目申报截止到日前发现问题的可以退回修改，否则不予退改。申报项目受理后，原则上不能更改申报单位和负责人。

咨询电话：（略）

附件：1. 省级重点农业企业研究院清单（略）

2. 2019 年度重点研发计划主动设计申报指南（略）

3. 2019 年度省重点研发计划项目推荐汇总表（略）

4. 考核优秀的国际科技合作基地（略）

5. 进系统的操作说明 . doc（略）

浙江省科学技术厅

2018 年 4 月 26 日

资料来源：浙江省科学技术厅，http：//www. zjkjt. gov. cn/news/node01/detail0101/2018/0101_82737. htm。

第二节　科技重大专项

一、国家科技重大专项介绍

历史上，我国以“两弹一星”、载人航天、杂交水稻等为代表的若干重大项目的实施，对整体提升综合国力起到了至关重要的作用。美国、欧洲、日本、韩国等都把围绕国家目标组织实施重大专项计划作为提高国家竞争力的重要措施。

《国家中长期科学技术发展规划纲要（2006～2020 年）》（下称《规划纲要》）在重点领域中确定一批优先主题的同时，围绕国家目标，进一步突出重点，筛选出若干重大战略产品、关键共性技术或重大工程作为重大专项，充分发挥社会主义制度集中力量办大事的优势和市场机制的作用，力争取得突破，努力实现以科技发展的局部跃升带动生产力的跨越发展，并填补国家战略空白。确定重大专项的基本原则：一是紧密结合经济社会发展的重大需求，培育能形成具有核心自主知识产权、对企业自主创新能力的提高具有重大推动作用的战略性产业；二是突出对产业竞争力整体提升具有全局性影响、带动性强的关键共性技术；三是解决制约经济社会发展的重大瓶颈问题；四是体现军民结合、寓军于民，对保障国家安全和增强综合国力具有重大战略意义；五是切合我国国情，国力能够承受。根据上述原则，围绕发展高新技术产业、促进传统产业升级、解决国民经济发展瓶颈问题、提高人民健康水平和保障国家安全等方面，确定了一批重大专项。重大专项的实施，根据国家发展需要和实施条件的成熟程度，逐项论证启动。同时，根据国家战略需求和发展形势的变化，对重大专项进行动态调整，分步实施。对于以战略产品为目标的重大专项，要充分发挥企业在研究开发和投入中的主体作用，以重大装备的研究开发作为企业技术创新的切入点，更有效地利用市场机制配置科技资源，国家的引导性投入主要用于关键核心技术的攻关。

重大专项是为了实现国家目标，通过核心技术突破和资源集成，在一定时限内完成的重大战略产品、关键共性技术和重大工程，是我国科技发展的重中之重。《规划纲要》确定了核心电子器件、高端通用芯片及基础软件，极大规模集成电路制造技术及成套工艺，新一代宽带无线移动通信，高档数控机床与基础制造技术，大型油气田及煤层气开发，大型先进压水堆及高温气冷堆核电站，水体污染控制与治理，转基因生物新品种培育，重大新药创制，艾滋病和病毒性肝炎等重大传染病防治，大型飞机，高分辨率对地观测系统，载人航天与探月工程等 16 个重大专项，涉及信息、生物等战略产业领域，能源资源环境和人民健康等重大紧迫问题，以及军民两用技术和国防技术。实施时间为 2006～2020 年，每个投资数百亿元，目前公布了 13 个。他们分别为核高基专项、集成电路装备专项、移动宽带通信专项、数控机床专项、油气开发专项、大型核电站专项、水体污染治理专项、转基因专项、新药创制专项、传染病防治专项、大飞机专项、高分专项、载人航天与探月工程专项。

重大专项是我国科技工作的重中之重，是实施创新驱动发展战略的重要抓手，在党中央、国务院统一领导下，科技部、发展改革委、财政部三部门会同重大专项组织实施部门，按照专项目标，认真组织，扎实推进，围绕国家重大战略需求开展集中攻关，产生了一批重大标志性成果，取得了显著的经济效益和社会效益，为稳增长、促改革、调结构、惠民生提供了有效支撑，在关键核心领域抢占了制高点，提供了新动能，开辟了新的产业发展方向，提升了我国科技和产业竞争能力。鉴于国家重大科技专项的重要性，国家专门成立了国家重大科技专项网站（http：//www. nmp. gov. cn/zxjs/）来进行专门的管理，随时公布通知、工作动态、专项进展、政策文件等各类科技重大专项信息，关注科技重大专项的读者可随时关注该网站信息。

二、国家科技重大专项（民口）管理

2017 年 6 月，科技部、国家发展和改革委员会、财政部印发《国家科技重大专项（民口）管理规定》，具体内容如下。

国家科技重大专项（民口）管理规定

第一章　总　　则

第一条　为贯彻党中央、国务院的决策部署，落实《国家中长期科学和技术发展规划纲要（2006～2020 年）》，保证国家科技重大专项（以下简称重大专项）任务的顺利实施，加强重大专项管理，根据《国务院办公厅关于印发国家科技重大专项组织实施工作规则的通知》（国办发〔2016〕105 号）和国家科技计划管理改革的有关要求，特制定本规定。

第二条　重大专项是为了实现国家目标，通过核心技术突破和资源集成，在一定时限内完成的重大战略产品、关键共性技术和重大工程，是我国科技发展的重中之重，对提高我国自主创新能力、建设创新型国家具有重要意义。

第三条　重大专项紧紧围绕国家重大战略目标和需求，主要采取自上而下、上下结合的方式广泛研究论证提出，由党中央、国务院批准设立。组织实施重大专项要坚持“成熟一项，启动一项”的原则。

第四条　重大专项的组织实施，由国务院统一领导，国家科技教育领导小组、国家科技体制改革和创新体系建设领导小组加强统筹、协调和指导。

第五条　重大专项组织实施管理的原则：（一）明确目标，聚焦重点。重大专项围绕国民经济和社会发展的关键领域中的重大问题，聚焦国家重大战略产品和重大产业化目标，强调坚持自主创新，通过重点突破带动关键领域跨越式发展。（二）创新机制，统筹资源。深化科技体制改革，突出企业主体地位，促进各类创新要素向企业集聚。充分发挥部门、地方、企业、研究机构和高等院校等各方面积极性，加强重大专项与国家其他科技计划（专项、基金等）和重大工程的衔接，推动军民融合，集成和优化配置全社会科技资源。（三）厘清权责，规范管理。重大专项纳入国家科技管理平台统一管理，在实施方案制定、启动实施、监督管理、验收和成果应用等各个环节，坚持科学、民主决策，建立健全权责明确的管理制度和机制。（四）定期评估，突出绩效。建立健全重大专项监督评估与动态调整机制，对重大专项的组织管理、执行情况与实施成效进行跟踪检查。（五）注重人才，创造环境。结合重大专项的实施，凝聚和培养一批高水平创新、创业、创优人才，形成一支产学研结合、创新能力强的科技队伍，完善有利于重大专项实施的配套政策和良好环境。

第六条　重大专项的资金筹集坚持多元化的原则，中央财政设立专项资金支持重大专项的组织实施，引导和鼓励地方财政、金融资本和社会资金等方面的投入。针对重大专项任务实施，科学合理配置资金，加强审计与监管，提高资金使用效益。

第七条　本规定适用于民口有关的重大专项。

第二章　组织管理与职责

第八条　国家科技计划（专项、基金等）管理部际联席会议（以下简称部际联席会议）负责审议重大专项总体布局、新增重大专项立项建议和实施方案、重大专项发展规划和有关管理规定，以及遴选确定项目管理专业机构（以下简称专业机构）等重大事项。

拟提交部际联席会议审议的重大专项议题，须按程序由战略咨询与综合评审委员会（以下简称咨评委）咨询评议。

第九条　在部际联席会议制度下，科技部会同发展改革委、财政部（以下简称三部门）负责重大专项综合协调和整体推动，研究解决重大专项组织实施中的重大问题，各司其职，共同推动重大专项的组织实施管理。主要职责包括：（一）牵头研究制订重大专项发展规划；（二）研究制订重大专项管理规定和配套政策；（三）组织重大专项实施方案（含总概算和阶段概算，下同）编制论证；（四）指导牵头组织单位制订重大专项年度指南，负责重大专项年度指南合规性审核；（五）负责对各重大专项阶段实施计划（一般按五年计划，含分年度概算，下同）和年度计划（含年度预算，下同）进行综合平衡；（六）组织重大专项的监测评估、检查监督和总结验收，将重大专项实施情况的总结报告上报党中央、国务院，负责对重大专项项目管理专业机构履职尽责情况进行综合监督评估；（七）对重大专项实施中的重大问题提出意见，包括对涉及专项目标、技术路线、概算、进度、组织实施方式等重大调整的意见；（八）负责统筹协调各重大专项之间目标定位、政策措施、绩效监督等涉及重大专项全局的主要工作；（九）负责统筹协调重大专项与国家其他科技计划（专项、基金等）、国家重大工程的关系；（十）组织做好拟提交部际联席会议审议重大专项相关事项的准备工作等。

第十条　科技部负责协调重大专项与国家其他科技计划（专项、基金等）的衔接；牵头组织研究制订重大专项相关管理办法以及与实施相关的科技配套政策；汇总重大专项各类信息，提出信息汇总的统一要求；向国务院汇报年度工作计划、年度执行情况。承担重大专项日常组织协调和联络沟通工作等。

发展改革委牵头组织研究制订重大专项组织实施中的相关产业配套政策等；负责协调重大专项与国家重大工程的衔接等。

财政部负责研究制订重大专项组织实施中的相关财政政策，牵头研究制订中央财政安排的重大专项资金的管理办法；负责提出重大专项概预算编制的要求，牵头审核重大专项总概算和阶段概算，审核并批复重大专项分年度概算和年度预算；按规定审核批复重大专项概预算调剂。

第十一条　重大专项牵头组织单位负责重大专项的具体组织实施，强化宏观管理、战略规划和政策保障，建立多部门共同参与的机制，充分调动全社会力量参与重大专项实施，保证重大专项顺利组织实施并完成预期目标。同一重大专项的不同牵头组织单位之间应当加强沟通、协调与配合。主要职责包括：（一）会同有关部门和单位成立重大专项实施管理办公室，具体负责本重大专项实施的日常工作。组建重大专项总体专家组；（二）负责组织制订本重大专项实施管理细则、资金管理实施细则、保密工作和档案管理方案等规章制度；（三）负责组织制订本重大专项的阶段实施计划，制订年度指南，审核上报年度计划；（四）批复本重大专项项目（课题）的立项（多个牵头组织单位的专项，联合行文批复）；（五）负责对本重大专项项目（课题）的执行情况进行监督检查和责任倒查，指导督促本重大专项的实施；（六）负责加强对本重大专项项目管理专业机构队伍建设、条件保障等宏观业务的指导和监管；（七）负责协调落实本重大专项实施的相关支撑条件，协调落实配套政策，推动本重大专项成果转化和产业化；（八）组织落实本重大专项与国家其他科技计划（专项、基金等）、国家重大工程的衔接工作；（九）核准实施方案、阶段实施计划、年度计划相关内容的调整，涉及专项目标、技术路线、概算、进度、组织实施方式等重大调整时，商三部门提出意见；（十）组织编制上报本重大专项年度执行情况报告、总结报告等，根据本重大专项任务完成情况，提出本重大专项验收申请；（十一）负责本重大专项保密工作的管理、监督和检查。按有关规定，对涉及国家秘密的项目（课题）和取得的成果，进行密级评定和确定等。

第十二条　各重大专项组建专项总体专家组，配合专项实施管理办公室做好专项的具体组织实施工作。充分发挥专家的决策咨询作用，总体专家组的咨询建议是重大专项牵头组织单位决策的重要依据。总体专家组设技术总师，全面负责重大专项总体专家组的工作，各专项可根据需要设技术副总师。总体专家组主要职责包括：（一）负责开展相关技术发展战略与预测研究，对重大专项主攻方向、技术路线和研发进度提出咨询意见；（二）负责对重大专项发展规划、阶段实施计划、年度指南、年度计划提出咨询建议；（三）对重大专项集成方案设计、项目（课题）衔接和协同攻关促进重大专项成果的集成应用提出咨询建议；（四）参与对重大专项项目（课题）的检查、评估和验收等工作等。

技术总师、副总师要求是本重大专项领域的战略科学家和领军人物，能够集中精力从事本重大专项的组织实施。重大专项总体专家组成员要求是本重大专项相关领域技术、管理和金融等方面的复合型优秀人才，能够将主要精力投入本重大专项的具体实施工作。总体专家组成员原则上不得承担重大专项项目（课题）。

第十三条 重大专项项目（课题）的具体管理工作原则上委托专业机构承担。三部门会同牵头组织单位等提出备选专业机构建议，由部际联席会议审议确定。专业机构接受部际联席会议办公室与牵头组织单位的共同委托，负责对重大专项项目（课题）的具体管理工作。（一）负责制订本重大专项项目（课题）实施管理细则、保密工作和档案管理方案等规章制度；（二）参与制订本重大专项阶段实施计划和年度指南，提出年度计划建议；（三）负责组织受理重大专项项目（课题）申请，遴选项目（课题）承担单位，按批复下达立项通知并与项目（课题）承担单位签订任务合同书（含预算书，下同），落实资金安排；（四）组织对本重大专项项目（课题）的督促、检查；（五）组织对本重大专项项目（课题）的验收等；（六）研究提出本重大专项组织管理、配套政策等建议；（七）根据有关规定和实际需要对项目（课题）进行任务调整或预算调剂；（八）根据需要提出调整实施方案、阶段实施计划、年度计划的建议；（九）定期报告本重大专项的实施进展情况；（十）负责项目（课题）的档案和保密工作的管理、监督和检查等。

专业机构的有关管理要求，按照《中央财政科技计划（专项、基金等）项目管理专业机构管理暂行规定》执行。

尚未委托专业机构的重大专项，其职责由专项实施管理办公室承担。

第十四条 重大专项任务的承担单位是项目（课题）执行责任主体，要按照法人管理责任制的要求，强化内部控制与风险管理，对项目（课题）实施和资金管理负责。按照项目（课题）任务合同书要求，落实配套支撑条件，组织任务实施，规范使用资金，促进成果转化，完成既定目标。要严格执行重大专项有关管理规定，认真履行合同条款，接受指导、检查，并配合评估和验收工作。

第十五条 加强国家科技重大专项在地方的组织协调工作。地方政府加强统一领导，根据实际情况，建立科技、发展改革、财政及有关部门的协调机制，做好相关国家科技重大专项工作的统筹协调和配套支撑条件的落实工作；组织力量积极承担重大专项的研究开发任务；做好地方科技项目（专项）与国家科技重大专项的衔接配套；及时与三部门、牵头组织单位进行联络沟通。

第三章 实施方案与阶段实施计划

第十六条 实施方案是重大专项组织实施、监督检查、评估验收的依据。

第十七条 重大专项实施方案的编制论证。三部门与相关部门和单位，共同组织成立由技术、经济、管理、财务等方面专家组成的编制论证委员会，编制论证重大专项实施方案。实施方案的主要内容包括：（一）重大专项目标。提出重大专项任务和总体目标，确定重大专项的具体目标和阶段目标，明确技术路线，提出重大专项重点任务等。（二）重大专项启动条件。确定重大专项实施需具备的科技、产业、财力等基础和条件，提出启动重大专项的时机。（三）组织实施方式。根据重大专项特点，按照部门职能，在充分考虑科技与产业结合、与已有工作基础相衔接等基础上，明确重大专项的牵头组织单位，提出专业机构备选建议以及组织实施方式和相应分工。（四）筹资方案。根据重大专项的目标和任务，提出实施所需资金的概算及筹资方案。

第十八条 重大专项实施方案的审批。三部门将重大专项实施方案提交咨评委咨询评议后，报部际联席会议审议，经国家科技体制改革和创新体系建设领导小组审议通过后，按程序报国务院审定，特别重大事项报党中央审定。

第十九条 根据国务院批复的重大专项实施方案，各牵头组织单位组织总体专家组、专业机构等编制重大专项阶段实施计划。

第二十条 重大专项牵头组织单位将重大专项阶段实施计划报三部门综合平衡。

综合平衡的主要内容包括：所确定研究任务与实施方案的一致性；与已有国家其他科技计划（专项、基金等）、国家重大工程的衔接情况；利用已有科技成果、基础设施等条件的情况；分年度概算建议的合理性等。

第二十一条 重大专项牵头组织单位根据综合平衡意见，组织修改和完善阶段实施计划报三部门备案。

第二十二条 重大专项实施过程中，涉及重大专项实施方案目标、概算、进度、组织实施方式的重大调整等事项，由牵头组织单位提出建议，经三部门审核后，报国务院批准。涉及重大专项阶段实施计划目标、分年度概算和年度预算总额的重大调整等事项，由牵头组织单位按程序报三部门。涉及重大专项阶段实施计划和年度计划其他一般性调整的事项，由牵头组织单位核准，报三部门备案。

第四章 年度计划

第二十三条 重大专项任务以保障总体目标的实现为前提，坚持公平、公正的原则，采取定向委托、择优委托（包括定向择优和公开择优）、招标等方式遴选项目（课题）承担单位。

第二十四条 重大专项牵头组织单位会同相关部门依据重大专项实施方案、阶段实施计划，组织总体专家组、专业机构等编制年度指南。

第二十五条 重大专项牵头组织单位将年度指南报三部门合规性审核后，提交国家科技管理信息系统统一发布。涉密或涉及敏感信息项目（课题）的指南由重大专项牵头组织单位依照相关保密管理规定进行发布。

第二十六条 专业机构受理项目（课题）申报。对于公开择优和招标的，自指南发布日到项目（课题）申报受理截止日，原则上不少于50天，以保证科研人员有充足时间申报项目（课题）。

第二十七条 专业机构采取视频评审或会议评审等方式，组织开展项目（课题）任务和预算评审。评审专家应从统一的国家科技管理专家库中选取，严格执行专家回避制度，除涉密或法律法规另有规定外，评审专家名单应向社会公开，强化专家自律，接受同行质询和社会监督。项目（课题）申报材料应提前请评审专家审阅，确保评审的效果、质量和效率。

第二十八条 专业机构完成任务和预算评审工作后，形成年度计划建议（含预算建议方案），报重大专项牵头组织单位审核。

第二十九条 重大专项牵头组织单位将年度计划报三部门综合平衡。三部门将重点对立项程序的规范性、与任务目标和指南的相符性等进行审查，并及时反馈。专业机构对经过综合平衡的拟立项项目（课题）（含预算）进行公示，公示情况和处理意见经牵头组织单位审核后报三部门。三部门依据公示结果反馈正式综合平衡意见。牵头组织单位按照部门预算管理规程将综合平衡后的预算建议方案报财政部，财政部按程序审核批复预算。科技部汇编形成重大专项项目（课题）年度计划。

第三十条 重大专项牵头组织单位根据三部门综合平衡意见和财政部预算批复，向专业机构下达项目（课题）立项批复（含预算）。

第五章 组织实施与过程管理

第三十一条 专业机构根据牵头组织单位下达的立项批复，与项目（课题）承担单位签订《重大专项项目（课题）任务合同书》，加盖重大专项合同专用章；需地方（有关单位）提供配套条件和资金投入的，由地方有关部门或有关单位在项目（课题）任务合同书上盖章；对涉及国家秘密的项目（课题），由专业机构与项目（课题）承担单位签订保密协议。

第三十二条 专业机构按照项目（课题）任务合同书，检查、督促项目（课题）相关配套条件的落实，负责日常管理，并建立项目（课题）诚信档案。

第三十三条 重大专项实行年度报告制度。专业机构在总结本重大专项项目（课题）执行情况的基础上，形成重大专项年度执行情况报告，经牵头组织单位审核后，在每年12月底前提交三部门，由科技部汇总后报国务院。

第三十四条 需要调整或撤销的一般性项目（课题），由专业机构提出书面意见，报重大专项牵头组织单位核准，并报三部门备案。

第六章 评估与监督

第三十五条 三部门负责开展重大专项实施总体进展情况的评估和监督工作。三部门按计划组织力量或委托第三方独立评估机构对重大专项实施进行阶段绩效评估和年度监督评估，加强对相关项目（课题）的抽查，并进行责任倒查；会同牵头组织单位对专业机构履职尽责情况等进行监督，并督促落实监督和评估意见建议。阶段绩效评估结果作为实施方案和阶段实施计划的目标、技术路线、概算、进度、组织实施方式等调整的重要依据。三部门将阶段绩效评估和调整结果上报国务院。

第三十六条 重大专项牵头组织单位组织力量或委托具备条件的第三方独立评估机构，负责对重大专项任务的执行情况进行监督检查和责任倒查。

第三十七条 重大专项指南、评审、立项及监督评估等相关信息应按照有关规定公开公示，主动接受社会监督。

第三十八条 建立科研信用管理机制。要根据相关规定，客观、规范地记录重大专项项目（课题）管理过程中的各类科研信用信息，包括项目（课题）申请者在申报过程中的信用状况，承担单位和项目（课题）负责人在项目（课题）实施过程中的信用状况，专家参与项目（课题）评审评估、检查和验收过程中的信用状况，并按照信用评级实行分类管理。建立严重失信行为记录制度，阶段性或永久性取消具有严重失信行为相关责任主体申请重大专项项目（课题）或参与项目（课题）管理的资格。

第三十九条　建立责任追究机制。对在重大专项实施过程中失职、渎职，弄虚作假，截留、挪用、挤占、骗取重大专项资金等行为，按照有关规定追究相关责任人和单位的责任；构成犯罪的，依法追究刑事责任。

第七章　总结与验收

第四十条　项目（课题）验收。

专业机构负责组织项目（课题）总结验收（包括任务验收和财务验收），验收结果报牵头组织单位，并抄送三部门。项目（课题）验收工作应在任务合同到期后6个月内完成，原则上，延期时间不超过1年。

按照国家科技报告制度的有关要求，每个项目（课题）在验收时向专业机构提交完整的、统一格式的技术报告，专业机构按季度将书面材料和电子版汇总后提交牵头组织单位，并抄送科技部。

项目（课题）验收等相关情况纳入重大专项管理信息系统，并记入诚信档案。

每年12月底前提交项目（课题）年度执行情况报告，定期向部际联席会议和牵头组织单位报告重大专项实施进展情况，组织编制重大专项验收材料。

第四十一条　阶段总结。

各重大专项每个五年计划的最后一年组织进行阶段总结。重大专项牵头组织单位组织专业机构编制形成重大专项阶段执行情况报告，报送三部门。

三部门将阶段总结及评估监督情况汇总，上报国务院。

第四十二条　各重大专项总结验收。

重大专项牵头组织单位根据重大专项任务目标完成及项目（课题）验收情况，形成实施情况报告并向三部门提出整体验收申请。原则上，应于重大专项即将达到执行期限或执行期限结束后6个月内提出验收申请。组织实施顺利、提前完成任务目标的，可提前申请验收。

三部门收到验收申请后，根据各重大专项实施方案，组织开展整体验收工作，重点从目标指标完成程度、组织实施和管理情况、资金使用情况和效益、实施成效和影响等方面进行综合评价，形成验收报告和整体验收结论，并将各重大专项整体验收结论和实施情况总结报告上报党中央、国务院。

第八章　资 金 管 理

第四十三条　重大专项资金来源包括中央财政资金、地方财政资金、单位自筹资金以及从其他渠道获得的资金。

第四十四条　统筹使用各渠道资金，提高资金使用效益。中央财政资金严格执行财政预算管理和重大专项资金管理办法的有关规定；其他来源的资金按照相应的管理规定进行管理。重大专项资金要专款专用、单独核算、注重绩效。

第四十五条　重大专项的资金使用要严格按照有关审计规定进行重大专项审计，保障资金使用规范、有效。

第九章　成果、知识产权和资产管理

第四十六条　各重大专项要建立知识产权保护和管理的长效机制，制定明确的知识产权目标，指定专门机构和人员负责知识产权工作，跟踪国内外相关领域知识产权动态，形成知识产权分析报告，为科学决策提供参考。各重大专项要建立知识产权管理、考核和目标评估制度。必要时，可委托知识产权专业机构负责相关工作。

第四十七条　在重大专项牵头组织单位的指导下，专业机构具体负责重大专项成果与知识产权的管理。

第四十八条　重大专项取得的相关知识产权的归属和使用，按照《中华人民共和国科学技术进步法》《中华人民共和国促进科技成果转化法》《国家知识产权战略纲要》等执行。对承担重大专项项目（课题）形成的知识产权，有向国内其他单位有偿或无偿许可实施的义务。

第四十九条　专业机构应与项目（课题）承担单位事先约定知识产权归属、使用、许可等事项，促进成果转化和应用，为实现重大专项总体目标提供保证。

第五十条　各重大专项要采取切实措施促进科技成果的转化和产业化。对取得的涉及国家秘密的成果，依照国家保密法律法规进行管理。

第五十一条　重大专项项目（课题）实施过程中形成的无形资产，由项目（课题）承担单位负责管理和使用。成果转化及无形资产使用产生的经济效益按《中华人民共和国促进科技成果转化法》和国家有关规定执行。

第五十二条　使用中央财政资金形成的固定资产，按照国家有关规定执行。

第十章　信息、档案和保密管理

第五十三条　科技部负责建立统一的重大专项信息管理平台，并纳入国家科技管理信息系统管理。各重大专项建立信息管理分平台，与管理平台衔接，保障信息畅通。

第五十四条　信息内容主要包括重大专项实施方案、阶段实施计划、年度计划、项目（课题）立项、资金预算、监督和评估、科技报告、验收和成果等有关信息。

第五十五条　各重大专项项目（课题）任务合同的有关信息、项目（课题）的执行情况信息、项目（课题）的验收与成果信息，随同年度执行情况报告于每年12月底前报送科技部，并抄送发展改革委、财政部。

第五十六条　各重大专项按照国家和三部门有关档案管理规定，建立和完善本重大专项档案管理制度，做好有关档案的整理、保存、归档和移交工作，将重大专项档案管理工作贯穿于重大专项方案制定、论证、实施、考核验收的全过程，确保档案收集齐全、保存完整。

第五十七条　重大专项组织实施必须严格遵守国家保密法律法规，建立层次清晰、职责明确的保密工作责任体系，确保重大专项保密工作责任落实到人。

第五十八条　各重大专项实施期间的保密管理工作由重大专项牵头组织单位负责。在重大专项牵头组织单位的指导下，专业机构认真开展重大专项保密工作的管理、监督、检查以及教育培训和宣传等工作。

第五十九条　严格遵守国家有关加强信息安全工作的规定和要求，重大专项涉密信息和档案等严格按照国家有关保密法律法规要求进行管理。

第十一章　国际合作

第六十条　为了充分利用国际资源，要积极开展平等、互利、共赢的国际合作活动。结合重大专项目标，注重引进、消化、吸收再创新，制定系统的引进消化吸收和提升自主创新能力方案和措施，经严格科学论证后执行。

第六十一条 在牵头组织单位的指导下，专业机构负责重大专项国际合作的具体工作。

第六十二条 项目（课题）承担单位开展与重大专项有关的重大国际合作活动，由专业机构审批，重大专项牵头组织单位核准。

第六十三条 重大专项国际合作活动应遵守有关外事工作规定、保密工作规定。

第十二章 附 则

第六十四条 各重大专项依照本规定，结合重大专项特点，制定相应的实施管理细则，报三部门备案。

第六十五条 本规定由三部门负责解释，自发布之日起施行。《国家科技重大专项管理暂行规定》（国科发计〔2008〕453 号）同时废止。

资料来源：财政部网站，http：//www. most. gov. cn/mostinfo/xinxifenlei/fgzc/gfxwj/gfxwj2017/201706/t20170627_133757. htm。

三、国家科技重大专项（民口）档案管理

2017 年 11 月，科技部印发《国家科技重大专项（民口）档案管理规定》，具体内容如下。

国家科技重大专项（民口）档案管理规定

第一章 总 则

第一条 为落实《国家中长期科学和技术发展规划纲要（2006～2020 年）》，保证国家科技重大专项（以下简称重大专项）档案的安全性、真实性、可靠性、完整性和可用性，促进国家科技信息资源长期保存和有效共享，根据《中华人民共和国档案法》《国家科技重大专项组织实施工作规则》《国家科技重大专项（民口）管理规定》《国家科技重大专项（民口）资金管理办法》和国家相关保密法规，特制定本规定。

第二条 重大专项档案是指在重大专项的规划、论证、组织实施、监督评估、考核验收等全过程中产生的，具有保存价值的文字、图表、声像等各种形式的历史记录。

第三条 重大专项档案是国家的重要科技资源和知识资产，重大专项档案管理工作是重大专项管理的重要组成部分，应贯穿于重大专项的规划、论证、组织实施、监督评估、考核验收等全过程。

第四条 本规定适用于国家科技重大专项（民口）的档案管理。

第二章 组织领导及职责

第五条 重大专项档案管理工作坚持统一领导、分级管理的原则。各级重大专项组织实施管理部门要把档案管理工作纳入重大专项整体工作，切实加强对重大专项档案的领导和管理。

第六条　科技部会同发展改革委、财政部（以下简称三部门）负责对重大专项档案管理工作进行统筹协调和指导监督。主要职责是：（一）制定重大专项档案管理相关规章制度、标准规范和工作指南等。（二）负责重大专项档案管理工作的监督检查、考核评估及总体验收等工作。（三）协调解决重大专项档案管理中的重大问题。

第七条　科技部重大专项办公室（以下简称重大办）具体落实三部门的决策。主要职责是：（一）组织实施重大专项档案的收集整理、监督检查、评估验收等工作，督查重大专项档案及其数据的及时移交与集中管理情况。（二）组织建设统一的重大专项档案管理服务平台，推动重大专项档案的长期保存和授权利用。（三）负责重大专项档案管理工作的协调、沟通和联络。（四）组织开展重大专项档案业务培训和交流活动。（五）对重大专项档案管理工作定期通报，包括各专项档案管理情况、档案移交及数据汇交情况等。（六）委托相关档案管理专业机构，具体承担重大专项档案的收集、保管与服务工作。

第八条　重大专项牵头组织单位（以下简称牵头组织单位）负责本专项档案的管理、监督和检查。主要职责是：（一）组织制订本专项档案管理实施细则和工作方案。（二）建立本专项档案管理工作机制和责任体系，实行项目（课题）承担单位法人和项目（课题）负责人负责制。（三）指导和监督专项实施管理办公室（以下简称专项办）和项目管理专业机构（以下简称专业机构）开展专项具体档案管理工作。

第九条　专业机构具体落实本专项档案管理工作。主要职责是：（一）负责制订本专项项目（课题）档案管理方案等规章制度。（二）为本专项档案管理提供人员、资金及档案保管场地等必要支撑条件，确保档案管理责任落实到人，档案完整保存，工作顺利开展。（三）负责本专项项目（课题）档案管理的组织协调、联络沟通、培训指导及监督检查工作。（四）组织本专项项目（课题）档案的收集、整理、归档、验收及移交工作。（五）负责收集、整理、归档及移交自身产生的专项管理档案。

尚未设立专业机构的专项，上述工作职责由专项办承担。

第十条　专项办负责收集、整理、归档及移交自身产生的专项层面管理档案。

第十一条　重大专项项目（课题）承担单位要按照法人管理责任制的要求，具体落实本项目（课题）档案管理工作。主要职责是：（一）建立健全项目（课题）档案管理制度及工作责任体系，项目（课题）负责人对本项目（课题）档案管理工作负直接责任。（二）为本项目（课题）档案管理配备人员、资金及档案保管场地等必要支撑条件。（三）规范管理并按时移交本项目（课题）档案，保证档案齐全、完整、真实、准确。

第三章　归档范围与质量

第十二条　重大专项档案的归档范围主要包括：（一）重大专项综合材料：重要文件，领导的重要讲话记录（录音），会议纪要，简报，评估报告，年报，通知通告，大事记，出版刊物，影像资料等。（二）规划阶段：专项实施方案（含总概算和阶段概算）及相关材料，专项阶段实施计划（含分年度概算），专项年度计划（含年度预算），专项管理办法、制度等。（三）申报立项阶段：年度指南，申报书，预算申诉材料，预算评审报告，申报立项评审材料（论证专家名单、专家承诺书、专家评审表、专家组意见等）及相关视频资料，立项批复（含预算），保密协议，任务合同书（含预算书）等。(四）过程管理阶段：实验任务书、实验大纲，实验、探测、测试、观测、观察、野外调查、考察等原始记录、整理记录和综合分析报告等，各类协议、合同等，样机、样品、标本等实物，设计文件和图纸，计算文件、数据处理文件，照片、底片、录音带、录像带等声像文件，项目（课题）调整、变更材料，三部门监督评估报告，年度、阶段执行情况自评价报告、检查报告，专项阶段执行情况报告/专项阶段总结报告等。(五）验收阶段：验收申请书，验收承诺书，验收通知，自评价报告及相关材料，科技报告，知识产权及其证明类材料，第三方检测、测试、评估报告，验收现场测试报告，成果产业化证明类，财务验收抽查报告及整改报告，审计报告及审计底稿、决算报告等财务相关资料，验收评审类材料（专家签到表、专家承诺书、验收意见等），验收结论书，产业化年度报告等。(六）其他需要归档的重要材料。

具体归档范围详见《重大专项档案归档范围表》(附件1)。

第十三条　重大专项档案的质量要求：

重大专项档案整理及归档应按照国家相关标准执行。

(一）重大专项档案的收集、整理应遵循相关规定及标准，保证内容齐全、完整、真实、准确，能够全面反映重大专项的立项背景、实施过程、验收及应用转化效果；档案应字迹清楚、图样清晰、图表整洁等。(二）重大专项项目（课题）档案按照项目（课题）组卷，重大专项综合材料按照年度—类别组卷。卷内文件按时间顺序排列，对案卷基本情况进行说明并编制卷内目录。(三）纸质档案与电子档案应同步建立并保持信息一致，保证重大专项档案不同载体类型之间内容的准确一致。

第四章　过程管理与保存

第十四条　重大专项各级管理机构及项目（课题）承担单位依据档案管理职责分工及相关规定，对重大专项各实施阶段产生的应归档的文件进行系统整理，及时归档保存，并按照《重大专项档案归档范围表》要求逐级移交。

第十五条　重大专项各级管理机构及项目（课题）承担单位应当对移交档案实行多套备份，确保移交后本级仍保存完整档案。

第十六条　重大专项项目（课题）牵头承担单位在项目（课题）通过验收或终止、撤销后3个月内，将本项目（课题）档案移交至专业机构。专业机构及专项办在每年6月底及12月底，将本专项项目（课题）及管理档案移交至重大办。

第十七条　对于多个单位联合承担的项目（课题），各单位保管各自产生的档案，本项目（课题）全套档案由牵头承担单位完整保存，参与单位将本单位项目（课题）档案送交至牵头承担单位。

第十八条　重大专项档案移交前，应参照《重大专项档案归档范围表》(附件1）及《重大专项档案文件编号规则》(附件2）对本专项项目（课题）档案及管理档案分别进行编码标注。

第十九条　移交档案时，应按照国家有关标准，同时移交纸质档案、电子档案并附档案材料清单（附件3、附件4)，经档案接收单位审核后，双方履行签收手续。

第二十条　重大专项档案保管期限为永久。重大专项各级管理机构须按照国家法律规定，向国家有关档案管理机构移交档案。

第二十一条　重大专项涉密档案管理严格遵照国家相关保密法律法规执行。

第五章　档 案 验 收

第二十二条　档案验收是重大专项项目（课题）验收和重大专项验收的必要前提。三部门、牵头组织单位、专业机构、项目（课题）承担单位应将档案验收纳入管理工作程序，实行同步管理。

第二十三条　重大专项项目（课题）档案验收，由项目（课题）承担单位向专业机构提出验收申请，由专业机构组织验收。重大专项档案验收，由牵头组织单位向三部门提出验收申请，由三部门组织验收。

第二十四条　档案验收工作由档案验收专家组（以下简称专家组）具体实施，专家组组成原则：（一）由三部门组织的重大专项档案验收，专家组不少于7人。（二）由专业机构组织的项目（课题）档案的验收，专家组不少于3人。

第二十五条　档案验收内容主要包括：档案的完整、齐全情况；档案的分类、整理、组卷、装盒等情况；纸质档案与电子档案对应及真实情况等。

第二十六条　专家组可通过现场查验、案卷抽查等方式进行验收，并给出验收结论。

第二十七条　档案验收结论分为合格与不合格。专家组成员全部同意通过验收的为合格。档案验收合格后，方可进行重大专项项目（课题）及重大专项验收。

第二十八条　重大专项项目（课题）完成所有验收工作后，重大专项各级管理机构及项目（课题）承担单位应将验收阶段产生的应归档的文件材料归入本项目（课题）档案及相应管理档案。

第六章　共享与利用

第二十九条　重大专项各级管理机构和项目（课题）承担单位要在严格遵守国家相关保密及知识产权保护的法律规定下，制订档案有效利用制度，推进重大专项档案的共享服务。

第三十条　重大专项各级管理机构应通过现代科技手段加强项目（课题）档案信息资源开发利用，为重大专项实施、监督检查、评估、验收等管理工作提供便利条件，为科技创新、经济发展和社会进步提供支撑服务。

第三十一条　查阅、摘抄和复印重大专项档案，需持有效证件，并登记造册。查阅、摘抄、复印重大专项涉密档案，须依据国家相关保密规定，履行审批手续。

第三十二条　对于重要的、珍贵的档案和资料，一般不得提供原件使用。如特殊需要，须按照档案管理权限和工作程序，履行审批手续。

第七章　监督检查与考核奖惩

第三十三条　建立三部门、牵头组织单位、专业机构和项目（课题）承担单位的档案管理监督检查制度。重大专项组织管理机构适时对档案保管及移交情况进行检查考核并通报结果。

第三十四条　重大专项各级管理机构对档案管理工作中做出突出贡献的单位和个人给予表彰；对没有及时归档移交档案或档案质量存在严重问题的单位和责任人给予通报批评并限期整改。

第三十五条　在重大专项档案的收集、整理、保管、利用、服务等管理工作中，出现违法违纪行为的依照《档案管理违法违纪行为处分规定》处理。

第八章　附　　则

第三十六条　各重大专项依照本规定，结合重大专项特点，制定相应的实施管理细则，报科技部备案。

第三十七条　本规定由科技部负责解释，自2018年1月1日起施行。

附件：1. 重大专项档案归档范围表（略）

2. 重大专项档案文件编号规则（略）

3. 重大专项项目（课题）档案清单［项目（课题）层面］（略）

4. 重大专项档案移交清单［专项层面］（略）

资料来源：航空学院，http：//aero. nuaa. edu. cn/2019/0306/c9727a149793/page. htm。

四、国家科技重大专项（民口）验收管理

2018年2月，科技部、国家发展和改革委员会、财政部印发《国家科技重大专项（民口）验收管理办法》，具体内容如下。

国家科技重大专项（民口）验收管理办法

第一章　总　　则

第一条　为加强国家科技重大专项（以下简称重大专项）总结验收及其项目（课题）验收管理，保证验收工作的科学性、规范性和公正性，根据《关于深化中央财政科技计划（专项、基金等）管理改革的方案》（国发〔2014〕64号）、《国家科技重大专项（民口）管理规定》（国科发专〔2017〕145号）、《国家科技重大专项（民口）资金管理办法》（财科教〔2017〕74号），以及国家科技管理相关规定、国家有关财经法规和财务管理制度等，制定本办法。

第二条　重大专项验收是重大专项组织管理的重要环节，旨在客观评价重大专项及其项目（课题）目标任务执行、成果产出、资金使用的总体情况，促进创新成果推广应用及产业化，提高资金使用效益，推动重大专项顺利实施和完成目标，更好地支撑国民经济社会发展。

第三条　重大专项总结验收以国务院审议通过的实施方案、发展规划、重大专项有关管理规定等为主要依据。总结验收综合考察重大专项目标指标、组织实施、资金使用、档案管理、成效影响、成果转化、后续管理等内容。

第四条　重大专项项目（课题）验收以项目（课题）任务合同书、相关单位批复的项目（课题）预算、重大专项有关管理规定、国家相关财经法规和财务管理制度等为主要依据。

项目（课题）验收包括档案验收、任务验收和财务验收。档案验收、任务验收和财务验收要统一部署。档案验收先于任务验收和财务验收开展，原则上，任务验收和财务验收同期实施。档案验收按《国家科技重大专项（民口）档案管理规定》（国

科发专〔2017〕348号）执行，财务验收按《国家科技重大专项（民口）项目（课题）财务验收办法》（财科教〔2017〕75号）执行。

第五条 重大专项验收工作坚持依法依规、客观公正、科学规范、重质求效的原则，确保验收工作的严肃性、科学性和权威性。

第六条 本办法适用于民口有关的重大专项及其项目（课题）验收工作。

第二章 验收组织

第七条 科技部会同发展改革委、财政部（以下简称三部门）负责组织开展重大专项总结验收，做好项目（课题）验收的工作指导和监督检查。

第八条 在三部门指导下，各重大专项牵头组织单位（以下简称牵头组织单位）负责形成本专项实施情况报告和提出总结验收申请，配合三部门做好专项总结验收工作，并指导和监督重大专项项目管理专业机构（以下简称专业机构）开展项目（课题）验收工作。

第九条 在牵头组织单位领导下，专业机构具体负责项目（课题）验收的组织实施，形成项目（课题）验收报告，并配合做好专项总结验收工作。尚未委托专业机构的重大专项，其职责由专项实施管理办公室（以下简称专项办）承担。

第十条 重大专项项目（课题）承担单位（以下简称承担单位，包括牵头承担单位和参与单位）要充分履行法人责任，配合专业机构开展项目（课题）验收工作，负责形成本项目（课题）自评价报告等验收文件资料，并对其真实性、准确性、完整性负责。

第三章 重大专项总结验收

第十一条 牵头组织单位根据专项任务目标完成及项目（课题）验收情况，形成实施情况报告并向三部门提出整体验收申请，提交相关总结验收材料。

原则上，应于专项即将达到执行期限或执行期限结束后六个月内提出验收申请。组织实施顺利、提前完成任务目标的，可提前申请验收。

第十二条 三部门收到验收申请后，组织开展对重大专项总结验收材料的形式审查，形成审查意见。审查意见包括“通过”和“整改”两种。

第十三条 对通过审查的重大专项，三部门依据审查意见和专项实施具体情况，组织研究制定专项总结验收方案、工作计划和成立专家组，组织开展专项总结验收工作，并形成专项验收报告和总结验收意见。对要求整改的重大专项，牵头组织单位应在收到通知后的30日内补充完善总结验收材料，向三部门再次提出总结验收申请。原则上每个专项有一次整改机会。

第十四条 重大专项总结验收专家组应覆盖专项涉及的关键领域，由技术、管理、财务以及经济和政策等方面专家共同组成，总人数原则上不少于15人，确定1名组长；专家组成员应具有相当的权威性、代表性和广泛性，对重大专项组织实施有一定了解，具有较强的战略思考和决策咨询能力，在国内外业界具有良好的声望和较强的影响。对于不涉及国家安全的专项，可邀请部分海外知名专家加入专家组。专家组依据总结验收方案和有关要求，独立、客观、公正地开展总结验收工作，研究提出总结验收意见。

被验收重大专项相关管理人员、总体组成员不能作为验收专家参加本专项总结验收工作。

第十五条 重大专项总结验收的主要内容包括：专项目标指标完成程度、组织实施和管理情况（含档案管理）、资金使用情况和效益、实施成效和影响，以及重大专项成果转化应用和后续管理的有关安排等。

第十六条 重大专项总结验收意见分为“通过”和“不通过”两种。存在下列情况之一，按“不通过”处理。

（一）未达到重大专项实施方案、发展规划等确定的主要技术经济指标；

（二）实施取得的标志性成果及其影响与重大专项战略定位、战略目标和国家投入不相匹配；

（三）主要项目（课题）或核心任务未通过验收或未完成验收工作。

第十七条 三部门根据重大专项验收报告和总结验收意见，形成各重大专项整体验收结论和实施情况总结报告，并及时上报党中央、国务院。

第十八条 在总结验收后六个月内，牵头组织单位完成所有项目（课题）验收，以及专项档案的整理、保存、归档和移交工作等。

第四章 项目（课题）任务验收程序

第十九条 凡经批准列入重大专项管理的项目（课题），均应进行验收，对于验收前已批准中止或撤销的项目（课题）不纳入验收范围。项目（课题）验收工作应在任务合同到期后六个月内完成。

不能按期完成目标任务的项目（课题），需在任务合同到期90日前向专业机构提出延期申请，说明延期理由和拟延期时间。专业机构批准同意，并报牵头组织单位核准后，报三部门备案。原则上，延期时间不超过一年。

第二十条 专业机构要根据任务完成情况和有关要求，做好项目（课题）验收工作的整体时间安排，制订验收工作计划，并报牵头组织单位和科技部备案。

对于需同步验收的项目（课题），专业机构要做好相关承担单位和验收专家组的组织协调和时间安排，确保验收工作的有序开展。

第二十一条 项目（课题）牵头承担单位应在任务合同书规定完成日期后的60日内，向专业机构提交项目（课题）验收申请书（格式参见附件1），同时需提交以下验收文件资料。

（一）档案验收合格结论书。

（二）项目（课题）自评价报告（格式参见附件2）。主要包括项目（课题）概况、实施情况、成果应用及其经济社会效益、经费使用和管理情况、组织管理情况、后续计划安排、存在问题及建议等。填写主要研究人员表，项目（课题）财务收支执行情况表，主要成果一览表，成果信息表，建设的生产线、中试线、平台基地、示范点（工程）一览表。提供产品（成果）的测试报告或检测报告、用户使用报告等相关证明材料。

（三）项目（课题）财务收支执行情况报告、项目（课题）结余资金情况说明。

项目（课题）验收文件资料须加盖项目（课题）承担单位公章。对于多个单位联合承担的项目（课题），参与单位应在牵头承担单位的统一组织下，配合做好相关验收资料的准备工作。

第二十二条　专业机构在收到验收申请书、相关文件资料后，要在30日内进行形式审查，并向牵头承担单位作出是否同意验收的回复。

第二十三条　对于通过形式审查的验收申请，专业机构按照验收工作计划，与牵头承担单位商定具体验收的日程安排，并发出组织验收的通知，同时抄送牵头组织单位。

对于未通过形式审查的验收申请，专业机构应及时通知牵头承担单位限时补充或修改验收材料。

第二十四条　任务验收专家在审阅资料、观看演示、现场测试（含委托第三方机构进行的测试）、实地考察、听取汇报的基础上，认真审查和质询，填写《重大专项项目（课题）任务验收评议表》（格式参见附件3），讨论形成项目（课题）的任务验收意见。

第二十五条　专业机构根据项目（课题）任务验收和财务验收意见，形成验收结论，填写《重大专项项目（课题）验收结论书》（格式参见附件4），报牵头组织单位备案，并抄送三部门。专业机构负责向牵头承担单位下达《重大专项项目（课题）验收结论书》。

三部门可通过抽查、复查等方式，对项目（课题）验收工作的程序、内容、质量和结论进行监督检查。

第二十六条　涉密项目（课题）的验收工作，应严格按照国家有关保密法律法规要求执行。

第五章　项目（课题）任务验收方式和内容

第二十七条　项目（课题）任务验收专家组应由技术专家、管理专家和知识产权专家等共同组成，原则上不少于9人，确定1名组长。对于具有产业化目标的项目（课题），要有用户代表参加。

被验收项目（课题）承担单位及其合作单位的人员不能作为验收专家参加验收工作。

第二十八条　项目（课题）任务验收主要采取实地考察、现场测试、功能演示、会议审查、查阅资料等方式进行。根据需要，可以采取一种或多种方式进行。

对于有测试要求或有推广应用、示范要求的项目（课题），应采用现场测试、实地考察等方式进行验收。对于需要平行测试或专家组存在异议的项目（课题），专业机构可委托第三方机构进行测试。

对于成果已经得到应用的项目（课题），要根据用户报告或在充分听取用户意见的基础上，形成任务验收意见。

第二十九条　对于同一类型、具有上下游关系或具有很强相关性的项目（课题），要以“项目群”或“课题群”的方式同步组织验收。

第三十条　对于具有应用目标和产业化目标的项目（课题），要按照“下家考核上家、系统考核部件、应用考核技术、市场考核产品”等成果评价方式进行评价。

第三十一条　项目（课题）任务验收的主要内容包括：项目（课题）合同计划任务的完成情况，合同规定的目标和考核指标的完成情况（包括知识产权任务目标完成、保护及应用情况等）；项目（课题）对重大专项总体目标发挥作用情况；成果水平及其应用情况，直接经济效益和社会效益情况，人才培养与团队建设情况；组织管理和机制创新情况等。

第六章 项目（课题）验收结论

第三十二条 项目（课题）任务验收结论分为“通过”（包括“整改后通过”）和“不通过”两种。存在下列情况之一的项目（课题）不得通过验收。

（一）未达到合同约定的主要技术经济指标；

（二）提供的验收文件、资料、数据不真实；

（三）擅自修改项目（课题）任务合同书的考核目标、内容、技术路线等。

第三十三条 每个项目（课题）原则上有一次整改机会，应当于接到整改通知后的三个月内完成整改，将整改情况书面报告专业机构，并提请重新验收。整改到位的任务验收结论为“整改后通过”，整改不到位的任务验收结论为“不通过”。

第三十四条 项目（课题）验收结论分为“通过”和“不通过”两种。任务验收与财务验收结论均为“通过”（含“整改后通过”）的，项目（课题）验收结论为“通过”；二者之一的结论为“不通过”的，项目（课题）验收结论为“不通过”。

第三十五条 专业机构应按《国家科技重大专项（民口）档案管理规定》，及时做好项目（课题）验收的文件资料整理和归档工作。专业机构及专项办在每年6月底及12月底，将本专项项目（课题）及管理档案移交至科技部重大专项办公室，并纳入统一的国家科技管理信息系统。

第三十六条 年度项目（课题）验收结束后，专业机构要及时形成《重大专项项目（课题）验收工作总结报告》，连同各项目（课题）验收结论书提交牵头组织单位，并抄送科技部。

第七章 项目（课题）验收相关责任

第三十七条 项目（课题）验收过程中各责任主体存在违规行为的，应当严肃处理。三部门、牵头组织单位、专业机构视情况轻重采取约谈、通报批评、追回已拨资金、阶段性或永久取消项目（课题）承担者申报资格等措施，并将有关结果以适当方式向社会公开。涉嫌犯罪的，移送司法机关处理。

对上述已作出正式处理，存在违规违纪和违法且造成严重后果或恶劣影响的责任主体，纳入科研严重失信行为记录，并加强与其他社会信用体系衔接，实施联合惩戒。

第三十八条 到期无故不申请验收、拒不整改或虚假整改、验收结论为“不通过”的项目（课题），专业机构将不再受理该项目（课题）负责人以及直接责任人的重大专项项目（课题）申请，并在5年内不再受理牵头承担单位以及具有直接责任的参与单位申报该重大专项的项目（课题），同时按照信用管理相关规定进行记录和评价。

第三十九条 对在项目（课题）验收过程中发现的弄虚作假及渎职，截留、挪用、挤占、骗取等行为，一经查实，将终止或取消项目（课题）负责人和承担单位继续承担重大专项项目（课题）的资格，并按照国家有关法律法规追究有关单位及个人的责任。涉嫌犯罪的，移送司法机关处理。

第四十条 在重大专项验收过程中，验收专家组成员出现索贿受贿、滥用职权、玩忽职守、徇私舞弊等违法违纪行为的，一经查实，将终止或取消其参与重大专项各项任务和工作的资格；同时按照信用管理相关规定进行记录和评价，并按照有关规定追究相应责任。涉嫌犯罪的，移送司法机关处理。

相关机构及其工作人员、相关管理人员在验收过程中，出现不按照有关要求审核资料、偏袒特定承担单位、协助承担单位弄虚作假、重大稽核失误、违规参与评审、干扰验收过程和结果、索贿受贿等违法违纪行为的，一经查实，将终止或取消其参与重大专项各项任务和工作的资格，并按照有关规定追究相应责任。涉嫌犯罪的，移送司法机关处理。

第四十一条　参加项目（课题）验收的有关人员未经允许擅自披露、使用或者向他人提供被验收项目（课题）成果的，一经查实，将终止或取消其参与重大专项各项任务和工作的资格；给国家、有关单位和个人造成损失的，将依照有关规定和法律追究责任。涉及国家秘密的，按有关法律法规处理。

第八章　验收后续管理

第四十二条　承担单位应加强项目（课题）后续管理，充分利用好重大专项支持形成的资源、能力，加强档案、成果、知识产权、开放共享等管理，持续做好相关工作。

第四十三条　专业机构要加强项目（课题）验收与专项成果、知识产权、档案管理的有机衔接。针对涉及国家战略的重大任务和主要项目（课题），专业机构要建立相应工作机制，推动成果转移转化、资源开放共享。

第四十四条　牵头组织单位要指导和督促专业机构开展后续管理，对工作开展情况进行监督检查，并充分协调和调动行业资源、社会力量，加强宏观管理、战略规划和政策保障，积极创造良好的环境条件。

第四十五条　三部门加强对后续管理的统筹协调与宏观指导，促进重大专项科研资源能力的巩固优化和共享利用，推动重大创新成果的产业化应用与扩散。

第九章　附　　则

第四十六条　各重大专项牵头组织单位依据本办法，结合本重大专项的特点，组织制定修订相应的项目（课题）验收管理实施细则，报三部门备案。

第四十七条　重大专项总结验收和项目（课题）验收工作所需经费严格按照《国家科技重大专项（民口）资金管理办法》等执行。

第四十八条　本办法由三部门负责解释，自发布之日起实行。《国家科技重大专项项目（课题）验收暂行管理办法》（国科发专〔2011〕314号）同时废止。

附件：1. 国家科技重大专项项目（课题）验收申请书（略）

2. 国家科技重大专项项目（课题）自评价报告（略）

3. 国家科技重大专项项目（课题）任务验收评议表（略）

4. 国家科技重大专项项目（课题）验收结论书（略）

资料来源：财政部网站，http://www.most.gov.cn/mostinfo/xinxifenlei/fgzc/gfxwj/gfxwj2018/201802/t20180208_138084.htm。

五、省级科技重大专项文件

各省、自治区、直辖市都会根据本地区的实际情况开展省级科技重大专项研究，主要依托所在地区省级科技厅，在此不可能一一列举，感兴趣的读者可以对所在地区的省级科技重大专项文件进行检索，本书以2019年福建省科技重大专项专题备选项目的通知为例加以说明。

福建省科学技术厅关于组织申报2019年省科技重大专项专题备选项目的通知

各有关单位：

为贯彻落实《实施创新驱动发展战略行动计划》（闽政〔2016〕2号）和《福建省“十三五”科技发展和创新驱动专项规划》（闽政办〔2016〕53号）等省委、省政府部署任务，我厅组织开展了2019年省科技重大专项调研，凝练形成了科技重大专项选题方向。现将项目申报有关事项通知如下：

一、申报条件和要求

（一）2019年省科技重大专项专题应按照“2019年省科技重大专项专题申报选题表”（附件）所规定的选题方向范围和相关要求申报，目标任务应明确具体，体现项目创新性，预期技术指标应量化可考核，在项目完成时能形成具有自主知识产权的技术成果和产业化指标。项目研发内容不得与省发改委、经信委、海洋与渔业厅等省直有关单位立项项目相同或类似。

（二）申请科技厅资助经费不超过附件规定的申请资助经费额度，经费预算及其计算依据应认真编写，若省科技厅实际资助经费未达到申请额度，项目申报单位应能自筹解决差额部分。鼓励申报单位及合作单位加大自筹经费投入。

（三）牵头申报单位为企业的，应符合下列条件：

1. 必须是在推荐区域内（不含计划单列市）注册、具有独立法人资格并具备科研开发能力和条件的规模以上企业（软件等行业企业规模参照工业企业）或市级以上农业产业化龙头企业。

2. 2017年度研发费用占主营业务收入的比例应达2.5%以上，并提供能体现研发经费投入比例的企业研发经费投入结构明细表（格式下载网址：http://xmgl.fjkjt.gov.cn/）。高新技术企业可以提供有效的高新技术企业证书，不需要提供企业研发经费投入结构明细表。

（四）鼓励产学研联合申报，产学研合作单位应签订合作协议，协议内容应包括项目研发任务分工、知识产权权益归属，项目资助经费的分配。

（五）项目牵头申报单位不得有到期未验收的省科技计划项目。

（六）项目负责人应为实际主持研究工作的科技人员，不得有到期未验收的省科技计划项目。项目负责人不得有在研的重大项目、区域发展项目、高校产学项目、对外合作产业化项目、STS项目。项目结束时负责人年龄不超过60岁，企业牵头的项目负责人可延长至65岁。

（七）项目牵头申报单位、项目负责人及课题组成员不得是失信被执行人，不得是列入项目管理资信“黑名单”且取消申报资格处罚时限未到期。项目申报单位及项目负责人应保证所提供申报项目信息的真实性，并对信息虚假导致的后果承担责任。

（八）申报项目研发起始时间为2019年4月1日，结束时间一般不超过至2022年4月1日。

（九）申请书相关附件：合作协议书、高新技术企业证书、企业研发经费投入结构明细表（加盖企业财务章）、体现经营收入的企业上年度利润表（加盖企业财务章）或市级以上农业产业化龙头企业证书等。

二、申报程序

本批项目网上申报时间为2018年8月15日至9月30日（申报截止，超过时间将不能提交申请书）。推荐截止时间为10月25日（系统关闭）。

申报单位注册登录福建省科技计划项目管理系统网上填报《福建省科技重大专项专题立项建议书》申报材料。设区市科技局、平潭综合实验区、高校、省直有关单位和中央在闽单位归口审查网上推荐。具体申报流程为：申报单位注册登录福建省科技计划项目管理系统（http：//xmgL. fjkjt. gov. cn）—申报管理—增加项目申请书—选择对应指南代码和申请书—填报《福建省科技重大专项专题立项建议书》—上传有关附件资料（合作协议书、高新技术企业证书、企业研发经费投入结构明细表、体现经营收入的企业上年度利润表、市级以上农业产业化龙头企业证书等）。

推荐单位通过省级项目推荐流程进行内部审核，并负责对申报材料进行网上推荐后，由申报单位通过项目管理系统打印纸质《福建省科技重大专项专题立项建议书》及相关附件材料一式8份，逐级签章后由推荐单位汇总，报送我厅相关业务处。

三、联系方式及其他事项

在完成项目受理工作后，我厅将统一组织项目查新（费用由我厅承担），组织开展项目评审工作，并根据评审结果组织项目申报单位对项目申报材料进行完善（时间另行通知）。

省科技重大专项专题实行科技报告制度，在项目实施和验收时须按要求呈交科技报告。

（联系方式略）

附件：2019年省科技重大专项专题申报选题表（略）

福建省科学技术厅

2018年8月9日

资料来源：福建省科学技术厅，http：//kjt. fujian. gov. cn/xxgk/tzgg/201808/t20180814_3920237. htm。

第三节　专　利　奖

一、中国专利奖评奖的特点

2018 年 12 月 28 日，第二十届中国专利奖新闻发布会召开，国家知识产权局办公室副主任吴辉从奖项设置、规则制定、评审程序、政策体系、经济效益等方面概括中国专利奖的特点：一是奖项越来越丰富，从第一届的中国发明创造金奖逐渐发展到现在的 6 个奖项，中国专利金奖、中国专利银奖、中国专利优秀奖、中国外观设计金奖、中国外观设计银奖、中国外观设计优秀奖；中国专利金奖的数量从最初的 10 项增加到现在的 30 项，中国外观设计金奖 2010 年设立，从最初的 5 项增加到现在的 10 项。奖项的增加与高质量发展的工作导向高度契合。二是规则越来越完善逐步形成 1+3 的评奖规则体系，“1”是指《中国专利奖评奖办法》，“3”是指《中国专利奖质量评审组评审规则》《中国专利奖管理评审组评审规则》《中国专利奖技术评审组评审规则》。三是评审越来越科学，对于参评项目，国家知识产权局专利局审查部门评审专利质量，知识产权管理专家评审专利运用和保护措施及成效，各领域技术专家评审专利技术先进性、社会效益及发展前景。四是体系越来越健全，在中国专利奖的带动下，已有北京、天津、广东、上海、江苏、湖南等 17 个省（自治区、直辖市）设立省级政府专利奖，呈现创新创造蓬勃发展的态势。五是效益越来越突出，党的十八大以来（自 2013 年第十五届中国专利奖以来）共评选出 165 项金奖项目，据不完全统计，实现新增销售额近 6000 亿元，新增利润近 1500 亿元，效益十分显著。[①]

二、中国专利奖评奖的概况及作用

自 1989 年国家知识产权局和世界知识产权组织共同开展中国专利奖评选活动以来，至今已成功举办了二十届，累计评选出近 6000 项创新质量高、运用效益好、示范效应强的专利项目，生动展现了改革开放四十年，我国知识产权事业发展的质量导向、质量追求和质量成效。2018 年第二十届中国专利奖共评选出 30 项中国专利金奖、10 项中国外观设计金奖、59 项中国专利银奖、15 项中国外观设计银奖、695 项中国专利优秀奖、61 项中国外观设计优秀奖。

在新闻发布会上，赵梅生司长指出，二十届的中国专利奖对我国的创新驱动发展和知识产权强国建设发挥了三方面作用：

第一，质量导向和示范作用日益突出，1989 年开始设立中国专利奖，已举办二十届中国专利奖评选活动，累计评出近 6000 项的专利项目。国家知识产权局秉承“服务国家创新驱动发展战略，激励创新能力提升，突出质量价值导向”的核心理

---

① 国家知识产权局，http：//www.cnipa.gov.cn/twzb/desjzgzljxwfbk/index.htm。

念，多年来通过不断完善评审程序，优化评审指标，中国专利奖获奖项目质量逐年提升，得到了国内外各界广泛的好评、充分的肯定，它对激发创新主体、市场主体的创新创业热情，对促进产业转型升级，培育经济发展新动能，发挥了不可替代的作用。

第二，经济和社会效益更加显著，据不完全统计，2018 年评出的 40 项金奖的相关产品和工程项目，从实施之日到 2017 年底，新增销售额 835 亿元，平均是非常高的，新增利润 139 亿元，新增出口 186 亿元，经济效益非常突出。

第三，支撑知识产权强国建设更加有力，2018 年是第二十届中国专利奖，正值“弱冠”之年，需要以更加蓬勃的朝气，改革创新、继往开来。把中国专利奖评选作为知识产权事业发展的一个有力抓手，更好地培育高价值核心专利，它在知识产权强国建设中会起到更重要的作用。

三、中国专利奖评奖网站及相关政策

中国专利奖的组织单位是国家知识产权局，2019 年 4 月 2 日，国家知识产权局发布了关于评选第二十一届中国专利奖的通知（http：//www. sipo. gov. cn/ztzl/zgzlj/tz_zgzlj/1137043. htm）。中国专利奖具有“1 + 3”的评奖规则体系，“1”是指《中国专利奖评奖办法》，“3”是指《中国专利奖质量评审组评审规则》《中国专利奖管理评审组评审规则》《中国专利奖技术评审组评审规则》，其中，《中国专利奖评奖办法》对于申报者最重要，下文将重点说明。

四、中国专利奖评奖办法

2018 年 6 月，国家知识产权局将修订后的《中国专利奖评奖办法》印发，原《中国专利奖评奖办法》（2014 年修订稿）同时废止。

中国专利奖评奖办法

第一条　评奖宗旨

引导和推进知识产权工作对供给侧结构性改革、加快建设创新型国家、推动高质量发展发挥重要作用；鼓励和表彰专利权人和发明人（设计人）对技术（设计）创新及经济社会发展做出的突出贡献。

第二条　评奖周期

国家知识产权局与世界知识产权组织共同开展中国专利奖评选工作，每年举办一届。

第三条　奖项设置

中国专利奖设中国专利金奖、中国专利银奖、中国专利优秀奖、中国外观设计金奖、中国外观设计银奖、中国外观设计优秀奖。

中国专利金奖、中国专利银奖及中国专利优秀奖从发明专利和实用新型专利中评选产生，评出中国专利金奖 20 项、中国专利银奖 60 项。中国外观设计金奖、中国外观设计银奖及中国外观设计优秀奖从外观设计专利中评选产生，评出中国外观设计金奖5项、中国外观设计银奖15项。

第四条　评审组织

国家知识产权局设立中国专利奖评审委员会（以下称“评审委员会”），会同世界知识产权组织开展中国专利奖的评审、批准和授奖等有关工作。评审委员会下设评审办公室，负责日常组织协调工作。

第五条　评价指标及权重

一、发明、实用新型专利

（一）专利质量（25%）。评价：1. 新颖性、创造性、实用性；2. 文本质量。

（二）技术先进性（25%）。评价：1. 原创性及重要性；2. 相比当前同类技术的优缺点；3. 专利技术的通用性。

（三）运用及保护措施和成效（35%）。评价：1. 专利运用及保护措施；2. 经济效益及市场份额。

（四）社会效益及发展前景（15%）。评价：1. 社会效益；2. 行业影响力；3. 政策适应性。

二、外观设计专利

（一）专利质量（25%）。评价：1. 创新性和工业适用性；2. 文本质量。

（二）设计要点及理念的表达（25%）。评价：1. 设计要点独特性；2. 艺术性及象征性；3. 功能性。

（三）运用及保护措施和成效（35%）。评价：1. 专利运用及保护措施；2. 经济效益及市场份额。

（四）社会效益及发展前景（15%）。评价：1. 社会效益；2. 发展前景。

第六条　推荐及评审程序

（一）中国专利奖参评项目采用推荐方式，由地方知识产权局、国务院有关部门和单位知识产权工作管理机构、全国性行业协会、中国科学院院士和中国工程院院士等根据当年评选通知要求择优推荐。

（二）评审办公室负责对推荐项目进行初审，并组织开展有关初评工作。

（三）评审办公室根据初评情况，提出预获奖项目名单，报评审委员会。

（四）评审委员会对预获奖项目名单进行审定，确定获奖项目及其奖励等级。

（五）评审办公室在国家知识产权局政府网站公示评选结果。

第七条　异议处理

（一）中国专利奖评选工作接受社会监督，社会公众对公示项目有异议的，可在规定时间内向评审办公室提出。

（二）评审办公室接收异议材料，成立异议处理小组，对异议的具体情况进行分析，形成异议分析材料及处理意见并向评审委员会报告，经评审委员会决定后，将处理意见通知异议方和项目申报人、推荐单位。

（三）参与异议处理的有关人员对异议者的身份及有关异议信息予以保密。

第八条　授奖

国家知识产权局及世界知识产权组织根据评选结果公示情况，对无异议或异议不成立的项目予以授奖，联合向获得金奖项目的发明人（设计人）颁发奖牌和证书，向专利权人颁发奖牌；国家知识产权局向获得银奖、优秀奖项目的发明人（设计人）颁发证书，向专利权人颁发奖牌。

国家知识产权局会同世界知识产权组织召开会议，共同表彰有关获奖的发明人（设计人）及专利权人。

国家知识产权局通过电视、网络、报刊等媒体公布获奖结果；对于获奖的项目，专利权人可以在其产品上标注奖项名称及获奖时间。

第九条 撤奖

对于获奖项目，若发现报送材料不实，且有证据证明不符合获奖条件的，由评审办公室提出撤销授奖的意见，经评审委员会批准，撤销授奖并追回奖牌和证书。

第十条 本办法由中国专利奖评审办公室负责解释。

第十一条 本办法自公布之日起执行。

资料来源：国家知识产权局，http：//www. sipo. gov. cn/ztzl/zgzlj/index. htm。

五、其他说明

国家级专利奖项毕竟数量有限，各省级、各地市级知识产权管理机构在国家级专利奖评审规则的基础上，都会根据自身实际制定相应的专利奖评审办法，从而形成国家级、省级和地市级三个层面的专利奖，因此对专利奖感兴趣的读者，应该查阅所在的地区知识产权管理机构的通知，最后才有机会申报国家级专利奖，当然，不同省（自治区、直辖市）对不同级别的专利奖也会有不同的激励措施。

第四节 技术发明奖和科学进步奖

一、国家技术发明奖和国家科学进步奖介绍

（一）国家技术发明奖

国家技术发明奖授予运用科学技术知识做出产品、工艺、材料及其系统等重大技术发明的我国公民。产品包括各种仪器、设备、器械、工具、零部件以及生物新品种等；工艺包括工业、农业、医疗卫生和国家安全等领域的各种技术方法；材料包括用各种技术方法获得的新物质等；系统是指产品、工艺和材料的技术综合。国家技术发明奖的授奖范围不包括仅依赖个人经验和技能、技巧又不可重复实现的技术。

重大技术发明应当同时具备以下三个条件：（1）前人尚未发明或者尚未公开：该项技术发明为国内外首创，或者虽然国内外已有但主要技术内容尚未在国内外各种公开出版物、媒体及其他公众信息渠道发表或者公开，也未曾公开使用过。（2）具有先进性和创造性：创造性是指该项技术发明与国内外已有同类技术相比较，其技术

思路、技术原理或者技术方法有创新，技术上有实质性的特点和显著的进步；先进性是指主要性能（性状）、技术经济指标、科学技术水平及其促进科学技术进步的作用和意义等方面综合优于同类技术。（3）经实施，创造显著经济效益或者社会效益，该项技术发明成熟，并实施应用3年以上，取得良好的应用效果。

国家技术发明奖候选人的条件：国家技术发明奖的候选人应当是该项技术发明的全部或者部分创造性技术内容的独立完成人，也就是独立完成一项或者全部的创造性技术内容（推荐书“技术发明点”一栏中所列）。

（二）国家科学进步奖

国家科学技术进步奖授予在技术研究、技术开发、技术创新、推广应用先进科学技术成果、促进高新技术产业化，以及完成重大科学技术工程、计划项目等方面做出突出贡献的我国公民和组织。

国家科技进步奖项目类别：（1）技术开发项目，是指在科学研究和技术开发活动中，完成具有重大市场实用价值的产品、技术、工艺、材料、设计和生物品种及其推广应用。其中，工人农民技术创新组，奖励工人、农民身份的一线科技人员完成的科技成果。（2）社会公益项目，是指在标准、计量、科技信息、科技档案、科学技术普及等科学技术基础性工作和环境保护、医疗卫生、自然资源调查和合理利用、自然灾害监测预报和防治等社会公益性科学技术事业中取得的重大成果及其应用推广。（3）国家安全项目，是指在军队建设、国防科研、国家安全及相关活动中产生，并在一定时期内仅用于国防、国家安全目的，对推进国防现代化建设、增强国防实力和保障国家安全具有重要意义的科学技术成果。（4）重大工程项目，是指重大综合性基本建设工程、科学技术工程、国防工程和企业技术创新工程等。其中，企业技术创新工程组，围绕企业技术创新工程的系统性、创新性、有效性和带动性进行评价，奖励等级标准参照重大工程项目类。

国家科学技术进步奖候选人条件，国家科学技术进步奖候选人应当具备下列条件之一：（1）在设计项目的总体技术方案中做出重要贡献；（2）在关键技术和疑难问题的解决中做出重大技术创新；（3）在成果转化和推广应用过程中做出创造性贡献；（4）在高技术产业化方面做出重要贡献。

国家科学技术进步奖候选单位条件：国家科学技术进步奖候选单位应当是在项目研制、开发、投产、应用和推广过程中提供技术、设备和人员等条件，对项目的完成起到组织、管理和协调作用的主要候选单位。政府部门一般不应当作为国家科技进步奖的候选单位。

国家科技进步奖项目应当总体符合下列三个条件：（1）技术创新性突出，在技术上有重要的创新，特别是在高新技术领域进行自主创新，形成了产业的主导技术和名牌产品，或者应用高新技术对传统产业进行装备和改造，通过技术创新，提升传统产业，增加行业的技术含量，提高产品附加值；技术难度较大，解决了行业发展中的热点、难点和关键问题；总体技术水平和技术经济指标达到了行业的领先水平。（2）经济效益或者社会效益显著，所开发的项目经过3年以上较大规模的实施应用，产生了很大的经济效益或者社会效益，实现了技术创新的市场价值或者社会价值，为经济建设、社会发展和国家安全做出了很大贡献。（3）推动行业科技进步作用明显，项目的转化程度高，具有较强的示范、带动和扩散能力，促进了产业结构的调整、优化、升级及产品的更新换代，对行业的发展具有很大作用。

二、国家技术发明奖和国家科学进步奖提名制度

国家科学技术奖实行提名制度，候选者由下列单位或个人提名，不受理自荐：（1）经国务院科学技术行政部门认定为符合规定的资格条件的专家学者和组织机构；（2）省、自治区、直辖市、计划单列市人民政府，特别行政区政府，国务院有关组成部门、直属机构、直属事业单位，国务院部委管理的有关国家局，中央军委科技主管部门；（3）中华人民共和国驻外使馆、领馆可以提名中华人民共和国国际科学技术合作奖的候选者。

提名者应当遵守提名规则和程序，对提名材料的真实性和准确性负责，并在提名、答辩和异议处理等工作中承担相应责任。

三、国家技术发明奖和国家科学进步奖评审

国家技术发明奖和国家科学进步奖评审由国家科学技术奖励工作办公室中的国家科学技术奖励评审机构负责评审，该评审机构依据国家科学技术奖励委员会章程开展国家技术发明奖和国家科学进步奖评审工作，具体见网站 http：//www. nosta. gov. cn/web/list. aspx？menuID = 19，具体的申报时间、申报方式都可以查阅该网站的相关通知。

四、国家技术发明奖和国家科学进步奖奖励

为贯彻落实《关于深化科技奖励制度改革的方案》（国办函〔2017〕55 号）有关精神，充分发挥国家科学技术奖对广大科技工作者的激励作用，释放各类人才创新活力，经国务院同意，对国家科学技术奖奖金标准进行调整，国家自然科学奖、国家技术发明奖、国家科学技术进步奖的特等奖奖金标准由 100 万元/项调整为 150 万元/项，一等奖奖金标准由 20 万元/项调整为 30 万元/项，二等奖奖金标准由 10 万元/项调整为 15 万元/项；调整后的国家科学技术奖奖金标准自 2018 年度国家科学技术奖公布起实施。与此同时，还会以国务院名义颁发相应的荣誉证书。

由于国家技术发明奖和国家科学进步奖是我国国内在技术发明和科学进步方面的最高荣誉，除了国家为数不多的奖励外，行业主管单位都会给获奖者配套几十万至上百万元的奖金，而且获奖者还会因此获得各类荣誉、科研项目和科研基金，因此激励着所有的科研工作人员为之奋斗不息。

五、其他说明

因为国家技术发明奖和国家科学进步奖奖励毕竟数量有限，各省、自治区、直

辖市都成立了省级科学技术奖励委员会办公室，制定各地区省级技术发明奖和科学进步奖，并从省级奖项中挑选优秀者参与国家奖评选，因此如果想参与国家技术发明奖和国家科学进步奖，首先要参加所在地区的省级技术发明奖和科学进步奖评选，具体申报时间请查阅所在地区的科学技术奖励委员会办公室所发布的通知或公告。

第五节 科技创新券

一、科技创新券的定义

科技创新券是指政府按照财政资金的数量制成一定面额的创新券，由有科技创新需求的中小企业直接提出申请，管理部门一般按照先到先得或随机分配的方式向这些企业发放科技创新券，企业用科技创新券向公共或准公共科研机构与大学以及一些大公司的研发服务机构购买科研服务，服务完成后科研机构或科研人员凭科技创新券及相关材料到财政部门兑现。

研发服务机构是指提供研究开发、技术转移、检验检测认证、创业孵化、知识产权、科技咨询、科技金融、科学技术普及等科技服务的企业、高等院校、科研机构和科技服务机构等。

二、科技创新券与其他补助政策区别

科技创新券项目不同于先立项研发、后产业化的传统计划项目模式，而是立足于企业创新需求，通过买卖创新服务或技术成果，在研发的起点就引入最终用户。

科技创新券打破了立项难、结项易的怪圈，只要发生了科技创新服务或技术成果的买卖关系，就可以申请发放，技术路线、创新点都由企业决定，兑现时，则按合同规定的经济和技术标准严格兑现。

三、我国科技创新券发展沿革及特点

2012 年 9 月，江苏宿迁市在全国率先推出科技创新券，受到了各地广泛关注。2013 年，浙江省长兴县联合上海研发公共服务平台推出了全国第一张跨省使用的创新券。2015 年以来，创新券开始在全国普遍推行实施，各地在不同层面纷纷出台了适应本地创新需求，各具特色的科技创新券实施管理办法。

总体来说，我国地方科技创新券政策还处于探索实施阶段，不同地区政策在发布和管理部门等多方面存在不同，大致情况如下：

（1）地方科技创新券政策发布和管理部门以科技部门和财政部门为主。

（2）科技创新券资金来源主要有 3 种方式：财政科技资金中统筹安排、由已有

的财政专项资金中安排和专门设立创新券财政专项资金。

（3）各地科技创新券政策支持对象以科技型中小微企业为主。全国各地区的科技创新券政策都主要面向支持科技型中小微企业，具体标准各地不一。

（4）各地科技创新券政策支持的创新活动类型不一。

（5）科技创新券兑付方式分为供方兑付和需方兑付两类。

（6）科技创新券的落实原则以“统一规划、分类实施”为主。

四、福建省科技创新券管理文件

由于不同地区出台的科技创新券管理办法并不一样，本书重点介绍福建科技创新券补助管理办法。

福建省管理科技创新券的主要领导机构是福建省科技厅，并且设立了福建省科技创新券管理信息系统（http：//cxq. fjkjt. gov. cn/showLoginPage. do）来进行相应管理，在该系统中，最主要的政策文件是福建省科技创新券补助管理暂行办法。

福建省科技创新券补助管理暂行办法

第一章　总　　则

第一条　根据省政府《关于大力推进大众创业万众创新十条措施的通知》（闽政〔2015〕37 号）和鼓励重大科研基础设施和大型科研仪器向社会开放服务的相关政策，为规范科技创新券的使用和管理，推动科技资源开放共享，促进科技创新创业，特制定本暂行办法。

第二条　设立省级科技创新券（以下简称“创新券”）专项资金，用于补助科技企业、创客、省重大科研基础设施和大型科研仪器网络平台（以下简称省大仪平台）单位购买科技创新服务。年度创新券资金未使用完的可结转下一年度滚动使用。

第三条　省科技型中小企业技术创新资金管理中心（以下简称“管理中心”）负责创新券组织实施和监督检查等具体工作。

各设区市科技行政管理部门（包括平潭综合实验区职能部门，下同）具体负责本地区科技企业、创客创新券的组织申请、受理审核、组织专家评审、核定补助金额等工作。

省大仪平台管理机构具体负责省大仪平台单位创新券的组织申请、受理审核、核定补助金额等工作。

第四条　根据符合下述第六条的支持对象总数以及上一年度创新券使用情况，统筹确定各设区市和省大仪平台年度创新券额度，并视实际情况进行调剂。

第五条　科技企业、创客申请创新券补助实行属地化管理，由各设区市科技行政管理部门受理；省大仪平台单位的申请由省大仪平台管理机构直接受理。

第二章　支持对象与范围

第六条　创新券支持对象：

（一）科技企业。在我省登记注册、具有独立法人资格、上年度销售收入不超过1.5亿元人民币的以下八种类型中小微企业。

1. 有效期内的科技型企业；

2. 有效期内的高新技术企业；

3. 有效期内的创新型（试点）企业；

4. 有效期内的知识产权优势企业；

5. 科技小巨人企业；

6. 科技主管部门主办的省级以上创新创业大赛获奖企业；

7. 设区市级以上科技行政管理部门备案的科技企业孵化器、大学科技园、众创空间在孵企业；

8. 近3年内，取得1件（含）以上授权发明专利、植物新品种权、新药证书、临床批件、第三类新型医疗器械注册证书、农药登记证书、兽药证书，或6件（含）以上实用新型专利、软件著作权、集成电路分布图设计专有权的企业。

（二）创客。已入住设区市级以上科技行政管理部门备案的科技企业孵化器、互联网孵化器、大学科技园、众创空间（以下统称“入驻管理机构”），尚未注册企业的创业者（包括创新创业团队）。

（三）省大仪平台单位。纳入省大仪平台管理且对外提供服务、业绩突出的科研设施仪器产权单位。

第七条 创新券用于补助符合上述第六条的科技企业、创客围绕自身研发需要而向高校、科研院所、企业等机构购买检验检测、仪器设备使用、知识产权、数据分析、法律咨询、创业培训等科技创新服务的支出费用；省大仪平台单位向相关服务机构支付的设备维修、测试技术咨询的费用。

创新券的支持范围及重点可在年度申报通知中调整或进一步明确。

第八条 创新券不支持下列活动或对象：

（一）与自身研发和科技创新无关的服务；

（二）自身无研发而只向外购买开发、设计的服务；

（三）科技金融类服务；

（四）质量管理体系等认证、商标服务、财务审计、企业上市辅导等商事服务；

（五）自行购买或以融资租赁仪器设备、系统软件，服务器托管；

（六）专利维护、专利转让和购买的费用；

（七）一般性的市场数据分析和商务法律咨询服务。

（八）各类职业证书、执业资格和学历培训。

第三章 补助方式与额度

第九条 创新券采取后补助方式。

第十条 每个科技企业、创客和省大仪平台单位每年只能申请一次。创新券的补助不超过购买科技创新服务实际发生费用的50%，补助额度不低于1万元，科技企业不超过20万元，创客不超过3万元，省大仪平台单位不超过6万元。

第四章 申请与发放

第十一条 创新券申请程序。

（一）每年上半年发布当年度创新券申请通知。

（二）科技企业、创客（由入驻管理机构统一代为申请）、省大仪平台单位按照申请通知要求，填报提交《福建省级科技创新券补助申请表》和以下有关附件材料：

1. 购买服务的发票和付款凭证；

2. 购买服务的合同或佐证材料；

3. 上年度财务报表（创客和省大仪平台单位不提供）；

4. 第六条规定的对象相关资质证明。

（三）各设区市科技行政管理部门负责对科技企业、创客申请材料的完整性、有效性、真实性进行归口审核，组织专家对申请是否属于自身研发需要并符合支持条件范围进行评审，核定创新券发放意见和发放金额，提交管理中心。

省大仪平台管理机构负责对省大仪平台单位申请材料的完整性、有效性、真实性进行归口审核，核定创新券发放意见和发放金额，提交管理中心。

第十二条　创新券发放程序。

（一）管理中心负责对设区市科技行政管理部门、省大仪平台管理机构审核提交的申请材料进行形式审查，上报省科技厅。

（二）省科技厅审定、下达创新券补助资金。科技企业由设区市科技行政管理部门发放，创客由设区市科技行政管理部门通过入驻管理机构发放；省大仪平台单位由省大仪平台管理机构发放。

第五章　监督管理

第十三条　获得创新券补助的科技企业、创客、省大仪平台单位和入驻管理机构应自觉接受有关部门的监督检查。对提供虚假材料，通过创新券骗取资金等违规行为，将对有关责任单位、责任人采取通报批评、取消创新券申报资格、停拨或追回资金、列入资信“黑名单”等措施予以处理；对涉嫌违纪违法的，移送有关部门追究责任。

第六章　附　　则

第十四条　本暂行办法由省科技厅负责解释。

第十五条　本暂行办法自印发之日起实施。

福建省科学技术厅

2016 年 1 月 21 日

资料来源：福建省科技创新券管理信息系统，http：//cxq. fjkjt. gov. cn/showLoginPage. do。

福建省除了依托福建省科技厅颁布了管理暂行办法，福建省科技厅还依托科技厅网站每年发布相应的公告信息，以 2019 年为例。

福建省科学技术厅关于做好 2019 年度科技创新券补助工作的通知

各设区市科技局、平潭综合实验区社会事业局，省重大科研基础设施和大型科研仪器服务平台工作领导小组办公室，有关单位：

根据《福建省科技创新券补助专项资金管理办法》（闽财教〔2018〕47号）的要求，为做好2019年度科技创新券补助工作，现将有关事项通知如下：

一、申请对象

（一）科技型中小企业。指在我省（不含厦门市）登记注册、具有独立企业法人资格，并根据《科技型中小企业评价办法》取得入库登记编号且至申请截止日（2019年3月31日）仍在有效期内的科技型中小企业，同时应无到期未验收的省科技计划创新资金项目。

（二）创客。指已入住设区市级以上科技行政管理部门备案的科技企业孵化器、众创空间及互联网孵化器、大学科技园（以下简称入驻管理机构），尚未注册企业的创业者（包括创新创业团队）。

（三）大仪产权单位。指加入省重大科研基础设施和大型科研仪器服务平台管理的重大科研基础设施和大型科研仪器产权管理单位。

二、补助范围

创新券专项资金用于补助科技型中小企业、创客在研发过程中向高校、科研院所、企业等机构购买技术（开发、转让、咨询、服务）、检验检测、科研仪器设备使用、技术数据分析等科技创新服务的费用，大仪产权单位向相关服务机构支付的设备维修、测试技术咨询等科技创新服务费用。

技术（开发、转让、咨询、服务）是指合同总额不超过20万元的技术转让、技术开发、技术咨询、技术服务等方式的科技创新服务。

申报补助的科技创新服务支出费用须发生在2017年11月1日至2018年12月31日期间（以服务提供方开具发票时间为准）。

三、申请额度

科技型中小企业、大仪产权单位、创客已实际支付的上述各项费用合计应分别不低于2万元、2万元、0.2万元，可依实际数的50%内申请补助，科技型中小企业、大仪产权单位补助额度不低于1万元不超过20万元，创客补助额度不低于1千元不超过3万元。

四、申请材料

申请对象填写《福建省级科技创新券补助专项资金申请表》和包括购买服务的发票、付款凭证（创客可不提供）、购买服务的合同或佐证等附件材料。创客由入驻管理机构代为申请。

五、申报时间

科技型中小企业、创客入驻管理机构和省大仪产权单位申报截止时间为2019年3月31日。各设区市科技局、平潭综合实验区社会事业局、省重大科研基础设施和大型科研仪器服务平台工作领导小组办公室（以下简称省大仪办）在2019年5月15日前完成审核、确定发放金额和提交备案工作。逾期不能办理。

六、申请、审核、发放程序

（一）符合条件的申请对象、入驻管理机构登录“福建省科技创新券管理信息系统”（网址：cxq. fjkjt. gov. cn）进行申报。填写申请并上传附件材料。应按发票（收据）开具时间依序逐一填写并与实际一致，不一致的视为无效。科技型中小企业和入驻管理机构在系统上提交给属地设区市科技局、平潭综合实验区社会事业局，大仪产权单位提交给省大仪办。申请对象对申请材料的真实性负责。

（二）各设区市科技局、平潭综合实验区社会事业局、省大仪办在“福建省科技创新券管理信息系统”中分别对科技型中小企业、入驻管理机构与大仪产权单位申请材料的完整性、合规性进行归口审核，在预算额度内确定创新券专项资金的发放金额，并及时发放。结果提交省科技厅备案。

七、其他

科技创新券补助专项资金2019年度预算指标确定后，将按比例分配到各设区市和省大仪办。如出现核定应补金额大于可用经费的情况，可按核定应补金额等比例折算补助或由各设区市（含平潭）补足资金发放。

八、咨询联系电话（略）

福建省科学技术厅
2019年1月4日

资料来源：福建省科学技术厅，http：//kjt. fujian. gov. cn/xxgk/tzgg/201901/t20190107_4735004. htm。

第六节　研发费用后补助

一、研发费用后补助的定义

研发费用后补助是指科研机构组织开展科技研发活动，完成后并达到规定条件的或取得规定科研成果，由科技管理部门按照相关程序直接给予一定额度补助资金的资助方式。

二、福建省研发费用后补助相关政策

福建省关于研发费用后补助相关政策主要有《福建省企业研发经费投入分段补助实施办法（试行）》和《福建省企业研发经费分段补助实施细则（修订）》，由于后一个政策是在前一个政策基础上制定的实施细则，因此对有《福建省企业研发经费投入分段补助实施办法（试行）》做重点介绍。

福建省人民政府关于印发《福建省企业研发经费投入分段补助实施办法（试行）》的通知

各市、县（区）人民政府，平潭综合实验区管委会，省人民政府各部门、各直属机

构，各大企业，各高等院校：

经研究，现将《福建省企业研发经费投入分段补助实施办法（试行）》印发给你们，请认真组织实施。

福建省人民政府
2017年2月24日

福建省企业研发经费投入分段补助实施办法（试行）

为实施创新驱动发展战略，推进供给侧结构性改革，进一步引导企业加大研发投入，力争“十三五”期间全省研发经费内部支出年均增长20%以上，促进产业转型升级，加快建设创新型省份，特制定本实施办法。

一、补助范围

在我省行政区域内设立、登记、注册并具有独立法人资格的规模以上企业、高新技术企业，以及经省科技部门评估命名的新型研发机构和牵头认定的科技小巨人领军企业（以下统称创新机构）。

二、补助标准

创新机构年度研发经费投入补助，根据企业研发投入情况，采取后补助方式。

（一）规模以上企业和规模以下高新技术企业

1. 基础补助

年度研发经费支出额不足1000万元的，按研发经费支出额的5%计算补助经费。

年度研发经费支出额高于1000万元（含）、不足2000万元的，对其中1000万元给予50万元补助，超出1000万元的部分，按超出部分的4%计算补助经费。

年度研发经费支出额高于2000万元（含）以上的，对其中2000万元给予90万元补助，超出2000万元的部分，按超出部分的2%计算补助经费。

2. 增长额补助

按照企业年度研发经费支出较上一年度增加额的6%计算。

（二）新型研发机构

省和设区市财政对初创期新型研发机构每年度按非财政资金购入科研仪器、设备和软件购置经费25%的比例，给予最高不超过500万元的后补助。初创期一般为五年。对初创期过后发展效益较好的研发机构接近5年非财政资金购入科研仪器、设备和软件购置经费25%的比例，一次性给予最高不超过1000万元的后补助。

（三）科技小巨人领军企业

在享受企业研发费用税前加计扣除政策的同时，财政对企业享受加计扣除政策实际减免的所得税额，给予同量资金奖励。奖励资金以该企业相应年度应缴纳企业所得税额的地方财政分成部分为上限。

补助经费在提交补助申请的当年内一次性安排。创新机构在申报补助时不得重复申请。

三、补助依据

（一）规模以上企业：国家统计部门核定的规模以上企业上一统计年度研发经费

支出额（非政府投入部分），及较前一年度研发经费的增长额（非政府投入部分）。

（二）规模以下高新技术企业：申报材料中专项审计报告出具的研发经费支出年平均额作为有效期内高新技术企业的补助依据。

（三）科技小巨人领军企业：主管税务部门核实的上一统计年度研发经费加计扣除减免税额。

（四）新型研发机构：科技部门审定的年度非财政资金购入科研仪器、设备和软件购置经费总额。

四、补助程序

（一）规模以上企业

1. 规模以上企业按要求填报《福建省研发经费投入补助申请表》，并附上报国家统计部门的《企业研发活动及相关情况表》，经各设区市科技部门会同财政部门审核后上报省科技部门。

2. 省科技部门会同省财政部门、统计部门对各地审核上报的补助申请进行审查，确定补助名单和额度，下达补助经费。

（二）新型研发机构和科技小巨人领军企业

新型研发机构按照《福建省人民政府办公厅关于鼓励社会资本建设和发展新型研发机构若干措施的通知》（闽政办〔2016〕145号），科技小巨人领军企业按照《福建省人民政府办公厅关于印发培育科技小巨人领军企业行动计划（2016~2020年）的通知》（闽政办〔2016〕18号）执行。

（三）规模以下高新技术企业

1. 规模以下高新技术企业按要求填报《福建省研发经费投入补助申请表》，并附上申报高新技术企业时的研发经费专项审计报告，经各设区市科技部门会同财政部门审核后上报省科技部门。

2. 省科技部门联合省财政部门分别对各地审核上报的补助申请进行审查，确定补助名单和额度，下达补助经费。

五、补助经费来源与管理

（一）补助经费来源

1. 规模以上企业和规模以下高新技术企业的补助经费，由省、设区市、县（市、区）按3∶3∶4比例分摊，其中23个省级扶贫开发重点县补助经费按4∶4∶2比例分摊。上述省级资金由省发改委、经信委、科技厅、财政厅共同承担。

2. 科技小巨人领军企业、新型研发机构补助资金分别按闽政办〔2016〕145号、闽政办〔2016〕18号文件执行。

（二）补助经费的使用与管理

1. 企业每年7月底之前，按省科技部门和财政部门的要求，汇总上半年的研发经费投入，按自愿原则，可向本地科技部门提出预拨研发经费补助申请。本地科技部门会同财政部门审核后报设区市科技部门。设区市科技部门会同财政部门汇总审核后报省科技部门。省科技部门会同财政部门、统计部门对上报的补助申请进行审查，确定预补助企业名单，并按本办法规定的基础补助的80%左右确定预补助经费额度，由省市县三级按分摊比例各自下达预补助经费。

2. 对于高研发投入企业（是指上一年度研发经费投入在1.5亿元以上），在本年度出现的单项研发经费投入1000万元以上，可采用“一事一议”方式，随时申请预补助经费。申请的程序、预补助经费额度的确定与拨付按上一点的要求执行。

3. 企业获得预补助经费在当年获准的应补助经费中予以扣除。

4. 补助经费主要用于创新机构的后续研发项目、平台建设项目和研发团队奖励项目等，实行专项管理。

5. 获补助的创新机构要加大研发投入力度，做好研发经费支出的归集统计工作，如实填报研发经费支出报表。

6. 创新机构有弄虚作假行为的，一经发现，收回补助经费。视情节轻重，采取警告、记入不良记录等处理措施，并将信用记录作为今后审核的依据。

（三）补助经费保障

省、市、县（区）人民政府应当将本实施办法中要求的研发经费投入补助列入本级年度财政预算，并根据全省企业研发经费内部支出的年度增长情况，调整增加年度预算额。

六、其他

（一）本办法有效期3年，每年由省科技部门、财政部门、统计部门联合印发企业研发经费投入补助申报通知。

（二）有关政策法律依据发生变化或本实施办法有效期满，根据实施情况依法评估修订本实施办法。厦门市可参照本办法制定具体规定，在厦门市设立、登记、注册的企业按厦门市有关政策执行。

（三）省科技部门联合财政部门根据本办法制定实施细则。

（四）本办法自发布之日起实施。

资料来源：福建省人民政府，http://www.fujian.gov.cn/zc/zfxxgkl/gkml/jgzz/kjwwzcwj/201703/t20170304_1183863.htm。

三、《福建省企业研发经费投入分段补助实施办法（试行）》政策解读[①]

（一）制定背景

2015年福建省全社会研发经费内部支出占GDP的比重只有1.51%，远低于全国平均2.07%的水平，与经济发展水平不相符，研发投入不足是福建省实施创新驱动战略的“短板”。为进一步引导企业成为技术创新和研发投入的主体，加大研发投入，力争“十三五”期间全省研发经费内部支出年均增幅20%以上，达到全国平均水平，加快产业转型升级，建设创新型省份。根据2017年福建省“两会”精神及省领导指示要求，制定出台本实施办法。

（二）制定依据

第一，福建省政府已将全省研发经费内部支出年均增幅20%以上，列入福建省

① 福建省人民政府网站，http://www.fujian.gov.cn/zc/flfgjd/szfzcjd/201703/t20170304_1285019.htm。

政府挂牌督办事项，是福建各级政府的绩效考核内容。

第二，福建省委九届十六全会提出建设创新型省份后，福建省陆续制订颁布的《关于印发培育科技小巨人领军企业行动计划（2016～2020年）的通知》《关于鼓励社会资本建设和发展新型研发机构若干措施的通知》等系列政策措施，引导和扶持企业加大研发投入。本实施办法对有关文件中的政策措施进行归并。

第三，全国各地都在大力实施创新驱动发展战略，加大对全社会研发投入的扶持力度，如广东、云南等兄弟省份已启动研发经费补助工作，福建省的厦门市、漳州市也出台了类似政策，企业反响良好，效果显著。本实施办法结合福建省实际情况，综合借鉴各地经验。

（三）主要内容

本实施办法共六条，包括：补助对象、补助标准、补助依据、补助程序、补助经费来源与管理、其他条款。主要内容如下：

1. 补助对象

规模以上企业是福建省研发投入的主体，是本实施办法补助的主要对象。同时，为鼓励企业申报高新技术企业，将规模以下高新企业也纳入本实施办法补助范围，并将已实施研发经费补助的科技小巨人、新型研发机构也一同归并。

2. 补助标准

本实施办法的补助分基础补助和增长额补助，基础补助采取分段补助标准：年研发经费1000万元以下，按5%补助；1000万～2000万元，按4%补助；超过2000万元以上，按2%。增长额补助是按照企业年度研发经费支出较上一年度增加额的6%计算。

新型研发机构按照《福建省人民政府办公厅关于鼓励社会资本建设和发展新型研发机构若干措施的通知》，科技小巨人领军企业按照《福建省人民政府办公厅关于印发培育科技小巨人领军企业行动计划（2016～2020年）的通知》执行。

3. 补助方法

（1）每年7月底之前，企业可汇总上半年的研发经费投入，自愿向当地科技部门提出预拨研发经费补助申请。9月底之前，按省市县三级经费分摊比例，各自下达预补助经费。

（2）对于高研发投入企业（是指上一年度研发经费投入在1.5亿元以上），在本年度出现的单项研发经费投入1000万元以上，可采用“一事一议”方式，随时申请预补助经费。

（3）以上年度企业研发投入为基数，对企业本年度的研发经费投入进行补助，次年度向企业兑现本年度的全部补助资金。企业获得预补助经费在当年获准的补助经费中予以扣除。

4. 补助周期

鉴于2016年福建省企业研发投入已完成，又考虑到2016年全省规模以上企业研发投入统计数据填报工作已于2017年1月20日启动，将于3月10日结束，本实施办法将以2016年全省企业研发投入为基数，对企业2017年的研发经费投入进行补助，2018 年向企业兑现补助资金。因此，本实施办法规定实施期 3 年，即从 2017 年开始，连续 3 年对企业研发经费投入进行补助，于 2020 年完成企业研发经费投入补助兑现。

5. 补助经费筹措

推动企业加大研发经费投入需要各级政府共同努力，特别是县（市、区）政府直接服务企业，起主要推动作用。因此，补助经费筹措，要求省、设区市、县（市、区）三级财政经费共同投入，按 3∶3∶4 比例分摊。同时，考虑到 23 个省级扶贫开发重点县的具体情况，适当降低其承担的比例，省、设区市、县（市、区）三级财政按 4∶4∶2 比例分摊。

实施办法还规定，省、市、县（区）人民政府应当将本实施办法中要求的研发经费投入补助列入本级年度财政预算，并根据全省企业研发经费内部支出的年度增长情况，调整增加年度预算额。

6. 其他条款说明

（1）每年由福建省科技部门、财政部门、统计部门联合印发企业研发经费投入补助申报通知。企业按通知要求申请补助。

（2）福建省科技部门联合财政部门根据本实施办法制定实施细则（或工作指引）。厦门市可参照本办法制定具体规定，在厦门市设立、登记、注册的企业按厦门市有关政策执行。

四、福建省企业研发经费投入补助与预补助申报的通知文件

在这里以申请 2017 年度补助和 2018 年度预补助的政策文件为例，来介绍申请的具体事项。

关于开展企业研发经费投入 2017 年度补助和 2018 年度预补助申报工作的通知

各设区市科技局、财政局，平潭综合实验区管委会社会事业局、财政金融局，各有关单位：

为落实《福建省企业研发经费分段补助实施办法（试行）》（闽政〔2017〕8 号），按照《福建省企业研发经费分段补助实施细则（修订）》（闽科计〔2018〕14 号，以下简称《实施细则》）要求，决定启动企业研发经费投入 2017 年度补助和 2018 年度预补助申报工作，现将有关事项通知如下：

一、申报对象

全省规模以上企业和规模以下高新技术企业，其当年度研发经费内部支出应达到 50 万元（含）以上。

二、补助类型

企业研发经费分段补助分为预补助和年度研发经费补助（清算）两种。预补助又分为年中研发经费预补助和高研发经费预补助，预补助在同一年度企业只能择一申请。

三、申报程序

申请企业登录“福建省科技创新平台及机构管理系统”（网址：http：//ptgl.fjkjt.gov.cn），根据补助类型，通过申报系统填报《福建省企业研发经费投入年度补助申请表（清算）》（附件1）、《福建省企业研发经费投入年中预补助申请表》（附件2）或《福建省高研发经费投入企业预补助申请表》（附件3），并上传企业营业执照和相关补助佐证材料，其中：

（一）已纳入国家统计局企业（单位）研发活动统计报表制度的规模以上企业应提供有研发支出情况的年度审计报告（没有年度审计报告的，应提供加盖财务章的企业年度财务报表并体现研发支出情况），以及上报国家统计部门的《企业研发活动及相关情况表》；

（二）未纳入国家统计局企业（单位）研发活动统计报表制度的规模以上企业，应提供年度研发经费专项审计报告，或有资质第三方出具的年度研发经费内部支出的佐证材料；

（三）规模以下高新技术企业应提供企业申报高新技术企业时专项审计报告出具的年度研发经费支出年平均额及增长额的佐证材料；

（四）高研发投入企业申报预补助以所得税归属地科技部门认定意见作为佐证材料。

上述佐证材料扫描上传系统，不需要报送纸质材料。

补助资金申报代码表

补助类别	小类别	代码
年度补助申请（清算）		2018YFBZ01
预补助申请	年中预补助	2018YFBZ02
	高研发经费投入企业预补助	2018YFBZ03

四、申报时间

（一）6月16日~7月15日企业登录“福建省科技创新平台及机构管理系统”，完成申报工作。申报单位未按期提交申请表的视为放弃申请，申报截止时间后将不能提交（申报单位主动撤回不算已提交；主管单位初审退回修改的申请表可视为项目已提交，申报截止时间后申请表可继续提交）。

（二）7月25日前企业所得税归属地科技部门完成受理。

（三）8月15日前企业所得税归属地科技和财政部门完成对企业申报材料的审核、公示等工作。

五、其他事项

（一）各设区市科技局要迅速组织发动，广泛进行宣传，深入企业做好政策解读。

（二）获得2017年度研发经费投入预补助资金的企业，在申报企业研发经费投入2017年度补助时需进行清算。

（三）8月底前各设区市科技和财政部门上报《福建省企业研发经费投入分段补助清算表》（附表4）。

（四）9月底前，各级科技和财政部门应将预补助资金拨付到企业，年底前各级应将年度补助经费拨付到企业。

附件：1. 福建省企业研发经费投入年度补助申请表（清算）（略）

2. 福建省企业研发经费投入年中预补助申请表（略）

3. 福建省企业高研发经费投入预补助申请表（略）

4. 福建省企业研发经费投入分段补助清算表（略）

5. 福建省高研发经费投入企业所得税归属地科技部门认定意见（略）

福建省科学技术厅 福建省财政厅 福建省统计局

2018年6月7日

资料来源：福建省科学技术厅，http://kjt.fujian.gov.cn/xxgk/tzgg/201806/t20180611_2853059.htm。

五、其他说明

目前，我国大部分省、自治区、直辖市都开展了研发费用后补助政策，但是不同地区的补助名称不太一致，标准也不太一致，比如，广东省就先后出台了《广东省财政厅 广东省科学技术厅关于激励企业研究开发财政补助试行方案》、《广东省省级企业研究开发财政补助资金管理办法（试行）》和《广东省企业研究开发省级财政补助政策操作指引（试行）》等政策文件，不管是政策名称还是工作方式都和福建省有较大区别，因此关注本政策的读者一定要仔细阅读所在地区的相关政策文件，以有效发挥该政策对企业研发投入的激励作用。

第七节 福建省科技奖励和项目方面的系列资助

类似国家重点研发计划、国家科技重大专项都属于国家级别，资助力度大、但是数量也有限，这对于一般科技型企业而言申请成功较困难，因此，本节重点介绍福建省科技厅在科技创新方面的系列资助，这些资助项目就非常方便一些规模较小的科技型企业申请，当然，不同省、自治区、直辖市相关政策可能会有一些差异，建议感兴趣的读者检索所在省级科技厅网站相关信息。

一、福建省科技奖励和项目资助成绩

2018年，福建省共争取获得科技部等国家部委新立项科技项目1069项、资助经费10.6亿元；7个项目成果荣获2017年度国家科学技术奖，科技创新环境指数居第8位，科技促进经济社会发展指数居第8位。

取得以上成绩的原因是多方面的：

第一，推动科技领域简政放权。认真落实《国务院办公厅关于抓好赋予科研机构和人员更大自主权有关文件贯彻落实工作的通知》，认真梳理政策落实中存在的突出问题，抓紧研究解决，为科研单位和科研人员营造良好创新环境。以优化科研生态环境、激发科研人员的积极性创造性为核心，牵头制定《关于深化项目评审、人才评价、机构评估改革的实施意见》，推进科技领域“放管服”改革，全面提升科研管理绩效。牵头联合四个省直部门印发《福建省进一步加强科研诚信的实施方案》，完善科研诚信体系建设，严肃查处违背科研诚信的行为，打造共建共享共治的科研诚信建设新格局。

第二，重大创新项目稳步实施。推动建设一批重大创新项目。福州片区京东方8.5代新型半导体显示器件生产线进入量产爬坡阶段，福建博奥基因检测技术应用示范中心已建成投入使用。厦门片区电气硝子液晶用玻璃生产线项目实现量产，通富微电子集成电路先进封装测试产业化基地建设加快，软件园在国家火炬计划软件产业基地中综合排名第7名。泉州片区加快建设泉州“芯谷”，吸引设计、封装测试、制造设备、关键原材料等上下游产业链配套企业落地建设；安溪光生物研究院与植物工厂完成投资14亿元，建成目前世界上单体最大的10万级洁净度的全人工光型植物工厂。

第三，产学研协同创新不断拓展。支持企业为主承担省级产业技术开发与应用研究项目，鼓励产学研结合共同承担，凸显高校、院所承担项目有企业承接转化，企业承担项目有高校、院所提供技术支撑的协同创新政策导向。除自然科学基金、公益类科研院所专项及联合资金外，2018年资助企业牵头或与高校、科研院所共同承担的科技项目经费占新上项目总经费的84.3%①。

第四，制定了有效的激励措施。福建省科技奖奖励政策为：省科技重大项目贡献奖为80万每人；省自然科学奖、省技术发明奖和省科技进步奖为一等奖15万元每项、二等奖10万元每项、三等奖5万元每项；国家科技奖福建省配套奖金数额：福建省主持完成的国家科技奖获奖项目按国家科技奖奖励金额1∶1配套奖励；福建省参与完成的国家科技奖获奖项目每项配套奖励5万元；依据当年度省政府关于省科技奖励的决定和国务院关于国家科学技术奖励的决定，福建省科技厅按获奖项数、等级，计算省科技奖金及国家科技奖配套奖金并统一拨付至获奖项目的管理推荐部门，推荐部门的相关业务经办处室应配合做好科技奖奖金的拨付工作；各有关单位应如数发放省科技奖奖金和国家科技奖配套奖金，不得以任何借口截留或挪作他用；根据《中华人民共和国个人所得税法》第四条规定，省人民政府颁发的科技奖奖金免纳个人所得税。

下面以《福建省科技厅关于组织申报2019年度省科技计划项目的通知》为例重点介绍福建省在科技资助方面的系列资助政策。

二、区域发展项目

《2019年度区域发展项目申报指南》的具体内容如下。

---

① 福建省科学技术厅，http：//kjt.fujian.gov.cn/zjkjt/stld/cql/jhwl_clq/201904/t20190429_4859945.htm。

2019 年度区域发展项目申报指南

一、重点支持方向

各设区市及平潭综合实验区遴选、推荐的项目，集成省市科技资源，产学研紧密结合，突出市场和企业需求导向，围绕《福厦泉国家自主创新示范区建设实施方案》和我省新产业、新技术、新平台、新业态、新模式等“五新”产业发展战略需求，大力推动军民融合科技创新发展，开展针对区域经济和社会发展产业化关键技术研发和成果转化，促进区域经济转方式调结构，提升重点产业技术支撑水平和区域创新能力。

（一）工业和高新技术领域围绕福建省政府《实施创新驱动发展战略行动计划》《福建省人民政府关于推动新一代人工智能加快发展的实施意见》及《福建省实施〈中国制造 2025〉行动计划》确定的重点任务及重点领域和关键环节，开展针对区域经济和产业发展关键技术研发和成果转化。

（二）以发展特色、生态和高效农业，加快推进现代农业发展为目标，开展区域农业关键技术研发和成果转化，适应新业态新模式、产学研用紧密结合的乡村双创支撑平台、技术利用模式，鼓励农业科技园区企业积极申报。

（三）社会发展领域围绕发展民生科技，重点支持人口与健康、资源与环境、公共安全等社会发展科技领域的技术和相关产品研究。

二、重点支持领域

（一）工业（申报代码：2019H4101）

1. 新一代信息技术

新一代通信网络系统设备；数字家庭网络设备；高性能服务器；微波功能模块；5G 通信技术和产品；移动互联网、工业控制系统、信息安全、集成电路设计以及特色应用软件；云计算、物联网技术；大数据计算服务技术；机器视觉与模式识别技术；新型显示技术；卫星应用（含通信、导航和遥感）技术；虚拟现实（VR）、增强现实（AR）、混合现实（MR）技术；智能驾驶技术；自主无人技术；核心芯片设计；机器学习技术；区块链技术。

2. 新材料

稀土永磁、储氢、发光、催化等高性能稀土功能材料和稀土资源高效综合利用技术；硬质合金、功能涂层，耐高温、耐腐蚀、耐磨等高端装备用材料；阻燃与防火材料、含氟功能聚合物新材料、含氟精细化学品及中间体先进制造技术；碳纤维、芳纶、合成树脂、无机非金属等高性能纤维及复合材料；高性能海工用钢、高品质不锈钢、高强有色金属与特种金属材料；高品质玻璃板材、特种陶瓷材料；增材制造专用金属粉末、陶瓷粉末、光敏树脂、工程塑料；应用石墨烯改性的功能材料；新型锂离子动力电池材料；光电功能晶体；纳米催化材料与技术，轻工和化工生物材料与技术。

3. 高端装备制造

先进轨道交通装备、航空装备、高档数控机床、传感器和智能化仪器仪表；伺服装置和控制系统、智能测控装置与部件、智能机器人核心零部件、智能工业机器人、智能服务机器人、智能物流机器人、智能化制造装备及智能化生产线；高速精密重载传动装置；高压液压元件；高可靠性密封件；大型精密模具；汽车轻量化高强钢先进成形技术与装备；增材制造装备；铸锻、焊接、热处理、表面处理及特殊加工等先进制造工艺。

4. 新能源与节能

高效低成本太阳能电池产业化技术；风能、核能设备与核心配套零部件；大功率、高能量密度动力锂电池；镍氢电池等新型动力电池；规模化储能电池技术；废旧锂电池回收技术；高性能超级电容器；分布式新能源发电；高效节能锅炉窑炉自动化控制；低温烟气余热深度回收；非晶变压器；智慧能源管理与智能优化节能技术；高效电动机等工业节能设备；高效照明产品、节能汽车。

5. 高技术船舶和海洋工程装备

海洋勘探、海底工程、海上油气生产平台、海洋可再生能源机械、港口机械等海洋工程装备；汽车滚装船、液化气运输船、客滚船、远洋渔船、游艇、大型邮轮等高技术船舶；海工装备零部件再制造技术；船舶智能化技术。

6. 科技服务业支撑技术

支撑服务新业态的关键技术；数字生活服务共性技术；网络技术、智能标签、智能终端等应用于现代服务业的关键技术；文化创意产业创作、设计与制作技术；传播与展示技术；文化遗产发现与再利用技术。

（二）农业（申报代码：2019N3101）

1. 我省特色种质资源的挖掘、保护和利用

农业植物资源、畜禽遗传资源和地方特色优势水产品保护和利用技术，抗逆优质及适合设施栽培的品种选育和规模化育苗技术。

2. 高效栽培、健康养殖

主要农林作物、水产和畜禽的高效、生态与健康种养殖技术，专用有机肥、可降解农用地膜、新型饲料和饲料添加剂等研发。

3. 重大农林生物灾害与动物疫病防控技术

农业重大病虫害防控监测技术，监测预警、快速诊断、应急处理及抗药性检测技术，高效、低毒、低残留农药、生物农药和先进施药机械开发，动物重要病原微生物变异情况监测与预警技术、新型疫苗和新兽药的研发。

4. 农副产品精深加工技术及装备

农产品精深加工及副产物与废弃物综合利用、质量控制技术，高端生物保健食品和天然产物有效成分的提取分离等技术；智能化、节能农产品加工设备。

5. 现代农业设施装备与信息化技术

智能化农业和小型轻便作业装备、设施农业技术，新型畜禽、水产规模化养殖技术，农业生产过程监测、控制及决策系统与技术。

6. 农业生态技术

农业生态保护、农业有机废弃物消纳利用、高效节水、水土保持技术，农林资源监测与集约利用、耕地重金属污染及农业面源污染防控和综合修复技术研发，退化土

地资源修复技术、退化耕地土壤修复技术、重要养殖海区污染源调查与生态修复综合治理技术。

7. 海洋生物技术

海水高效环保养殖技术，海洋生物精深加工、海洋生物制品与海洋功能食品技术，海洋生物活性物质提取技术。

（三）社会发展（申报代码：2019Y3101）

1. 人口与健康领域，开展疾病诊疗技术研究、药物及医疗器械研发。

2. 资源与环境领域，开展资源勘查、开发、保护与综合利用技术、环境治理与生态修复技术、近岸海域环境监测、保护和污染防治技术、固体废物再生循环利用技术、水安全利用技术和水、大气、土壤污染防治技术、节能节水节材关键技术、绿色环保建筑技术研究、新型城镇化建设技术集成与示范及科技先导型、资源节约型、环境保护型新产品研发。

3. 公共安全领域，开展食品安全、社会安全、消防安全和防灾减灾技术研究与产品开发。

三、申报条件和要求

（一）申报工业和农业领域项目的第一承担单位必须是在推荐区域内注册、具有独立法人资格并具备科研开发能力和条件的规模以上企业（软件等行业企业规模参照工业企业）或市级以上农业产业化龙头企业。申报社会发展领域项目的第一承担单位应是符合上述要求的企业，或是在推荐区域内注册、具有独立法人资格并具备科研开发能力和条件的市属医疗卫生单位。鼓励高新技术企业、科技小巨人领军企业、创新型企业、省级高新技术企业、科技型企业、知识产权优势企业牵头申报，高校、科研院所作为项目合作和技术支撑单位，鼓励省级协同创新中心和中心成员单位作为项目技术支撑合作单位，与企业联合申报。

（二）申报单位为企业的，项目负责人可由企业的法定代表人担任，也可由企业实际主持该项科研工作的科技人员作为项目负责人。项目负责人同期主持的省科技计划项目数不超过1项（含省科技重大专项的专题项目，原科技重大项目/重点项目、区域发展项目、高校产学合作项目、对外合作项目、星火项目、引导性项目、软科学项目、科技型中小企业技术创新资金项目、自然科学基金项目以及STS项目）。为鼓励产学研合作共同研发，高校、科研院所的科技人员可作为项目技术负责人。

（三）申报企业应具有较强的研发实力，2017年度研发费用占主营业务收入的比例应达2.5%以上，并提供能体现研发经费投入比例的企业研发经费投入结构明细表（格式下载网址：http：//xmgl. fjkjt. gov. cn/）。高新技术企业可以提供有效的高新技术企业证书，不需要提供企业研发经费投入结构明细表。

（四）申请资助经费预算应科学合理，单个项目申请省级科技经费资助额度不超过100万元。若项目立项后，申报单位应先行投入。

（五）申报项目研发起始时间为2019年4月1日，结束时间一般不超过至2022年4月1日。

（六）申请书相关附件：可行性研究报告（格式下载网址：http：//xmgl. fjkjt. gov. cn/）、合作协议书、高新技术企业证书、企业研发经费投入结构明细表（加盖企业财务章）、体现经营收入的企业上年度利润表（加盖企业财务章）或市级以上农业产业化龙头企业证书等。

四、申报推荐数

序号	推荐单位	推荐申报数	备注
1	福州市科技局	11	其中，福州国家高新区企业申报的不少于1项
2	莆田市科技局	11	其中，莆田国家高新区企业申报的不少于1项
3	泉州市科技局	11	其中，泉州国家高新区企业申报的不少于1项
4	漳州市科技局	11	其中，漳州国家高新区企业申报的不少于1项
5	龙岩市科技局	11	其中，龙岩国家高新区企业申报的不少于1项
6	三明市科技局	11	其中，三明国家高新区企业申报的不少于1项
7	南平市科技局	11	
8	宁德市科技局	11	
9	平潭综合试验区社会事业局	5	

五、申报程序

各设区市及平潭综合实验区科技行政管理部门应按照本通知要求，认真开展调研和遴选工作，对推荐的备选项目均应到现场进行调研核实，并应统筹兼顾工业、农业和社发领域需求，严格按照推荐限额研究提出推荐备选项目，指导和组织申报单位及时通过福建省科技计划项目管理信息系统网上填报《福建省科技计划项目申请书》，编制项目可行性研究报告。

网上申报流程为：申报单位注册登录福建省科技计划项目信息管理系统（http：//xmgL. fjkjt. gov. cn）—申报管理—添加项目申请书—选择“区域发展项目”申请书和对应产业领域指南代码—填报申请书—上传附件（可行性研究报告、合作协议书、高新技术企业证书、企业研发经费投入结构明细表、体现经营收入的企业上年度利润表、市级以上农业产业化龙头企业证书等）。

各推荐单位通过省级项目推荐流程进行内部审核，上传项目现场调研核实意见表（格式下载网址：http：//xmgl. fjkjt. gov. cn/），并负责对申报材料进行网上推荐后，按照工业、农业、社发领域将推荐函、项目汇总表（格式下载网址：http：//xmgl. fjkjt. gov. cn/）各一式1份，项目现场调研核实意见表、项目申请书和附件纸质材料各一式2份分别寄送我厅高新处、农业处和社发处，逾期不再受理。

2019年省区域发展项目申报代码表

业务处室	计划类别	优先主题	代码
高新技术与工业科技处	产业技术开发与应用计划——区域发展项目	工业领域区域发展项目	2019H4101

续表

业务处室	计划类别	优先主题	代码
农业科技处	产业技术开发与应用计划——区域发展项目	农业领域区域发展项目	2019N3101
社会发展处	产业技术开发与应用计划——区域发展项目	社会发展领域区域发展项目	2019Y3101

资料来源：福建省科学技术厅，http：//kjt. fujian. gov. cn/xxgk/ghjh/sbtz/201805/t20180516_2725595. htm。

三、科技型中小企业创新资金项目

《2019 年度科技型中小企业创新资金项目申报指南》具体内容如下。

2019 年度科技型中小企业创新资金项目申报指南

一、重点支持方向及项目分类

围绕企业技术创新，培育科技型中小企业、培育新兴产业，通过对科技型中小企业技术创新项目的扶持，鼓励企业技术创新，提高自主创新能力，促进科技型中小企业健康、快速发展。

2019 年度省科技型中小企业创新资金项目分为技术创新项目和创新创业大赛获奖项目。技术创新项目采取“事前立项，事后补助”资助方式。创新创业大赛获奖项目采取“事后立项，事后补助”，按照 2018 年中国创新创业大赛（福建赛区）暨福建创新创业大赛方案，对符合条件的获奖项目直接予以事后补助，用于企业后续创新创业活动，不需签订项目任务书。

创新创业大赛获奖项目于 2018 年中国创新创业大赛暨福建创新创业大赛结束后组织申报，相关要求和截止时间另行通知。企业如已申报 2019 年科技重大专项专题、区域发展项目、科技型中小企业技术创新资金项目、星火项目、对外合作项目、引导性项目和 STS 项目等 7 类项目但未立项的，不影响企业申报 2019 年创新创业大赛获奖项目。

二、重点支持领域

重点支持人工智能、信息技术、生物与新医药、新材料、新能源、节能环保、高端装备制造、海洋高新、新能源汽车。

三、申报条件和要求

（一）申报企业条件

申报技术创新项目企业必须是在福建（不包括厦门市）注册的具有独立企业法人资格的科技型中小企业。上述科技型中小企业是指根据国家科技部、财政部和税务总局《科技型中小企业评价办法》（国科发政〔2017〕115 号）取得 2018 年入库登记编号的科技型中小企业。

鉴于科技型中小企业评价工作刚刚开展，企业于 2018 年 5 月 31 日前在“全国科技型中小企业评价工作系统”（www. innofund. gov. cn）完成自评并提交，尚未取得 2018 年入库登记编号的，也可申报 2019 年度技术创新项目。但至拟立项时仍未取得入库登记编号的，则取消立项资格。

（二）申报项目要求

1. 符合国家产业政策发展方向。

2. 技术水平高，在制造工艺技术改进、材料替代应用、产品性能提高、技术服务模式推广或解决行业关键技术等方面有较大创新。对项目涉及的知识产权，申请企业、企业法定代表人或项目负责人应有权实施。

3. 项目负责人同期主持的省科技计划项目数原则上不超过1项（含省科技重大专项的专题项目，原科技重大项目/重点项目、区域发展项目、高校产学合作项目、对外合作项目、星火项目、引导性项目，软科学项目，科技型中小企业技术创新资金项目、自然科学基金项目以及STS项目）。

4. 已承担省创新资金项目且尚未验收的企业不能申报新项目。

5. 申报项目研发起始时间为2019年4月1日，结束时间一般不超过2022年4月1日。

（三）附件材料

1. 企业法人营业执照。

2. 有合作单位的，应提交合作各方合作协议（包括各自承担的任务、经费分配、成果归属等）。申报企业与技术持有单位合作的项目签订技术合同时，技术持有单位必须是具有法人资质的单位。

3. 可以说明项目和企业情况的材料（如知识产权证明、技术报告、鉴定证书、检测报告、用户使用报告、环保证明、奖励证明、用户订单、产品照片等）。

（四）申请经费额度

技术创新项目申请金额不超过45万元，若项目立项，企业应先行投入。

四、申报推荐数

创新创业大赛项目按实有数量推荐。技术创新项目限额推荐。2019年度各单位项目申报推荐数与该单位2017年度项目结题情况挂钩分配，各地推荐备选项目限项数如下：

技术创新项目限额推荐表

推荐单位	申报项目推荐数（项）
福州市科技局	14
泉州市科技局	18
漳州市科技局	12
龙岩市科技局	8
三明市科技局	8
南平市科技局	6
莆田市科技局	10
宁德市科技局	10
平潭综合试验区社会事业局	5
合计	91

五、申报程序

网上申报流程为：申报单位注册登录福建省科技计划项目管理信息系统（http：//xmgL. fjkjt. gov. cn）—申报管理—添加项目申请书—选择“创新资金项目”或“大赛获奖项目”及对应指南代码—填报申请书—上传附件。

设区市及平潭综合实验区科技管理部门应认真核实把关，对推荐的项目现场核实或委托县区科技管理部门现场核实，确认企业已在“全国科技型中小企业评价工作系统”入库或2018年5月31日前提交自评，在项目推荐流程中进行内部审核，上传项目现场调研核实意见表（格式下载网址：http：//xmgl. fjkjt. gov. cn/），负责对申报材料进行网上推荐后，将推荐函、项目汇总表（格式下载网址：http：//xmgl. fjkjt. gov. cn/）一式1份寄送我厅创新资金管理中心，逾期不再受理（项目申请书及相关附件纸质材料不需报送）。

科技型中小企业创新资金项目申报代码表

业务处室	计划类别	项目类别	优先主题	代码
科技型中小企业技术创新资金管理中心	产业技术开发与应用计划	创新资金项目	技术创新项目	2019C0101
		大赛获奖项目	创新创业大赛获奖项目	2019C0102

资料来源：福建省科学技术厅，http：//kjt. fujian. gov. cn/xxgk/ghjh/sbtz/201805/t20180516_2725595. htm。

四、星火项目

《2019年度星火项目申报指南》具体内容如下。

2019年度星火项目申报指南

一、重点支持方向

围绕推进农业现代化和农业供给侧改革，以促进农业提质增效和绿色发展为重点，支持先进成熟适用的农业新品种、新技术和新产品的开发和产业化示范，为我省实施乡村振兴战略提供技术支撑。

二、重点支持领域

（一）种植业

1. 优质、高产、抗逆、抗病虫农林作物新品种及种子（种苗）规模化制繁技术及其配套的优质高效标准化栽培技术。

2. 设施农业栽培装备及其配套栽培技术，适应丘陵山区农林机械和高效植保机械产品开发技术。

3. 农林作物节本增效栽培技术，农药化肥零增长等绿色农业技术，农作物收获剩余物综合利用技术，农业面源污染防控技术。

4. 新型高效安全新农药、新型高效环保肥料、栽培基质的生产技术与产品。

（二）养殖业

1. 畜禽、水产优良新品种规模化繁育技术及其配套的标准化健康养殖技术和质量控制技术。

2. 适应养殖新模式的畜牧、水产规模化养殖新设施、新装备，农村畜禽养殖废弃物资源化利用技术与装备。

3. 新饲料、新兽（鱼）药、新疫苗生产技术及产品，畜禽水产重大疾病快速诊断技术及配套产品开发。

（三）农产品加工

1. 农产品储运保鲜及商品化处理关键技术与装备。

2. 农产品精深加工关键技术与装备，农产品加工剩余物综合利用技术与装备。

3. 农产品质量和食品安全控制技术。

4. 林木资源高效利用技术及产品开发。

（四）数字农业和农村科技信息化

1. 围绕星火“12396”农村科技信息服务体系建设，面向农村科技推广、培训和服务的信息技术与产品。

2. 适应新型农业生产的物联网、大数据、智能装备等现代信息技术，促进农村流通的现代化电子商务技术。

三、项目类型和要求

项目分为科技富民强县示范项目和技术引导示范项目两类，采取“事前立项，事后补助”资助方式。申报项目研发起始时间为2019年4月1日，结束时间原则上不超过2022年4月1日。

（一）科技富民强县示范项目

每项申请资助经费不超过50万元，若项目立项，申请单位应先行投入。项目涉及的产业应为当地具有县域特色的涉农支柱产业，有较完整产业链，产值在当地经济中占有较大份额，在全省有一定地位和影响。项目必须围绕该产业链的关键核心技术，开展技术的引进、转化、示范和推广，促进产业链的拓展延伸。项目要求产学研联合申报，牵头单位应为市级以上农业产业化龙头企业，技术支持单位须是相关领域具有技术优势的高校、科研院所。目前尚有省级科技富民强县在研项目的县（市、区）暂不推荐。

（二）技术引导示范项目

每项申请资助经费不超过30万元，若项目立项，申请单位应先行投入。重点支持开展先进成熟适用的新产品、技术、农艺等技术示范，提高农业生产经营的专业化、组织化水平。由农业科研机构申报的项目应有较强转化能力的企业作为合作单位。

四、申报条件

1. 项目申请单位需具备一定的技术开发条件和成果转化能力，所申请的项目须在其经营业务范围之内。

2. 项目负责人同期主持的省科技计划项目数原则上不超过1项（含省科技重大专项的专题项目，原科技重大项目/重点项目、区域发展项目、高校产学合作项目、对外合作项目、星火项目、引导性项目，软科学项目，科技型中小企业技术创新资金项目、自然科学基金项目以及STS项目）。

3. 申报的项目必须具有可预期较为先进的技术经济指标，且具备较明确的检测评价方法，项目结束时可提供有效的考核验收资料。

4. 不支持以下类型项目申报：不符合国家产业政策的项目；知识产权不清晰或有权属纠纷的项目；无自主创新的单纯设备引进、低水平重复的项目；缺乏工作基础的项目；基础研究或中间试验，最终不能形成规模生产能力的项目；已大面积推广或产品已大批量生产的项目。

5. 项目申报需扫描上传与项目相关附件材料：

或有附件（与项目申请有关则应提供证明材料）

（1）项目相关的知识产权归属或授权使用证明文件；

（2）企业相应的生产资质证明：生产许可证、行业准入证书等；

（3）与合作单位合作协议原件（合作单位必须是具有法人资质的单位，所签协议须针对申报项目）。

特殊附件

（4）科技富民强县示范项目要上传《实施方案》。

《实施方案》内容包括：县域产业发展情况、项目工作基础和优势、主要技术来源、总体目标和任务、技术依托单位情况、科技服务能力情况、技术集成转化推广方式及其技术路线、预期的技术经济指标、组织实施及保障措施、进度安排等。

五、申报推荐数

2019 年度各单位项目申报推荐数与该推荐单位上年度项目结题情况挂钩分配。

推荐单位	申报项目推荐数	其中
		科技富民强县示范项目
福州市科技局	20	≤2
莆田市科技局	11	≤2
泉州市科技局	14	≤2
漳州市科技局	18	≤2
龙岩市科技局	12	≤2
三明市科技局	16	≤2
南平市科技局	11	≤2
宁德市科技局	13	≤2
平潭综合实验区	3	≤1
合　计	118	

六、申报程序

申报单位注册登录福建省科技计划项目管理信息系统（http：//xmgL. fjkjt. gov. cn）网上填报提交申报材料。网上申报流程为：申报单位注册登录福建省科技计划项目管理信息系统（http：//xmgl. fjkjt. gov. cn）—申报管理—添加项目申请书—选择“星火项目”及对应指南代码—填报申请书—上传附件。

设区市及平潭综合实验区科技管理部门应认真核实把关，对推荐的项目现场核实或委托县区科技管理部门现场核实，在项目推荐流程中进行内部审核，上传项目现场调研核实意见表（格式下载网址：http：//xmgl. fjkjt. gov. cn/），负责对申报材料进行网上推荐后，将推荐函、项目汇总表（格式下载网址：http：//xmgl. fjkjt. gov. cn/）一式1份寄送我厅星火计划办公室，逾期不再受理（项目申请书及相关附件纸质材料不需报送）。

2019年省星火项目申报代码表

业务处室	计划类别	项目类型	优先主题	代码
星火计划办公室	产业技术开发与应用计划	星火项目	科技富民强县示范项目	2019S0101
			技术引导示范项目	2019S0102

资料来源：福建省科学技术厅，http：//kjt. fujian. gov. cn/xxgk/ghjh/sbtz/201805/t20180516_2725595. htm。

五、对外合作项目

《2019年度对外合作项目申报指南》具体内容如下。

2019年度对外合作项目申报指南

一、重点支持方向

重点支持引进国（境）外重大关键技术成果在我省落地转化，以及为企业“走出去”提供科技支撑的项目。包括以下几个方向：

1. 台资企业申报的引进台湾先进技术，推进研发合作，促进高新技术和新兴产业深度对接，以及促进台商投资区、台商专业园区产业技术升级的合作项目。

2. 与“一带一路”沿线国家开展的科技合作项目。

3. 与泛珠三角区域其他八省区（广东、广西、海南、湖南、四川、江西、云南、贵州）开展的科技合作项目。

4. 各类科技合作基地开展的对外合作项目。

二、重点支持领域

2019年对外合作项目按照项目产业领域、产业化水平以及投入和申请资助经费规模分为产业化合作项目、一般项目两类。

产业化合作项目围绕我省新产业、新技术、新平台、新业态、新模式等“五新”产业发展战略需求，重点支持我省新一代信息技术、新材料、高端装备制造、节能环保、新能源、生物与新医药、海洋高新产业、现代服务业、现代特色农业等新兴产业领域开展关键核心技术及成果转化的产业化合作研究，或支持企业“走出去”科技合作项目。

一般项目围绕我省新兴产业和优势产业发展需求开展对外科技合作。

三、申报条件和要求

（一）产业化合作项目

1. 申报项目的牵头单位必须是在推荐区域内注册、具有独立法人资格并具备科研开发能力和条件的规模以上企业（软件等行业企业规模参照工业企业）或市级以上农业产业化龙头企业。必须与国（境）外、泛珠区域内省份的合作单位签订项目合作协议，并开展实质性科技合作。申报时须附申报单位与（国）境外、泛珠区域内省份合作单位的合作协议书。

2. 项目负责人可由企业的法定代表人担任，也可由企业实际主持该项科研工作的科技人员作为项目负责人。项目负责人同期主持的省科技计划项目数原则上不超过1项（含省科技重大专项的专题项目，原科技重大项目/重点项目、区域发展项目、高校产学合作项目、对外合作项目、星火项目、引导性项目，软科学项目，科技型中小企业技术创新资金项目、自然科学基金项目以及STS项目）。

3. 申报企业应具有较强的研发实力，2017年度研发费用占主营业务收入的比例应达2.5%以上。申报时须提供企业研发经费投入结构明细表（格式下载网址：http：//xmgl. fjkjt. gov. cn/）或高新技术企业证书。

4. 申请资助经费预算应科学合理，每个项目申请资助经费额度不超过100万元，采取“事前立项，事后补助”资助方式。若项目立项，申报单位应先行投入。鼓励各方加大项目投入力度，财政资助经费不予拨付给境外合作单位。

5. 申报单位需编制项目可行性研究报告（格式下载网址：http：//xmgl. fjkjt. gov. cn/），项目必须知识产权明晰，具有较高的创新性和先进性，有较好推广应用前景，已有良好的实施基础和明确可考核的技术、经济指标。

6. 各设区市及平潭综合实验区科技行政管理部门对推荐的备选项目均应到现场进行调研核实（格式下载网址：http：//xmgl. fjkjt. gov. cn/），包括技术情况和财务情况等，切实负起责任。

7. 申报项目研发起始时间为2019年4月1日，结束时间一般不超过至2022年4月1日。

8. 申请书相关附件：可行性研究报告、合作协议书、体现经营收入的企业上年度利润表（加盖企业财务章）或市级以上农业产业化龙头企业证书、高新技术企业证书或研发经费投入结构明细表等。合作协议书内合作双方签字或盖章、落款日期须齐全。

（二）一般项目

1. 申报单位必须与国（境）外、泛珠区域内省份的合作单位签订项目合作协议，开展实质性的科技合作。申报时须附申报单位与（国）境外、泛珠区域内省份合作单位的合作研发协议书。省属公益类科研院所不在本批科技计划项目申报之列。

2. 申报单位为企业的，要求企业设有独立的研发部门（如研发中心）；申报单位为高校或科研院所的，鼓励产学研联合，与企业合作联合申报，并签订项目合作协议。

3. 项目负责人同期主持的省科技计划项目数原则上不超过1项（含省科技重大专项的专题项目，原科技重大项目/重点项目、区域发展项目、高校产学合作项目、对外合作项目、星火项目、引导性项目，软科学项目，科技型中小企业技术创新资金项目、自然科学基金项目以及STS项目）。

4. 每个项目申请资助经费额度不超过15万元，财政资助经费不予拨付给境外合作单位。

5. 申请书相关附件：合作协议书。合作协议书内合作双方签字或盖章、落款日期须齐全。

四、申报推荐数

推荐单位	申报项目推荐数	其中	
		产业化合作项目	一般项目
福州市科技局	7	4	3
莆田市科技局	7	4	3
泉州市科技局	7	4	3
漳州市科技局	7	4	3
龙岩市科技局	7	4	3
三明市科技局	7	4	3
南平市科技局	7	4	3
宁德市科技局	7	4	3
平潭综合实验区	4	1	3
省直推荐单位	3	0	3

五、申报程序

各推荐单位按照本通知要求，认真开展调研和遴选工作，严格按照推荐限额研究提出推荐备选项目，指导和组织申报单位通过福建省科技计划项目管理信息系统网上填报《福建省科技计划项目申请书》。

网上申报流程为：申报单位注册登录福建省科技计划项目管理信息系统（http：//xmgl. fjkjt. gov. cn）—申报管理—添加项目申请书—选择“对外合作项目”及对应指南代码—填报申请书—上传附件。

各推荐单位通过项目推荐流程进行内部审核，产业化合作项目还需上传项目现场调研核实意见表（格式下载网址：http：//xmgl. fjkjt. gov. cn/），负责归口对申报材料进行网上推荐，将推荐函、项目汇总表（格式下载网址：http：//xmgl. fjkjt. gov. cn/）一式1份，产业化合作项目还需提供现场调研核实意见表、项目申请书和附件纸质材料各一式2份寄送我厅对外合作处，逾期不再受理。

2019年省对外合作项目申报代码表

业务处室	计划类别	项目类别	优先主题	代码
对外合作处	产业技术开发与应用计划	对外合作项目	产业化合作项目	2019I1101
			一般项目	2019I0101

资料来源：福建省科学技术厅，http：//kjt. fujian. gov. cn/xxgk/ghjh/sbtz/201805/t20180516_2725595. htm。

六、引导性项目

《2019 年度引导性项目申报指南》具体内容如下。

2019 年度引导性项目申报指南

一、重点支持方向

（一）工业科技

重点支持《实施创新驱动发展战略行动计划》《福建省“十三五”科技发展和创新驱动专项规划》《福建省人民政府关于推动新一代人工智能加快发展的实施意见》及《福建省实施〈中国制造 2025〉行动计划》等确定的重点任务及重点领域和关键环节。

（二）农业科技

重点支持地方特色农林作物和养殖动物遗传种质资源的挖掘、资源监测、保护和利用，高效栽培、健康养殖、植物工厂、农副产品精深加工等关键共性应用技术研发，农业设施装备、海洋农业、农业生态保护等技术。

（三）社会发展科技

围绕发展民生科技，重点支持人口与健康、资源与环境、公共安全等社会发展科技领域的技术研究。

二、重点支持领域

（一）工业科技领域（申报代码：2019H0101）

1. 新一代信息技术

新一代通信网络系统设备；数字家庭网络设备；高性能服务器；微波功能模块；5G 通信技术和产品；移动互联网、工业控制系统、信息安全、集成电路设计以及特色应用软件；云计算、物联网技术；大数据计算服务技术；机器视觉与模式识别技术；新型显示技术；卫星应用（含通信、导航和遥感）技术；虚拟现实（VR）、增强现实（AR）、混合现实（MR）技术；智能驾驶技术；自主无人技术；核心芯片设计；机器学习技术；区块链技术。

2. 新材料

稀土永磁、储氢、发光、催化等高性能稀土功能材料和稀土资源高效综合利用技术；硬质合金、功能涂层，耐高温、耐腐蚀、耐磨等高端装备用材料；阻燃与防火材料、含氟功能聚合物新材料、含氟精细化学品及中间体先进制造技术；碳纤维、芳纶、合成树脂、无机非金属等高性能纤维及复合材料；高性能海工用钢、高品质不锈钢、高强有色金属与特种金属材料；高品质玻璃板材、特种陶瓷材料；增材制造专用金属粉末、陶瓷粉末、光敏树脂、工程塑料；应用石墨烯改性的功能材料；新型锂离子动力电池材料；光电功能晶体；纳米催化材料与技术，轻工和化工生物材料与技术。

3. 高端装备制造

先进轨道交通装备、航空装备、高档数控机床、传感器和智能化仪器仪表；伺服装置和控制系统、智能测控装置与部件、智能机器人核心零部件、智能工业机器人、智能服务机器人、智能物流机器人、智能化制造装备及智能化生产线；高速精密重载传动装置；高压液压元件；高可靠性密封件；大型精密模具；汽车轻量化高强钢先进成形技术与装备；增材制造装备；铸锻、焊接、热处理、表面处理及特殊加工等先进制造工艺。

4. 新能源与节能

高效低成本太阳能电池产业化技术；风能、核能设备与核心配套零部件；大功率、高能量密度动力锂电池；镍氢电池等新型动力电池；规模化储能电池技术；废旧锂电池回收技术；高性能超级电容器；分布式新能源发电；高效节能锅炉窑炉自动化控制；低温烟气余热深度回收；非晶变压器；智慧能源管理与智能优化节能技术；高效电动机等工业节能设备；高效照明产品、节能汽车。

5. 高技术船舶和海洋工程装备

海洋勘探、海底工程、海上油气生产平台、海洋可再生能源机械、港口机械等海洋工程装备；汽车滚装船、液化气运输船、客滚船、远洋渔船、游艇、大型邮轮等高技术船舶；海工装备零部件再制造技术；船舶智能化技术。

6. 科技服务业支撑技术

支撑服务新业态的关键技术；数字生活服务共性技术；网络技术、智能标签、智能终端等应用于现代服务业的关键技术；文化创意产业创作、设计与制作技术；传播与展示技术；文化遗产发现与再利用技术。

（二）农业科技领域（申报代码：2019N0101）

1. 种质资源的挖掘、保护和利用

我省特色农业资源保护利用技术，抗逆、高产、优质新品种及适合设施栽培的优质专用品种选育，地方特色优势水产品和畜禽优良新品种选育的育种方法与规模化育苗技术。

2. 高效栽培、健康养殖

主要农林作物高效栽培技术，水产和畜禽生态适应性与健康养殖关键技术，农作物专用和有机肥及控释肥料技术，可降解农用地膜、新型饲料和饲料添加剂。

3. 重大病虫害防治技术

农林作物、水产和畜禽重大病虫害防控监测技术，高效、低毒、低残留农药、生物农药和先进施药机械，动物重要病原微生物变异情况监测与预警技术，新型疫苗和新兽药。

4. 农业生物工程

酶工程、发酵工程、生物改性、生物转化、高端生物保健食品、生物基础材料等。

5. 农副产品精深加工

农林产品精深加工及副产物与废弃物综合利用、质量控制技术研发。

6. 农业智能化设施

智能化设施农业装备和小型轻便作业装备技术，现代海洋农业设施与装备技术，智能化、节能农产品加工设备，植物工厂的光配方研发。

7. 海洋农业高技术产业

海水高效环保养殖技术、水生生物资源增殖和人工鱼礁建设技术，海洋生物资源精深加工与质量控制、副产物高效利用、海洋生物制品与海洋功能食品技术，海洋生物活性物质提取技术与临床前的药效毒理研究，重要海洋生物功能产品国家标准样品的研制。

8. 农业生态技术

农业生态保护、畜禽粪污综合治理、高效节水、水土保持技术，农林资源监测与集约利用、耕地重金属污染及农业面源污染监测和综合修复技术，退化土地资源修复技术、绿色农业核算与碳足迹、重要养殖海区污染源调查与生态修复综合治理技术。

（三）社会发展科技领域（申报代码：2019Y0101）

1. 人口与健康领域

（1）疾病诊疗技术。

艾滋病、病毒性肝炎、结核病等重大传染病和新发传染病；心脑血管疾病、恶性肿瘤、代谢性疾病、呼吸系统疾病、精神神经系统等重大慢病，职业病、地方病，生殖健康及出生缺陷、消化、口腔、眼耳鼻喉、骨科及康复等中西医诊疗技术研究。

（2）药物研发技术。

新药药学、药效、药理、毒理等方面的临床前研究；药物新剂型的开发研究；海洋药物研发和传统中成药二次开发研究；中药材规范化种植（养殖）关键技术研究；新型诊断试剂、医疗器械的研发。

2. 实验动物研究领域

实验动物资源的开发、保存和利用研究；实验动物病原体的检测新方法和质量控制研究；我省常见疾病的实验动物模型开发；开展有关实验动物比较医学研究，为医学临床研究提供理论和实验依据；对动物实验设施的动态影响因素、控制手段等进行研究。

3. 资源与环境领域

（1）资源保护与综合利用技术。

资源再生、循环利用技术和矿产资源节约、综合利用技术研究；固废物综合利用和危险废物安全处置技术；水资源安全利用、饮用水深度净化技术研究；节能减排、节水节材和绿色生产关键技术研究；绿色建筑技术研究。

（2）环境治理与生态修复技术。

小流域和重要库区水环境污染综合治理技术、河口及海湾湿地保护与生态恢复技术研究；水、大气、土壤污染防治技术研究；水土治理和脆弱生态修复技术研究；生物多样性保护技术研究；生活垃圾及工业、生活污水处理技术研究。

（3）近岸海域环境保护技术。

持久性有机污染物、流域入海口污染物监测及污染防治技术研究；海洋赤潮监测与预警技术研究。

4. 公共安全领域

（1）食品安全技术。

围绕省政府关于“餐桌污染”治理、“地沟油”治理等工作部署，开展食品安全检测技术与方法研究，“地沟油”废弃物无害化处理和餐厨垃圾资源化综合利用；食品中危害物溯源、预警、控制技术研究；食品安全、质量控制和技术标准研究。

（2）社会安全技术。

社会安全监测、医学救援、核生化处置等反恐技术、应急产业关键技术及相关设备研发。

（3）消防安全和防灾减灾技术。

消防安全技术与装备、气象、海洋、地质、地震灾害监测预报预警技术和建筑抗震技术研究。

社会发展领域民生科技专项（申报代码：2019Y6101）

仅限国家可持续发展实验区或省级可持续发展实验区申报，每个实验区限报1项，经费20万元。重点支持新能源、生态环境、绿色节能、低碳经济等可持续发展先进适用技术。

三、申报条件和要求

（一）申报单位必须是省直具有法人资格并具备科研开发能力和条件的企事业单位。福州和厦门市科技局可推荐本地区企事业单位申报人口与健康领域“疾病诊疗技术”且经费由设区市筹集的项目。

省属公益类科研院所不在本批科技计划项目申报之列。

（二）不支持以下类型项目申报：基础研究和应用基础研究的项目，以及已完成产品开发任务的项目。

（三）项目负责人在项目结束时年龄原则上不超过60周岁，同期主持的省科技计划项目数原则上不超过1项（含省科技重大专项的专题项目，原科技重大项目/重点项目、区域发展项目、高校产学合作项目、对外合作项目、星火项目、引导性项目、软科学项目、科技型中小企业技术创新资金项目、自然科学基金项目，以及STS项目）。

（四）申报社会发展“实验动物研究”领域项目的单位必须持有有效的福建省科技厅颁发的《福建省实验动物生产许可证》或《福建省实验动物使用许可证》；项目负责人应持有《福建省实验动物从业人员岗位证书》，且为实际主持研究工作的科技人员，并扫描上传上述证书作为申请书附件。

（五）社会发展专项领域：西部对口支援、科技拥军专项领域采用定向申报方式，由省科技厅社会发展科技处根据年度工作计划，组织相关单位另行申报，不占用推荐单位推荐数。农业专项领域：科技扶贫、挂钩蹲点村扶贫等专项领域采用定向申报方式，由省科技厅农业科技处根据年度工作计划，组织相关单位另行申报，不占用推荐单位推荐数。

（六）引导性项目（除社发、农业专项外）单个项目申请资助经费额度不超过15万元。

（七）申报项目研发起始时间为2019年4月1日，结束时间原则上不超过至2022年4月1日。

四、申报推荐数

我厅根据各推荐单位上年度项目推荐和立项数，结合项目完成结题情况，确定

2019 年申报推荐数，请严格按照限额数推荐备选项目。

表 1　　引导性项目推荐数（除社发、农业专项外）

序号	推荐单位	推荐申报数
1	厦门大学	10
2	福建农林大学	10
3	福州大学	10
4	福建师范大学	10
5	华侨大学	10
6	集美大学	10
7	福建医科大学（含所属医院）	20
8	福建中医药大学（含所属医院）	20
9	福建工程学院	5
10	厦门理工学院	5
11	闽江学院	5
12	泉州师院	5
13	莆田学院	5
14	闽南师范大学	5
15	龙岩学院	5
16	三明学院	5
17	武夷学院	5
18	宁德师院	5
19	福建江夏学院	3
20	仰恩大学	3
21	福州外语外贸学院	3
22	福建师范大学福清分校	3
23	中科院福建物质结构研究所	10
24	国家海洋局海洋三所	9
25	中科院城市环境研究所	8
26	国家海洋局海岛研究中心	3
27	南京军区福州总医院	8
28	福建省卫计委（含所属医院）	15
29	福建省教育厅	10
30	福建省食品药品监督管理局	4（其中食品安全技术项目不少于 1 项）
31	其他省级主管单位（含隶属企业和开发类科研院所）	各 2

续表

序号	推荐单位	推荐申报数
32	福州市科技局（限社发类疾病诊疗技术，经费由福州市筹集）	10
33	厦门市科技局（限社发类疾病诊疗技术，经费由厦门市筹集）	10

表2　　社会发展领域民生科技专项推荐数（代码：2019Y6101）

推荐单位	申报项目推荐数（项）
福州市科技局	1
泉州市科技局	3
漳州市科技局	1
龙岩市科技局	4
三明市科技局	4
南平市科技局	2
莆田市科技局	1
宁德市科技局	1
合计	17

五、申报程序

网上申报流程为：申报单位注册登录福建省科技计划项目管理系统（http://xmgl.fjkjt.gov.cn）—申报管理—添加项目申请书—选择“引导性项目”及对应指南代码—填报申请书—上传附件。

高等院校、中央在闽单位和其他省直有关单位，以及厦门市、福州市科技局通过省级项目推荐流程进行内部审核，负责归口对申报材料进行网上推荐，并按照工业、农业、社发领域将推荐函、项目汇总表（格式下载网址：http://xmgl.fjkjt.gov.cn/）一式1份分别寄送我厅高新处、农业处和社发处，逾期不再受理（项目申请书及相关附件纸质材料不需报送）。

2019年省引导性项目申报代码表

业务处室	计划类别	项目类型	优先主题	代码
高新技术与工业科技处	产业技术开发与应用计划	引导性项目	高新技术与工业科技引导性项目	2019H0101
农业科技处	产业技术开发与应用计划	引导性项目	农业科技引导性项目	2019N0101
			科技扶贫等农业专项	2019N0102

续表

业务处室	计划类别	项目类型	优先主题	代码
社会发展处	产业技术开发与应用计划	引导性项目	社会发展科技引导性项目	2019Y0101
			对口帮扶	2019Y1101
			科技拥军	2019Y5101
			民生科技专项	2019Y6101

资料来源：福建省科学技术厅，http：//kjt. fujian. gov. cn/xxgk/ghjh/sbtz/201805/t20180516_2725595. htm。

七、高校产学合作项目

《2019 年度高校产学合作项目申报指南》具体内容如下。

2019 年度高校产学合作项目申报指南

一、重点支持方向

各高校遴选、推荐的备选项目，要根据福建省政府《实施创新驱动发展战略行动计划》《福建省“十三五”科技发展和创新驱动专项规划》和《福厦泉国家自主创新示范区建设实施方案》，突出创新和市场导向，围绕“五新”任务和大众创业万众创新工作重点，大力推动军民融合科技创新发展，针对我省新兴产业和重点产业发展技术需求，依托高校科研基础和优势，加强产学研结合，对接企业开展技术研发和成果转化。工业领域重点支持上述行动计划、科技专项规划，以及《福建省人民政府关于推动新一代人工智能加快发展的实施意见》及《福建省实施〈中国制造 2025〉行动计划》等科技政策确定的重点任务、重点领域和关键环节研发与产业化应用；农业领域重点支持特色、生态、智慧和高效农业技术研发与产业化应用，适应新业态新模式、产学研用紧密结合的乡村双创支撑平台；社会发展领域重点支持人口与健康、资源与环境、公共安全等应用技术、实用技术研发与产业化应用。

二、重点支持领域

（一）工业（申报代码：2019H6101）

1. 新一代信息技术

新一代通信网络系统设备；数字家庭网络设备；高性能服务器；微波功能模块；5G 通信技术和产品；移动互联网、工业控制系统、信息安全、集成电路设计以及特色应用软件；云计算、物联网技术；大数据计算服务技术；机器视觉与模式识别技术；新型显示技术；卫星应用（含通信、导航和遥感）技术；虚拟现实（VR）、增强现实（AR）、混合现实（MR）技术；智能驾驶技术；自主无人技术；核心芯片设计；机器学习技术；区块链技术。

2. 新材料

稀土永磁、储氢、发光、催化等高性能稀土功能材料和稀土资源高效综合利用技术；硬质合金、功能涂层，耐高温、耐腐蚀、耐磨等高端装备用材料；阻燃与防火材料、含氟功能聚合物新材料、含氟精细化学品及中间体先进制造技术；碳纤维、芳纶、合成树脂、无机非金属等高性能纤维及复合材料；高性能海工用钢、高品质不锈钢、高强有色金属与特种金属材料；高品质玻璃板材、特种陶瓷材料；增材制造专用金属粉末、陶瓷粉末、光敏树脂、工程塑料；应用石墨烯改性的功能材料；新型锂离子动力电池材料；光电功能晶体；纳米催化材料与技术，轻工和化工生物材料与技术。

3. 高端装备制造

先进轨道交通装备、航空装备、高档数控机床、传感器和智能化仪器仪表；伺服装置和控制系统、智能测控装置与部件、智能机器人核心零部件、智能工业机器人、智能服务机器人、智能物流机器人、智能化制造装备及智能化生产线；高速精密重载传动装置；高压液压元件；高可靠性密封件；大型精密模具；汽车轻量化高强钢先进成形技术与装备；增材制造装备；铸锻、焊接、热处理、表面处理及特殊加工等先进制造工艺。

4. 新能源与节能

高效低成本太阳能电池产业化技术；风能、核能设备与核心配套零部件；大功率、高能量密度动力锂电池；镍氢电池等新型动力电池；规模化储能电池技术；废旧锂电池回收技术；高性能超级电容器；分布式新能源发电；高效节能锅炉窑炉自动化控制；低温烟气余热深度回收；非晶变压器；智慧能源管理与智能优化节能技术；高效电动机等工业节能设备；高效照明产品、节能汽车。

5. 高技术船舶和海洋工程装备

海洋勘探、海底工程、海上油气生产平台、海洋可再生能源机械、港口机械等海洋工程装备；汽车滚装船、液化气运输船、客滚船、远洋渔船、游艇、大型邮轮等高技术船舶；海工装备零部件再制造技术；船舶智能化技术。

6. 科技服务业支撑技术

支撑服务新业态的关键技术；数字生活服务共性技术；网络技术、智能标签、智能终端等应用于现代服务业的关键技术；文化创意产业创作、设计与制作技术；传播与展示技术；文化遗产发现与再利用技术。

（二）农业（申报代码：2019N5101）

1. 我省特色种质资源的挖掘、保护和利用

农业植物资源、畜禽遗传资源和地方特色优势水产品保护和利用技术，抗逆优质及适合设施栽培的品种选育和规模化育苗技术，农业植物资源的分类与开发利用、农林资源监测与循环利用、生物资源分子利用。

2. 高效栽培、健康养殖

主要农林作物、水产和畜禽的高效、生态与健康栽培和养殖技术；专用有机肥、可降解农用地膜、新型饲料和饲料添加剂等研发。

3. 重大农林生物灾害与动物疫病防控技术

农业重大病虫害防控监测技术，监测预警、快速诊断、应急处理及抗药性检测技术，高效、低毒、低残留农药、生物农药和先进施药机械开发，动物重要病原微生物变异情况监测与预警技术，新型疫苗和新兽药的研发。

4. 农副产品精深加工

农产品精深加工及副产物与废弃物综合利用、质量控制技术，高端生物保健食品和天然产物有效成分的提取分离等技术；智能化、节能农产品加工设备。

5. 现代农业设施装备与信息化技术

智能化农业和小型轻便作业装备、设施农业技术，新型畜禽、水产规模化养殖技术，农业生产过程监测、控制及决策系统与技术。

6. 农业生态技术

农业生态保护、农业有机废弃物消纳利用、高效节水、水土保持技术；农林资源监测与循环利用、耕地重金属污染及农业面源污染防控和综合修复技术研发；退化土地资源修复技术、绿色农业核算与碳足迹、重要养殖海区污染源调查与生态修复综合治理技术。

（三）社会发展（申报代码：2019Y4101）

1. 人口与健康领域，开展疾病诊疗技术研究、药物及医疗器械研发。

2. 资源与环境领域，开展资源保护与综合利用技术、环境治理与生态修复技术、近岸海洋环境监测与保护技术、节能和绿色环保建筑技术研究。

3. 公共安全领域，开展食品安全、社会安全、消防安全和防灾减灾技术研究。

三、申报条件和要求

（一）基础研究和应用基础研究项目不在本批支持范围内。

（二）项目应以省内高校二级学院或系作为项目申请单位与合作企业（第一合作单位）联合申报；合作企业应是在闽注册、具有独立法人资格并具有一定规模的企业或市级以上农业产业化龙头企业。高校、合作企业及项目负责人应签订三方合作协议（格式下载网址：http：//xmgl. fjkjt. gov. cn/）。

（三）高校科技人员作为项目负责人应是省内高校在编并实际主持研究工作的科技人员，在项目结束时年龄原则上不超过60周岁，同期主持的省科技计划项目数原则上不超过1项（含省科技重大专项的专题项目，原科技重大项目/重点项目、区域发展项目、高校产学合作项目、对外合作项目、星火项目、引导性项目，软科学项目，科技型中小企业技术创新资金项目、自然科学基金项目及STS项目）。

（四）高校管理部门对推荐的项目均应到合作企业现场进行调研核实，重点审核是否真实开展产学合作，项目研究成果是否能够落地转化。

（五）申请项目资助经费预算应合理、科学，单个项目申请资助额度不超过50万元。

（六）项目实施期限为2~3年，申报项目研发起始时间为2019年4月1日，结束时间一般不超过2022年4月1日。

四、申报推荐数

各高校推荐的项目，应统筹兼顾工业、农业和社会发展等领域的技术研究，严格按规定限项推荐备选项目：

序号	推荐单位	推荐申报数
1	厦门大学	10
2	福建农林大学	10
3	福州大学	10
4	福建师范大学	7
5	华侨大学	7
6	集美大学	7
7	福建医科大学	5
8	福建中医药大学	5
9	福建工程学院	5
10	厦门理工学院	2
11	闽江学院	2
12	泉州师范	2
13	莆田学院	2
14	闽南师范大学	2
15	龙岩学院	2
16	三明学院	2
17	武夷学院	2
18	宁德师范	2
19	福建江夏学院	1
20	仰恩大学	1
21	福州外语外贸学院	1
22	福建师范大学福清分校	1
23	阳光学院	1
24	福建商学院	1

五、申报程序

各高校科技管理部门应按照申报通知要求，指导和组织项目申请单位的科技人员通过福建省科技计划项目管理信息系统网上填报《福建省科技计划项目申请书》，编写可行性研究报告作为申请书附件。

网上申报流程为：申报单位注册登录福建省科技计划项目管理信息系统（http：//xmgl. fjkjt. gov. cn）—申报管理—添加项目申请书—选择“高校产学合作项目”及对应指南代码—填报申请书—上传附件（可行性研究报告、合作协议等）。

各高校通过省级项目推荐流程进行内部审核，上传项目现场调研核实意见表（格式下载网址：http：//xmgl. fjkjt. gov. cn/），负责归口对申报材料进行网上推荐，并按照工业、农业、社发领域将推荐函、项目汇总表（格式下载网址：http：//xmgl. fjkjt. gov. cn/）各一式1份，项目现场调研核实意见表、项目申请书和附件纸质材料各一式2份分别寄送我厅高新处、农业处和社发处，逾期不再受理。

2019 年度高校产学合作项目申报代码表

业务处室	计划类别	项目类型	优先主题	代码
高新技术与工业科技处	基础研究与高校产学合作计划	高校产学合作项目	工业领域高校产学合作项目	2019H6101
农业科技处	基础研究与高校产学合作计划	高校产学合作项目	农业领域高校产学合作项目	2019N5101
社会发展处	基础研究与高校产学合作计划	高校产学合作项目	社会发展领域高校产学合作项目	2019Y4101

资料来源：福建省科学技术厅，http：//kjt. fujian. gov. cn/xxgk/ghjh/sbtz/201805/t20180516_2725595. htm。

八、科技成果购买补助项目

《2019 年度科技成果购买补助项目申报指南》具体内容如下。

2019 年度科技成果购买补助项目申报指南

一、支持对象

企业购买获得技术、专利或委托合作方（高校、科研院所和其他企业）开发完成的科技成果，或与合作方联合进行核心技术开发与成果转化，并在福建省境内落地转化所产生的技术转让费、专利购买费或技术开发（委托、合作）费用（不含仪器、设备、设施费）可以申请补助，补助经费用于支持企业开展后续的研发活动。

科技成果购买补助项目分两类：Ⅰ类成果购买补助项目指技术交易总额为 200 万元（不含）以上的项目；Ⅱ类科技成果购买补助项目指技术交易总额为 50 万元（不含）以上、200 万元（含）以下的项目。

二、重点支持方向

符合我省产业发展规划要求，大力推动军民融合科技创新发展。所从事技术创新和产业化活动应符合国家和我省产业、技术政策，产品的附加值高、市场容量大、产业带动性强、环境友好，经济和社会效益显著、有望形成较大规模和较强竞争能力的科技成果。

三、申报条件和要求

（一）2015 年 1 月 1 日以后企业购买科技成果在福建落地与转化的项目，倾斜支持已落地转化并取得较好社会和经济效益的成果转化项目。

（二）申报企业应是我省境内（计划单列市除外）注册的具有法人资格的企业。优先支持高新技术企业、省级以上创新型企业、新兴产业企业和知识产权优势企业。申请Ⅰ类项目企业应是规模以上工业企业（软件企业规模参照工业企业），或省级以上农业产业化龙头企业。

（三）科技成果购买方与成果出让方或委托合作方不得属于隶属或关联企业，也不得存在关联交易。

（四）申请Ⅰ类项目经费原则上不超过企业对该项目支付的技术转让费、专利购买费或技术开发费的30%，最高不超过200万元。申请Ⅱ类项目的补助额度不超过企业对该项目支付的技术交易额的10%。

（五）申请科技成果购买补助的项目，应是在福建省创新创业企业股权融资与交易市场（网址：http：//www. fjgjs. net）进行交易见证的项目；或经福建省创新创业企业股权融资与交易市场复核备案的项目。

（六）申请Ⅰ类项目的企业2017年度研究开发费用占主营业务收入总额的比例应达到2.5%以上，并提供能体现研发经费投入比例的企业研发经费投入结构明细表（格式下载网址：http：//xmgl. fjkjt. gov. cn/）。高新技术企业只需提供有效的高新技术企业证书，不需要提供企业研发经费投入结构明细表。

（七）网上填报《福建省科技成果购买补助项目申请书》并扫描上传有关附件材料，包括：

1. 技术产权和成果交易材料、实际支付的技术交易费用凭证及交易见证证明。其中，对申请购买专利补助的项目，应提供专利实施许可合同备案证明或专利权转移著录项目变更手续合格通知书复印件。

2. 体现经营收入的企业上年度利润表（加盖企业财务章）或省级以上农业产业化龙头企业证书。

3. 企业研发经费投入结构明细表（高新技术企业只需提供有效的高新技术企业证书扫描件）。

4. 与成果转让方或委托合作方不属于隶属或关联企业及不存在关联交易的承诺书。

5. 项目补助经费将单独设账、独立核算的承诺书。

四、申报程序

各推荐单位按照本通知要求，在认真考察核实的基础上，组织申报企业通过福建省科技计划项目管理信息系统网上填报《福建省科技成果购买补助项目申请书》。

网上申报流程为：申报单位注册登录福建省科技计划项目管理信息系统（http：//xmgl. fjkjt. gov. cn）—申报管理—添加项目申请书—选择“科技成果购买补助申请书”及指南代码—填报申请书—上传相关附件（见“申报条件和要求”中第七条）。

推荐单位通过省级项目推荐流程进行内部审核，负责对申报材料进行网上推荐后，将推荐函、资助项目申报汇总表（格式下载网址：http：//xmgl. fjkjt. gov. cn/）一式1份和在线打印的资助项目申请书各一式5份统一寄送我厅成果处，逾期不再受理。

2019年省科技成果购买补助项目申报代码表

业务处室	计划类别	项目类型	优先主题	代码
成果处	技术转移计划	科技成果购买补助项目	科技成果购买补助Ⅰ类项目	2019T1101
			科技成果购买补助Ⅱ类项目	2019T1102

资料来源：福建省科学技术厅，http：//kjt. fujian. gov. cn/xxgk/ghjh/sbtz/201805/t20180516_2725595. htm。

九、福建省中科院STS计划配套项目

《2019年度福建省中科院STS计划配套项目申报指南》具体内容如下。

2019年度福建省中科院STS计划配套项目申报指南

一、重点支持方向

根据《福建省中科院STS计划配套项目管理办法（暂行）》（闽科计〔2016〕43号），支持中科院所属研究所与在闽注册企业合作，面向我省经济社会发展和市场需求，围绕福建省新兴产业培育发展、传统产业改造升级和实现跨越发展等企业技术需求需要，共同开展重大关键技术攻关、集成示范和成果转化的项目；支持中科院所属研究所创新团队在福建落户，在闽（不含计划单列市）登记注册具有独立法人资格的企事业单位，开展技术转移和成果转化活动的项目。

二、重点支持领域

2019年福建省中科院STS计划配套项目分为产业化项目、院省合作项目和中科院创新团队引进项目三类。

产业化项目资助：中科院已立项支持的中科院STS计划区域重点项目，或者是中科院上海分院确定重点组织和推荐申报下一年度中科院STS计划区域重点项目。

院省合作项目资助：中科院所属研究所与在闽注册企业合作，面向我省经济社会发展和市场需求，共同开展技术研发或科技成果转化的项目。

中科院创新团队引进项目资助：中科院所属研究所从事应用技术研究、具有较强集成创新能力和市场竞争力的创新团队在福建落户，开展技术转移和成果转化活动的项目。

三、申报条件和要求

（一）总体要求

1. 项目牵头申报单位必须是在闽具有法人资格的企业（不含计划单列市企业）或在闽中科院所属研究所，并有良好的研发基础、成果转化能力，有健全的财务制度和稳定的技术及管理团队。

2. 项目负责人同期主持的省科技计划项目数原则上不超过1项（含省科技重大专项的专题项目，原科技重大项目/重点项目、区域发展项目、高校产学合作项目、对外合作项目、星火项目、引导性项目、软科学项目、科技型中小企业技术创新资金项目、自然科学基金项目及STS项目）。

3. 项目应体现科研与产业结合，知识产权明晰，具有较高的创新性和先进性，有推广应用价值和市场前景。

4. 申报项目研发起始时间为2019年4月1日，结束时间原则上不超过2022年4月1日。项目完成时应有明确可考核的技术、应用示范或经济效益指标。

5. 项目申报单位及项目负责人应保证所提供申报项目信息的真实性，并对信息虚假导致的后果承担责任。

（二）申报要求

1. 产业化项目

（1）项目牵头申报单位必须是在闽具有法人资格的规模以上企业或市级以上农业龙头企业（不含计划单列市）。

（2）项目必须与中科院所属研究所合作并联合申报，合作各方应按照科技部印制的技术合同范本，签订正式的技术开发、技术转让、技术服务合同；还应提交项目经费筹措和使用分配的补充协议。

（3）项目由中科院 STS 福建中心组织，并向各项目主管部门推荐申报。

（4）项目需编制可行性研究报告（格式详见第六点）。

（5）项目需提交申报企业情况简表（格式详见第七点）。

（6）每个项目申请资助经费额度原则上不超过 200 万元，鼓励多渠道筹措项目经费，项目承担单位（含牵头和参与）需出具资助经费将单独设账、独立核算的承诺书。

（7）项目申请书相关附件：合作协议（技术合同）及补充协议、中科院 STS 福建中心项目推荐函、可行性研究报告、企业情况简表（含能体现经营收入的企业上年度利润表或市级以上农业龙头企业证书）、承诺书。

2. 院省合作项目

（1）项目牵头申报必须是与中科院所属研究所合作的在闽注册企业（不含计划单列市），或与我省企业合作的在闽中科院所属研究所。

（2）项目必须是中科院所属研究所与在闽注册企业联合申报，且合作各方应按照科技部制订的技术合同范本，签订正式的技术开发、技术转让、技术服务合同；还应提交项目经费筹措和使用分配的补充协议。

（3）项目需提交申报企业情况简表（牵头申报单位是在闽中科院所属研究所的，填写项目合作申报企业情况）。

（4）每个项目申请资助经费额度原则上不超过 100 万元，鼓励多渠道筹措项目经费。项目承担单位（含牵头和参与）需出具资助经费将单独设账、独立核算的承诺书。

（5）项目申请书相关附件：合作协议（技术合同）及补充协议、企业情况简表（格式详见第七点）、承诺书。

3. 中科院创新团队引进项目

（1）创新团队主要负责人必须隶属中科院系统（不含福建省内中科院系统单位），拥有市场开发前景广阔的高新技术科研成果；创新团队成员一般不少于 3 人，有合理的专业结构和梯队结构。

（2）创新团队研发的项目或技术创新平台符合我省主导产业、传统优势特色产业和新兴产业发展方向，能产生良好经济或社会效益的关键技术创新、集成创新和科技成果转化，具备明显的市场竞争优势和产业化基础。

（3）创新团队在闽（不含计划单列市）登记注册具有独立法人资格的企业，带技术、带项目、带资金来闽创业。

（4）项目由创新团队 2017 年 1 月 1 日以后在闽（不含计划单列市）登记注册具

有独立法人资格的企业申报。

（5）项目需提交申报企业情况简表（格式详见第七点）。

（6）每个项目申请资助经费额度原则上不超过300万元，鼓励多渠道筹措项目经费。项目承担单位（含牵头和参与）需出具资助经费将单独设账、独立核算的承诺书。

（7）项目申请书相关附件：企业情况简表、承诺书、创新团队主要负责人隶属中科院系统等相关证明材料。

四、申报推荐数

（一）产业化项目申报不限项，但项目申报时必须提交中科院STS福建中心推荐函。中科院创新团队项目申报不限项，鼓励带项目的中科院创新团队落户福建。

（二）院省合作项目申报推荐数根据STS配套项目经费预算情况确定。为提高项目申报质量，请严格按照下表分配的限项数，推荐备选项目。为更好地发挥中科院STS福建中心在院省科技合作中的组织、协调和推动作用，优先推荐通过STS福建中心和各设区市科技局对接落地的项目。

院省合作项目限额推荐表

序号	推荐单位	推荐申报数
1	福州市科技局	5
2	莆田市科技局	5
3	泉州市科技局	5
4	漳州市科技局	5
5	龙岩市科技局	5
6	三明市科技局	5
7	南平市科技局	5
8	宁德市科技局	5
9	平潭综合试验区社会事业局	2
10	中科院福建物质结构研究所	5
11	中科院城市环境研究所	3
12	省直单位（推荐所属企业）	2

五、申报程序

申报单位注册登录福建省科技计划项目管理信息系统（http：//xmgL. fjkjt. gov. cn）网上填报提交申报材料。网上申报流程为：申报单位注册登录福建省科技计划项目管理信息系统（http：//xmgl. fjkjt. gov. cn）—申报管理—添加项目申请书—选择“STS计划配套项目”申请书和对应指南代码—填报《福建省中科院STS计划配套项目》—上传附件。

各推荐单位在省级项目推荐流程进行内部审核，对申请材料的完整性和真实性审查核实后进行网上推荐，将推荐函、项目汇总表（格式下载网址：http：//

xmgl. fjkjt. gov. cn/）一式1份，项目申请书和相关附件纸质材料各一式5份寄送我厅成果处。

中科院STS计划配套项目申报代码

业务处室	计划类别	项目类型	优先主题	代码
成果处	技术转移计划——STS计划	STS项目	STS计划配套产业化项目	2019T3101
			STS计划配套院省合作项目	2019T3102
			STS计划配套中科院创新团队引进项目	2019T3103

六、产业化项目可行性研究报告编写提纲

（一）项目的背景及立项的必要性

1. 项目所属产业在我省经济发展中的地位、技术瓶颈以及亟待解决的技术问题；
2. 国内外相关技术研究开发现状和发展趋势；
3. 项目技术研发的必要性；
4. 项目对产业技术的支撑作用。

（二）研究内容、关键技术和创新点

1. 研究与开发内容；
2. 项目的关键技术、技术难点、创新点；
3. 研发方案和主要技术路线。

（三）目标和预期成果

目标产品说明，成果提供形式，项目完成时可实现可考核的主要技术指标，经济、社会和生态效益指标。

（四）分年度进度和考核指标

任务分解，以半年为一个阶段，明确每阶段完成且可考核的研发内容、主要技术指标、经济社会效益指标及投入经费。

（五）项目经费的投入方案和预算

1. 前期研发经费投入情况
2. 经费筹措方案（包括自筹、配套经费）
3. 科技厅资助经费的支出预算

（六）现有工作基础与优势、申报单位与合作单位的概况

1. 研究开发团队所开展的项目研发前期工作及团队优势，现有科研条件，已取得的科技成果、产学研合作研究开发或对外科技合作交流情况（包括本项目前期合作基础）；

2. 申报企业上一年度财务状况（包括总资产、资产负债率、经营收入、入库税收总额、净利润），创新实力和年度研发投入，主营业务与行业地位及下一步企业成长和持续创新目标。

（七）项目负责人的技术水平和组织管理能力介绍

七、项目申报企业情况简表

1. 企业情况简表（经费单位：万元）

<table>
<tr><td rowspan="2">企业上年度财务状况</td><td>总资产</td><td>资产负债率</td><td>经营收入</td><td>入库税收总额</td><td>净利润</td><td>年度研发投入</td><td>研发投入占主营收入百分比</td></tr>
<tr><td></td><td></td><td></td><td></td><td></td><td></td><td></td></tr>
<tr><td rowspan="2">项目研发基础、条件</td><td colspan="4">是否高新技术企业：</td><td colspan="3">是否市级以上农业龙头企业：</td></tr>
<tr><td>与本项目相关的知识产权</td><td>其中：发明专利</td><td></td><td>实用新型</td><td></td><td>其他</td><td></td></tr>
</table>

2. 能体现经营收入的企业上年度利润表或市级以上农业龙头企业证书；相关知识产权证明材料等。

资料来源：福建省科学技术厅，http://kjt.fujian.gov.cn/xxgk/ghjh/sbtz/201805/t20180516_2725595.htm。

十、福建省属公益类科研院所基本科研专项项目

《2019 年度省属公益类科研院所基本科研专项项目申报指南》，具体内容如下。

2019 年度省属公益类科研院所基本科研专项项目申报指南

一、重点支持方向及资助方式

围绕贯彻落实《福建省人民政府关于进一步支持省属科研机构加快创新发展的若干意见》（闽政〔2013〕28 号）精神，根据《省属公益类科研院所基本科研专项资金管理办法》，组织 2019 年省属公益类科研院所基本科研专项项目申报工作（以下简称“基本科研专项”）。

（一）重点支持具有一定技术优势或积累、能推动科研院所加快形成优势研究领域的应用研究和应用基础研究；围绕我省经济和社会发展需求，有重要应用前景或重大公益意义，有望取得较大突破的技术研究与开发；重点支持有利于科技创新团队建设，青年创新人才培养、推动协同创新的科研项目。

（二）2019 年申报的基本科研专项类别包括优势领域重点项目和一般科研项目。各院所申报的优势领域重点项目和一般科研项目应符合各院所制定的《科研发展五年规划》（2014 年～2019 年）要求。

（三）自主选题方向。科研院所依托已有的科研资源和优势，围绕自身职能定位和基本研发方向开展自主选题研究。各院所应通过严格管理避免低水平、重复性项目的申报。

二、申报要求

（一）申报单位为《福建省人民政府关于进一步支持省属科研机构加快创新发展的若干意见》（闽政〔2013〕28号）文件中确定的福建省省属公益类科研机构。

（二）申报单位不得有到期未验收的省科技计划项目。

（三）项目负责人不得有到期未验收的省科技计划项目。项目负责人应为实际主持研究工作的科技人员，同期主持的基本科研专项课题只能1项。

（四）优势领域重点项目由科技创新团队承担，负责人为具有高级职称的学术方向带头人，团队组成结构合理，具有若干名研究骨干。项目负责人在项目结束时年龄原则上不超过60周岁。每个项目资助经费额度原则上不低于15万元。优势领域重点项目经费总额应占年度科研部分经费额度的50%以上。

（五）鼓励青年科研人员承担一般科研项目。每个项目资助经费额度原则上不低于5万元。

（六）基本科研专项申报项目研发起始时间为2019年4月1日，结束时间一般不超过2022年3月31日。项目起止时间内的研究开发内容应是尚未开展的研究工作。

三、各院所分配经费额度

2019年基本科研专项经费在2018年经费方案的基础上进行适当调整。具体经费额度如下：

序号	单位名称	2019年基本科研专项经费（万元）
1	福建省农业科学院畜牧兽医研究所	192
2	福建省农业科学院水稻研究所	177
3	福建省计量科学技术研究院	172
4	福建省微生物研究所	178
5	福建省林业科学研究院	157
6	福建省农业机械化研究所	148
7	福建省水产研究所	146
8	福建省农业科学院作物研究所	133
9	福建省农业科学院果树研究所	131
10	福建省农业科学院生物技术研究所	130
11	福建省科学技术信息研究所	137
12	福建省农业科学院植物保护研究所	117
13	福建省中医药研究院	117
14	福建省农业科学院茶叶研究所	115
15	福建省农业科学院农业工程技术研究所	120
16	福建海洋研究所	125

续表

序号	单位名称	2019 年基本科研专项经费（万元）
17	福建师范大学地理研究所	110
18	福建省农业科学院农业生物资源研究所	108
19	福建省农业科学院农业生态研究所	100
20	福建省农业科学院土壤肥料研究所	99
21	福建省淡水水产研究所	98
22	福建省环境科学研究院	95
23	福建省农业科学院农业经济与科技信息研究所	119
24	福建省水利水电科学研究院	86
25	厦门大学抗癌研究中心	85
26	福建省标准化研究院	84
27	福建省农业科学院亚热带农业研究所	85
28	福建省农业科学院食用菌研究所	83
29	福建省医学科学研究院	84
30	福建省测试技术研究所	81
31	福建省农业科学院农业质量标准与检测技术研究所	80
32	福建省安全生产科学研究院	79
33	福建省热带作物科学研究所	72
34	福建省闽东水产研究所	56
35	福建省体育科学研究所	57
36	福建省武夷山生物研究所	29
37	福建省计划生育科学技术研究所	15

四、申报程序

（一）自主选题项目申报由省属公益类科研院所按照《省属公益类科研院所基本科研专项资金管理办法》自行组织，严格管理，体现公平公正，优胜劣汰。自主选题项目及资助额度必须经科研院所学术委员会集体审议推荐，在院所范围内公示（涉密项目除外）并报省科技厅一份备案。

（二）申报单位注册登录福建省科技计划项目管理系统（http：//xmgL. fjkjt. gov. cn）选择“公益类科研院所基本科研专项”表单及项目指南代码网上填报提交申报材料。由公益类科研院所主管单位（高等院校、省直有关单位等）通过省级项目推荐流程进行内部审核，网上归口推荐。各院所在线打印项目汇总表纸质材料一式二份经主管部门盖章后报送省科技厅政策法规处。

2019 年省属公益类科研院所基本科研专项项目申报代码表

业务处室	计划类别	重点领域	优先主题	代码
政策法规处	公益类计划	省属公益类科研院所基本科研专项	优势领域重点项目	2019R1101
			一般科研项目	2019R1102

资料来源：福建省科学技术厅，http：//kjt. fujian. gov. cn/xxgk/ghjh/sbtz/201805/t20180516_2725595. htm。

十一、福建省科技型中小微企业贷款

《福建省科技型中小微企业贷款方案（试行）》具体内容如下。

福建省科技型中小微企业贷款方案（试行）

为深入贯彻落实习近平新时代中国特色社会主义思想和党的十九大精神，推动科技创新与现代金融协同发展，充分发挥财政资金杠杆作用，努力破解科技型中小微企业融资难问题，根据《福建省人民政府关于进一步推进创新驱动发展七条措施的通知》（闽政〔2018〕19 号），提出如下方案：

一、总体思路

推动科技与金融结合，助力我省科技型中小微企业快速成长，按照“政府引导、风险共担、市场运作”的原则，设立省科技型中小微企业贷款专项补偿资金（以下简称“科技贷补偿金”），引导商业银行及保险公司等金融机构，为本方案下的科技型中小微企业提供融资支持并为企业提供适当的融资保费补助。对于科技型中小微企业贷款（以下简称“科技贷”）业务的风险由科技贷补偿金、企业、相关合作金融机构等按一定比例共同承担，同时，合作银行机构依据风险可控、商业可持续的原则，优先安排信贷额度，按照约定的科技贷补偿金 10～15 倍比例进行信贷投放，并结合科技型中小微企业实际情况，提供相应的综合金融服务。

二、服务对象

本方案所称科技型中小微企业是指在福建省行政区域范围内（不含单列市）依法设立、依法纳税、具有独立法人资格的，符合《工业和信息化部　国家统计局　国家发展和改革委员会　财政部关于印发中小企业划型标准规定的通知》（工信部联企业〔2011〕300 号）认定标准的科技型企业，包括省科技型企业、省科技小巨人领军企业、国家及省高新技术企业、省创新型企业。本方案支持的科技型中小微企业原则上具备正常生产经营条件，无安全、质量、环保、诚信等方面的重大问题，无不良信用记录，重点支持物联网、大数据、人工智能、工业互联网、石墨烯、新能源和生物医药等行业科技型中小微企业。

三、合作机构

鼓励商业银行、保险公司等金融机构参与科技贷业务。凡符合以下基本条件的金融机构均可申请参与：

（一）自愿接受本实施方案的规定，有意愿支持科技型中小微企业发展；

（二）明确专门机构和人员负责科技贷业务工作，积极开发各类科技金融产品；

（三）能够提供优惠的合作条件，建立科技型中小微企业贷款绿色通道，针对科技型中小微企业提供相匹配的金融服务，提高服务效率，降低融资成本。

有合作意向的金融机构可以向省科技厅、金融办提出申请，省科技厅、金融办择优确定合作机构。

四、合作内容

本方案下的科技贷主要用于满足科技型中小微企业生产过程中合理的流动资金需要，贷款期限一年以内，可采取分期或者到期一次性偿还本金、自助可循环等方式，鼓励合作金融机构为到期贷款提供无还本续贷服务；借款企业一般只需提供不高于贷款额度30%的合格抵（质）押物，最高不高于贷款额度50%的合格抵（质）押物；企业综合融资成本（含保险费等）一般控制在年化8%以内，最高不超过年化9%。对实力较强、成长性较好的续贷客户，应考虑适当降低贷款成本（如果国家对基准利率进行调整，上述利率也将按比例作相应调整）。

按合作方式，主要分为以下两种模式：

（一）银政保模式。银政保模式是指银行（保险）机构为投保贷款保证保险的科技型中小微企业办理信贷业务，由银行（保险）机构、保险公司、科技贷补偿金按约定承担风险责任的模式。单户贷款金额原则上不超过500万元。

1. 合作保险公司提供贷款保证保险服务，保险费率不高于贷款金额的2.5%。针对发生逾期的贷款本金承担70%的赔偿责任，以同期实收总保费的300%或300万元孰高为赔付的上限（即：当同期实收总保费的300%≥300万元时，赔付上限为同期实收总保费的300%；当同期实收总保费的300%<300万元时，赔付上限为300万元）。

2. 当保险公司赔付达到上限后，保险公司承担的70%赔偿责任不足部分由科技贷补偿金承担，以科技贷补偿金全部金额为限。

3. 发生风险时，合作银行（保险）机构承担逾期贷款本金30%的损失以及全部利息损失。

4. 科技贷补偿金按每笔贷款保险费的25%给予借款人保费补助。

（二）银（保）政模式。银（保）政模式是指银行（保险）机构为科技型中小微企业办理信贷业务，由银行（保险）机构、科技贷补偿金按约定承担风险责任的模式。单户贷款金额不超过2000万元，续贷三年且成长较好的企业可将额度上限提高到5000万元。

1. 合作银行（保险）机构提供贷款服务，承担逾期贷款本金50%的损失以及全部利息损失。

2. 科技贷补偿金承担贷款本金50%的补偿责任，以科技贷补偿金全部金额为限。

五、运作流程

（一）申贷。科技型中小微企业可向合作金融机构提出科技贷申请，并按要求附送相关材料。合作金融机构在各自职权范围内共同审查，并向该企业提供相关业务咨询和相关信息。审查结果由首先受理的机构第一时间通知该企业。银（保）政模式下，由合作银行（保险）机构独立开展审查工作。

（二）放贷。科技型中小微企业接到资格审查批准通知后，应先向合作金融机构提供所需的申贷及支撑材料，待授信获批后，合作金融机构与其签订借款、保险合同（如有）并给予放贷。合作期间，从受理贷款申请到审批完成一般不超过15个工作日，合作银行（保险）机构与保险公司应紧密合作，共同优化操作流程，提高审贷、放贷效率。

（三）续贷。贷款期满后，该科技型中小微企业可向合作金融机构提出续贷申请，合作金融机构应按有关续贷政策简化办理手续。

（四）备案。合作金融机构应于每月第5个工作日前向省科技厅报备上一个月发放贷款的贷款合同及相关附属合同，并报送上一个月贷款发放、回收及赔付等相关数据报表。逾期未报备的，视作不在科技贷补偿金支持范围。

六、风险监管

（一）合作金融机构应指定专门部门承担科技贷实施工作，对业务实施全过程风险管控，根据自身机构要求做好贷前调查、贷中审查、贷后管理、逾期催收等环节的各项工作，全程严格把好业务管理质量关。

（二）科技贷发放后，合作金融机构应按照各自的管理规定，加强对贷款企业日常经营活动的跟踪检查，核实贷款用途的真实性和贷款企业的还贷能力，对贷款企业未按约定用途使用资金的，放贷机构有权采取宣布贷款提前到期、提前收回贷款等风险控制措施，对贷款企业经营困难发生不能按期还本付息的，合作金融机构有权采取相应的保全措施或予以清收。

（三）在贷款期限内，对贷款企业或企业法定代表人发放的各项科技类补助、奖励资金应通过该企业或企业法定代表人在贷款银行开立的结算账户进行发放。若贷款企业无法按时还贷，可将其获得的按有关规定可用于偿还贷款的各类补助、奖励资金优先用于该企业或企业法定代表人在本方案下逾期贷款的偿还。

（四）设置风险警戒线，单个合作金融机构银政保、银（保）政两种模式中任一模式贷款逾期率超过5%时，该机构应暂停该模式新增业务办理（即暂停客户新增贷款发放）并向跨部门工作小组进行报告，后续若贷款逾期率恢复至5%以内时经合作金融机构和跨部门工作小组商议同意后，可重启该模式新增业务办理。

（五）在贷款期限内，贷款企业应建立健全信息披露制度，定期向为其提供融资的合作金融机构及跨部门工作小组提供财务情况、业务经营情况、重大事项等信息。跨部门工作小组成员单位应建立黑名单制度，积极协调有关部门加大对恶意逃废债企业的联合惩戒。

（六）若受授信政策、财政预算等因素影响，本合作方案难以继续有效执行，跨部门工作小组与合作金融机构可共同决议终止执行本合作方案。决议生效后，已签合同未履行完毕的存量授信继续履行，不受合作方案终止的影响。对本方案下正常生产经营、仍有资金需求的企业，合作金融机构应以不影响企业生产经营为基本前提，在3年内实现存量客户的稳步退出或替换原授信方案。

七、保费补助

（一）银政保模式下，保证保险合同签订后，投保企业凭贷款保证保险保单复印件、保险费发票复印件等材料通过保险公司汇总向省科技厅申请科技贷保费补贴。

（二）省科技厅定期受理科技贷保费补贴申请，并向合作金融机构核实后，按约定比例为申报企业提供保险保费补贴并定期整理保费补贴清单台账，通报跨部门工作小组相关成员单位。

（三）投保企业、承保保险机构应对申请材料的真实性负责，对弄虚作假、冒领骗取补贴资金的，一经查实，省科技厅会同省财政厅收回补贴资金，并按照国家相关法律法规进行处理。

八、风险补偿

（一）贷款发生逾期后，合作金融机构应及时向省科技厅通报情况，并按有关规定组织催收。

（二）逾期超过1个月（含）未偿还贷款本金或超过2个月（含）未偿还贷款利息且合作金融机构已宣布贷款提前到期的，启动补偿程序，各方按约定承担补偿责任。

（三）申请补偿同时，合作金融机构应积极开展追收事宜。追回的款项在扣除实现债权相关费用（包括但不限于诉讼费、仲裁费、财产保全费、执行费等）后，由科技贷补偿金和各合作金融机构按约定风险分担比例分配。

九、资金拨付

（一）根据省政府文件，2019年~2021年，省财政每年出资2亿元设立科技贷补偿金，其中省科技厅、经信委每年各安排1亿元，所需资金从省财政年初预算安排省科技厅、经信委专项资金中单列编制。

（二）年度预算批复后，将省经信委出资1亿元预算指标调整到省科技厅统一管理。

（三）科技贷补偿金用于科技贷保费补助、风险补偿支出，实行专款专用，由省科技厅负责监督并具体实施日常管理。

十、管理部门

省科技厅是科技贷工作的总牵头部门以及科技贷补偿金的主管部门，牵头成立由省金融办、财政厅、经信委等部门组成的跨部门工作小组。跨部门工作小组主要负责科技贷工作的制度建设、协调推动、保费补助、补偿支出审定和实施效果评估等工作。省科技厅作为工作小组的组长单位，主要负责科技贷补偿金的筹集和日常管理，研究确定合作金融机构并签署业务合作协议，开展企业需求调查，定期开展方案实施效果评估，拟定科技贷补偿金的保费补助、补偿支出方案报工作小组审定。省金融办负责配合省科技厅做好方案制定、合作金融机构前期筛选以及后期协调等工作。省财政厅负责配合省科技厅做好科技贷补偿金筹集、制定绩效方案、开展绩效评价等工作。省经信委负责配合省科技厅做好科技贷补偿金筹集等工作。

十一、附则

（一）本试行方案为期三年（2019年~2021年）。试行期间，对绩效目标实现程度和预算执行进度实行“双监控”，发现问题要及时纠正，确保绩效目标如期实现。在预算年度结束后，对预算执行情况以及政策、项目实施效果开展绩效评价，切实提高资金使用效益。绩效考评方案由跨部门工作小组另行制定。

（二）本方案由省科技厅、金融办负责解释。

资料来源：福建省人民政府，http://www.fujian.gov.cn/zc/zxwj/bmwj/201811/t20181130_4689731.htm。

思考题

1. 在以上列举的各类科技创新项目资助和奖励政策中，你对哪些比较感兴趣，并谈谈你对它们的理解。

2. 结合自己的专业方向或者工作性质，谈谈不同资助和奖励政策对不同产业企业发展的影响。

第四章　企业科技创新平台资助政策体系

学习目的

通过本章学习，让读者了解我国的科技型企业可以依托的各种科技创新平台，为企业有效地发挥这些平台作用提供索引。

第一节　中国创新创业大赛

中国创新创业大赛是自 2012 年开始的，之后每年都会举办。无法对每年的大赛进行一一介绍，因此就以 2019 年的赛事通知为例介绍该赛事，而且该赛事每个省、自治区、直辖市都会组织分赛区进行省级选拔赛，鉴于笔者在福建，就重点介绍了福建赛区的省级赛况，其他省级赛况尤其是奖励方案会有很大差异，因此建议关注本赛事的人士一定要详细了解所在省市的分赛区赛况。

一、2019 年第八届中国创新创业大赛

这里主要介绍 2019 年创新创业大赛的简介、组织机构、日程、参赛条件、如何报名、如何参赛等。

2019 年第八届中国创新创业大赛

一、大赛简介

根据《国务院关于推动创新创业高质量发展打造“双创”升级版的意见》（国发〔2018〕32 号）有关要求和部署，2019 年科技部、财政部、教育部、中央网信办和全国工商联共同举办第八届中国创新创业大赛。

二、组织机构

指导单位：科技部、财政部、教育部、中央网信办、全国工商联

支持单位：共青团中央、致公党中央、招商银行

承办单位：科技部火炬高技术产业开发中心、科技部科技型中小企业技术创新基金管理中心、科技日报社、中国互联网投资基金、陕西省现代科技创业基金会、北京国科中小企业科技创新发展基金会

协办单位：各省、自治区、直辖市及计划单列市科技厅（委、局），新疆生产建设兵团科技局，各国家高新技术产业开发区管委会，深圳证券交易所，全国中小企业股份转让系统有限责任公司

特别支持：招商银行创新创业公益基金、上海三盛宏业投资（集团）有限责任公司

三、大赛日程

注册截止时间：2019 年 6 月 10 日。

报名截止时间：2019 年 6 月 15 日。

地方赛比赛时间：2019 年 7 月至 8 月。

入围推荐截止时间：2019 年 8 月 31 日。

全国总决赛比赛时间：2019 年 9 月至 11 月。

四、参赛条件

1. 大赛按照初创企业组和成长企业组进行比赛。工商注册时间在 2018 年 1 月 1 日（含）之后的企业方可参加初创企业组比赛，工商注册时间在 2017 年 12 月 31 日（含）之前的企业只能参加成长企业组比赛。

2. 企业具有创新能力和高成长潜力，主要从事高新技术产品研发、制造、服务等业务，拥有知识产权且无产权纠纷。

3. 企业经营规范、社会信誉良好、无不良记录，且为非上市企业。

4. 企业 2018 年营业收入不超过 2 亿元人民币。

5. 企业注册成立时间在 2009 年 1 月 1 日（含）以后。

6. 入围全国行业总决赛的成长组企业，必须在省级科技管理部门推荐时获得科技型中小企业的入库登记编号（登记网址：www. innofund. gov. cn）；对初创组企业不作此项要求。

7. 前七届大赛全国总决赛或全国行业总决赛获得一二三名或一二三等奖的企业不参加本届大赛。

五、大赛报名

1. 自评符合参赛条件的企业自愿登录中国创新创业大赛官网（网址：www. cxcyds. com）统一注册报名。报名企业在进行注册和统一身份认证后，应提交完整报名材料，并对所填信息的准确性和真实性负责。大赛官网是报名参赛的唯一渠道，其他报名渠道均无效。

2. 注册截止时间：2019 年 6 月 10 日。

3. 报名截止时间：2019 年 6 月 15 日。

六、大赛主题

科技创新，成就大业。

七、大赛赛项

大赛需要提交的赛项赛题相关内容详见大赛官网通知。

八、大赛流程

1. 报名参赛

1）自评符合参赛条件的企业自愿登录中国创新创业大赛官网（网址：

www. cxcyds. com）统一注册报名。报名企业在进行注册和统一身份认证后，应提交完整报名材料，并对所填信息的准确性和真实性负责。大赛官网是报名参赛的唯一渠道，其他报名渠道均无效。

2）各省、自治区、直辖市及计划单列市科技厅（委、局），新疆生产建设兵团科技局（以下简称省级科技管理部门）负责辖区内企业报名材料的形式审查，对符合参赛条件且提交报名材料完整的企业确认参赛资格。

3）注册截止时间：2019年6月10日。

4）报名截止时间：2019年6月15日。

5）参赛资格确认截止时间：2019年6月21日。

2. 地方赛（2019年7月至8月）

1）地方赛由省级科技管理部门负责牵头组织，落实比赛方案、组织机构、赛事费用等有关事项，加强对赛事的管理，接受社会对赛事的监督。坚持赛事的公益性，不向参赛企业收取任何参赛费用。

2）地方赛主名称为：第八届中国创新创业大赛×赛区（“×”为省、自治区、直辖市及计划单列市、新疆生产建设兵团名称），同时各地可冠以反映地方特点的副名称。

3）地方赛通过初赛、复赛、决赛逐级遴选评出优胜企业（各地可调整比赛轮数），除初赛可采用会议或网络书面评审外，其他比赛均采用“现场答辩、当场亮分”的评选方式。初赛环节要邀请相关技术专家，以项目的科技创新性为主要指标进行评审。

4）地方赛整体比赛方案应向社会公布，各比赛环节的相关评审资料应留档备查。面对面答辩现场应进行录像，保证比赛的公平、公正和公开。

5）省级科技管理部门自主设立地方赛奖项，并积极为参赛企业提供政策支持和多元化服务。

6）不举办地方赛省份的参赛企业，除由省级科技管理部门间协商参加相关地方赛区比赛的，大赛组委会办公室有权安排其参加综合赛区比赛。参赛企业比赛成绩在各赛区内综合排列。

3. 入围推荐（入围推荐截止时间：2019年8月31日）

1）大赛组委会办公室根据举办地方赛情况和参赛企业数量，分配各赛区入围全国总决赛名额。省级科技管理部门结合地方赛成绩产生拟入围企业名单。成长组的入围企业最晚必须在推荐时获得科技型中小企业入库登记编号。未获得编号的成长组企业不得参加全国总决赛。

2）省级科技管理部门组织对拟入围企业开展尽职调查，逐一形成尽职调查报告。不接受尽职调查或尽职调查不合格的企业不得入围全国总决赛。

3）省级科技管理部门书面推荐入围全国总决赛企业名单，附上尽职调查报告，并完成网上推荐操作。未在规定时间内完成书面或网上推荐，或未附尽职调查报告的企业，不得入围全国总决赛。

4）大赛组委会办公室在大赛官网上公示入围全国总决赛企业名单，接受社会监督。通过公示的企业方可参加全国总决赛，未通过公示的将取消参赛资格。

4. 全国总决赛（全国总决赛比赛时间：2019 年 9 月至 11 月）

1）全国总决赛由大赛组委会办公室负责组织，按电子信息、新材料、新能源及节能环保、生物医药、先进制造、互联网六个行业分别举办。行业总决赛的举办城市和时间另行公布。

2）全国总决赛按初创企业组 360 个和成长企业组 1080 个左右规模进行比赛。不按时参赛的企业视为自动弃权。

3）行业总决赛由半决赛、决赛两个环节组成，评委以创投专家为主，比赛采用“现场答辩、当场亮分”的评选方式。半决赛和决赛现场向创投专家等观众开放，并通过有关网络平台等进行直播。

4）每个行业总决赛半决赛后，评选出大赛优秀企业和晋级决赛的企业。

5）每个行业总决赛后，初创企业组产生一等奖 1 名、二等奖 1 名、三等奖 1 名，成长企业组产生一等奖 1 名、二等奖 2 名、三等奖 3 名。

九、大赛评审

1. 地方赛通过初赛、复赛、决赛逐级遴选评出优胜企业（各地可调整比赛轮数），除初赛可采用会议或网络书面评审外，其他比赛均采用“现场答辩、当场亮分”的评选方式。初赛环节要邀请相关技术专家，以项目的科技创新性为主要指标进行评审。

2. 行业总决赛由半决赛、决赛两个环节组成，评委以创投专家为主，比赛采用“现场答辩、当场亮分”的评选方式。半决赛和决赛现场向创投专家等观众开放，并通过有关网络平台等进行直播。

十、奖项设置

每个行业全国总决赛后，初创企业组产生一等奖 1 名、二等奖 1 名、三等奖 1 名，成长企业组产生一等奖 1 名、二等奖 2 名、三等奖 3 名。

十一、服务政策

1. 大赛优秀企业支持政策

1）择优推荐给国家中小企业发展基金设立的子基金、国家科技成果转化引导基金设立的子基金、科技型中小企业创业投资引导基金设立的子基金、中国互联网投资基金等国家级投资基金。

2）大赛合作银行择优给予贷款授信支持。

3）择优推荐参加“创新人才推进计划”等相关计划评选，以及相关展览交流等活动。

2. 配套服务活动

大赛组委会办公室在行业总决赛期间将组织配套活动，为企业免费提供多元化服务，主要包括培训辅导、融资路演、展览展示、大企业对接等。

十二、专业赛事

专业赛由牵头举办单位负责，与地方赛、全国总决赛相互独立，产生的优胜者不晋级全国行业总决赛。各专业赛单独举办，组织方案和服务政策另行发布，报名者应满足相关专业赛条件、遵从相关专业赛比赛规则。专业赛均不向参赛者收取任何参赛费用。

1. 由中国科协牵头举办中国创新创业大赛中国创新方法大赛；

2. 由科技部火炬中心牵头举办中国创新创业大赛军民融合专业赛；

3. 由科技部火炬中心牵头举办中国创新创业大赛大中小企业融通专业赛；

4. 由广东省科技厅牵头举办中国创新创业大赛港澳台赛；

5. 由内蒙古自治区科技厅牵头举办中国创新创业大赛沙产业大赛；

6. 由中国电动汽车百人会牵头举办中国创新创业大赛新能源智能汽车及交通出行产业生态大赛；

7. 由第三代半导体产业技术创新战略联盟牵头举办中国创新创业大赛国际第三代半导体创新创业大赛。

十三、联系方式

官方网站：http：//www. cxcyds. com。

咨询联系：科技部火炬高技术产业开发中心。

资料来源：大赛网，http：//www. godasai. com/zhuanye/qita/chuangye/2019 - 04 - 23/988. html。

二、第八届中国创新创业大赛福建赛区

各省级行政区根据全国的大赛精神来制定本地区的创新创业大赛方案，这里以福建省为例。

第八届中国创新创业大赛（福建赛区）
暨第七届福建创新创业大赛方案

一、赛事名称

第八届中国创新创业大赛（福建赛区）暨第七届福建创新创业大赛（以下简称“大赛”）

二、组织机构

（一）参与单位

指导单位：福建省科学技术厅、福建省教育厅、福建省财政厅、福建省网信办、福建省工商业联合会、共青团福建省委、致公党福建省委、福建省广播影视集团

承办单位：福建省科技型中小企业技术创新中心、福建省高新技术创业服务中心

地方组织单位：各设区市科技局、平潭综合实验区社会事业局。

（二）大赛组织委员会

大赛指导单位、承办单位共同组成大赛组织委员会。组委会下设办公室，负责大赛各项工作的具体执行。办公室职责由福建省科技型中小企业技术创新中心具体承担。

三、参赛条件

1. 福建省内（不含厦门）注册的企业，具有创新能力和高成长潜力，主要从事高新技术产品研发、制造、服务等业务，拥有知识产权且无产权纠纷。

2. 企业经营规范、社会信誉良好、无不良记录，且为非上市企业。

3. 企业 2018 年营业收入不超过 2 亿元人民币。

4. 企业注册成立时间在2009年1月1日（含）以后。

5. 大赛按照初创企业组和成长企业组进行比赛。工商注册时间在2018年1月1日（含）之后的企业方可参加初创企业组比赛，工商注册时间在2017年12月31日（含）之前的企业只能参加成长企业组比赛。

6. 入围全国行业总决赛的成长组企业，必须在推荐时获得科技型中小企业的入库登记编号（登记网址：www. innofund. gov. cn）；对初创组企业不作此项要求。

7. 前七届大赛全国总决赛或全国行业总决赛获得一二三名或一二三等奖的企业不参加本届大赛。

四、比赛流程

本届大赛采用分级举办、逐级评选、择优晋级的形式。比赛时间、流程、形式等根据国家大赛组委会安排和赛事具体情况做适当调整。

（一）报名及确认

1. 注册报名：自评符合参赛条件的企业自愿登录中国创新创业大赛官网（网址：www. cxcyds. com）统一注册报名。报名企业在进行注册和统一身份认证后，应提交完整报名材料，并对所填信息的准确性和真实性负责。大赛官网是报名参赛的唯一渠道，其他报名渠道均无效。

注册截止时间：2019年6月10日

报名截止时间：2019年6月15日

本届大赛分电子信息、新材料、新能源及节能环保、生物医药、先进制造、互联网六大行业，企业应准确选择其中一个行业。

2. 审核确认：请各地方组织单位加强宣传，积极发动，组织企业参赛，并及时做好参赛企业资格形式审查，对符合参赛条件且提交报名材料完整的企业确认参赛资格。

请各地方组织单位和参赛企业本着认真、严谨、负责的态度做好报名和确认。在后续的赛程中，如发现参赛企业不符合参赛要求的，将取消其参赛及获奖资格，因此出现纠纷的由各地方组织单位和参赛企业自行负责处理并承担相关责任。

参赛资格确认截止时间：2019年6月21日。

（二）设区市赛

设区市赛由地方组织单位负责组织。设区市赛通过初赛、复赛、决赛逐级遴选评出优胜企业（各地可调整比赛轮数，但除了初赛至少还应举行一轮比赛），除初赛可采用会议或网络书面评审外，其他比赛均采用“现场答辩、当场亮分”的评选方式。设区市赛每个参赛企业应安排不少于3名评委进行评审，评委专家组设组长一名，组长除参与评审外，还要负责本组专家对被评选企业的评价意见汇总。初赛环节要邀请相关技术专家，以项目的科技创新性为主要指标进行评审。各比赛环节的相关评审资料应留档备查。面对面答辩现场应进行录音录像，保证比赛的公平、公正和公开。

地方组织单位推荐设区市赛优胜企业入围全省总决赛。推荐截止时间为2019年7月15日。

（三）全省总决赛

全省总决赛由大赛组委会办公室负责组织。按初创企业组20个和成长企业组60

个左右规模进行比赛，名额原则上按照各设区市有效参赛数比例分配，由大赛组委会办公室根据参赛情况酌情调整。全省总决赛分半决赛和决赛。评委以创投专家为主，比赛采用“现场答辩、当场亮分”的评选方式。半决赛和决赛现场向创投专家等观众开放，并积极联系有关网络平台进行直播。

半决赛为小组赛，初创企业组分一个小组，成长企业组分三个小组，企业参赛小组、排序抽签决定。半决赛采取8+7模式现场答辩评选；选手陈述8分钟，评委提问7分钟。每家参赛企业接受评委现场评分，平均分为参赛成绩（小数点后保留2位）。成绩现场公布，选手现场签字确认。当比赛结果发生并列情况的，由评委讨论确定出先后次序并现场公布。半决赛每个小组的前8名，进入下一轮的决赛。进入半决赛未晋级决赛的企业授予优秀企业称号。

决赛按初创企业组和成长企业组决出名次奖项，采取8+7模式现场答辩评选；选手陈述8分钟，评委提问7分钟。每家参赛企业接受评委现场评分，去掉一个最高分和一个最低分，其他评委分数的平均分为参赛成绩（小数点后保留2位）。决赛按成绩排名授予成长企业组一等奖1名、二等奖3名、三等奖5名，初创企业组一等奖1名，二等奖1名，三等奖1名，其余进入决赛的企业授予优胜奖。决赛后举行颁奖典礼。

根据国家分配的入围全国总决赛名额，按照决赛成绩排名推荐入围全国总决赛名单；国家分配名额超过进入决赛的企业数量时，按照半决赛成绩递补。入围全国总决赛的企业应通过尽职调查，拒绝尽职调查或尽职调查不通过的，取消推荐入围资格及省赛奖项。

（四）大赛配套活动

福建大赛组委会将根据大赛的推进情况，邀请创投、银行、担保等金融方面专家参与交流对接、路演。

（五）全国总决赛

总决赛按电子信息、新材料、新能源及节能环保、生物医药、先进制造、互联网六个行业分别举办。具体赛事安排由中国创新创业大赛组委会统筹，福建赛区组委会办公室负责联系等相关工作。

五、大赛奖金、配套支持政策

（一）奖金

1. 福建赛区奖金

本届大赛共设奖金206万元。如下：

一等奖15万元（2名）、二等奖10万元（4名），三等奖5万元（6名），优胜奖2万元（20名），优秀企业1万元（48名）。

另设设区市赛优胜奖，由有效参赛数超过3家的设区市择优推荐1家企业进行奖励，奖金2万元（共9名）。

2. 全国总决赛奖项

由全国大赛组委会确定。

（二）福建配套支持政策

1. 晋级全国总决赛的企业，给予2020年度省科技型中小企业技术创新资金后补助支持（往年已因晋级全国总决赛获省创新资金支持的企业不再支持），企业可自主用于创新发展。

2. 对符合申报国家科技计划项目条件的参赛项目，福建省科技厅优先给予推荐。

3. 参赛企业符合科技企业孵化器入驻条件的，由各地科技企业孵化器考核、可优先入驻科技企业孵化器，享受各科技企业孵化器有关优惠服务。

4. 参赛企业符合授信条件的，所在地科技部门与银行有合作协议支持成立科技支行的，科技支行优先给予授信支持。

5. 有关创投公司将为符合条件的项目提供创业融资、商业模式、银行授信、股改上市等方面的指导，对比赛优胜项目进行重点跟踪，符合投资条件的将优先给予资金支持。

6. 各设区市相应制定有关扶持政策。

（三）国家配套支持政策

推荐进入全国总决赛的企业将享受国家的大赛配套政策。

资料来源：福建省科学技术厅，http：//kjt. fujian. gov. cn/xxgk/tzgg/201905/t20190524_4885111. htm。

第二节 “创客中国”中小企业创新创业大赛

大众创业、万众创新是推动经济社会稳定发展的重要推动力，“创客中国”中小企业创新创业大赛就是以“赛”为媒，打造中小微企业和创客交流展示、产融对接、项目孵化、产业链对接平台，催生新产品、新技术和新业态，为我国经济发展注入新动力、创造新活力、增添新魅力。

一、2019 年“创客中国”中小企业创新创业大赛情况

在这里，重点介绍2019 年“创客中国”中小企业创新创业大赛，具体的内容见《关于举办2019 年“创客中国”中小企业创新创业大赛的通知》。

关于举办2019 年“创客中国”中小企业创新创业大赛的通知

各省、自治区、直辖市及计划单列市、新疆生产建设兵团中小企业主管部门、财政厅（局），有关单位：

为贯彻落实党中央、国务院关于“完善创业创新环境”，“充分发挥‘创客中国’大赛等品牌赛事活动作用，对各类赛事活动中涌现的优秀创新创业项目加强后续跟踪支持”等部署，进一步激发“双创”活力，引导增强市场信心，工业和信息化部、财政部将共同举办2019 年“创客中国”中小企业创新创业大赛（以下简称大赛）。现将有关事项通知如下：

一、大赛目的

激发创新潜力，集聚创业资源，营造“双创”氛围，共同打造为中小企业和创

客提供交流展示、产融对接、项目孵化的平台，发掘和培育一批优秀项目和优秀团队，催生新产品、新技术、新模式和新业态；提升中小企业专业化能力和水平，推动中小企业转型升级和成长为专精特新“小巨人”企业，促进大中小企业协同创新发展，助力制造强国和网络强国建设。

二、组织机制

大赛设立组委会，负责大赛的组织实施。工业和信息化部苗圩部长担任组委会主席，工业和信息化部王江平副部长担任组委会副主席；组委会成员单位包括工业和信息化部相关司局及部信息中心、财政部经济建设司等。

组委会下设秘书处，负责统筹推进大赛相关事项。秘书处主任由工业和信息化部中小企业局马向晖局长担任，副主任由财政部经济建设司濮剑鹏副司长、工业和信息化部信息中心付京波主任担任。秘书处下设办公室，设在工业和信息化部信息中心，承担赛事组织协调、宣传推广和技术保障等工作。

大赛设立专家委员会，负责提供咨询服务、完善项目评审规则等。

三、赛事安排

（一）赛事组成。大赛由区域赛、专题赛和总决赛组成（组织方案见附件1）。区域赛由省级中小企业主管部门牵头主办，着力发掘和推荐本地区、本领域创新能力较强、发展潜力较大的中小微企业。专题赛由秘书处办公室会同国内外行业协会、大企业，园区（中外合作区），工业和信息化部部属各高校和地方政府等主办，聚焦中小企业发展热点、难点问题，聚焦实体经济和制造业，聚焦行业和专业领域关键技术和创新产品。总决赛由工业和信息化部、财政部主办，具体由工业和信息化部信息中心、所在地省级中小企业主管部门承办，通过区域赛和专题赛推荐优秀项目参加总决赛。

（二）参赛报名。符合条件的企业和创客（以下统称参赛者）均可报名参赛，参赛者通过大赛官网（http：//www.cnmaker.org.cn）注册报名（流程见附件2），未注册登记的参赛者不得参加大赛。大赛不向参赛者收取任何费用。区域赛项目报名截止日期为2019年6月30日，专题赛项目报名截止日期另行通知。

（三）对接服务报名。国家中小企业发展基金、有意愿的投融资机构、小微企业创业创新基地、中小企业公共服务平台等通过大赛官网报名，发挥技术、资本、市场等资源优势，促进产融对接、孵化落地和成果转化等。

（四）参赛比选。总决赛采取“现场演示和答辩、当场亮分”评选方式，设置一等奖、二等奖、三等奖、优胜奖，颁发奖金和证书。大赛同时设置入围奖200名和优秀组织单位、优秀对接服务单位，对大赛筹备、组织实施以及后续对接服务中工作突出、成效显著的单位进行表彰。

四、政策激励

获奖项目可获得以下支持：

（一）宣传展示。通过“创客中国”大赛数字展馆、“创客中国”国家创新创业公共服务平台（包括“创客中国”微信公众号、微博、创客中国头条和直播室等）、中国国际中小企业博览会、APEC中小企业技术交流暨展览会等渠道，对参赛项目、“双创”资源和对接成果进行展览展示、宣传报道和服务推介。

（二）投融资对接。向国家中小企业发展基金等投资基金、创业投资机构、银行等推荐，组织线上线下需求对接、产融对接、大中小企业融通等活动，集聚带动各类投融资机构为参赛企业提供多元化服务。

（三）落地入驻园区。入驻国家新型工业化产业示范基地、国家小型微型企业创业创新示范基地、中外中小企业合作区、产业小镇等，享受最新创业扶植政策和创业孵化服务，加速实现产业化。

（四）成果转化技术服务。提供国家中小企业公共服务示范平台上的检验检测、技术转移、工业设计、解决方案等技术服务，以及法律、人力资源、财务、知识产权等服务。安排创业导师和技术、投资、管理专家进行辅导。

财政部会同工业和信息化部结合有关地区、企业创业创新活跃度等因素，统筹研究予以支持，有关情况另行通知。

五、工作要求

（一）省级中小企业主管部门应结合本地发展实际和产业特点，积极牵头举办区域赛，于2019年6月底前填写《2019年“创客中国”中小企业创新创业大赛申报（备案）表》（见附件3），报大赛组委会备案，同时抄送省级财政部门，并建立动态跟踪和服务机制。

（二）秘书处办公室应聚焦实体经济中新材料、人工智能、工业互联网、智能制造和大数据等领域，牵头举办专题赛。专题赛联合主办方，于2019年6月底前填写《2019年“创客中国”中小企业创新创业大赛申报（备案）表》，报大赛秘书处办公室审核，并由秘书处办公室告知专题赛所在地的省级中小企业主管部门，同时抄送省级财政部门。

（三）各地中小企业主管部门、国家小型微型企业创业创新示范基地、国家中小企业公共服务示范平台及赛事主办单位要充分发挥各类新闻媒体作用，加强赛前动员、赛中展示、赛后成果的宣传，扩大大赛影响力。

（四）大赛采取公开透明和公平公正的方式产生奖项。赛事主办单位和参赛者要严格遵守相关规定，违反大赛要求的主办单位，取消推荐资格。对于重复申报、剽窃、侵夺他人创新成果，以及用其他不正当手段骗取奖项的参赛者，取消参赛资格。

（五）赛事主办单位要认真做好工作总结，于赛事结束30天内，将区域赛赛事总结报送大赛组委会、专题赛赛事总结报大赛秘书处办公室。

工业和信息化部依托第三方平台密切跟踪获奖项目落地情况、区域创业活跃程度和创新活力程度，定期汇总分析。

六、联系方式（略）

附件：1. 2019年“创客中国”中小企业创新创业大赛组织方案（略）

2. 大赛注册报名流程（参赛报名和对接服务报名）（略）

3. 2019年“创客中国”中小企业创新创业大赛申报（备案）表（略）

资料来源：创客中国，http：//www.cnmaker.org.cn/cesasia/news.html？id = acac6a11a72f4f9eba6fa94d0c5bbe4d。

二、中央财政支持“创客中国”中小企业创新创业大赛

2019 年 5 月，工业和信息化部、财政部印发《关于 2019 年度中央财政支持“创客中国”中小企业创新创业大赛有关工作的通知》，具体内容如下。

关于 2019 年度中央财政支持“创客中国”中小企业创新创业大赛有关工作的通知

各省、自治区、直辖市、计划单列市财政厅（局）、中小企业主管部门，新疆生产建设兵团财政局、工信委：

为贯彻落实党中央、国务院关于促进中小企业健康发展决策部署，促进有关“双创”品牌赛事更好服务于中小企业创新创业升级，根据《国务院关于推动创新创业高质量发展打造“双创”升级版的意见》（国发〔2018〕32 号）、《工业和信息化部　财政部关于举办 2019 年“创客中国”中小企业创新创业大赛的通知》（工信部联企业〔2019〕58 号）等有关要求，中央财政安排奖补资金，支持提升“创客中国”中小企业创新创业大赛（以下称“创客中国”大赛）专业化、市场化服务能力和水平。现将有关事项通知如下：

一、工作目标

积极发挥中央财政资金引导作用，重点支持地方以“创客中国”大赛为平台，有效对接创业创新资源，营造良好社会氛围，进一步激发中小企业活力和发展动力，促进中小企业健康发展。

二、资金安排

2019 年，中央财政通过中小企业发展专项资金，采取奖补结合的方式，对地方围绕上述目标推进“创客中国”大赛予以支持。

（一）资金分配。采用因素法测算分配资金，分配因素主要包括办赛省份上一年度企业赛事参与度、区域双创活跃度、对接资源服务效率等评价指标（指标见附件）。测算公式为：

某省份应分配资金 = 年度相关预算安排总额 ×（该省份上一年度企业赛事参与度 ×35% + 该省份上一年度区域双创活跃度 ×20% + 该省份上一年度对接资源服务效率 ×45%）。

（二）资金使用。根据《中小企业发展专项资金管理办法》（财建〔2016〕841 号）等有关规定，中央财政奖补资金切块下达省级财政部门，由省级财政部门会同同级中小企业主管部门统筹使用。

中央财政奖补资金重点用于：一是为以前年度及本年度参赛企业对接金融、科技、产业等方面的创业创新资源，协调提供检验检测、技术成果转化和落地孵化等公共服务。二是分档奖励本年度入选“创客中国”大赛全国 200 强、全国 24 强和总决赛获奖企业，有关奖励资金总额不超过中央财政下达本地区奖补资金总额的 10%。中央财政奖补资金不得用于本级财政平衡预算、赛事工作经费、发放人员工资福利、

楼堂馆所等公共基础设施建设。

以后年度有关资金支持政策，结合2019年度奖补资金政策实施情况及效果另行明确，实施期原则上不超过5年。

三、工作机制

（一）组织保障。财政部、工业和信息化部密切配合，按照职责分工加强组织协调，结合有关工作推进情况研究完善工作机制。办赛省份中小企业主管部门、财政厅（局）加强协作，并与相关部门主动沟通，建立协调机制，形成合力，抓好工作组织实施。有关奖补政策实施中，有关各方加强联系，共同促进“创客中国”大赛充分发挥集聚对接创业创新资源的作用，积极营造有利于中小企业健康发展的创业创新氛围。

（二）工作程序。工业和信息化部通过“创客中国”大赛官网（http：//www.cnmaker.org.cn）对注册报名信息、获奖项目落地等情况进行汇总和跟踪，据此向财政部提出中央财政奖补资金分配建议、绩效目标建议。财政部按照预算管理有关要求，并结合当年预算安排情况，切块下达奖补资金，同步下达绩效目标。办赛省份财政厅（局）、中小企业主管部门按照职责分工做好相关资金管理，规范使用，强化绩效管理。

（三）激励约束。工业和信息化部对地方办赛进行业务指导和绩效监测。财政部会同工业和信息化部对有关奖补资金安排使用总体情况进行绩效评价，评价结果作为以后年度奖补资金预算安排的重要依据。

（四）信息公开。工业和信息化部、办赛省份中小企业主管部门应及时在省参赛平台或推送到“创客中国”大赛官网平台，公开大赛项目对接、服务资源对接、参赛项目落地等信息，加强宣传和营造双创氛围。同时，财政部门按照预算管理要求，及时做好奖补资金、绩效目标等相关信息公开。

（五）总结报告。各省（区、市）财政部门、中小企业主管部门按照职责分工，对2019年度围绕大赛平台对接创业创新资源、参赛项目落地情况、奖补资金安排使用情况等进行总结，并对有关绩效目标实现情况进行自评价，于2020年4月15日前将总结评价报告报送财政部、工业和信息化部。

附件：2019年“创客中国”大赛资金分配评价指标（略）

财政部办公厅　工业和信息化部办公厅

2019年5月15日

资料来源：创客中国，http：//www.cnmaker.org.cn/cesasia/news.html？id = af7752dae6ae4f1ca040535d79733c0d。

三、福建省“创客中国”创新创业大赛情况

2019年“创客中国”中小企业创新创业大赛福建省区域赛的通知的具体内容如下。

2019年“创客中国”中小企业创新创业大赛福建省区域赛的通知

为深入贯彻落实中共中央办公厅 国务院办公厅《关于促进中小企业健康发展的指导意见》及我省《关于进一步支持全省中小企业发展十条措施的通知》，根据《工信部 财政部关于举办2019年“创客中国”中小企业创新创业大赛的通知》（工信部企业函〔2019〕58号），结合我省实际，省工信厅、省财政厅、省总工会计划联合举办第二届“创响福建”中小企业创新创业大赛暨2019年“创客中国”中小企业创新创业大赛福建省区域赛。

一、大赛目的

充分发挥“创客中国”“创响福建”创新创业大赛活动作用，发掘和培育一批“双创”优秀项目和优秀团队，进一步激发“双创”活力，引导增强市场信心。加大对中小企业创新创业创造支持力度，持续完善我省“三创”环境，激发创新潜力，集聚创业资源，营造“双创”浓厚氛围，共同打造为中小企业和创客提供交流展示、产融对接、项目孵化的平台，发掘和培育一批优秀项目和优秀团队，催生新产品、新技术、新模式和新业态；提升中小企业专业化能力和水平，推动中小企业转型升级和成长为“专精特新”及专精特新“小巨人”企业，促进大中小企业协同创新发展，推动福建制造业高质量发展。

二、大赛主题

围绕产业链，部署创新链，配置资金链

三、组织机构

指导单位：工业和信息化部

主办单位：福建省工业和信息化厅、福建省财政厅、福建省总工会

承办单位：福建省中小企业服务中心、赛事服务执行单位（待公开招投标后确定）

协办单位：福建省中小企业公共服务平台网络各窗口平台及有关投资基金、创业投资机构、高校等单位（具体待商相关单位后确定）。

四、参赛条件及要求

（一）企业组

1. 在福建省境内注册，符合《中小企业划型标准规定》（工信部联企业〔2011〕300号）要求的中小微型企业；

2. 企业注册时间1年以上；

3. 项目具有自主知识产权或拥有专利技术，无知识产权纠纷；

4. 项目已进入市场或已实际生产，具有良好的管理、经济和社会效益；

5. 项目必须为行业中新产品、新技术，或替代传统产品和技术，具有样品、样机；

6. 项目重点围绕制造强省建设重点产业和工业新兴优势产业链进行的产品、技术、工艺配套等；

7. 企业无不良信用记录。

（二）创客组

1. 遵纪守法的中国公民或团队；

2. 企业注册时间不满1年的中小微企业；

3. 团队核心成员不超过5人；

4. 参赛项目的创意、产品、技术及相关专利归属参赛团队，与其他单位或个人无知识产权纠纷。

五、赛程安排

赛程分为初赛、复赛、决赛三个阶段。

（一）参赛报名

符合参赛条件的企业、创客均可报名参赛，参赛者通过创客中国国家创新创业公共服务平台（http：//www. cnmaker. org. cn）注册报名（流程见附件），未注册登记的参赛者不得参加大赛。报名截止日期为：2019年6月30日。大赛不向参赛者收取任何费用。

（二）初赛

参赛报名截止后，将通过组织专家对参赛项目进行评审的方式，评选出100强项目（闽东北赛区、闽西南赛区各50强）。评选结果将于7月15日前，通过省工信厅门户网站（http：//gxt. fujian. gov. cn/）、福企网（http：//www. fujiansme. com/）及"福建工信""福建省中小企业公共服务平台"等微信公众号公布。

（三）复赛

组织通过专家评审的100强项目进行复赛，7月22日~23日在泉州举行闽西南赛区复赛，7月25日~26日在福州举行闽东北赛区复赛，复赛采取现场路演、答辩、专家评分等方式进行，评选出20强项目（闽东北赛区、闽西南赛区各10强）。

（四）决赛

7月27日，在福州对入围决赛的20强项目进行商业计划书培训及路演试讲辅导，并进行决赛顺序抽签。8月8日，在福州组织20强项目进行决赛，决赛采取现场路演、答辩、专家评分等方式进行，决赛将评选出一、二、三等奖项目，并将排名前4名（企业组前2名，创客组前2名）的项目推荐至全国赛组委会，经全国赛组委会审定后，进入"创客中国"全国总决赛200强备选名单。

六、奖励激励

（一）赛事奖励

省级决赛设置企业组、创客组一等奖各1个、二等奖各2个、三等奖各3个，分别给予税前5万元、3万元、1万元及颁发证书表彰奖励；设置优胜奖8个，给予颁发证书表彰奖励。此外，对入围"创客中国"全国总决赛200强项目给予税前5000元奖励，获得优胜奖的给予税前1万元奖励，获得三等、二等、一等奖项目分别给予税前3万元、5万元、10万元奖励，不重复奖励，按最高奖项给予奖励。

大赛组委会从获省级决赛一等奖的团队中择优推荐1名一线职工（非在校学生、非企业负责人，且正式从事本工种工作3年以上），符合条件的，按程序向省总工会申报"福建省五一劳动奖章"。获省级决赛一等奖的企业、创客（非在校学生团队），符合条件的，按程序向省总工会申报“福建省工人先锋号”。

大赛将设立优秀组织奖，对项目推荐和赛事推进工作突出的单位进行表彰。

（二）其他服务

1. 晋级指导。对进入复赛的项目将组织参加2019年“双创”培训提升班；对进入决赛的项目将组织参加路演项目辅导；对推荐至“创客中国”全国赛的重点项目，选派投行、基金专家团队将进行多对一重点辅导，助力项目取得好名次。

2. 投融资服务。组织银行、基金等金融机构对优秀项目开展精准对接，帮助优秀项目获得更多资金支持。

3. 政策支持。优秀项目企业将纳入省“专精特新”中小企业库进行培育，条件成熟的优先评定为省级“专精特新”中小企业，给予不少于10万元专项资金奖励，并积极向国家推荐评定为专精特新“小巨人”企业。

4. 宣传推广。组织省内电视台、报社、网络媒体对大赛进行全程跟踪报道，对优秀项目进行重点宣传推广，提升品牌知名度。

5. 增值服务。优秀项目将优先入驻省级及以上中小微企业创业创新示范基地，并提供企业挂牌、辅导、诊断等一系列企业增值服务，帮助项目更快落地，有条件的帮助进入新三板、主板等更高层次资本市场。

七、有关要求

（一）各级工信部门要切实提高认识，围绕大赛主题，采取多种形式，精心组织辖区内中小微企业积极参与大赛，认真做好项目的发掘和推荐工作，并协助大赛承办单位举办相关赛事。每个地市推荐项目数不少于50家（平潭不少于10家）。

（二）福建省中小企业公共服务平台网络各窗口平台、中小企业公共服务示范平台、小型微型企业创业创新示范基地要广泛发动、积极参与，做好项目推荐和赛事支撑。

（三）鼓励高校、工业园区、行业协会积极组织项目申报，有条件的可单独或联合赛事服务执行单位举办海选赛、行业专题赛。

八、联系方式（略）

附件：大赛注册报名流程（略）

资料来源：福建省工业和信息化厅，http：//gxt. fujian. gov. cn/gk/zfxxgk/zfxxgkml/gzdt/201905/t20190527_4886444. htm。

四、其他说明

“创客中国”中小企业创新创业大赛自2018年开始之后每年都会举办，因此以2019年的赛事通知为例介绍该赛事，而且该赛事每个省、自治区、直辖市都会组织分赛区进行省级选拔赛，鉴于笔者在福建，就重点介绍了福建赛区的省级赛况，其他省级赛况尤其是奖励方案会有很大差异，因此建议关注本赛事的人士一定要详细了解所在省级地区的分赛区赛况。

第三节 众创空间与星创天地

一、众创空间的定义及意义

众创空间是顺应创新 2.0 时代用户创新、大众创新、开放创新趋势，把握互联网环境下创新创业特点和需求，通过市场化机制、专业化服务和资本化途径构建的低成本、便利化、全要素、开放式的新型创业服务平台的统称。

顺应创新 2.0 时代推动大众创业、万众创新的形势，构建面向人人的“众创空间”等创业服务平台，对激发亿万群众创造活力、培育包括大学生在内的各类青年创新人才和创新团队、扩大就业、打造经济发展新的“发动机”具有重要意义。

二、我国众创空间的概况及特色

2018 年 10 月 10 日发布的《中国众创空间白皮书 2018》（以下简称《白皮书》）显示，截至 2017 年底，全国纳入火炬统计的众创空间已达 5739 家，与 2016 年相比增幅超过 33%。众创空间总面积达 2523 万平方米，与 2016 年相比增幅超过 33%。目前全国众创空间提供工位超过 105 万个，在 2017 年服务的创业团队和初创企业超过 41 万个。2017 年，全国众创空间帮助 1.8 万个团队和企业获得投资，总额约 670 亿元，其中社会资本投资占比高达 85%，成为助推众创空间发展的中坚力量。截至 2017 年底，共有优客工场、创新工场、银江孵化器、苏河汇、因果树等 1091 家众创空间获得社会资本投资，222 家众创空间自身就是上市（挂牌）企业，占比 3.9%。在众创空间的助力下，在这里孵化的“优秀毕业生”队伍迅速壮大。2016 年，众创空间内上市或挂牌的企业达 944 家。2017 年，这一数量增至 1060 家。[①]

《白皮书》指出，当前中国众创空间的发展在以下几个方面表现突出：行业规模效应凸显，创业孵化服务链条逐步完善；“投资 + 孵化”成发展新重心，吸引大量资本参与，优质众创空间深受资本市场青睐；盈利模式不断改善，收入结构日趋优化；领军企业不断涌现，科技创新能力持续攀升。

三、众创空间相关政策

从 2015 年开始，国家就密集颁布众多众创空间政策：《关于发展众创空间推进大众创新创业的指导意见》《关于加快构建大众创业万众创新支撑平台的指导意见》

---

① 崔爽. 我国众创空间数量跃居全球第一 [N]. 科技日报，2018 - 10 - 12，http://www.xinhuanet.com/chanye/2018 - 10 - 12/c_1123548939.htm.

《发展众创空间工作指引》《国家众创空间备案暂行规定》《关于科技企业孵化器 大学科技园和众创空间税收政策的通知》。其中，后面两个政策更具有指导和现实意义，因此对后面两个政策做详细介绍。

四、国家众创空间备案规定

2017 年 10 月，科技部火炬中心印发《国家众创空间备案暂行规定》，具体内容如下。

国家众创空间备案暂行规定

第一章 总 则

第一条 为引导我国众创空间可持续发展，发挥示范带动效应，提升专业孵化服务能力，不断完善创新创业生态，根据科技部《关于发展众创空间工作指引》（国科发火〔2015〕297 号）要求，特制定本规定。

第二条 众创空间是指为满足大众创新创业需求，提供工作空间、网络空间、社交空间和资源共享空间，积极利用众筹、众扶、众包等新手段，以社会化、专业化、市场化、网络化为服务特色，实现低成本、便利化、全要素、开放式运营的创新创业平台。

第二章 主要功能与服务

第三条 众创空间的发展目标是降低创业门槛、完善创新创业生态系统、激发全社会创新创业活力、加速科技成果转移转化、培育经济发展新动能、以创业带动就业。

第四条 众创空间的主要功能是通过创新与创业相结合、线上与线下相结合、孵化与投资相结合，以专业化服务推动创业者应用新技术、开发新产品、开拓新市场、培育新业态。

第五条 众创空间主要提供创业场地、投资与孵化、辅导与培训、技术服务、项目路演、信息与市场资源对接、政策服务、国际合作等方面的服务。

第三章 备案条件

第六条 申请国家备案众创空间，应同时具备下列条件：1. 发展方向明确、模式清晰，具备可持续发展能力。2. 应设立专门运营管理机构，原则上应具有独立法人资格。3. 运营时间满 18 个月。4. 拥有不低于 500 平方米的服务场地，或提供不少于 30 个创业工位。同时须具备公共服务场地和设施。提供的创业工位和公共服务场地面积不低于众创空间总面积的 75%。公共服务场地是指众创空间提供给创业者共享的活动场所，包括公共接待区、项目展示区、会议室、休闲活动区、专业设备区等配套服务场地。公共服务设施包括免费或低成本的互联网接入、公共软件、共享办公设施等基础办公条件。5. 年协议入驻创业团队和企业不低于 20 家。6. 入驻创业团队每年注册成为新企业数不低于 10 家，或每年有不低于 5 家获得融资。7. 每年有不少于 3 个典型孵化案例。8. 具备职业孵化服务队伍，至少 3 名具备专业服务能力的专职人员，聘请至少 3 名专兼职导师，形成规范化服务流程。9. 每年开展的创业沙龙、路演、创业大赛、创业教育培训等活动不少于10场次。10. 按科技部火炬中心要求上报统计数据，且数据真实、完整。

第七条　服务对象及时限应满足下列要求：众创空间主要服务于大众创新创业者，其中主要包括以技术创新、商业模式创新为特征的创业团队、初创公司或从事软件开发、硬件研发、创意设计的创客群体及其他群体。入驻时限一般不超过24个月。

第四章　备案管理

第八条　科技部火炬中心负责国家备案众创空间的管理工作，每年开展一次备案工作，经备案的众创空间纳入国家级科技企业孵化器管理服务体系。

第九条　各省、自治区、直辖市、计划单列市、新疆生产建设兵团科技行政主管部门（以下简称省级科技行政主管部门）负责各地众创空间的备案工作，并依照本办法择优推荐。

第十条　申报国家备案众创空间的基本程序：各省级科技行政主管部门负责本地备案申报受理工作，组织专家进行评审和实地核查，将评审结果对外公示，公示期不少于5个工作日。公示无异议，推荐到科技部火炬中心进行审核。

第十一条　经科技部火炬中心审核后，对符合条件的国家众创空间，报国家科技行政主管部门备案。

第十二条　科技部火炬中心对地方推荐的众创空间进行审核，如发现众创空间的申报材料存在虚报、瞒报等作假行为，一经查实，取消备案资格，且2年内不得再次申报。

第十三条　科技部火炬中心对国家备案众创空间进行动态管理，并适时开展国家备案众创空间的考核评价工作。每年公布一次备案名单，对连续2次未上报统计数据的众创空间取消国家备案资格。

第十四条　省级科技行政主管部门可参照本办法制定本地众创空间管理办法和实施细则。

第十五条　本规定自发布之日起生效。

资料来源：惠州仲恺高新技术开发区，http：//www.hzzk.gov.cn/hzzk/kjjr/201901/0ee48f58e425462b9bd4aa05f9ffa31f.shtml。

五、科技企业孵化器、大学科技园和众创空间税收政策

2018年11月，财政部、国家税务总局、科技部、教育部印发《关于科技企业孵化器大学科技园和众创空间税收政策的通知》，具体内容如下。

关于科技企业孵化器　大学科技园和众创空间税收政策的通知

为进一步鼓励创业创新，现就科技企业孵化器、大学科技园、众创空间有关税收政策通知如下：

一、自2019年1月1日至2021年12月31日，对国家级、省级科技企业孵化器、大学科技园和国家备案众创空间自用以及无偿或通过出租等方式提供给在孵对象使用

的房产、土地，免征房产税和城镇土地使用税；对其向在孵对象提供孵化服务取得的收入，免征增值税。

本通知所称孵化服务是指为在孵对象提供的经纪代理、经营租赁、研发和技术、信息技术、鉴证咨询服务。

二、国家级、省级科技企业孵化器、大学科技园和国家备案众创空间应当单独核算孵化服务收入。

三、国家级科技企业孵化器、大学科技园和国家备案众创空间认定和管理办法由国务院科技、教育部门另行发布；省级科技企业孵化器、大学科技园认定和管理办法由省级科技、教育部门另行发布。

本通知所称在孵对象是指符合前款认定和管理办法规定的孵化企业、创业团队和个人。

四、国家级、省级科技企业孵化器、大学科技园和国家备案众创空间应按规定申报享受免税政策，并将房产土地权属资料、房产原值资料、房产土地租赁合同、孵化协议等留存备查，税务部门依法加强后续管理。

2018 年 12 月 31 日以前认定的国家级科技企业孵化器、大学科技园，自 2019 年 1 月 1 日起享受本通知规定的税收优惠政策。2019 年 1 月 1 日以后认定的国家级、省级科技企业孵化器、大学科技园和国家备案众创空间，自认定之日次月起享受本通知规定的税收优惠政策。2019 年 1 月 1 日以后被取消资格的，自取消资格之日次月起停止享受本通知规定的税收优惠政策。

五、科技、教育和税务部门应建立信息共享机制，及时共享国家级、省级科技企业孵化器、大学科技园和国家备案众创空间相关信息，加强协调配合，保障优惠政策落实到位。

资料来源：北京市科学技术委员会，http：//kw. beijing. gov. cn/art/2018/11/6/art_115_2831. html。

六、众创空间其他说明

众创空间的管理部门是国家科技部和省级科技厅及地市级科技局。国家级众创空间级别高，数量有限，因此，各省、自治区、直辖市、各地级市都会根据自身实际情况制定相应的政策鼓励不同级别众创空间，2019 年 7 月 11 日福建省科技厅就发布了关于开展 2019 年度我省科技企业孵化器备案和科技企业孵化器评估及众创空间征集工作的通知（http：//news. xmsme. cn/2019/7/12/625_32063. shtml）。因此关注此政策的读者要及时关注所在地区科技主管部门的相关通知。

七、星创天地

“星创天地”是发展现代农业的“众创空间”，是农村“大众创业、万众创新”的有效载体，是新型农业创新创业一站式开放性综合服务平台，旨在通过市场化机制、专业化服务和资本化运作方式，利用线下孵化载体和线上网络平台，聚集创新资源和创业要素，促进农村创新创业的低成本、专业化、便利化和信息化。

“星创天地”是推动农业农村创新创业的主阵地，是加强基层科技工作的有力抓手，是实现农业现代化、推动农业创新驱动发展的战略举措。打造“星创天地”，对于进一步激发农业农村创新创业活力，优化农村创新创业环境，加快科技成果转移转化，提高农业创新供给质量和产业竞争力，培育新型农业经营主体，以创业带动就业，在打赢精准扶贫、精准脱贫攻坚战、新农村建设和新型城镇化进程中支撑引领经济转型升级和产业结构调整，加快一二三产业融合发展具有重要意义。

2016 年 7 月 11 日，科技部发布了《发展“星创天地”工作指引》对全国星创天地认定进行了指导，各省、自治区、直辖市、地级市（区）也都制定了相应的星创天地管理办法或实施细则，不同地区所出台的各种激励举措也不一样，所有有关星创天地的认定都是依托所在地级市（区）、省级科技局或科技厅来进行管理，相应的认定要求、管理过程以及各种通知公告也都要及时到所在地的科技局、科技厅相关网站了解。另外，国家级的“星创天地”享受国家级科技企业孵化器的相应优惠政策与待遇。

对“星创天地”平台认定感兴趣的读者，一定要到所在地区的科技局或科技厅相关网站了解，以发挥该政策真正的支撑作用。

第四节　科技企业孵化器

一、科技企业孵化器的概念

科技企业孵化器（incubator）是指为科技型企业提供办公场地、设备甚至咨询意见和资金的企业。根据科技部定义，科技企业孵化器是以促进科技成果转化、培养高新技术企业和企业家为宗旨的科技创业服务载体。创业孵化器一般应具备四个基本特征：一是有孵化场地；二是有公共设施；三是能提供孵化服务；四是面向特定的服务对象——新创办的科技型中小企业。

从分类上来看，目前中国较成熟的孵化器主要包括以下四类：第一种是企业平台型，例如百度、微软等互联网公司旗下的孵化器，这类孵化器往往具有雄厚的资金实力和市场资源；第二种是“天使＋孵化”型，这类型孵化器更类似于 YC 的模式，由民间资本或教育类机构主导，项目入驻后会对部分企业进行天使投资，通过后续退出来盈利；第三种是开放空间，即提供较低租金办公场所为主，定期组织沙龙或讲座，不会直接投资；第四种是垂直产业型，通常来说这类孵化器更具专业性，针对某一产品进行定向孵化，主要由政府或产业协会主导。独立的孵化器是很难生存的，目前做得好的孵化器有微软加速器、36Kr 的氪空间、腾讯众创空间，它们背后都有一个大型体系（公司或政府）来支持。孵化器众多，能够争取到优质的创业公司并不是那么容易，其中专业更集中的孵化器竞争力才会更强。

二、我国科技孵化器的主要存在方式及基本概况

我国科技企业孵化器主要以高新技术创业服务中心、国家留学人员创业园、国际科技企业孵化器、国家大学科技园等主要形式存在（见表4－1），智研咨询发布的《2019～2025年中国科技企业孵化器市场发展模式调研及投资趋势分析研究报告》数据显示：截至2017年底，全国有创业孵化载体9802家，包括孵化器4063家、众创空间5739家，科技企业孵化器数量同比增长24.82%。截至2017年底，科技企业孵化器场地面积1.2亿平方米，在孵企业17.75万家，创业带动就业249万人。孵化器涌现出一批知名上市科技企业，推动了高新技术产业快速发展，为新经济发展注入新动力。

表4－1　　科技企业孵化器主要存在方式

存在方式	简介
高新技术创业服务中心	是科技企业孵化器的主要形式之一，它以初创的科技型中小企业为服务对象，为入孵企业提供研发、中试生产、经营的场地和办公方面的共享设施，提供政策、管理、法律、财务、融资、市场推广和培训等方面的服务，以降低企业的创业风险和创业成本，提高企业的成活率和成功率，为社会培养成功的科技企业和企业家。目前，经科技部批准认定的国家新技术创业服务中心有170余家
国家留学人员创业园	作为科技企业孵化器的组织部分，是经科技部、教育部、人事部和国家外专局共同批准认定的、以服务于留学回国人员创业为主的公益型科技服务机构。创业园通过各部门的政策鼓励与扶植，为留学人员创业开辟了“绿色通道”，引进学有成就的海外留学生回国创业。目前经三部一局批准设立的国家留学人员创业园试点单位共20余家
国际科技企业孵化器	是经科技部批准设立的涉外科技服务机构，包括：服务于境外技术研发机构、科技型企业及创业者在中国境内开展创新和创业活动；为我国高新技术企业开拓国际市场、寻求境外合作伙伴、实现跨国经营与发展，提供全面支持与保障。从1996年开始，科技部先后选定北京、上海、广州、苏州、武汉、天津、西安、重庆和成都共9个国家创业服务中心作为国际科技企业孵化器试点单位
国家大学科技园	是经科技部、教育部共同批准认定的科技创业服务机构。国家大学科技园作为科技企业孵化器的组织部分，是区域经济发展和行业技术进步的主要创新源泉之一，是大学实现社会服务功能和产学研结合的重要平台。目前经科技部、教育部共同批准认定的国家大学科技园共90余家

经过三十多年发展，科技企业孵化器通过为新创办的科技型中小企业提供物理空间及一系列创新创业服务，已经成为培育科技型中小企业、促进科技成果转化、培育企业家精神的重要载体，为促进经济社会发展发挥了重要作用。按照新时代高质量发展要求，将不断提升创业孵化载体的发展质量和效益，实现“众创—孵化—加速”机制衔接，通过创业孵化培育新兴产业、促进区域转型升级、服务科技型创业企业成长，为实施创新驱动发展战略、促进高质量发展做出更大贡献。

目前，针对科技企业孵化器的政策并不多，主要有《关于科技企业孵化器　大学科技园和众创空间税收政策的通知》和科技部2018年颁布的《科技企业孵化器管理办法》。

三、科技企业孵化器管理办法

2018年12月，科技部印发《科技企业孵化器管理办法》，具体内容如下。

科技企业孵化器管理办法

一、总则

第一条　为贯彻落实《中华人民共和国中小企业促进法》《中华人民共和国促进科技成果转化法》《国家创新驱动发展战略纲要》，引导我国科技企业孵化器高质量发展，支持科技型中小微企业快速成长，构建良好的科技创业生态，推动大众创业万众创新上水平，加快创新型国家建设，制订本办法。

第二条　科技企业孵化器（含众创空间等，以下简称孵化器）是以促进科技成果转化，培育科技企业和企业家精神为宗旨，提供物理空间、共享设施和专业化服务的科技创业服务机构，是国家创新体系的重要组成部分、创新创业人才的培养基地、大众创新创业的支撑平台。

第三条　孵化器的主要功能是围绕科技企业的成长需求，集聚各类要素资源，推动科技型创新创业，提供创业场地、共享设施、技术服务、咨询服务、投资融资、创业辅导、资源对接等服务，降低创业成本，提高创业存活率，促进企业成长，以创业带动就业，激发全社会创新创业活力。

第四条　孵化器的建设目标是落实国家创新驱动发展战略，构建完善的创业孵化服务体系，不断提高服务能力和孵化成效，形成主体多元、类型多样、业态丰富的发展格局，持续孵化新企业、催生新产业、形成新业态，推动创新与创业结合、线上与线下结合、投资与孵化结合，培育经济发展新动能，促进实体经济转型升级，为建设现代化经济体系提供支撑。

第五条　科技部和地方科技厅（委、局）负责对全国及所在地区的孵化器进行宏观管理和业务指导。

二、国家级科技企业孵化器认定条件

第六条　申请国家级科技企业孵化器应具备以下条件：1. 孵化器具有独立法人资格，发展方向明确，具备完善的运营管理体系和孵化服务机制。机构实际注册并运营满3年，且至少连续2年报送真实完整的统计数据；2. 孵化场地集中，可自主支配的孵化场地面积不低于10000平方米。其中，在孵企业使用面积（含公共服务面积）占75%以上；3. 孵化器配备自有种子资金或合作的孵化资金规模不低于500万元人民币，获得投融资的在孵企业占比不低于10%，并有不少于3个的资金使用案例；4. 孵化器拥有职业化的服务队伍，专业孵化服务人员（指具有创业、投融资、企业管理等经验或经过创业服务相关培训的孵化器专职工作人员）占机构总人数80%以上，每10家在孵企业至少配备1名专业孵化服务人员和1名创业导师（指接受科技部门、行业协会或孵化器聘任，能对创业企业、创业者提供专业化、实践性辅导服务的企业家、投资专家、管理咨询专家）；5. 孵化器在孵企业中已申请专利的企业占在孵企业总数比例不低于50%或拥有有效知识产权的企业占比不低于30%；6. 孵化器在孵企业不少于50家且每千平方米平均在孵企业不少于3家；7. 孵化器累计毕业企业应达到20家以上。

第七条 在同一产业领域从事研发、生产的企业占在孵企业总数的75%以上，且提供细分产业的精准孵化服务，拥有可自主支配的公共服务平台，能够提供研究开发、检验检测、小试中试等专业技术服务的可按专业孵化器进行认定管理。专业孵化器内在孵企业应不少于30家且每千平方米平均在孵企业不少于2家；累计毕业企业应达到15家以上。

第八条 本办法中孵化器在孵企业是指具备以下条件的被孵化企业：1. 主要从事新技术、新产品的研发、生产和服务，应满足科技型中小企业相关要求；2. 企业注册地和主要研发、办公场所须在本孵化器场地内，入驻时成立时间不超过24个月；3. 孵化时限原则上不超过48个月。技术领域为生物医药、现代农业、集成电路的企业，孵化时限不超过60个月。

第九条 企业从孵化器中毕业应至少符合以下条件中的一项：1. 经国家备案通过的高新技术企业；2. 累计获得天使投资或风险投资超过500万元；3. 连续2年营业收入累计超过1000万元；4. 被兼并、收购或在国内外资本市场挂牌、上市。

第十条 全国艰苦边远地区（按照人力资源和社会保障部艰苦边远地区范围和类别规定）的科技企业孵化器，孵化场地面积、在孵和毕业企业数量、孵化资金规模、知识产权比例等要求可降低20%。

三、申报与管理

第十一条 国家级科技企业孵化器申报程序：1. 申报机构向所在地省级科技厅（委、局）提出申请。2. 省级科技厅（委、局）负责组织专家进行评审并实地核查，评审结果对外公示。对公示无异议机构书面推荐到科技部。3. 科技部负责对推荐申报材料进行审核并公示结果，合格机构以科技部文件形式确认为国家级科技企业孵化器。

第十二条 国家级科技企业孵化器（含国家备案众创空间），按照国家政策和文件规定享受相关优惠政策。

第十三条 科技部依据国家统计局审批的统计报表对孵化器进行规范统计，国家级科技企业孵化器应按要求及时提供真实完整的统计数据。

第十四条 科技部依据孵化器评价指标体系定期对国家级科技企业孵化器开展考核评价工作，并进行动态管理。对连续2次考核评价不合格的，取消其国家级科技企业孵化器资格。

第十五条 国家级科技企业孵化器发生名称变更或运营主体、面积范围、场地位置等认定条件发生变化的，需在三个月内向所在地省级科技厅（委、局）报告。经省级科技厅（委、局）审核并实地核查后，符合本办法要求的，向科技部提出变更建议；不符合本办法要求的，向科技部提出取消资格建议。

第十六条 在申报过程中存在弄虚作假行为的，取消其国家级科技企业孵化器评审资格，2年内不得再次申报；在评审过程中存在徇私舞弊、有违公平公正等行为的，按照有关规定追究相应责任。

四、促进与发展

第十七条 孵化器应加强服务能力建设，利用互联网、大数据、人工智能等新技术，提升服务效率。有条件的孵化器应形成“众创—孵化—加速”机制，提供全周期创业服务，营造科技创新创业生态。

第十八条 孵化器应加强从业人员培训，打造专业化创业导师队伍，为在孵企业提供精准化、高质量的创业服务，不断拓宽就业渠道，推动留学人员、科研人员及大学生创业就业。

第十九条 孵化器应提高市场化运营能力，鼓励企业化运作，构建可持续发展的运营模式，提升自身品牌影响力。

第二十条 孵化器应积极融入全球创新创业网络，开展国际技术转移、离岸孵化等业务，引进海外优质项目、技术成果和人才等资源，帮助创业者对接海外市场。

第二十一条 各级地方政府和科技部门、国家自主创新示范区、国家高新技术产业开发区管理机构及其相关部门应在孵化器发展规划、用地、财政等方面提供政策支持。

第二十二条 各地区应结合区域优势和现实需求引导孵化器向专业化方向发展，支持有条件的龙头企业、高校、科研院所、新型研发机构、投资机构等主体建设专业孵化器，促进创新创业资源的开放共享，促进大中小企业融通发展。

第二十三条 各地区应发挥协会、联盟等行业组织的作用，促进区域孵化器之间的经验交流和资源共享。

五、附则

第二十四条 省级科技厅（委、局）可参照本办法制定本地区孵化器管理办法。

第二十五条 本办法由科技部负责解释，自 2019 年 1 月 1 日起实施。《科技企业孵化器认定和管理办法》（国科发高〔2010〕680 号）同时废止。

资料来源：中国石油大学国家大学科技园，http：//kjy. upc. edu. cn/2018/1220/c10354a186068/page. htm。

四、其他说明

科技企业孵化器的管理部门是科技部、省级科技厅和地市级科技局，2019 年 7 月 11 日福建省科技厅就发布了关于开展 2019 年度福建省科技企业孵化器备案和科技企业孵化器评估及众创空间征集工作的通知（http：//news. xmsme. cn/2019/7/12/625_32063. shtml），因此关注此政策的读者应该及时关注所在地科技主管部门的相关通知。

第五节 技术创新中心

一、国家技术创新中心建设规划

《“十三五”国家科技创新基地与条件保障能力建设专项规划》明确指出“面向

国家长远发展的重大产业技术领域需求，建设若干综合性国家技术创新中心。面向经济社会发展和产业转型升级对共性关键技术的需求，建设一批专业性国家技术创新中心。”

（1）加快综合性国家技术创新中心建设。依托大型骨干龙头企业，结合国家重大科技任务，以需求为导向，实施从关键技术突破到工程化、产业化的一体化推进，构建若干战略定位高端、组织运行开放、创新资源集聚、治理结构多元、面向全球竞争的综合性国家技术创新中心，成为重大关键技术的供给源头、区域产业集聚发展的创新高地、成果转化与创新创业的众创平台。

（2）推动专业性国家技术创新中心的建设与发展。围绕先进制造、现代农业、生态环境、社会民生等重要领域发展需求，依托高等院校、科研院所和企业建设一批专业性国家技术创新中心，开展产业行业关键共性技术研发、工艺试验和各类规范标准制定，加快成果转化、应用示范及产业化。加强对现有国家工程技术研究中心评估考核和多渠道优化整合，符合条件的可纳入国家技术创新中心等管理。

（3）完善运行管理机制。制定国家技术创新中心相关运行管理办法和规则，实行动态调整与有序退出机制，实现国家技术创新中心的良性发展。发挥国家技术创新中心技术和人才优势，加强协同创新，促进产学研用有机结合，推动产业上中下游、大中小微企业的紧密合作，鼓励和引导国家技术创新中心为创新创业提供技术支撑和服务。

二、我国国家技术创新中心的发展概况

2019 年 3 月，科技部徐南平副部长在京调研国家技术创新中心和国家工程技术研究中心建设情况明确指出，在新的时代背景下，要把建设国家技术创新中心作为建设创新型国家、打造国家战略科技力量的重要任务，以推进国家技术创新中心建设为引领，进一步引导和推动各类工程技术研究机构明确功能定位。要围绕国家战略任务和关键领域核心技术难题，集中优势力量开展技术攻关，把研发当作产业来做，支撑培育一批国际一流企业，有效引领经济转型升级、实现高质量发展。要瞄准创新链中“科学到技术”这个环节，开展技术的二次开发和升值，把技术当作商品来做，通过市场机制为中小企业提供技术服务，辐射带动整个行业技术创新发展。要以深化体制机制改革为突破口，学习国内外相关科研机构和新型研发组织的先进管理经验，探索符合我国国情的体制机制与管理运行模式，更好推动国家技术创新中心的建设发展①。

截至 2019 年 6 月，共有两家国家技术创新中心获得批复，他们分别是国家高速列车技术创新中心和国家新能源汽车技术创新中心，根据规划，在“十三五”期间，还要陆续建设 20 家左右的国家技术创新中心。

---

① 科技部徐南平副部长在京调研国家技术创新中心和国家工程技术研究中心建设情况，2019 年 03 月 12 日，https：//www. most. gov. cn/kjbgz/201903/t20190312_145635. htm。

三、国家技术创新中心建设工作指引

2017年11月，科技部印发《国家技术创新中心建设工作指引》，具体内容如下。

国家技术创新中心建设工作指引

为认真贯彻党的十九大关于“建立以企业为主体、市场为导向、产学研深度融合的技术创新体系”重大决策部署，全面落实习近平总书记在全国科技创新大会上关于“支持依托企业建设国家技术创新中心”重要指示精神，加快推进国家技术创新中心建设，优化国家科研基地布局，制定本指引。

一、功能定位

国家技术创新中心以产业前沿引领技术和关键共性技术研发与应用为核心，加强应用基础研究，协同推进现代工程技术和颠覆性技术创新，打造创新资源集聚、组织运行开放、治理结构多元的综合性产业技术创新平台。

国家技术创新中心是应对科技革命引发的产业变革，抢占全球产业技术创新制高点，突破涉及国家长远发展和产业安全的关键技术瓶颈，构建和完善国家现代产业技术体系，推动产业迈向价值链中高端的重要科技力量，对国家重点产业领域技术创新发挥战略支撑引领作用。

国家技术创新中心要有效应对技术创新范式多主体、网络化、路径多变的变革趋势，与产业和区域创新发展有机融合，围绕产业链建立开放协同的创新机制，强化技术扩散与转移转化，建立以企业为主体、市场为导向、产学研深度融合的技术创新体系，辐射形成更加完善的产业创新生态。

二、建设目标和原则

（一）总体目标。在若干重点领域建设一批国家技术创新中心，形成满足产业创新重大需求、具有国际影响力和竞争力的国家技术创新网络，攻克转化一批产业前沿和共性关键技术，培育具有国际影响力的行业领军企业，带动一批科技型中小企业成长壮大，催生一批发展潜力大、带动作用强的创新型产业集群，推动若干重点产业进入全球价值链中高端，提升我国在全球产业版图和创新格局中的位势。“十三五”期间，布局建设20家左右国家技术创新中心。

（二）建设原则。

——聚焦产业。围绕新兴产业培育与传统产业转型升级的重大需求，强化重点领域和关键环节的部署，突破技术瓶颈制约，构建现代产业技术体系，形成技术持续供给能力，支撑实体经济做大做强。

——企业主体。充分发挥企业在技术创新决策、研发投入、科研组织和成果转化中的主体作用，牵头形成产学研用协同创新生态，加强创新成果的对外扩散，充分发挥社会效益，强化对国家和行业发展的重要作用。

——改革牵引。将体制机制创新作为国家技术创新中心建设的重中之重，在运营管理、研发投入、人才集聚等方面改革创新，为国家技术创新中心高水平的运行提供支撑保障。

——开放协同。建立技术、人才、项目合作交流机制，推动创新资源开放共享，链接跨行业、跨学科、跨领域的技术创新力量，形成面向全球开放协同的创新网络。

三、建设布局与组建模式

（一）重点建设领域。

——面向世界科技前沿。有望形成颠覆性创新，引领产业技术变革方向，影响产业未来发展态势，抢占未来产业制高点的领域，包括大数据、量子通信、人工智能、现代农业、合成生物学、微生物组、精准医学等。

——面向经济主战场。突破国家经济社会发展的瓶颈制约，能够产生显著经济社会效益的领域，包括高速列车、移动通信、智能电网、集成电路、智能制造、新材料、煤炭清洁高效利用、油气勘探与开发、生物种业、生物医药、医疗器械、环境综合治理等。

——面向国家重大需求。涉及国家安全和重大利益，关系国计民生和产业命脉的“卡脖子”问题，包括航空发动机及燃气轮机、大型飞机、核心电子器件、核电、深海装备等。

围绕落实“一带一路”建设，京津冀协同发展、长江经济带发展等区域协调发展战略，以及北京、上海科技创新中心建设等国家重大创新战略，统筹考虑区域布局。

（二）组建模式。依托企业、高校、科研院所建设国家技术创新中心，各级政府参与和支持国家技术创新中心建设工作。根据相关产业领域创新发展实际，可采取多种组建模式，“一中心一方案”。一般以三年为建设周期。

——在龙头企业优势地位突出、行业集中度高的领域，主要由龙头企业牵头，产业链有关企业、高校、科研院所等参与建设。

——在多家企业均衡竞争、行业集中度较低的领域，可以由多家行业骨干企业联合相关高校、科研院所，通过组建平台型公司或产业技术创新战略联盟等方式，共同投资建设。

——在主要由技术研发牵引推动、市场还未培育成熟的领域，可以由具有技术优势的高校、科研院所牵头，有关企业作为重要的主体参与建设。

（三）建设主体。国家技术创新中心牵头组建单位应当具有行业公认的技术研发优势、领军人才和团队，具有广泛联合产学研各方、整合创新资源、形成创新合作网络的优势和能力。发挥好相关领域国家工程技术研究中心等科研基地的功能作用，对符合条件的整合组建为国家技术创新中心。国家技术创新中心所在地方政府应积极发挥支撑保障作用，在政策、资金、土地、基础设施等方面给予支持。

四、重点建设任务

（一）服务国家战略，开展技术研发和产业化。面向新一轮科技革命与产业变革，谋划产业技术创新战略规划，提出重大技术创新方向，承担相关领域国家科技项目的组织实施，开展战略技术、前沿技术和关键共性技术研发，为抢占未来产业制高点提供政策和技术支撑。面向国家重点产业发展需求，推动重大科技成果熟化、产业化，加快共性关键技术转移扩散。

（二）集聚开放创新资源，打造创新型产业集群。突出开放创新，协同相关领域上、中、下游企业和高校、科研院所等创新力量，打造创新型产业集群。加强与国家自主创新示范区、高新技术产业开发区的深度融合，发挥对区域创新的辐射带动作用，形成产业发展与区域发展协同推进的格局。积极融入全球创新网络，探索科技开放合作新模式新体制，促进创新资源双向开放和流动。

（三）发展科技型创新创业，搭建专业化创新创业平台。充分利用国内外创新资源，搭建专业化众创空间和各类孵化服务载体，加强资源开放共享与产学研用合作，打造集大中小企业、高校、科研院所和个人创客协同互动的众创平台，带动一批科技型中小企业发展壮大。

（四）培育和吸引技术创新人才，构筑高端人才集聚地。高起点、高标准建设结构合理的创新人才团队，在全球范围吸纳集聚一批能够发挥“塔尖效应”的科研人员，集聚一批具有全球战略眼光、管理创新能力突出的优秀企业家，培养一批高层次创新创业人才。探索实施更积极、更开放、更有效的创新人才引进政策，营造宜居宜业的工作和生活环境，聚天下英才而用之。

（五）深化改革创新，探索新型体制机制。加强科技体制改革与产业、财税、金融、人才、政府治理等各方面体制改革的衔接联动，在运营管理、项目实施、资金投入、人才培养等方面大胆改革创新。加强中央和地方联动、政产学研用协同，构建多方共建共治共享的管理运行机制，培育风险共担、收益共享的利益共同体。

五、治理结构与管理机制

（一）法律地位。国家技术创新中心原则上应为独立法人实体。目前尚不具备条件的，先行实现人、财、物相对独立的管理机制，逐步向独立法人过渡。根据组建模式的不同，可以探索组建企业、社会服务机构等不同类型的法人实体。

（二）治理结构。设立董事会或理事会、专家委员会，实行董事会或理事会领导下的总经理或主任负责制，形成企业、高校、科研院所、政府等多方共同建设、共同管理、共同运营、良性互动的治理结构。董事会或理事会由各方选派代表组成，负责重大事项决策。专家委员会主要负责提出国家技术创新中心研发方向、技术路线、团队组建等重大事项建议。国家技术创新中心应坚持党的领导，建立健全各级党组织，发挥党组织的领导核心和政治核心作用。

（三）项目实施。根据国家技术创新战略需求，按照相关管理办法承担国家重点研发计划、国家科技重大专项等任务，并组织有关方面共同实施。自主凝练重大行业技术需求，以市场化方式组织各方参与实施技术攻关及产业化项目。

（四）人才管理。建立合理的科研人员、技术辅助人员和管理人员结构，按需设岗、公开招聘、合理流动。吸引海内外优秀人才到国家技术创新中心交流，开展合作研究与科技成果转化工作。

（五）资金投入。国家技术创新中心可采用会员制、股份制、协议制等方式吸纳各方共同投入，企业承担主要投入责任，引导金融与社会资本参与建设和投资。国家技术创新中心利用自有资金、社会资金、成果转化收益等逐步实现自我运营。按照改革后人才与基地专项管理办法对国家技术创新中心给予支持。

六、组建程序

（一）提出意向。科技部提出国家技术创新中心总体布局要求。符合条件的单位和地方可以向科技部提出建设意向，研究制定建设方案，提出国家技术创新中心的领域和方向、建设模式、重点任务等。

（二）方案论证。科技部会同相关部门组建由技术专家、管理专家、科技政策专家等组成的专家组，对国家技术创新中心建设方案进行咨询论证。有关单位和地方根据咨询论证意见完善建设方案。

（三）启动建设。对于通过咨询论证、各方面条件成熟的，科技部会同相关部门支持启动国家技术创新中心建设。

（四）监督和评估。有关单位和地方将国家技术创新中心年度建设情况书面报科技部。建设期满前，科技部组织开展建设情况总结评估，并根据评估结果决定整改、撤销或后续支持等重大事项。

科技部作为国家技术创新中心建设的牵头管理部门，发挥组织实施与协调作用，负责总体规划布局、监督和评估与运行管理等工作。国务院有关部门提出国家技术创新中心建设布局建议，参与组建及运行管理。

附件：国家技术创新中心建设方案编写提纲

国家技术创新中心建设方案编写提纲

一、建设基础和重要意义

二、总体思路

（一）指导思想

（二）战略定位

（三）建设原则

（四）发展目标

三、建设布局

四、建设任务

五、管理运行机制

六、保障措施

七、进度安排

资料来源：财政部，http：//www. most. gov. cn/mostinfo/xinxifenlei/fgzc/gfxwj/gfxwj2017/201711/t20171123_136430. htm。

四、其他说明

技术创新中心的主管单位是科技部、省级科技厅和地市级科技局，2019 年 4 月 30 日山东省科学技术厅发布了关于组织申报山东省技术创新中心的通知（http：//www. qdhitech. gov. cn/n28356009/n32560653/n32560711/n32560720/190506104535580502. html），关注本政策的读者应该及时关注所在地科技局、科技厅的相关通告。

第六节 工程研究中心

一、国家工程技术研究中心、国家工程实验室和国家工程研究中心

1993 年，原国家科学技术委员会为了加强对国家工程技术研究中心的组建与运行管理，充分发挥其在工程化研究开发、转化科技成果方面的作用，制定并开始实施《国家工程技术研究中心管理办法》；2007 年，为了贯彻落实《中共中央国务院关于实施科技规划纲要增强自主创新能力的决定》，加强和规范国家工程研究中心、国家工程实验室建设与运行管理，提高自主创新能力，根据《中华人民共和国科学技术进步法》《促进科技成果转化法》等有关法律法规，国家发展和改革委员会先后制定和实施了《国家工程研究中心管理办法》《国家工程实验室管理办法（试行）》。

根据科学技术部基础研究司 2018 年 4 月对外公布的国家工程技术研究中心 2016 年年度报告显示，国家工程技术研究中心秉承加强科技与经济结合、促进科技成果转化的宗旨，围绕国家经济社会发展的重大科技问题和战略需求，不断创新完善管理机制，大力培养集聚工程技术优秀创新人才，大力建设一流科研实验条件，着力提升关键共性技术研发能力和科技成果转移转化能力，着力提升行业服务能力和开放共享能力，推动传统产业优化升级，促进新兴产业蓬勃发展，有效发挥了引领行业技术进步的重要作用。截至 2016 年底，共建成国家工程中心 347 个和分中心 13 个，合计 360 个。其中：东部地区 213 个，中部地区 61 个，西部地区 62 个，东北地区 24 个，分别占工程中心总数的 59.17%、16.94%、17.22% 和 6.67%。

根据国家发展和改革委员会 2016 年 9 月发布的国家工程实验室名单，我国至少有 167 家国家工程实验室。据不完全统计，到 2018 年 3 月，我国拥有 127 家国家工程研究中心。

2017 年颁布的《“十三五”国家科技创新基地与条件保障能力建设专项规划》提出对现有的国家工程技术研究中心、国家工程研究中心、国家工程实验室等进行评估梳理，逐步按照新的功能定位要求合理归并，优化整合。国家发展和改革委员会不再批复新建国家工程实验室，科技部不再批复新建国家工程技术研究中心。这就意味着从 2018 年开始就不会再新增国家工程实验室和国家工程技术研究中心，只保留国家工程研究中心。

二、国家工程研究中心再定位

2017 年颁布的《“十三五”国家科技创新基地与条件保障能力建设专项规划》指出，国家工程研究中心是面向国家重大战略任务和重点工程建设需求，开展关键技术攻关和试验研究、重大装备研制、重大科技成果工程化实验验证，突破关键技术和核心装备制约，支撑国家重大工程建设和重点产业发展的国家科技创新基地。

修订新的国家工程研究中心管理办法。按照贯彻落实“放管服”改革精神和依法行政的要求，加快研究制定国家工程研究中心相关运行管理办法和规则，细化明确国家工程研究中心的功能定位、主要任务、布局组建程序、运行管理、监督要求和支持政策等，优化简化审批流程，推动组建、运行和管理全过程公开透明。着眼加强事中事后监管的需要，研究制定国家工程研究中心评价办法及评价指标体系，引导国家工程研究中心不断提升创新能力，加速推进重大科技成果工程化和产业化。

优化整合现有国家工程研究中心和国家工程实验室。按新的国家工程研究中心定位及管理办法要求，对现有国家工程研究中心和国家工程实验室进行合理归并，对符合条件、达到评价指标要求的纳入新的国家工程研究中心序列进行管理。规范对国家地方联合共建的工程研究中心和工程实验室优化整合与管理，提升服务地方战略性新兴产业和优势特色产业发展的能力。

新布局建设一批国家工程研究中心。根据经济社会发展的重大战略需求，结合国家重点工程实施、战略性新兴产业培育等需要，依托企业、高等院校和科研院所择优建设一批国家工程研究中心，促进产业集聚发展、创新发展。围绕科技创新中心、综合性国家科学中心、全面创新改革试验区域等重点区域创新发展需求，集中布局建设一批国家工程研究中心，探索国家地方联合共建的有效形式，引导相关地方健全区域创新体系，打造若干具有示范和带动作用的区域性创新平台，促进重点区域加快向创新驱动转型。

由于新的国家工程研究中心管理办法还没有公布，下面就介绍一下正在实施的2007 年《国家工程研究中心管理办法》。

三、国家工程研究中心管理

2007 年 3 月，国家发展和改革委印发《国家工程研究中心管理办法》，具体内容如下。

国家工程研究中心管理办法

一、总则

第一条　为贯彻落实《中共中央国务院关于实施科技规划纲要增强自主创新能力的决定》，加强和规范国家工程研究中心建设与运行管理，提高自主创新能力，根据《科学技术进步法》《促进科技成果转化法》等有关法律法规规定，制定本办法。

第二条　本办法适用于对国家工程研究中心（以下简称“工程中心”）的申报、审核、评价等管理行为。

本办法所称工程中心，是指国家发展和改革委员会（以下简称“国家发展改革委”）根据建设创新型国家和产业结构优化升级的重大战略需求，以提高自主创新能力、增强产业核心竞争能力和发展后劲为目标，组织具有较强研究开发和综合实力的高校、科研机构和企业等建设的研究开发实体。工程中心是国家创新体系的重要组成部分。

第三条 工程中心的宗旨是以国家和行业利益为出发点，通过建立工程化研究、验证的设施和有利于技术创新、成果转化的机制，培育、提高自主创新能力，搭建产业与科研之间的“桥梁”，研究开发产业关键共性技术，加快科研成果向现实生产力转化，促进产业技术进步和核心竞争能力的提高。

第四条 工程中心的主要任务：（一）根据国家和产业发展的需求，研究开发产业技术进步和结构调整急需的关键共性技术；（二）以市场为导向，把握技术发展趋势，开展具有重要市场价值的重大科技成果的工程化和系统集成；（三）通过市场机制实现技术转移和扩散，持续不断地为规模化生产提供成熟的先进技术、工艺及其技术产品和装备；（四）通过对引进技术的消化吸收再创新和开展国际合作交流，促进自主创新能力的提高；（五）提供工程技术验证和咨询服务；（六）为行业培养工程技术研究与管理的高层次人才。

第五条 工程中心的责任与义务：（一）根据国家和行业发展需要，以及相关批复文件的要求，实现设定的研究开发和成果转化目标；（二）主动组织、参与产业关键共性技术开发，并为行业提供技术开发及成果工程化的试验、验证环境；（三）承担国家和行业下达的科研开发及工程化研究任务，并依据合同按时完成任务；（四）将承担国家和行业任务所形成的技术成果通过市场机制向行业转移和扩散，起到科研与产业之间的桥梁和纽带作用。

二、申报与审核

第六条 国家发展改革委负责制定并发布工程中心有关政策文件，指导、组织工程中心的审核、评估等工作。

第七条 国务院有关部门，各省、自治区、直辖市、计划单列市及新疆生产建设兵团发展改革部门，计划单列中央企业（集团）（以下简称“主管部门”），负责组织本地区或所属单位工程中心的申报和管理，督促、协调工程中心的建设和运行。

第八条 根据国家高技术产业发展和自主创新基础能力建设等规划，国家发展改革委适时发布工程中心建设领域指南，明确工程中心建设重点方向和申报时限要求等事项。

第九条 拟申请工程中心的单位（以下简称“申报单位”）须按照国家发展改革委相关文件的要求，结合自身的优势和具体情况，提出工程中心申请报告（编制提纲见附件1），报相应主管部门审查。

第十条 申报单位应具备以下条件：（一）符合国家发展改革委发布的工程中心建设领域及相关要求；（二）具有一批有待工程化开发、拥有自主知识产权和良好市场前景、处于国内领先水平的重大科技成果，具有国内一流水平的研究开发和技术集成能力及相应的人才队伍；（三）具有以市场为导向，将重大科技成果向规模生产转化的工程化研究验证环境和能力；（四）具有通过市场机制实现技术转移和扩散，促进科技成果产业化，形成良性循环的自我发展能力；（五）具有对科技成果产业化进行技术经济分析的能力，条件允许的还应具有工程设计、评估及建设的咨询与服务能力；（六）原则上采用公司法人形式，确有必要，也可探索其他有效的组织形式；（七）工程中心董事会（理事会）应包含2名独立董事（理事），独立董事（理事）由相关主管部门选派，一般应由熟悉工程中心所在行业情况的高级技术或管理专家出任；(八) 建立完善的人才激励、知识产权管理等管理制度。

第十一条 国家鼓励由相关领域的优势科研单位、高校、企业、社会投资机构联合申请建设工程中心。鼓励跨地区、跨行业的建设形式，促进区域技术创新和产业发展。鼓励引进海外一流技术人才和管理人才。

第十二条 主管部门应认真审查本部门（地区）所属单位提出的申请，将符合条件的工程中心申请报告（一式4份）及相关申报文件报送国家发展改革委。

第十三条 国家发展改革委受理主管部门提出的申报文件后，组织专家根据本办法第十条对工程中心申请报告进行评审。评审重点包括工程中心建设的意义与必要性、申报单位的条件、发展目标等。评审过程中，可要求申报单位就有关问题进行说明。

第十四条 国家发展改革委根据专家评审意见，必要时可征求相关部门和地方的意见，对工程中心申请报告进行初核，经综合研究后择优批准。

第十五条 国家发展改革委应在工程中心建设领域指南规定的申报截止日期后90个工作日内完成工程中心申请报告的初核工作。专家评审和征求有关部门、地方意见所需时间不计算在此期限内。

第十六条 国家发展改革委批准申请报告后，工程中心进入预备期，可暂以"××国家工程研究中心（筹）"的名义开展工作，实施工程中心申请报告中确定的各项任务。

第十七条 主管部门根据国家有关规定建立相应管理制度，加强对工程中心预备期相关工作的监督管理，配合有关部门做好稽察、检查和审计等工作。

第十八条 工程中心的预备期一般不超过3年。达到预先设定的预备期发展目标后，申报单位应编制总结报告（编制提纲见附件2），经主管部门审查同意后，由主管部门向国家发展改革委提出正式核定申请。

第十九条 对逾期不能达到预定目标的工程中心，主管部门应向国家发展改革委提出报告，说明原因、拟采取的措施和计划完成日期。

第二十条 国家发展改革委会同财政、海关、税务等部门对主管部门报来的总结报告进行审核，对符合条件的正式核定为"国家工程研究中心"并授牌。

第二十一条 按照国家有关规定，工程中心享受科技开发用品免征进口税收的有关优惠政策。

三、评价

第二十二条 工程中心实行优胜劣汰、动态调整的运行评价制度，国家发展改革委每2年对通过正式核定的工程中心进行1次评价。

第二十三条 评价程序：(一) 数据采集。工程中心应于评价当年4月15日前将评价材料报主管部门。评价材料包括：工程中心年度工作报告（编制提纲见附件三)、工程中心数据填报表（附件四）及其相关附件和证明材料。(二) 数据初审。主管部门对工程中心上报的材料进行审查，并出具审查意见，于当年5月20日前报国家发展改革委。(三) 数据核查与分析。国家发展改革委委托相关中介评估机构对工程中心上报的材料及相关情况进行核查，按照工程中心评价指标（附件5）的规定进行计算、分析，得出评价结果，形成评价报告。(四) 国家发展改革委对评价结果和评价报告进行审核。

第二十四条 工程中心评价结果分为优秀、良好、合格和不合格。

（一）评价得分85分及以上为优秀。

（二）评价得分75分（含75分）至85分之间为良好。

（三）评价得分60分（含60分）至75分之间为合格。

（四）有以下情况之一的评价为不合格：

1. 评价得分低于60分；

2. 连续2次评价得分65分至60分（含60分）之间；

3. 无不可抗拒因素，逾期1个月不上报评价材料；

4. 上报材料内容和数据严重虚假；

5. 有偷税、骗取出口退税及其他重大违规、违法行为。

第二十五条 国家发展改革委对评价结果予以公布，并将其作为工程中心管理的重要依据。

第二十六条 工程中心要定期填报免税进口科技用品统计表（附件6），于每年3月1日前报送省级财政部门，由各省级财政部门汇总后报财政部。

四、资金补助

第二十七条 进入预备期的工程中心，可根据国家发展改革委的批复文件，提出创新能力建设项目，申请国家资金补助。

第二十八条 申请国家资金补助的工程中心，须委托具有甲级资质的工程咨询机构（或相当资质的工程设计机构）编制工程中心创新能力建设项目资金申请报告（编制提纲见附件七），报送相应主管部门。

第二十九条 主管部门审查通过后，将工程中心创新能力建设项目资金申请报告报送国家发展改革委。国家发展改革委委托有关评估咨询机构对项目资金申请报告进行评估或组织专家进行论证，必要时，可征求有关部门或地方的意见，根据国家财政资金情况、综合平衡后，批复项目资金申请报告。

第三十条 工程中心创新能力建设项目的具体申报、审批程序及项目管理，按《中央预算内投资补助和贴息项目管理暂行办法》和《国家高技术产业发展项目管理暂行办法》执行。对于中央预算内资金采取直接投资和资本金注入方式的工程中心创新能力建设项目，按照政府投资项目的有关规定进行管理。

五、变更与处罚

第三十一条 工程中心应严格执行经国家发展改革委批复的申请报告。如出现以下两种情况需要调整的，应及时报告：（一）对于不影响实现工程中心功能和任务的调整，由主管部门负责审核，报国家发展改革委备案；（二）对于发生重大变化，影响实现工程中心功能和任务的调整，由主管部门提出调整建议报国家发展改革委审核。

第三十二条 对于无法完成预备期发展目标的工程中心，主管部门要及时找出原因、明确相关责任，提出处理建议报送国家发展改革委。国家发展改革委根据具体情况给予通报批评、追回国家投资上缴国库、撤销工程中心（筹）称号等处理。对情节恶劣或后果严重的，依法追究有关负责人的责任。

第三十三条　对于评价得分65分至60（含60分）分之间的工程中心，国家发展改革委给予警告，并由主管部门负责督促整改。对于评价结果为不合格的工程中心，国家发展改革委撤销其工程中心称号。

六、附则

第三十四条　工程中心命名统一为："××国家工程研究中心"，英文名称为："National Engineering Research Center of××"。

第三十五条　各主管部门可参照本办法制定省（部门）级工程研究中心管理办法。

第三十六条　本办法自2007年4月10日起施行。原《国家工程研究中心管理办法（试行）》（计科技〔1992〕2239号）和《国家计委关于建设国家工程研究中心的指导性意见》（计办高技〔2002〕767号）同时废止。

第三十七条　本办法由国家发展改革委负责解释。

附件：1. 工程中心申请报告编制提纲（略）

2. 工程中心预备期总结报告编制提纲（略）

3. 工程中心年度工作报告编制提纲（略）

4. 工程中心数据填报表（略）

5. 工程中心评价指标（略）

6. 免税进口科技用品统计表（略）

7. 工程中心创新能力建设项目资金申请报告编制提纲（略）

资料来源：国家发展和改革委员会，http：//www. ndrc. gov. cn/fzgggz/flfg/flgz/201507/t20150701_710515. html。

四、其他说明

工程中心的主管单位是国家和地方发展和改革委员会，2018年8月16日福建省发展和改革委员会发布了关于组织申报2018年省级工程研究中心的通知（http：//www. fujian. gov. cn/zc/zxwj/bmwj/201808/t20180816_3955510. htm），关注本政策的读者应该及时关注所在地区发展和改革委员会相关通知。

第七节　企业技术中心

一、国家企业技术中心认定历史沿革

为了贯彻中共中央、国务院关于搞好国有大中型企业的重要方针，具体落实《推进企业技术进步的若干政策措施》，1993年8月原国家经济贸易委员会、国家税务总局、海关总署印发了《鼓励和支持大型企业和企业集团建立技术中心暂行办法》，开始了我国国家企业技术中心的认定工作；经过十多年的发展，原有的办法已经越来越不能适应时代的要求，2005年4月，国家发展和改革委员会、财政部、海关总署、国家税务总局联合颁布了《国家认定企业技术中心管理办法》，对我国的国家企业技术中心认定进行了规范；随着形势的发展变化，我国又先后于 2007 年和 2016 年对该管理办法进行了修订，并在 2016 年颁发了《国家企业技术中心认定评价工作指南（试行）》，使国家认定企业技术中心管理办法日趋完善。由于《国家企业技术中心认定评价工作指南（试行）》是为了更加有效配合新修订《国家企业技术中心认定管理办法》，为此，后文对 2016 年版《国家企业技术中心认定管理办法》做重点介绍。

二、国家企业技术中心的概况

2019 年 1 月，国家公布了 2018 年（第 25 批）新认定及全部国家企业技术中心名单[①]，通过该名单可以发现，2018 年，我国新增 111 家技术中心和 7 家分中心，使得我国的技术中心和分中心总计达到 1480 家。

三、国家企业技术中心认定管理办法

2016 年 2 月，国家发展和改革委员会、科技部、财政部、海关总署、国家税务总局印发《国家企业技术中心认定管理办法》，内容如下。

国家企业技术中心认定管理办法

一、总则

第一条 为深入实施创新驱动发展战略，贯彻落实《中共中央国务院关于深化科技体制改革加快国家创新体系建设的意见》，进一步强化企业技术创新主体地位，引导和支持企业增强技术创新能力，健全技术创新市场导向机制，规范国家企业技术中心管理，依据《中华人民共和国科学技术进步法》，特制定本办法。

第二条 本办法所称企业技术中心，是指企业根据市场竞争需要设立的技术研发与创新机构，负责制定企业技术创新规划、开展产业技术研发、创造运用知识产权、建立技术标准体系、凝聚培养创新人才、构建协同创新网络、推进技术创新全过程实施。

第三条 国家鼓励和支持企业建立技术中心，发挥企业在技术创新中的主体作用，建立健全企业主导产业技术研发创新的体制机制。国家根据创新驱动发展要求和经济结构调整需要，对创新能力强、创新机制好、引领示范作用大、符合条件的企业技术中心予以认定，并给予政策支持，鼓励引导行业骨干企业带动产业技术进步和创新能力提高。

第四条 国家发展改革委、科技部、财政部、海关总署、税务总局负责指导协调国家企业技术中心相关工作。国家发展改革委牵头开展国家企业技术中心的认定与运行评价。

① 国家发展和改革委员会，http：//www. ndrc. gov. cn/fzgggz/gjscys/zcfb/201901/t20190111_925510. html。

各省、自治区、直辖市、计划单列市及新疆生产建设兵团发展改革部门或地方人民政府指定的部门会同同级管理部门，负责国家企业技术中心的申报、管理等事项。

二、国家企业技术中心认定

第五条 国家企业技术中心的认定，原则上每年进行一次。地方政府主管部门根据国家发展改革委通知要求报送申请材料，受理截止日期为当年5月31日。

第六条 国家企业技术中心应当具备以下基本条件：（一）企业在行业中具有显著的发展优势和竞争优势，具有行业领先的技术创新能力和水平；（二）企业具有较好的技术创新机制，企业技术中心组织体系健全，创新效率和效益显著；（三）有较高的研究开发投入，年度研究与试验发展经费支出额不低于1500万元；拥有技术水平高、实践经验丰富的技术带头人，专职研究与试验发展人员数不少于150人；（四）具有比较完善的研究、开发、试验条件，技术开发仪器设备原值不低于2000万元；有较好的技术积累，重视前沿技术开发，具有开展高水平技术创新活动的能力；（五）具有省级企业技术中心资格两年以上。

企业在申请受理截止日期前三年内，不得存在下列情况：（一）因违反海关法及有关法律、行政法规，构成走私行为，受到刑事、行政处罚，或因严重违反海关监管规定受到行政处罚；（二）因违反税收征管法及有关法律、行政法规，构成偷税、骗取出口退税等严重税收违法行为；（三）司法、行政机关认定的其他严重违法失信行为。

第七条 地方政府主管部门会同同级管理部门，根据本办法及当年国家发展改革委发布的通知，推荐符合条件的企业技术中心，并将推荐企业技术中心名单及其申请材料（一式二份）报送国家发展改革委。

申请材料主要包括企业技术中心申请报告、评价表及必要的证明材料。

第八条 母公司技术中心已是国家企业技术中心的，地方政府主管部门不得再推荐其下属子公司申请国家企业技术中心。但从事业务领域与母公司不同的子公司，可推荐其申请母公司国家企业技术中心分中心。

子公司技术中心已是国家企业技术中心的，地方政府主管部门在推荐其母公司申请国家企业技术中心时，应在推荐意见中明确提出将其子公司国家企业技术中心调整为分中心或撤销的意见。

国家企业技术中心分中心的申请程序和要求与国家企业技术中心相同。

第九条 国家发展改革委委托第三方机构，依据评价指标体系对地方政府主管部门推荐的企业技术中心申请材料进行初评，并根据初评结果委托第三方机构组织专家评审。

国家发展改革委会同科技部、财政部、海关总署、税务总局，根据专家评审意见以及国家产业政策、国家进口税收税式支出的总体原则及年度方案等综合评估，确认认定结果，并通过国家发展改革委官方网站予以公示。

第十条 国家发展改革委会同科技部、财政部、海关总署、税务总局，在受理地方政府主管部门申报材料之日起90个工作日之内联合发文，向地方政府主管部门及同级管理部门通报认定结果。

三、运行评价

第十一条 国家发展改革委会同科技部、财政部、海关总署、税务总局，原则上每两年组织一次国家企业技术中心运行评价。国家发展改革委于评价年度下发评价通知。

地方政府主管部门对国家企业技术中心评价材料真实性出具意见，并于评价年度的5月31日前将评价材料报送国家发展改革委。

评价材料主要包括国家企业技术中心工作总结、评价表及必要的证明材料。

第十二条 国家发展改革委委托第三方机构，依据评价指标体系，对地方政府主管部门报送的评价材料进行评价，并形成评价结果和评价报告。

第十三条 评价结果分为优秀、良好、基本合格和不合格：（一）评价得分90分及以上为优秀；（二）评价得分65分至90分（不含90分）为良好；（三）评价得分60分至65分（不含65分）为基本合格；（四）评价得分低于60分为不合格。

第十四条 国家发展改革委会同科技部、财政部、海关总署、税务总局对评价结果进行确认。国家发展改革委在受理评价材料之日起70个工作日内，向地方政府主管部门通报评价结果。

四、鼓励政策

第十五条 国家企业技术中心和国家企业技术中心分中心进口科技开发用品按照国家相关税收政策执行。

经海关确认后，国家企业技术中心可按有关规定，将免税进口的科技开发用品放置在其异地非独立法人分支机构使用。

第十六条 国家发展改革委结合企业技术中心创新能力建设、高技术产业化、战略性新兴产业发展等工作，对国家企业技术中心予以支持。

第十七条 国家支持国家企业技术中心承担中央财政科技计划（专项、基金等）的研发任务。

五、监督管理

第十八条 地方政府主管部门应于每年8月30日前，将国家企业技术中心所在企业发生更名、重组等变更情况报送国家发展改革委，同时抄送地方同级管理部门。

第十九条 国家发展改革委会同科技部、财政部、海关总署、税务总局，每年对地方政府主管部门报送的企业变更情况进行确认。其中，对经确认取消国家企业技术中心资格的，自该国家企业技术中心所在企业发生更名、重组等变更之日起，停止享受科技开发用品免征进口税收政策。

第二十条 自国家企业技术中心所在企业发生更名、重组等变更之日起，该企业所属国家企业技术中心进口的有关科技开发用品，经海关审核符合有关规定，可办理凭税款担保放行手续。待国家企业技术中心所在企业更名情况确认后，根据确认结果办理已凭税款担保放行的有关进口科技开发用品的税款征免手续。

第二十一条 母公司技术中心已认定为国家企业技术中心的，其子公司原有国家企业技术中心的资格应予调整。其中，从事业务领域与母公司不同的，可调整为其母公司国家企业技术中心分中心；业务领域与母公司一致的，取消其国家企业技术中心资格。

地方政府主管部门推荐母公司申请国家企业技术中心时，没有提出对其子公司国家企业技术中心调整意见的，视同母公司与子公司业务领域相同。

第二十二条 地方政府主管部门报送的企业材料和数据应当真实可靠。企业提供虚假材料和数据的行为，经核实，将纳入国家统一的信用信息平台。

第二十三条 有下列情况之一的，撤销国家企业技术中心资格：（一）运行评价不合格；（二）逾期未报送评价材料；（三）提供虚假材料和数据；（四）主要由于技术原因发生重大质量、安全事故；（五）因违反海关法及有关法律、行政法规，构成走私行为，受到刑事、行政处罚，或因严重违反海关监管规定受到行政处罚；（六）因违反税收征管法及有关法律、行政法规，构成偷税、骗取出口退税等严重税收违法行为；（七）司法、行政机关认定的其他严重违法失信行为；（八）企业被依法终止。

第二十四条 因本办法第二十三条第（一）、（二）项所列原因被撤销国家企业技术中心资格的，自撤销之日起，地方政府主管部门两年内不得再次推荐该企业。

因本办法第二十三条第（三）~（七）项所列原因被撤销国家企业技术中心资格的，自撤销之日起，地方政府主管部门三年内不得再次推荐该企业。

地方政府主管部门负责指导和督促评价基本合格的国家企业技术中心改进工作。

第二十五条 各直属海关对推荐申请国家企业技术中心的企业和国家企业技术中心所在企业是否存在本办法第六条第二款第（一）项、第二十三条第（五）项所列情况进行核查，具体核查要求由海关总署另行确定。

税务机关对推荐申请国家企业技术中心的企业和国家企业技术中心所在企业是否存在本办法第六条第二款第（二）项、第二十三条第（六）项情况进行核查，具体核查要求由税务总局另行确定。

第二十六条 国家发展改革委会同科技部、财政部、海关总署、税务总局联合发文，向地方政府主管部门及同级管理部门通报国家企业技术中心调整、撤销和更名结果。

六、附则

第二十七条 各地方政府主管部门可参考本办法，结合本地实际，在职责范围内依法制定相应政策，支持企业技术中心建设。

第二十八条 本办法涉及的申请材料、评价材料和评价指标体系的内容和要求，由国家发展改革委商科技部、财政部、海关总署、税务总局后另行发布并适时调整。

第二十九条 依据《中华人民共和国政府信息公开条例》，国家企业技术中心认定的相关信息向社会公开。国家企业技术中心的认定、运行评价等，逐步实现网上办理。

第三十条 本办法自2016年4月1日起施行。《鼓励和支持大型企业和企业集团建立技术中心暂行办法》（国经贸〔1993〕261号）和《国家认定企业技术中心管理办法》（第53号令）同时废止。

第三十一条 本办法由国家发展改革委会同科技部、财政部、海关总署、税务总局负责解释。

资料来源：中国政府网，http：//www.gov.cn/ztzl/kjfzgh/content_883863.htm。

四、其他说明

国家企业技术中心的主管单位是国家和地方发展和改革委员会，2018 年 7 月 26 日国家发展改革委办公厅发布了关于组织开展 2018 年（第 25 批）国家企业技术中心认定工作的通知（http://www.ndrc.gov.cn/zcfb/zcfbtz/201808/t20180803_894708.html），关注本政策的读者应该及时关注所在地区发展和改革委员会相关通知。

第八节　新一代人工智能开放创新平台①

一、新一代人工智能特点

1956 年人工智能概念提出以后，经过六十多年的演进，特别是在移动互联网、大数据、超级计算、传感网、脑科学等新理论新技术的引领下，再加上经济社会发展强烈需求的驱动，人工智能出现了一些新特点，它呈现出深度学习、跨界融合、机协同、群智开放和自主智能的新特点。新一代的人工智能主要是大数据基础上的人工智能。

人工智能有五个特点：一是从人工知识表达到大数据驱动的知识学习技术；二是从分类型处理的界面或者环境数据转向跨媒体的认知、学习、推理；三是从追求智能机器到高水平的人机、脑机相互协同和融合；四是从聚焦个体智能到基于互联网和大数据的群体智能，它可以把很多人的智能集聚融合起来变成群体智能；五是从拟人化的机器人转向更加广阔的智能自主系统，不是一个单纯的机器人才叫人工智能，比如说智能工厂、智能无人机系统，这都是人工智能。

二、相关背景

我国在人工智能领域属于全球第一梯队，但也存在自己的短板和问题。比如，在研发上，基础理论、核心算法、关键设备、高端芯片、重大产品和系统方面的原始创新成果还比较少；在人才储备上，无论从人才规模还是人才质量，现有的人才储备远远满足不了经济社会发展对于人工智能快速发展的强烈需求，特别是高端领军人才比较缺乏；在产业生态上，我国的科研机构和企业还没有形成具有国际影响力的生态圈和产业链。

以习近平同志为核心的党中央高度重视人工智能发展。人工智能技术的发展将深刻改变人类社会生活、改变世界，要求抓住机遇，在这一高技术领域抢占先机，加快

① 中华人民共和国国务院新闻办公室，《新一代人工智能发展规划》政策解读，http://www.scio.gov.cn/34473/34515/Document/1559231/1559231.htm。

部署和实施。

2016年7月徐匡迪等一批院士研究提出“启动中国人工智能重大科技计划的建议”，中央迅速采纳，决定制定新一代人工智能发展规划，实施新一代人工智能重大科技项目。

按照党中央、国务院部署，在刘延东副总理的直接领导下，科技部、发展改革委、工程院会同相关单位在系统梳理、深入研究、广泛征求意见的基础上，研究起草了《新一代人工智能发展规划》。前期，工程院组织了各方面的专家做了大量深度研究，打下了很好的基础。经过中央政治局常委会、国务院常务会议审议通过，2017年7月8日，国务院印发《新一代人工智能发展规划》。

三、《新一代人工智能发展规划》及其解读

（一）《新一代人工智能发展规划》的基本内容

《新一代人工智能发展规划》（以下简称《规划》）是我们国家在人工智能领域进行的第一个系统部署的文件，也是面向未来打造我国先发优势的一个指导性文件，重点对2030年我国新人工智能发展的总体思路、战略目标和主要任务、保障措施进行系统的规划和部署。

《规划》描绘了未来十几年我国人工智能发展的宏伟蓝图，确立了“三步走”目标：到2020年人工智能总体技术和应用与世界先进水平同步；到2025年人工智能基础理论实现重大突破、技术与应用部分达到世界领先水平；到2030年人工智能理论、技术与应用总体达到世界领先水平，成为世界主要人工智能创新中心。

《规划》提出以提升新一代人工智能科技创新能力为主攻方向，以加快人工智能与经济社会国防深度融合为主线，按照“构建一个体系、把握双重属性、坚持三位一体、强化四大支撑”进行总体布局，确定了建立开放协同的人工智能科技创新体系、培育高端高效的智能经济、建设安全便捷的智能社会、强化人工智能对国家安全的支撑、构建泛在安全高效的智能化基础设施体系、实施新一代人工智能重大科技项目等六方面的重点任务。

《规划》还对项目和《规划》的实施做了一些安排，包括强调发挥财政引导和市场主导作用，撬动企业、社会资源，形成财政、金融和社会资本多渠道支持新一代人工智能发展的格局，并从法律法规、伦理规范、知识产权、科学普及等方面提出保障措施。

（二）《新一代人工智能发展规划》解读

1. 构建开放协同的人工智能技术创新体系的意义

《规划》是一个国家规划，在起草过程中凝聚了各方共识，政府针对我国人工智能的薄弱环节加强系统部署，特别是要加强技术创新的体系能力建设，所以在《规划》中专门提出建立开放协同的人工智能技术创新体系，包括提升基础研究的能力、技术创新的能力、转化应用的能力。在科技创新体系的章节中也作出了系统部署，从

基础理论研究、技术创新、能力建设提出了一整套措施，特别提出开放协同，就是要充分调动政产学研用各方积极性形成发展合力，以人工智能技术创新能力的提升实现对未来智能经济、智能社会的强大支撑。

2.《规划》重点部署了高端高效智能经济

人工智能对于我们来说已经无处不在。所以就人工智能产业而言，《规划》重点部署的是高端、高效的智能经济，绝不是低端产业。

这些产业主要包括三个层次：第一层次是人工智能的战略性新兴产业，包括模式识别、人脸识别、智能机器人、智能运载工具、增强现实和虚拟现实、智能终端、物联网基础器件，这是人工智能发展本身创造的新领域。第二层次是改造和提升传统产业，让传统产业智能化，包括智能制造、智能农业、智能海洋、智能物流、智能商务。第三层次是大力发展智能企业，对企业进行智能化升级，培育人工智能产业的领军企业。现在我国很多企业已经向智能化方向发展，也产生了很多在全球领先、有影响的企业和品牌。

从社会角度来讲，一方面利用人工智能技术的发展能使生活更加便利，另一方面人工智能技术的发展也能提高公共管理的服务水平。

3. 加强学科建设、引进高端人才带领我国人工智能研发应用走向新高度

《规划》制定过程中，研究了国外人工智能发展的规划布局，包括国际上的一些大企业技术发展方向、成功经验和做法。它们给我国最大的启发就是对人才的重视。现在世界范围内的信息产业巨头，包括人工智能企业的巨头都在不惜一切代价从全球网罗最高端的人才。我国企业跟国外企业相比，最缺的是高端人才。因为缺乏高端人才，就有可能在高端引领方面落后，我国正在加快赶上。

同时，我国也在积极进行学科建设，加强人工智能一级学科的建设。国内现在人工智能还不是一级学科，高端实验室也还比较少。要学习国际上的一些经验，从各方面引进一些高端人才，形成团队，带领人工智能的研发应用走向新的高度。当然，也欢迎国外人工智能领先企业参与中国人工智能研发创新和产业发展，深化合作，互利共赢。

4. 实施新一代人工智能重大科技项目的安排部署

《规划》有一个很大的特点，就是对攻克掌握核心技术方面作了专门部署。现在新一代人工智能的发展还处在非常初级的阶段，未来对经济社会产生的影响，归根到底还是要依靠技术进步。

《规划》对核心技术布局设计了新一代人工智能科技重大项目。这个项目主要瞄准人工智能技术前沿，结合国家重大需求进行设计。比如大数据智能、跨媒体混合智能、群体智能、自主智能系统，这恰恰是新一代人工智能技术发展的重要方向。这个重大项目就是沿着这几个重点发展方向，从基础理论到前沿技术，从关键共性技术到技术支撑平台，以及未来可能的应用场景和应用领域进行了系统部署。

结合重大项目，对围绕人工智能方面的计划项目部署进行了整体安排，形成“1 + N”的人工智能项目群，包括大数据、云计算、智能制造、机器人、量子计算、量子通信、脑科学等。新一代人工智能重大科技项目，将和这些已经安排的项目任务，共同形成了国家人工智能研发的总体布局。

第一点，《规划》中提出“1 + N”的人工智能项目群，其中的“1”就是新一代人工智能重大科技项目，专门针对新一代人工智能特有的基础理论、关键共性技术进行攻关。“N”就是围绕人工智能相关的基础支撑、领域应用形成的各类研发任务布局。

第二点，新一代人工智能重大科技项目的实施方式也有很多新的措施。项目将充分调动中央政府、地方政府、企业、社会资本等各方积极性，多渠道出资，共同发力，做好实施。《规划》确定的四个原则中，有一个重要原则就是市场主导，人工智能项目的实施也要采取市场主导的方式进行，政府搞核心的、重大的、前瞻的，其他的放手让企业搞。国家和企业联合起来做项目，并引入一些社会资本等。

四、国家新一代人工智能开放创新平台建设工作指引

为深入贯彻落实《国务院关于印发新一代人工智能发展规划的通知》，充分发挥人工智能行业领军企业、研究机构的引领示范作用，促进人工智能与实体经济的深度融合，进一步推进国家新一代人工智能开放创新平台建设，推动我国人工智能技术创新和产业发展，科技部制定了《国家新一代人工智能开放创新平台建设工作指引》。

国家新一代人工智能开放创新平台建设工作指引

根据《国务院关于印发新一代人工智能发展规划的通知》（国发〔2017〕35 号）统筹布局人工智能创新平台的总体要求，以及科技创新 2030—“新一代人工智能”重大项目确定的总体目标和阶段性目标，为进一步明确国家新一代人工智能开放创新平台的目的意义、建设原则、基本条件和主要任务，指导和推动国家新一代人工智能开放创新平台有序发展，特制定本工作指引。

一、目的意义

新一代人工智能开放创新平台（以下简称“开放创新平台”）是聚焦人工智能重点细分领域，充分发挥行业领军企业、研究机构的引领示范作用，有效整合技术资源、产业链资源和金融资源，持续输出人工智能核心研发能力和服务能力的重要创新载体。“开放、共享”是推动我国人工智能技术创新和产业发展的重要理念，通过建设开放创新平台，着力提升技术创新研发实力和基础软硬件开放共享服务能力，鼓励各类通用软件和技术的开源开放，支撑全社会创新创业人员、团队和中小微企业投身人工智能技术研发，促进人工智能技术成果的扩散与转化应用，使人工智能成为驱动实体经济建设和社会事业发展的新引擎。

二、建设原则

（一）应用为牵引。以人工智能重大应用需求方向为牵引，依托开放创新平台推动人工智能相关基础理论、关键核心技术、软硬件支撑体系及产品应用开发，形成具有国际影响力和广泛覆盖面的人工智能创新成果。

（二）企业为主体。鼓励人工智能细分领域领军企业搭建开源、开放平台，面向公众开放人工智能技术研发资源，向社会输出人工智能技术服务能力，推动人工智能技术的行业应用，培育行业领军企业，助力中小微企业成长。

（三）市场化机制。鼓励采用市场化的组织管理机制，依托单位应作为开放创新平台的资金投入主体，并通过技术成果转让授权、技术有偿使用等方式，为开放创新平台发展提供持续支持。

（四）协同式创新。鼓励地方政府、产业界、科研院所、高校等共同参与推进开放创新平台建设，通过人才、技术、数据、产业链等资源整合，构建开放生态，推动核心技术成果产业化。

三、基本条件

开放创新平台重点由人工智能行业技术领军企业牵头建设，鼓励联合科研院所、高校参与建设并提供智力和技术支撑。开放创新平台应围绕《新一代人工智能发展规划》重点任务中涉及的具有重大应用需求的细分领域组织建设，原则上每个具体细分领域建设一家国家新一代人工智能开放创新平台，不同开放创新平台所属细分领域应有明确区分和侧重。

提出建设申请的开放创新平台应具备以下基本条件。

（一）开放创新平台应具备突出的技术实力和产业创新影响力，能够发挥人工智能行业的引领示范作用。

（二）具有向社会提供开放共享服务的技术基础和服务能力，能够有效整合技术资源、产业链资源和金融资源，具备快速形成对外服务的技术能力，能够大幅降低行业技术研发和使用门槛，带动中小微企业协同创新发展。

（三）依托单位承诺对开放创新平台建设给予持续的资金、人才、基础设施等投入，提供开放创新平台发展的保障条件。

（四）具备明确可考核的开放服务运行机制，建立较为完善的组织架构和支撑开放创新平台可持续发展的运营模式。

四、重点任务

（一）开展细分领域的技术创新。结合开放创新平台细分领域已有技术基础与产业资源，汇聚优势企业、科研院所、高校等创新力量，协同推动人工智能基础理论、模型方法、基础软硬件研究，服务和支撑人工智能前沿基础理论和关键技术创新。

（二）促进成果扩散与转化应用。积极探索开放创新平台成果转化与应用机制，以创新成果为牵引，有效整合相关技术、产业链和金融资源，汇聚上下游创新力量，构筑完整的技术和产业生态，推动经济社会高质量发展和民生改善。

（三）提供开放共享服务。开放创新平台面向细分领域建设标准测试数据集，促进数据开放和共享，形成标准化、模块化的模型、中间件及应用软件，以开放接口、模型库、算法包等方式向社会提供软硬件开放共享服务。

（四）引导中小微企业和行业开发者创新创业。在细分领域打造知识共享和经验交流社区，引导科技型中小微企业和创新创业人员基于开放创新平台开展产品研发、应用测试，降低技术与资源使用门槛，营造全行业协同创新创业的良好氛围。

五、组织管理

（一）推荐申请。

符合上述申请条件、有意愿提供公共创新服务的建设主体结合自身技术基础和发展定位，选定一个明确的具体细分领域，撰写《国家新一代人工智能开放创新平台建设申请书》，通过依托单位自荐或所属省级科技主管部门推荐，择优向科技部申请。

（二）综合论证。

科技部组织专家进行综合论证，论证专家由综合专家和领域专家组成。其中，综合专家从科技创新2030——“新一代人工智能”重大项目咨询专家组成员、已建开放创新平台负责人中遴选产生，领域专家主要从重大项目指南编制专家中遴选产生。综合论证主要采取会议论证方式开展，论证专家通过审阅开放创新平台建设申请书，听取申请单位汇报，从申请方向的合理性、依托单位的基础和能力、建设计划的可行性、开放服务的预期效果等方面进行综合质询和判定，形成综合论证意见。

（三）认定公布。

科技部结合论证意见，综合考虑新一代人工智能技术发展需求、建设方向的整体布局，择优确定开放创新平台及其依托单位，按程序予以认定并向社会公布。

（四）运行管理。

依托单位是国家新一代人工智能开放创新平台的建设主体和责任主体，鼓励依托单位根据国家战略和领域实际，积极探索适合自身发展特点的高效组织管理模式，建立有效的资源整合、协同创新、开放服务和利益分配机制，鼓励各开放创新平台间建立技术协作、经验交流和资源共享机制。

建立年度报告和重大事项报告制度，开放创新平台应定期总结工作情况，编写年度总结报告，经所属省级科技主管部门审核后报送科技部。科技部积极支持开放创新平台建设，并推动与国家新一代人工智能创新发展试验区建设的协同发展。省级科技主管部门应结合地区发展特点，积极推进开放创新平台建设，助力技术推广应用，并给予有利于其发展的相关政策支持。

建立开放创新平台退出机制。开放创新平台的依托单位应遵循《新一代人工智能治理原则》，发展负责任的人工智能，积极稳妥推进人工智能技术创新和产业发展，不断探索开放创新平台的绩效管理与评估机制。省级科技主管部门应及时向科技部反馈开放创新平台建设过程中存在的问题；科技部将对无法继续履行依托单位职责或产生严重社会不良影响的开放创新平台予以撤销。

附：国家新一代人工智能开放创新平台建设申请材料提纲

国家新一代人工智能开放创新平台建设申请材料提纲

一、平台建设的背景与意义

（一）产业现状及其发展趋势

（二）技术创新资源状况分析

（三）平台建设的必要性分析

二、平台建设的目标与内容

（一）平台建设目标

（二）平台建设内容

（三）平台建设进度

（四）平台考核指标

（五）依托单位情况

（六）资源整合情况
三、开放服务的机制与内容
（一）组织机构和运行机制
（二）开放服务内容与方式
（三）考核指标和预期成效
四、条件保障
（一）资金投入情况
（二）人员投入情况
（三）其他配套保障

资料来源：财政部网站，http：//www. most. gov. cn/mostinfo/xinxifenlei/fgzc/gfxwj/gfxwj2019/201908/t20190801_148109. htm。

五、《国家新一代人工智能开放创新平台建设工作指引》解读[①]

2019 年 8 月 1 日，科技部印发《国家新一代人工智能开放创新平台建设工作指引》的通知。文件明确，新一代人工智能开放创新平台重点由人工智能行业技术领军企业牵头建设，鼓励联合科研院所、高校参与建设并提供智力和技术支撑。开放创新平台应围绕《新一代人工智能发展规划》重点任务中涉及的具有重大应用需求的细分领域组织建设，原则上每个具体细分领域建设一家国家新一代人工智能开放创新平台，不同开放创新平台所属细分领域应有明确区分和侧重。

文件的出台，旨在深入贯彻落实《国务院关于印发新一代人工智能发展规划的通知》，指导和推动国家新一代人工智能开放创新平台有序发展。

新一代人工智能开放创新平台（以下简称开放创新平台）遵循应用为牵引、企业为主体、市场化机制、协同式创新的建设原则。文件提出建设申请的开放创新平台应具备四个基本条件，具备突出的技术实力和产业创新影响力，具有向社会提供开放共享服务的技术基础和服务能力，依托单位承诺对开放创新平台建设给予持续的资金、人才、基础设施等投入，具备明确可考核的开放服务运行机制。

同时，开放创新平台建设聚焦四大重点任务，开展细分领域的技术创新，促进成果扩散与转化应用，提供开放共享服务，引导中小微企业和行业开发者创新创业。

文件明确，符合申请条件的建设主体可通过依托单位自荐或所属省级科技主管部门推荐，择优向科技部申请。科技部将组织专家进行综合论证，结合论证意见后择优确定开放创新平台及其依托单位，按程序予以认定并向社会公布。

文件对开放创新平台的运行管理也有要求，比如，要建立年度报告和重大事项报告制度，建立开放创新平台退出机制。省级科技主管部门应及时向科技部反馈开放创新平台建设过程中存在的问题；科技部将对无法继续履行依托单位职责或产生严重社会不良影响的开放创新平台予以撤销。

---

① 刘垠.《国家新一代人工智能开放创新平台建设工作指引》出台［N］. 科技日报，2019－08－02，http：//www. xinhuanet. com/2019－08/02/c_1124828210. htm.

六、国家级新一代人工智能开放创新平台[①]

国务院印发的《新一代人工智能发展规划》为发展人工智能指明了方向。科技部等多部门经充分调研和论证，2017 年 11 月 15 日确定了首批国家新一代人工智能开放创新平台：分别依托百度、阿里云、腾讯、科大讯飞公司，建设自动驾驶、城市大脑、医疗影像、智能语音 4 家国家新一代人工智能开放创新平台。

2018 年 9 月 20 日，智能视觉国家新一代人工智能开放创新平台正式亮相，将在科技部主导下依托商汤集团建设，这是继百度、阿里云、腾讯、科大讯飞公司之后的第五个国家人工智能开放创新平台。该平台将在四个方面发挥核心使命，包括：通过超算系统、训练系统、智能视觉工具链等核心基础的研发、数据系统的构建，在基础研究和核心技术上与国际保持同步研发水平；实现智能视觉底层关键技术和共性支撑技术的突破，促进智能视觉技术与多行业的快速结合、产业赋能；建立人工智能国际化人才体系和培养国际化人才；通过人工智能赋能，创造以众创空间、孵化器为代表的大众创业、万众创新的生态环境，促进新旧动能转换。

七、其他说明

尽管现在有 5 家国家级新一代人工智能开放创新平台，一些省市自治区也先后颁布了省级的新一代人工智能发展规划，但是省一级的新一代人工智能开放创新平台申请办法都还没有出台，但是随着国家级工作指引的颁布，相信很快就会依托省级科技部门出台相应的申请通知和申请指南，对本政策感兴趣的读者可以及时关注所在科技管理部门，尤其是科技厅网站的相关信息。

第九节　新型研发机构

一、新型研发机构的定义及特点

新型研发机构有别于传统科研事业单位，它具备灵活开放的体制机制，是运行机制高效、管理制度健全、用人机制灵活的独立法人机构，包括科技类社会组织、研发服务类企业、实行新型运行机制的科研事业单位。

新型研发机构一般至少具备以下功能之一：（1）开展基础与应用基础研究。聚焦国家和本地区战略需求，围绕基础前沿科学、前沿引领技术、现代工程技术、颠覆性技术，开展原创性研究和前沿交叉研究。（2）开展产业共性技术研发与服务。结合本地区重点产业和战略性新兴产业创新发展需求，开展行业共性关键技术研发，提

① 智能视觉国家新一代人工智能开放创新平台正式亮相 - 新华网，http：//www. xinhuanet. com/politics/2018 - 09/20/c_1123461737. htm。

供公共技术服务，支撑重大产品研发和产业链创新。（3）开展科技成果转化与科技企业孵化服务。以资源汇集和专业科技服务为特色，孵化培育科技型企业，加快推动科技成果转化为现实生产力，推进创新创业。

二、我国新型研发机构的政策概况

目前，全国大部分省、自治区、直辖市都有省级新型研发机构政策文件，但名称并不完全一样，比如福建的政策文件为《关于鼓励社会资本建设和发展新型研发机构若干措施的通知》，上海的政策文件为《关于促进新型研发机构创新发展的若干规定（试行）》，山东的为《山东省新型研发机构管理暂行办法》等，关注本政策的读者应该重点学习所在地区的相关文件，由于笔者在福建省，下面重点介绍福建省新型研发机构政策文件。

三、福建省关于鼓励社会资本建设和发展新型研发机构相关文件

《福建省人民政府办公厅关于鼓励社会资本建设和发展新型研发机构若干措施的通知》具体内容如下。

福建省人民政府办公厅关于鼓励社会资本建设和发展新型研发机构若干措施的通知

各市、县（区）人民政府，平潭综合实验区管委会，省人民政府各部门、各直属机构，各大企业，各高等院校：

为深入贯彻全国科技创新大会精神和《中共福建省委　福建省人民政府关于实施创新驱动发展战略建设创新型省份的决定》，鼓励支持社会资本参与建设和发展我省新型研发机构，提出如下措施：

一、机构类型

鼓励企业、高等院校、科研院所、产学研用创新联盟、行业协会、商会和投资机构等以产学研合作形式，在闽创办具有独立法人资格的新型研发机构。鼓励各级政府采取“院地合作”“校地合作”“政企合作”等形式，与国内外知名院校和大型企业在闽共建新型研发机构。

新型研发机构主要包括以下形式：

（一）企业类。主要从事技术研发、成果转化、技术服务、科技企业孵化等活动并在工商注册的新型研发机构。

（二）民办非企业类。在民政部门登记注册的新型研发机构。

（三）事业类。机构编制部门审批设立事业单位性质的新型研发机构。

二、申请条件

（一）在福建投资设立的，主要从事科学研究、技术研发、成果转化、创新创业与孵化育成，具备承担国家、省、市技术攻关项目能力，具有独立法人资格的科研实

体；拥有一定的经济实力和较稳定的资金来源，主要办公和科研场所设在福建。

（二）具备进行研究、开发和试验所需要的仪器、装备和固定场地等基础设施，办公和科研场所不少于150平方米；拥有必要的测试、分析手段和工艺设备，且用于研究开发的仪器设备原值不低于150万元。

（三）具有稳定的研发经费来源，年度研究开发经费支出不低于年收入总额的10%，其中企业类的不低于6%。

（四）具有稳定的研发队伍，常驻研发人员占职工总人数比例达到20%以上，博士学位或高级职称以上人员占研发人员的5%以上。

（五）具有面向企业服务、围绕市场配置资源的新型管理体制和运行机制，建立现代科研机构管理制度、科研项目管理制度、科研经费财务会计核算制度。

三、支持措施

（一）新型研发机构独立或联合申报国家和省、市科技计划项目、产业开发专项、技术改造项目，同等条件下予以优先推荐或优先立项支持。新型研发机构同一年度申报相关省级科技计划项目数量不予限制。企业类新型研发机构优先进入“科技小巨人领军企业培育发展库”培育，并享受相关扶持政策。优先支持企业类新型研发机构申报高新技术企业、创新型企业、知识产权优势企业。

责任单位：省科技厅、发改委、经信委、财政厅、教育厅、国税局、地税局

（二）对新型研发机构建设发展项目用地，在年度用地计划指标中给予优先安排，及时审批。对为工业生产配套的新型研发机构项目用地，执行工业用地政策。

符合国家和省有关规定的非营利性科研机构自用的房产、土地，免征房产税、城镇土地使用税。按照房产税、城镇土地使用税条例、细则及相关规定，属于重点扶持产业方向且符合困难减免税有关规定的，可向主管税务机关提出减免税申请，经核准，可给予减税或免税。

责任单位：省国土厅、住建厅、国税局、地税局，各设区市人民政府、平潭综合实验区管委会

（三）加大对新型研发机构财政支持力度，省和设区市财政对初创期新型研发机构每年度按非财政资金购入科研仪器、设备和软件购置经费25%的比例，给予最高不超过500万元的后补助。初创期一般为五年。

对于评价命名时已过初创期的新型研发机构，按照竞争择优原则，省和设区市财政对发展效益较好的研发机构，接近5年非财政资金购入科研仪器、设备和软件购置经费25%的比例，一次性给予最高不超过1000万元的后补助。

以上后补助资金由省和设区市财政各按50%承担，省级所需经费纳入年度预算安排。

责任单位：省财政厅、科技厅，各设区市人民政府、平潭综合实验区管委会

（四）新型研发机构每引进国家“千人计划”“万人计划”人才或入选省“海纳百川”高端人才聚集计划的，分别给予10万～300万元的补助；确认为省引进高层次人才（A、B、C三类）的，分别给予用人单位25万～200万元的安家补助，并纳入设区市（平潭综合实验区）或省直、中直单位引进高层次人才计划给予相关政策支持。聘任国际公认的三大世界最新排名均在前100名大学的博士毕业生的，一次性

给予用人单位每人40万元补助。

责任单位：省人才办、人社厅、科技厅、教育厅，各设区市人民政府、平潭综合实验区管委会

（五）对符合条件的新型研发机构进口科研用仪器设备免征进口关税和进口环节增值税、消费税。对新型研发机构已享受进口免税的科研设施仪器，在符合监管条件的前提下，准予在本单位内用于其他单位的科技开发、科学研究和教学活动。

责任单位：省财政厅、福州海关、厦门海关

（六）支持新型研发机构产品加入国家节能产品、环境标志产品等政府采购清单，享受相应优惠政策。对新型研发机构研发的经认定并且签订采购使用协议的福建省首台（套）重大技术装备，属于国内首台（套）的按不超过市场销售价格60%、属于省内首台（套）的按不超过市场销售价格30%对生产企业给予补助，用于生产企业研发费用补助和用户风险补偿，最高补助金额不超过500万元。

责任单位：省经信委、财政厅

（七）对创业投资机构投资新型研发机构的，省财政和所在地市、县（区）财政分别给予单个创业投资项目最高不超过项目实际投资额10%和15%比例的风险补助，省财政单个创业投资项目风险补助金额最高不超过200万元。市、县（区）财政单个创业投资项目风险补助限额自行确定。

责任单位：省财政厅、发改委，各设区市人民政府、平潭综合实验区管委会

（八）新型研发机构组建的国家重点实验室、工程实验室、工程（技术）研究中心、企业技术中心等国家级或省级科技研发创新平台，按照省政府关于加快高水平科技研发创新平台建设发展的六条措施予以奖励。

省级创新券专项资金优先支持新型研发机构购买科技创新服务，每年单个机构最高补助20万元。

新型研发机构获得国家检验检测资质的，省财政资金一次性奖励50万元，用于购置和修缮检验检测仪器设备。

责任单位：省科技厅、发改委、经信委、财政厅、教育厅、质监局

（九）新型研发机构的科技成果转化参照《福建省人民政府关于进一步促进科技成果转移转化的若干规定》有关政策执行。新型研发机构科研人员参与职称评审与岗位考核时，发明专利转化应用情况可折算论文指标，技术转让成交额可折算纵向课题指标。

责任单位：省财政厅、科技厅、人社厅、国资委、机关管理局

（十）鼓励高校、科研院所科研人员在征得所在单位同意后，可带项目和成果、保留基本待遇，离岗创办新型研发机构，或到新型研发机构工作。离岗创新创业期限以3年为一期，最多不超过两期。返回原单位时接续计算工龄，待遇和聘任岗位等级不降低。

责任单位：省人社厅、教育厅、科技厅

四、监督管理

（一）新型研发机构申报遵循自愿原则。省级科技行政部门组织开展新型研发机构的评价工作。经评价公布的新型研发机构享受本文规定的各项扶持措施。

（二）新型研发机构应每年向省级科技行政部门报告机构发展、科技创新活动和科技成果转化等情况。省级科技行政部门每三年对新型研发机构进行一次绩效测评，主要评估人才集聚、创新产出、技术辐射、成果转化效益以及自主发展能力等情况。测评不合格的，取消"省级新型研发机构"资格，不再享受相应政策扶持。

各地、各有关部门要结合实际，按照职责分工，加强指导，优化服务，确保各项措施落实到位。本措施自印发之日起施行。

福建省人民政府办公厅
2016 年 8 月 29 日

资料来源：福建省人民政府：http：//www. fujian. gov. cn/zc/zxwj/bmwj/201609/t20160913_1308202. htm。

四、政策解读[①]

2016 年，福建省人民政府办公厅印发了《福建省人民政府办公厅关于鼓励社会资本建设和发展新型研发机构的若干措施的通知》（以下简称《若干措施》）。为推进《若干措施》贯彻落实，现对其出台背景和主要内容进行解读。

（一）出台背景

2016 年 7 月 25 日，福建省委九届十六次全会审议通过了《中共福建省委　福建省人民政府关于实施创新驱动发展战略建设创新型省份的决定》（以下简称《决定》）。《决定》明确要求出台政策，鼓励企业、高等学校、科研院所、行业协会、商会和投资机构等社会资本以产学研合作形式创办新型研发机构。经认定的新型研发机构在政府项目承担、职称评审、人才引进、建设用地、投融资等方面可享受国有科研机构待遇。

为深入贯彻全国科技创新大会和福建省委九届十六次全会精神，福建省政府把制定出台《若干措施》作为贯彻落实《决定》的一项重要举措，及早部署，加快研究。《若干措施》的制订坚持问题导向和政策落地原则，针对福建省企业技术创新能力不强、创新投入不足等薄弱环节，突出鼓励社会资本参与建设和发展新型研发机构，强调通过财政奖补、项目支持、用地优先、风投补贴、政府采购等方式，引导和撬动民间资金和社会资本积极投入科技创新领域。

（二）主要内容

全文分为四个部分，主要内容如下：

1. *机构类型*

总结概括当前新型研发机构建设和发展的主要类型，鼓励多元化主体建设新型研发机构，强调新型研发机构应当具备独立法人实体资格，区别于科技创新平台。新型

---

① 福建科学技术厅，http：//kjt. fujian. gov. cn/xxgk/zcjd/szfzcwjjd/201609/t20160923_544728. htm。

研发机构的“新”，不仅在于技术研发创新，还包括管理创新、模式创新和机制创新，注重以科技创新带动全面创新。

新型研发机构的三种主要形式：（1）企业类，主要从事技术研发、成果转化、技术服务、科技企业孵化等活动并在工商部门注册的新型研发机构；（2）民办非企业类，在民政部门登记注册的新型研发机构；（3）事业类，机构编制部门审批设立事业单位性质的新型研发机构。

2. 申请条件

主要从五个方面考量新型研发机构建设和发展：一是科研能力，强调具有承担国家、省、市技术攻关项目能力，注册设立地和科研、办公主要场所必须在福建；二是研发基础，强调具有进行研究、开发和试验所需的仪器设备和设施，办公和科研场所不少于150平方米，用于研究开发的仪器设备原值不低于150万元；三是创新投入，强调具有稳定的研发经费来源，年度研究开发经费支出不低于年收入总额的10%，其中企业类的不低于6%；四是人才队伍，强调具有稳定的研发队伍，常驻研发人员占职工总人数比例达到20%以上，博士学位或高级职称以上人员占研发人员的5%以上；五是运行机制，强调具有面向企业服务、围绕市场配置资源的新型管理体制和运行机制。

3. 支持措施

针对新型研发机构建设面临创新投入较大、人才引进较难和运行成本较高等问题，提出十条具体扶持政策措施。

（1）支持研发项目申报。新型研发机构独立或联合申报国家和省、市科技计划项目、产业开发专项、技术改造项目，同等条件下予以优先推荐或优先立项支持。新型研发机构同一年度申报相关省级科技计划项目数量不予限制。企业类新型研发机构优先进入“科技小巨人领军企业培育发展库”培育，并享受相关扶持政策。优先支持企业类新型研发机构申报高新技术企业、创新型企业、知识产权优势企业。

（2）优先安排项目用地。对新型研发机构建设发展项目用地，在年度用地计划指标中给予优先安排，及时审批。对为工业生产配套的新型研发机构项目用地，执行工业用地政策。符合国家和省有关规定的非营利性科研机构自用的房产、土地，免征房产税、城镇土地使用税。按照房产税、城镇土地使用税条例、细则及相关规定，属于重点扶持产业方向且符合城镇土地使用税困难减免税有关规定的，可向主管税务机关提出申请，经核准，可给予减税或免税。

（3）加大财政资助力度。省和设区市财政对初创期新型研发机构每年度按非财政资金购入科研仪器、设备和软件购置经费25%的比例，给予最高不超过500万元的后补助。初创期一般为5年。对初创期过后发展效益较好的研发机构接近5年非财政资金购入科研仪器、设备和软件购置经费25%的比例，一次性给予最高不超过1000万元的后补助。后补助资金由省和设区市财政按1∶1比例各自承担，省级所需经费纳入年度预算安排。

（4）培养引进高层次人才。新型研发机构每引进国家“千人计划”“万人计划”人才或入选省“海纳百川”高端人才聚集计划的，分别给予10万～300万元的补助；确认为省引进高层次人才（A、B、C三类）的，分别给予用人单位25万～200万元的安家补助，并纳入设区市（平潭综合实验区）或省直、中直单位引进高层次人才计划给予相关政策支持。聘任国际公认的三大世界最新排名均在前 100 名大学的博士毕业生的，一次性给予用人单位每人 40 万元补助。

（5）进口仪器设备免税。对符合条件的新型研发机构进口科研用仪器设备免征进口关税和进口环节增值税、消费税。对新型研发机构已享受进口免税的科研设施仪器，在符合监管条件的前提下，准予在本单位内用于其他单位的科技开发、科学研究和教学活动。

（6）政府采购首购。支持新型研发机构产品加入国家节能产品、环境标志产品等政府采购清单，享受相应优惠政策。对新型研发机构研发的经认定并且签订采购使用协议的福建省首台（套）重大技术装备，属于国内首台（套）的按不超过市场销售价格 60%、属于省内首台（套）的按不超过市场销售价格 30% 对生产企业给予补助，用于生产企业研发费用补助和用户风险补偿，最高补助金额不超过 500 万元。

（7）风险投资补助。注重发挥财政资金引导的作用，鼓励创业投资机构投资新型研发机构，省财政和所在地市县财政分别给予单个创业投资项目最高不超过项目实际投资额 10% 和 15% 比例的风险补助，省财政单个创业投资项目风险补助金额最高不超过 200 万元。市、县（区）财政单个创业投资项目风险补助限额自行确定。

（8）科技创新平台建设。新型研发机构组建的国家重点实验室、工程实验室、工程（技术）研究中心、企业技术中心等国家级或省级科技研发创新平台，按照省政府关于加快高水平科技研发创新平台建设发展的六条措施予以奖励。省级创新券专项资金优先支持新型研发机构购买科技创新服务，每年单个机构最高补助 20 万元。新型研发机构获得国家检验检测资质的，省财政资金一次性奖励 50 万元，用于购置和修缮检验检测仪器设备。

（9）促进成果转移转化。新型研发机构的科技成果转化参照《福建省人民政府关于进一步促进科技成果转移转化的若干规定》有关政策执行。新型研发机构科研人员参与职称评审与岗位考核时，发明专利转化应用情况可折算论文指标，技术转让成交额可折算纵向课题指标。

（10）支持科研人员离岗创新创业。鼓励高校、科研院所科研人员在征得所在单位同意后，可带项目和成果、保留基本待遇，离岗创办新型研发机构，或到新型研发机构工作。离岗创新创业期限以 3 年为一期，最多不超过两期。返回原单位时接续计算工龄，待遇和聘任岗位等级不降低。

4. **监督管理**

为保证新型研发机构健康良性发展，强调对其考核、监督、管理，并建立退出机制。

（1）明确监管主体。由省级科技行政部门组织开展新型研发机构的评价工作，经评价公布的新型研发机构享受本文规定的各项扶持措施。

（2）建立退出机制。新型研发机构应每年向省级科技行政部门报告机构发展、科技创新活动和科技成果转化等情况。省级科技行政部门每 3 年对新型研发机构进行一次绩效测评，主要评估人才集聚、创新产出、技术辐射、成果转化效益以及自主发展能力等情况。测评不合格的，取消“省级新型研发机构”资格，不再享受相应政策扶持。

五、申请注意事项

新型研发机构的管理部门是科技部、省级科技厅，2019 年 2 月 20 日福建省科学技术厅发布了关于组织申报第四批省级新型研发机构的通知（http：//kjt. fujian. gov. cn/xxgk/tzgg/201902/t20190221_4763919. htm？from = singlemessage&isappinstalled = 0），对申报对象和条件，申报程序，申报、推荐时间与申报代码，其他事项，资格适用，联系方式等做了详细说明。关注本政策的读者也应该及时关注所在地区的政府相关通知。

第十节　福建省各类科技创新平台资助

不同省级地区还会根据自身的实际情况制定省级科技创新平台资助政策，这些政策是有一定差异性的，由于笔者在福建，就重点介绍福建省科技厅相关政策，感兴趣的读者一定要结合所在地区的实际情况了解相应的政策。

一、引进重大研发机构资助项目申报指南

《2019 年引进重大研发机构资助项目申报指南》为《福建省科学技术厅关于组织申报 2019 年度省级科技计划项目的通知》内容的附件 9，由于申报指南更具有可操作性，故单独列出。

2019 年度引进重大研发机构资助项目申报指南

一、支持对象

围绕贯彻落实《福建省人民政府办公厅关于加快高水平科技研发创新平台建设发展六条措施的通知》（闽政办〔2016〕19 号）精神，组织 2019 年省引进重大研发机构资助项目申报工作。引进重大研发机构是指国（境）内外一流大学、科研机构及中央企业、跨国公司等来闽建立或与在闽法人单位合作创办的高水平研发机构。

二、重点支持方向

研发方向符合我省产业发展规划和要求，能针对省新兴产业和传统优势特色产业共性关键技术需求，开展新产业、新技术、新平台、新业态、新模式等“五新”任务目标的研发和产业化，大力推动军民融合科技创新发展，拥有核心技术和自主知识产权，研发方向和研发项目明确，研发成果有望形成较强竞争能力的新兴产业，提升区域创新能力，吸引高层次人才，对我省产业发展具有支撑和引领作用。

三、申报条件和要求

（一）各设区市（不含计划单列市）科技局、平潭综合实验区社会事业局及省直

有关单位作为资助项目的推荐单位，应严格按照《福建省重大科技创新平台引进和建设资助办法（暂行）》和《福建省科技创新与成果转化专项资金管理办法》，组织符合条件的单位进行申报，不限项目推荐数。

（二）已获得过资助项目支持的单位不得再次申报，申报本批资助项目必须同时具备以下条件和要求：

1. 研发机构在闽创建时间应是2011年以后，属于独立法人的以营业执照成立时间为准，非独立法人的以正式设立批文时间为准。

2. 研发机构组织体系完善，研发机构有一定数量的高水平研发人员。应有2名以上同行公认的专业技术专家或学术带头人，具有硕、博士研究生以上学历或中级及以上职称的科技人员占研发机构总人数的比例不低于40%。设立在企业的非独立法人研发机构，其研发人员占企业人员总数的比例达2%以上。

3. 研发机构总投资应在1亿元以上（农业类5000万元以上），科研用房面积不低于5000平方米（农业类2500平方米以上），科研仪器设备价值不低于2000万元（农业类1000万元以上，软件类500万元以上）。

4. 研发机构建在企业的，申报单位应是规模以上企业（软件等行业企业规模参照工业企业）或市级以上农业产业化龙头企业。2017年度研究开发费用占企业主营业务收入总额的比例应达到2.5%以上；企业设立研发机构的自筹经费应达到项目总经费70%以上。申报时须提供体现经营收入的企业上年度利润表或市级以上农业产业化龙头企业证书、企业研发经费投入结构明细表（格式下载网址：http：//xmgl.fjkjt.gov.cn/）或高新技术企业证书。

5.《福建省重大科技创新平台引进和建设资助办法（暂行）》中规定的其他要求。

6. 申请书相关附件：

（1）具有独立法人资格的研发机构，须提供有关行政管理机构核发的营业执照、法人机构代码证或具有统一社会信用代码的证照复印件。

（2）属于非独立法人资格的研发机构，应提供有关行政管理机构核发的非法人营业执照，或编办批准的内设机构批文，或企业董事会（高校、科研院所的主管部门）批准设立的文件等，同时应出具依托在闽法人单位的营业执照、法人机构代码证或具有统一社会信用代码的证照复印件等有关证明材料。

（3）属于合作创办的研发机构，需另外提供合作创办研发机构的相关协议。

（4）研发机构章程、研发机构人员、经费管理等管理文件。

（5）总投资清单、已购仪器设备清单（含名称、型号、单价、数量、金额、购置日期、发票号等）。

（6）来闽设立重大研发机构的单位资质证明材料。

（7）2名以上专业技术专家或学术带头人证明材料。

（8）硕士研究生以上学历或中级及以上技术职称的科技人员占研发机构总人数的比例达40%以上的证明材料。

（9）研发场所权属证明（包括产权证、使用权证明、平面图等）、仪器设备权属证明（包括购置发票、使用权证明等），以及其他有关证明材料。

（10）设在企业的非独立法人引进研发机构，还应提供体现经营收入的企业上年度利润表（加盖企业财务章）或市级以上农业产业化龙头企业证书；企业研发经费投入结构明细表或高新技术企业证书；企业自筹经费占项目总经费比例的财务证明材料（含资产负债表）；企业研发人员占企业人员总数比例的说明材料。

四、项目补助方式及其他事项

（一）资助项目受理截止后，省科技厅将组织对受理的资助项目开展现场核实，并委托中介机构开展专项审计，择优按引进机构新增（设立后购置的）研发仪器设备实际投资额的30%予以资助。引进机构属于独立法人的最高资助2000万元，属于非独立法人的最高资助1000万元，个别特别重大的资助项目可由推荐单位另行提出书面申请，按“一事一议”程序办理。

（二）资助项目由省科技厅会同省财政厅下达项目资助计划。资助经费主要用于受助机构后续科研条件建设和研发投入。

（三）资助项目不需签订科技计划项目任务书。项目立项后3年内，受助机构须于每年12月1日前在线填报《后补助项目年度进展与成效追踪报告》；项目立项3年后，受助机构须在线填报《福建省引进重大研发机构建设进展和资助资金使用成效总报告》，并向科技厅提交纸质材料，科技厅将组织专家，根据资助项目申请书中建设内容及目标等，对受助机构开展资助项目实施成效的评估。引进重大研发机构建设完成后，将纳入福建省科技创新平台建设计划管理。

五、申报程序

各推荐单位在认真考察核实基础上，组织符合条件的机构（非独立法人研发机构由依托单位负责）注册登录福建省科技计划项目管理信息系统（http：//xmgL. fjkjt. gov. cn）填写《福建省引进重大研发机构资助项目申请书》，上传相关附件（见“申报条件和要求”第6条），通过项目推荐流程进行内部审核，上传项目现场调研核实意见表（格式下载网址：http：//xmgl. fjkjt. gov. cn/），并负责对申报材料进行网上推荐后，将推荐函、资助项目申报汇总表（格式下载网址：http：//xmgl. fjkjt. gov. cn/）一式1份和在线打印的资助项目申请书各一式5份寄（送）我厅合作处，逾期不再受理。

2019年福建省引进重大研发机构资助项目申报代码表

业务处室	计划类别	项目类型	优先主题	代码
合作处	科技创新平台建设计划	引进重大研发机构资助项目	2019年度引进重大研发机构资助项目	2019I2101

资料来源：福建省科学技术厅，http：//kjt. fujian. gov. cn/xxgk/ghjh/sbtz/201805/t20180516_2725595. htm。

二、科技企业孵化器新增孵化用房补助及科技创新平台认定资助项目申报指南

《2019年度福建省科技企业孵化器新增孵化用房补助及科技创新平台认定资助项

目申报指南》为《福建省科学技术厅关于组织申报2019年度省级科技计划项目的通知》内容的附件10，由于其更具有针对性，故单独列出。

2019年度福建省科技企业孵化器新增孵化用房补助及科技创新平台认定资助项目申报指南

一、重点支持方向

为落实《福建省人民政府办公厅关于加快科技企业孵化器建设与发展若干措施的通知》（闽政办〔2012〕198号）、《福建省人民政府关于大力推进大众创业万众创新十条措施的通知》（闽政〔2015〕37号）精神，按照《福建省科技企业孵化器新增孵化用房补助办法》（闽科计〔2014〕22号）和《福建省科技企业孵化器管理办法（修订）》（闽科高〔2013〕8号），组织2019年度福建省科技企业孵化器新增孵化用房补助及福建省科技企业孵化器科技创新平台认定资助项目申报工作，推动我省孵化器建设发展。

上述项目为后补助项目，不签订任务书，经费用于孵化机构运营费用补贴、孵化器内众创空间建设、公共服务平台建设等。

二、申报条件和要求

（一）福建省科技企业孵化器新增孵化用房补助

1. 申报单位为经过省级备案的科技企业孵化器。

2. 项目名称为："××××孵化器新增孵化用房补助"。补助标准：新建每平方米100元、上限100万元，改扩建每平方米50元，上限50万元。

3. 申报单位提供的有关申请、证明材料应真实可靠。经核实弄虚作假的，追回补助经费。

（二）福建省科技企业孵化器科技创新平台认定资助

1. 申报单位为经过省级认定的科技企业孵化器，申报单位名单及申报时间另行通知。

2. 项目名称为："××××科技创新平台认定资助"。补助标准：50万元。

3. 申报单位提供的有关申请、证明材料应真实可靠。经核实弄虚作假的，追回补助经费。

三、申报程序

申报单位注册登录福建省科技计划项目管理信息系统（http://xmgL.fjkjt.gov.cn）网上填报提交申报材料。网上申报流程为：申报单位注册登录福建省科技计划项目管理信息系统（http://xmgl.fjkjt.gov.cn）—申报管理—添加项目申请书—选择对应指南代码和申请书—填报《福建省科技企业孵化器（众创空间）新增孵化用房补助申请书》或《福建省科技创新平台认定资助申请书》—上传附件。

设区市科技局或省直主管部门在省级项目推荐流程中办理内部审核流程，对申请材料的完整性和真实性进行审查核实后在线推荐项目。通过推荐单位审查的项目，由申报单位通过项目管理系统打印纸质《福建省科技企业孵化器新增孵化用房补助申请书》或《福建省科技创新平台认定资助申请书》一式2份，逐级签章。推荐单位将项目申请书及相关附件纸质材料一式2份寄送省高新技术创业服务中心，逾期不予受理。

新增孵化用房补助、科技创新平台认定资助项目申报代码表

业务处室	计划类别	项目类型	优先主题	代码
高新处	科技创新平台建设计划	孵化用房补助项目	科技企业孵化器新增孵化用房补助	2019H80101
		科技创新平台认定资助项目	科技企业孵化器科技创新平台认定资助	2019H80102

联系方式（略）

资料来源：福建省科学技术厅，http：//kjt. fujian. gov. cn/xxgk/ghjh/sbtz/201805/t20180516_2725595. htm。

三、省级新型研发机构非财政资金购买科研仪器设备软件后补助项目申报指南

《2019年度省级新型研发机构非财政资金购买科研仪器设备软件后补助项目申报指南》为《福建省科学技术厅关于组织申报2019年度省级科技计划项目的通知》内容的附件11，由于其更具针对性，故单独列出。

2019年度省级新型研发机构非财政资金购买科研仪器设备软件后补助项目申报指南

一、重点支持方向

贯彻落实《福建省人民政府办公厅关于鼓励社会资本建设和发展新型研发机构若干措施的通知》（闽政办〔2016〕145号），加快培育发展一批省级新型研发机构，引导更多社会资本投向科技创新领域。

二、申报条件和要求

（一）申报对象：经评估命名的省级新型研发机构，且在规定期限内以非财政资金购入的用于研发活动的科研仪器、设备和软件。

（二）申报项目名称为：省级新型研发机构名称+仪器设备后补助。补助标准按《福建省省级新型研发机构非财政资金购买科研仪器设备软件后补助专项资金管理办法》第十条规定测算。

（三）项目申报单位及项目负责人应保证提供的有关申请、证明材料真实可靠，并对信息虚假导致的后果承担责任。

（四）购置的科研仪器设备软件原值在30万元（含）以上的应加入福建省大型科研设施仪器管理服务平台，向社会提供共享服务。

三、申报程序

（一）本批项目申报对象名单及申报时间由政策法规处根据省级新型研发机构评估命名进度情况，另行通知。

（二）网上申报流程为：申报单位注册登录福建省科技计划项目管理信息系统（http：//xmgl. fjkjt. gov. cn）—申报管理—添加项目申请书—选择对应指南代码及项目申请书—填报《福建省科技创新平台认定资助申请书》—上传附件。

推荐单位在省级项目推荐流程中办理内部审核流程，并在线推荐项目，通过推荐单位审查的项目，由申报单位通过项目管理系统打印纸质申请书一式1份并逐级签章，申请书及相关附件纸质材料和《福建省省级新型研发机构非财政资金购买仪器设备软件后补助汇总表》一式1份寄（送）省科技发展研究中心。

（三）有关填写说明：福建省科技创新平台认定申请表为统一格式，申请书第一、二、三部分内容非新型研发机构后补助重点评价内容，可以从简填写，但必须真实可靠。第四部分"平台上年度（近年）购置研发仪器设备清单"是实行后补助的重要依据，要认真按照有关要求填写。

（四）科研仪器设备软件加入福建省大型科研设施仪器管理服务平台（简称省大仪平台）的，申报单位要将单位营业执照或事业单位法人证书扫描件发至省大仪平台邮箱（fjinst@ sina. com）申请账户，然后根据省大仪平台分配账户登录省大仪平台（fjdy. gov. cn：8088）网上填报科研仪器设备软件信息。

项目申报代码表

业务处室	计划类别	项目类型	优先主题	代码
政策法规处	科技创新平台建设计划—新型研发机构后补助	科技创新平台认定资助项目	省级新型研发机构非财政资金购买科研仪器设备软件后补助	2019R3101

联系方式：（略）。

资料来源：福建省科学技术厅，http：//kjt. fujian. gov. cn/xxgk/ghjh/sbtz/201805/t20180516_2725595. htm。

第十一节　其他科研平台

除了以上企业比较常见的科研资助平台外，根据《"十三五"国家科技创新基地与条件保障能力建设专项规划》，还有国家实验室、国家重点实验室、国家临床医学研究中心、国家科技资源共享服务平台、国家野外科学观测研究站。由于上面科研平台具有专业性，基础性等特点，一般企业并不适合，因此在此就不详细介绍，有需求的企业可以根据自己的实际需要进行相应的资料检索。

除了以上科研机构平台外，我国还制定了创新型产业集群试点、产业技术创新战略联盟、产业技术基础公共服务平台等各类组织科研平台建设机制。其中，科技部负责集群试点工作管理，科技部火炬高技术产业开发中心承担试点的申报受理、组织认定和工作推进；产业技术创新战略联盟由科技部综合司局与专业司局分工合作管理；工业和信息化部负责产业技术基础公共服务平台管理工作。对以上科研平台有需要的企业，也可以根据自己的实际需要进行相应的资料检索。

思考题

1. 结合各类企业科技创新平台，捋清各类创新平台的侧重点。
2. 选择你感兴趣的某一个创新平台，依托某家企业做一个申请说明。

第五章　创新人才支撑资助政策体系

学习目的

通过本章的学习，了解从国家层面到福建层面针对高层次创新创业人才的相关政策，为企业吸引高层次创新创业人才提供政策指引。

第一节　引进海外高层次人才（千人计划）

一、出台背景

新中国成立之初，以邓稼先、钱学森等为代表的海外留学科学家毅然回国，为新中国成立之初的工业、教育和国防事业做出了卓越贡献。吸引海外人才是新兴发展中国家强大本国人才队伍的普遍做法，可以在较短时间内突破国内技术瓶颈，提升科技研究水平。在央企、大学、科研机构、部分国家级高新技术产业开发区建立海外人才创业基地，集聚一批海外高层次创新创业人才和团队，促使我国科研、自主创新和技术开发实力的大幅度提升。“千人计划”的实施有利于全国各地方实施人才引进计划，吸引人才，留住人才，激励人才，其配套措施使他们安心工作，为实现中华民族伟大复兴做出应有的贡献。[①]

二、“千人计划”相关政策汇总

围绕着“千人计划”，中组部先后发布了多个文件，他们分别为《引进海外高层次人才暂行办法（千人计划）》《国家重点创新项目引进人才工作细则》《重点学科和重点实验室引进人才工作细则》《中央企业和国有商业金融机构引进人才工作细则》《海外高层次创业人才引进工作细则》《“千人计划”短期项目实施细则》《青年海外高层次人才引进工作细则》《“千人计划”高层次外国专家项目工作细则》。其中，《引进海外高层次人才暂行办法（千人计划）》是其他政策的制定依据，为此重点介绍该政策条款。

---

① 李坤秀．“千人计划”的政策分析及优化建议［N］．武汉生物工程学院学报，2016，12（3）：214－216.

三、引进海外高层次人才政策

2008年中组部发布的《引进海外高层次人才暂行办法（千人计划）》的具体内容如下。

引进海外高层次人才暂行办法（千人计划）

第一章 总 则

第一条 为贯彻落实《中央人才工作协调小组关于实施海外高层次人才引进计划的意见》（中办发〔2008〕25号），组织实施“千人计划”，制定本办法。

第二条 在中央人才工作协调小组指导下，成立海外高层次人才引进工作小组（以下简称“工作小组”），负责海外高层次人才引进计划的组织领导和统筹协调。工作小组由中央组织部、人力资源和社会保障部会同教育部、科技部、人民银行、国务院国资委、中国科学院和中央统战部、外交部、国家发改委、工业和信息化部、公安部、财政部、中国工程院、自然科学基金委、外专局、共青团中央、中国科协等单位分管领导及相关司局负责同志组成。

在中央组织部设立海外高层次人才引进工作专项办公室（以下简称“专项办”），作为工作小组的日常办事机构。

第三条 “千人计划”围绕国家发展战略目标，从2008年开始，用5~10年，在国家重点创新项目、重点学科和重点实验室、中央企业和国有商业金融机构、以高新技术产业开发区为主的各类园区等，引进并有重点地支持2000名左右海外高层次人才回国（来华）创新创业。

第四条 实施“千人计划”的基本原则是：

（一）突出重点。围绕国民经济和社会发展的急需紧缺开展人才引进工作，重点引进具有世界一流水平的高层次创新创业人才及团队。

（二）重在使用。创新体制机制，搭建事业平台，营造良好环境，充分发挥海外高层次人才的作用。

（三）特事特办。针对高层次人才引进和使用的特点，采取特殊政策措施，成熟一个、引进一个。

（四）统筹实施。工作小组、牵头组织单位和用人单位各负其责，形成协调有力、办事高效的工作机制。

第五条 引进的海外高层次科技创新人才和经营管理人才，作为特聘专家，享受为其提供的相应工作条件和特殊生活待遇。

第二章 工作体制

第六条 工作小组负责审定人才引进目录和年度工作计划，制定和落实特殊政策措施，协调解决引才工作中的重大问题。专项办负责“千人计划”的具体实施工作。

第七条 各重点领域的人才引进工作由牵头组织单位负责组织实施。国家重点创新项目人才引进工作由科技部牵头；重点学科和重点实验室人才引进工作分别由教育部、科技部牵头；中央企业和国有商业金融机构人才引进工作分别由国资委、人民银行牵头；以高新技术产业开发区为主的各类园区引进创业人才的工作由科技部、人力资源和社会保障部牵头。

第八条　工作小组成员单位和涉及人才引进工作的有关部门，要按照各自职能，做好落实特殊政策、建设人才信息库、实施跟踪计划、提供窗口服务等工作。

第九条　用人单位是人才引进和使用的主体，负责提出人才需求、推荐拟引进人选、建设工作平台、安排岗位职务、落实配套政策等人才引进的具体工作。

第三章　引才标准与程序

第十条　引进的人才应在海外取得博士学位，不超过55岁，引进后每年在国内工作不少于6个月，并符合下列条件之一：

（一）在国外著名高校、科研院所担任相当于教授职务的专家学者；

（二）在国际知名企业和金融机构担任高级职务的专业技术人才和经营管理人才；

（三）拥有自主知识产权或掌握核心技术，具有海外自主创业经验，熟悉相关产业领域和国际规则的创业人才；

（四）国家急需紧缺的其他高层次创新创业人才。

第十一条　专项办综合有关地方和部门的意见，汇总形成人才引进目录和年度工作计划，报工作小组审定后发布执行。

（一）人才引进目录主要内容为各领域今后5～10年的人才需求，用于引进人才的重要岗位、重点项目及经费支持计划等；

（二）年度工作计划根据人才引进目录制定，主要内容是各领域每年的人才引进规模、提供的主要岗位和项目、事业平台建设意见等。

第十二条　用人单位物色拟引进人选，进行接洽并达成初步引进意向后，向牵头组织单位申报。

第十三条　牵头组织单位组织专家对申报人选进行评审，提出建议并报专项办。

第十四条　专项办征求有关部门意见后，报工作小组审批。经工作小组批准的引进人才名单，由专项办通知有关部门落实相关特殊政策。

第十五条　用人单位根据批复意见，按照相关法律法规，与引进人才签订工作合同，办理引进手续。

第十六条　符合基本条件的海外高层次人才可以自荐的方式直接向专项办申报。通过自荐、其他渠道推荐，或需要以特殊方式引进的人才，由专项办商有关部门按既定程序个案处理。

第四章　条件保障与日常服务

第十七条　有关职能部门制定特殊政策措施，在担任领导职务、承担重大科技项目、申请科技资金、参与国家标准制订、创新工作机制、参加院士评选、参加政府奖励等方面作出规定，为引进人才创新创业提供良好条件。

第十八条　有关职能部门在居留和出入境、落户、资助、薪酬、医疗、保险、住房、税收、配偶安置、子女就学等方面制定特殊政策，妥善解决引进人才生活方面的困难和问题。

第十九条　鼓励和支持有条件的中央企业、大学和科研机构以及部分国家级高新技术产业开发区，建立海外高层次人才创新创业基地，推进产学研紧密结合，探索实行国际通行的科学研究和科技研发、创业机制，凝聚一批海外高层次人才和团队。

第二十条 建立统一的海外高层次人才信息库，为人才引进提供支持。专项办协调科技部、教育部、国资委、人民银行、中科院、人力资源和社会保障部、外交部、外专局、国家自然科学基金委、共青团中央、中国科协等单位，建立海外人才信息共建共享机制。

第二十一条 实施海外高层次人才跟踪计划。专项办协调有关部门和单位，通过组织国情考察等活动，及时掌握海外人才的相关信息，促进各方面人才与用人单位的沟通联系。

第二十二条 通过“千人计划”引进的人才列入中央联系的专家范围。专项办为引进人才建立档案，制定日常联系和服务办法，建立跟踪服务和沟通反馈机制，解决他们工作和生活中的困难和问题。每年年终，专项办评价引才工作效果，总结年度引才工作，向中央人才工作协调小组报告。

第二十三条 人力资源和社会保障部建立专门服务窗口，为引进人才落实居留和出入境、落户、医疗、保险、住房、子女就学、配偶安置等方面的特殊政策。

第二十四条 引进人才因个人原因未履行协议，由牵头组织单位提出意见，经工作小组审核，取消其享受的相关待遇。

第五章 附 则

第二十五条 根据本办法，制定《国家重点创新项目引进人才工作细则》《重点学科和重点实验室引进人才工作细则》《中央企业和国有商业金融机构引进人才工作细则》和《海外高层次创业人才引进工作细则》，对各领域海外高层次人才引进工作作出具体规定。

第二十六条 本办法及各工作细则自发布之日起实施，由专项办负责解释。

资料来源：武汉轻工大学人事处，http：//rsc. whpu. edu. cn/info/4041/1638. htm。

四、“千人计划”申报的政策解读①

海外高层次人才引进工作小组负责“千人计划”的组织领导和统筹协调。工作小组由中央组织部、人力资源和社会保障部会同教育部、科技部、中国人民银行、国务院国资委、中国科学院、中央统战部、外交部、国家发展和改革委、工业和信息化部、公安部、财政部、国家侨办、中国工程院、国家自然科学基金委、外专局、共青团中央、中国科协等单位组成。

在中央组织部人才工作局设立海外高层次人才引进工作专项办公室，作为工作小组的日常办事机构，负责“千人计划”的具体实施。

“千人计划”欢迎各方面专家和社会各界直接向海外高层次人才引进工作专项办公室举荐符合基本条件的海外高层次人才。“千人计划”在人力资源和社会保障部、国家外专局、全国青联、中国科协、欧美同学会等单位的网站，设立了专门的“海

① http：//news. 12371. cn/2015/04/22/ARTI1429655308381519. shtml。

外高层次人才对外联系窗口”，提供相关的信息服务，接受符合条件的海外高层次人才自荐。专项办将把推荐和自荐的海外高层次人才推荐给相关用人单位，由用人单位根据需要、按照前述程序进行申报。

“千人计划”设立了四个平台，接受海外高层次人才申报：

1. 国家重点创新项目平台

为《国家中长期科学和技术发展规划纲要（2006—2020年）》所确定的国家科技重大专项或“863计划”“973计划”等引进的海外高层次人才，通过本平台申报。

申报本平台的海外高层次人才除应符合“千人计划”人选的基本要求外，还需具备下列条件之一：（1）在国家重点创新项目涉及的产业领域，能够解决关键技术和工艺的操作性难题，或拥有市场开发前景的自主创新产品；（2）在海外承担过与国家重点创新项目相关的重大项目，具有较强的产品开发能力。

本平台的申报评审工作，由科技部会同国家科技重大专项牵头组织单位实施。

2. 重点学科和重点实验室平台

为高等学校和科研机构引进的海外高层次人才，通过本平台申报。

申报本平台的海外高层次人才除应符合千人计划人选的基本要求外，还需具备下列条件：（1）具有世界一流的研究水平，近5年在重要核心刊物上发表具有重要影响的学术论文；（2）获得国际重要科技奖项、掌握重要实验技能或科学工程建设关键技术。

本平台的申报评审工作，分别由教育部、科技部牵头组织实施。

3. 企业和国有商业金融机构平台

为企业和国有商业金融机构引进的海外高层次人才，通过本平台申报。

申报本平台的海外高层次人才除应符合“千人计划”人选的基本要求外，还需具备下列条件：（1）拥有能够促进企业自主创新、技术产品升级的重大科研成果；（2）具有丰富的金融管理、资本运作经验，在业界有较大影响。

本平台的申报评审工作分别由国务院国资委、中国人民银行牵头组织实施。

4. 以高新技术产业开发区为主的各类园区平台

回国（来华）后创办、经营企业的海外高层次人才，通过本平台申报。

申报本平台的海外高层次人才除应符合人选基本条件第3条外，还需具备以下条件：（1）拥有的专利或技术成果国际先进，能够填补国内空白，具有市场潜力并进行产业化生产；（2）有海外创业经验或曾在国际知名企业担任中高层管理职位3年以上，熟悉相关领域和国际规则，有经营管理能力；（3）自有资金（含技术入股）或海外跟进的风险投资占创业投资的50%以上；（4）已创办企业1年以上，且其产品正处于中试阶段。

本平台的申报评审工作由人力资源和社会保障部、科技部牵头组织实施。

海外高层次人才亦可直接与用人单位联系洽谈，由用人单位按规定条件进行申报。

考虑到“千人计划”专家长期在国外（海外）工作，为支持专家回国（来华）后尽快开展工作，帮助解决出入境、居留、医疗、保险等实际困难，海外高层次人才引进工作小组有关部门研究出台了《关于为海外高层次引进人才提供相应工作条件的若干规定》《关于海外高层次引进人才享受特定生活待遇的若干规定》等文件，明确了“千人计划”专家的工作支持条件和生活待遇。

第二节 国家高层次人才特殊支持计划

一、出台背景

人才是科学发展的第一资源。高层次创新创业人才是国家发展的核心竞争力。加强高层次创新创业人才队伍建设，既是我国应对日益激烈的国际人才竞争的迫切需要，也是提高国家自主创新能力的迫切需要。加强高层次创新创业人才队伍建设，一靠面向海外引进人才，二靠立足国内培养人才。2008 年以来，国家抓住国际金融危机给引进海外人才提供的难得机遇，集中力量实施“千人计划”。国内高层次人才对“千人计划”的实施反映强烈，要求国家像重视引进人才一样加强对国内人才的支持。实践证明，积极引进海外高层次人才是解决科技领军人才匮乏的快捷、现实、有效的途径。现在，为了充分调动国内高层次人才创新创业的积极性，切实发挥他们在建设创新型国家中的主体作用，中央组织部等部门再次推出一项重大的人才培养支持工程——“国家高层次人才特殊支持计划”，专门面向国内遴选和支持高层次创新创业人才。这个计划与引进海外高层次人才的“千人计划”并行实施，对统筹国内国际两种人才资源、打造一支强大的国家创新力量具有重要的现实意义。

二、国家高层次人才特殊支持政策

2012 年中组部发布的《国家高层次人才特殊支持计划》，又称“万人计划”，具体内容如下。

国家高层次人才特殊支持计划

第一章 总 则

第一条 为加快实施人才强国战略，更好地统筹国内国外两种人才资源，造就宏大的高层次创新创业人才队伍，决定面向全国组织实施国家高层次人才特殊支持计划（以下简称“国家特支计划”）。

第二条 目标任务。围绕建设创新型国家的战略部署，从 2012 年起，用 10 年左右时间，有计划、有重点地遴选支持一批自然科学、工程技术和哲学社会科学领域的杰出人才、领军人才和青年拔尖人才，形成与“千人计划”相互衔接的高层次创新创业人才队伍建设体系。

第三条 总体思路。落实党和国家对高层次创新创业人才的重视关心，坚持把各类优秀人才凝聚到党和国家事业中来。坚持培养支持国内人才与引进海外人才并重，充分发挥国内高层次人才在建设创新型国家中的支柱作用。统筹国家重大人才工程，整合各类人才培养支持计划，突出高端人才，集成政策资源，加大支持力度。

第四条　基本原则。实施“国家特支计划”遵循以下原则：

（一）突出高端。立足高端引领，优化结构，重点选拔支持一批能够代表国家一流水平、具有领军才能和团队组织能力的高层次人才，特别是有重大创新前景和发展潜力的中青年人才。

（二）重点支持。坚持以用为本、急需优先，重点人才重点支持，特殊人才特殊培养。通过提供科研经费、事业平台等政策，对在国家经济社会发展重点领域、战略性新兴产业以及基础学科、基础研究领域的高层次人才提供重点支持。国有企业、非公有制企业高层次人才一视同仁。

（三）统筹实施。计划统筹国家重大人才工程及相关高层次人才项目，由中央人才工作协调小组统一领导，根据不同层次、不同类别人才特点，分项实施，统分结合，充分调动重大人才工程各牵头和参与实施部门的积极性。

（四）创新机制。通过计划的实施，进一步完善高层次创新创业人才发现、培养、使用和评价激励等机制，推动人才工作体制机制创新，营造有利于人才潜心研究、创业创新的良好环境。

第二章　遴选数额与标准

第五条　“国家特支计划”杰出人才。计划支持100名，每年遴选一批，每批10名左右。具体标准为：研究方向处于世界科技前沿领域，基础学科、基础研究有重大发现，具有成长为世界级科学家的潜力，能够坚持全职潜心研究。重视遴选中青年杰出人才。

第六条　“国家特支计划”领军人才。计划支持8000名，每年遴选一批，每批800名左右。

——科技创新领军人才。计划支持3000名，每批300名左右。具体标准为：在国家中长期科学和技术发展规划确立的重点方向，主持重大科研任务、领衔高层次创新团队、领导国家级创新基地和重点学科建设的科技人才和科研管理人才，其研究工作具有重大创新性和发展前景。以50周岁以下中青年人才为主。

——科技创业领军人才。计划支持2000名，每批200名。具体标准为：运用自主知识产权创建科技企业的科技人才，或具有卓越经营管理才能的高级管理人才，创业项目符合我国战略性新兴产业发展方向并处于领先地位。以近5年内创办企业的主要创始人为主。

——哲学社会科学领军人才。计划支持1000名，每批100名左右。具体标准为：坚持中国特色社会主义方向，拥护党的路线、方针、政策，在哲学社会科学重点领域，主持重大课题任务、领导重点学科建设的专业人才和科研管理人才，其研究成果有重要创新和重大影响。

——教学名师。计划支持1000名，每批100名左右。具体标准为：长期从事一线教学工作，培养优秀青少年有突出贡献，对教育思想和教学方法有重要创新，为人师表，师德高尚，在教育领域和全社会享有较高声望。

——百千万工程领军人才。计划支持1000名，每批100名左右。具体标准为：

50 周岁以下，潜心基础研究，揭示自然规律和社会发展规律，为社会提供新知识、新原理、新方法，引导基础理论原始创新，对基础学科发展具有重要推动作用。

第七条 “国家特支计划”青年拔尖人才。计划支持 2000 名，每年遴选一批，每批 200 名左右。具体标准为：35 周岁以下，具有特别优秀的科学研究和技术创新潜能，课题研究方向和技术路线有重要创新前景。

第三章 遴选程序

第八条 领导小组研究制定“国家特支计划”各类人才遴选办法。根据整体工作安排，专项办每年制定下发遴选工作通知，明确年度目标任务、时间进度和工作要求等。

第九条 初选。各评选平台结合重大人才工程等相关计划项目的组织实施，采取部门推荐或专家联名推荐等方式，面向各地各行业开展申报推荐工作，申报范围应覆盖重点学科和优秀创新团队。组建专家评审小组，按照同行评审原则进行初选。

第十条 复评。专项办组建“国家高层次人才特殊支持计划评选委员会”，由各领域高级专家和有关部门负责同志组成。评选委员会下设若干学科组，负责“国家特支计划”各类人才复评工作。评选委员会按照“国家特支计划”目标要求可对初选结果进行综合平衡，提出调整意见。

第十一条 公示。根据评选委员会评选结果，专项办对拟入选人员进行公示。对公示期间反映的问题，由有关部门进行核查并提出意见。最终入选名单由领导小组审定发布。

第四章 支持政策与措施

第十二条 中央组织部、人力资源社会保障部为“国家特支计划”杰出人才和领军人才授予“国家特殊支持人才”称号，颁发“国家高层次人才特殊支持计划入选证书”。

第十三条 统筹国家重大人才工程支持经费、国家科技计划专项经费和相关基金，为“国家特支计划”杰出人才、科技创新领军人才、哲学社会科学领军人才、百千万工程领军人才、教学名师安排每人不高于 100 万元的特殊支持，用于自主选题研究、人才培养和团队建设等。特殊支持经费由财政部专管，商各主管部门统一拨付。各评选平台部门对入选者提出支持额度、用途及监管意见。各申报单位负责经费的有效使用和管理。地方和用人单位可配套给予适当经费支持。

第十四条 领导小组协调有关部门在科研管理、事业平台、人事制度、经费使用、考核评价、激励保障等方面，制定落实重点培养支持政策。有关部门可参照“千人计划”有关政策规定，结合国内人才实际，制定落实相应特殊政策。

（一）杰出人才：设立科学家工作室，实行首席科学家负责制，采取“一事一议、按需支持”方式给予经费保障，支持其开展探索性、原创性研究。

（二）领军人才：改革科研项目管理办法，优先立项、滚动支持。创新经费支持方式，落实期权、股权和企业年金等激励措施。支持组建创新团队。

（三）青年拔尖人才：按照《青年英才开发计划实施方案》提供支持经费，用于开展前瞻性、预研性自主选题研究等，并赋予相应自主支配权。

第十五条 积极培养支持高层次人才到国际组织任职。在政治、经济、文化和社会等重要领域，通过国际学术交流、政府推荐、专项培训、经费支持等方式，有计划地培养推荐“国家特殊支持人才”到国际组织任职。

第十六条 将“国家特支计划”杰出人才和领军人才纳入中央联系的高级专家范围，加强联系，提供服务。鼓励“国家特殊支持人才”积极建言献策。

第十七条 各用人单位加强对“国家特殊支持人才”的管理。对违反学术道德规范，产生不良社会影响以及因个人原因不能发挥作用的，由用人单位提出意见，不再提供特殊支持。

第五章 组织实施

第十八条 计划由中央人才工作协调小组领导实施。成立由中央组织部、人力资源社会保障部和中央宣传部、教育部、科技部、工业和信息化部、财政部、国资委、中科院、社科院、工程院等部门有关负责同志组成的国家高层次人才特殊支持计划领导小组负责统筹协调。在中央人才工作协调小组办公室设立国家高层次人才特殊支持计划专项办，负责计划实施的日常具体工作。

第十九条 领导小组统筹重大人才工程相关项目的目标任务和工作安排，制定发布“国家特支计划”年度工作计划；制定“国家特支计划”各类人才遴选标准和实施细则；指导有关部门制定落实重点支持政策措施；协调解决计划实施工作中的重大问题；推动开展宣传工作。

第二十条 领导小组在有关部门设立评选平台，组织开展相关类别人才的申报和初选。科技部设立杰出人才、科技创新领军人才、科技创业领军人才等评选平台；中央宣传部设立哲学社会科学领军人才评选平台；教育部设立教学名师评选平台；人力资源社会保障部设立百千万工程领军人才评选平台；中央组织部设立青年拔尖人才评选平台。科技部、中央宣传部、人力资源社会保障部会同教育部等部门开展科技创新领军人才、哲学社会科学领军人才、百千万工程领军人才的申报初选工作。

第二十一条 领导小组制定“国家特支计划”评估标准和办法，组织开展计划实施中期、后期评估，研究提出改进意见。

第二十二条 建立科学的评审专家选择、回避机制和评审工作监督机制，对“国家特支计划”的组织实施进行全程监督，严肃查处违纪违规行为，维护“国家特支计划”公信力。

（中共中央组织部办公厅 2012 年 8 月 17 日印发）

资料来源：茂名职业技术学院高职高专动态，http://www.mmvtc.cn/templet/default/ShowArticle.jsp?id=26178。

三、国家高层次人才特殊支持计划政策解读[①]

（一）“国家特支计划”的目标任务和主要构成

“国家特支计划”围绕建设创新型国家的战略部署，从 2012 年起，用 10 年左右时间，有计划、有重点地遴选支持 1 万名的高层次创新创业人才队伍建设体系。

① “国家高层次人才特殊支持计划”政策解读［N］. 中国人才，2012，19（10），http://cpc.people.com.cn/n/2013/0122/c244804-20285669.html。

“国家特支计划”由三个层次、七类人才构成。一是杰出人才层次，计划支持100名。二是领军人才层次，包括科技创新领军人才、科技创业领军人才、哲学社会科学领军人才、教学名师、百千万工程领军人才五类，计划支持8000名。三是青年拔尖人才层次，计划支持2000名。根据“千人计划”实施的经验，这个计划在实践中将根据实际需要增加、调整人才类别，不断拓展完善，逐步形成体系。

（二）“国家特支计划”三个层次、七类人才的主要考虑

“国家特支计划”设置三个层次，主要是考虑形成人才项目的梯次配置。这是各地各部门实施人才培养支持计划项目的一个成熟做法，也是考虑与“顶尖千人计划”“千人计划”“青年千人计划”相对应，便于根据不同成长阶段人才的特殊需求，提供相应的支持措施。同时，三个层次的设计也有利于加强人才梯队建设，可以为人才向更高层次发展提供通道，支持具有潜力的青年拔尖人才成长为各领域领军人才，支持领军人才成为代表国家核心竞争力的杰出人才。

“国家特支计划”设置七类人才，主要考虑要覆盖国家发展需要的重点领域，兼顾创新与创业人才、应用研究与基础研究人才、自然科学与哲学社会科学人才等。

这个设计，体现了人才开发突出高端、亟须优先、梯次配置的基本理念，体现了国家高层次人才开发的战略部署，有利于解决我国大师级人才匮乏、各领域创新创业骨干人才不足以及青年人才难以脱颖而出等迫切的问题。

（三）实施“国家特支计划”的基本原则

一是突出高端原则。计划重点选拔支持一批能够代表国家一流水平、具有领军才能和团队组织能力的高层次人才，特别是有重大创新前景和发展潜力的中青年人才。

二是重点支持原则。通过提供科研经费、事业平台等政策，对在国家经济社会发展重点领域、战略性新兴产业以及基础学科、基础研究领域的高层次人才提供重点支持。从支持范围来说，对国有企业、非公有制企业高层次人才的支持将一视同仁。

三是统筹实施原则。整个计划由中央人才工作协调小组统一领导，统筹国家重大人才工程及相关高层次人才项目，根据不同层次、不同类别人才特点，分项实施，统分结合，充分调动重大人才工程各牵头和参与实施部门的积极性。

四是创新机制原则。通过计划的实施，进一步完善高层次创新创业人才发现、培养、使用和评价激励机制，推动人才工作体制机制创新，营造有利于人才潜心研究、创业创新的良好环境。

（四）“国家特支计划”遴选标准

“杰出人才”遴选标准为：研究方向处于世界科技前沿领域，基础学科、基础研究有重大发现，具有成长为世界级科学家的潜力，能够坚持全职潜心研究。重视遴选中青年杰出人才。

“科技创新领军人才”遴选标准为：在国家中长期科学和技术发展规划确立的重点方向，主持重大科研任务、领衔高层次创新团队、领导国家级创新基地和重点学科建设的科技人才和科研管理人才，其研究工作具有重大创新性和发展前景。以50岁

以下中青年人才为主。

“科技创业领军人才”遴选标准为：运用自主知识产权创建科技企业的科技人才，或具有卓越经营管理才能的高级管理人才，创业项目符合我国战略性新兴产业发展方向并处于领先地位。以近5年内创办企业的主要创始人为主。

“哲学社会科学领军人才”遴选标准为：坚持中国特色社会主义方向，拥护党的路线、方针、政策，在哲学社会科学重点领域，主持重大课题任务、领导重点学科建设的专业人才和科研管理人才，其研究成果有重要创新和重大影响。

“教学名师”遴选标准为：长期从事一线教学工作，培养优秀青少年有突出贡献，对教育思想和教学方法有重要创新，为人师表，师德高尚，在教育领域和全社会享有较高声望。

“百千万工程领军人才”遴选标准为：50周岁以下，潜心基础研究，揭示自然规律和社会发展规律，为社会提供新知识、新原理、新方法，引导基础理论原始创新，对基础学科发展具有重要推动作用。

“青年拔尖人才”遴选标准为：35周岁以下，具有特别优秀的科学研究和技术创新潜能，课题研究方向和技术路线有重要创新前景。

（五）“国家特支计划”遴选机制

实施“国家特支计划”的关键在于选准选好支持对象。总的考虑是借鉴“千人计划”、国家自然科学基金项目等评审的成功经验，建立科学的遴选机制，在人选方面力求好中选优，制度方面力求公平公正，操作方面力求简明高效。

在遴选程序上，实行初评、复评两级评选。初评由各相关工程牵头部门设立评选平台，采取部门推荐或专家联名推荐等方式，面向各行各业开展申报工作。复评由各领域高级专家和有关部门负责同志组成“评选委员会”，统筹全局，突出重点，对初选名单提出调整意见。

在遴选标准上，注重考察入选者的能力、实绩和品行，而不简单以职称、论文取人。能力考查包括创新能力、科研水平和发展潜力；实绩考察不仅看已经取得的成就，还注重对科技进步和经济社会发展的影响力；品行考察方面，学术道德、科技精神和人文素养将被作为重要的考察内容。

在评价方式上，为确保入选者业内公认、同行信服，遴选工作将按照同行评议的原则进行，实行小同行评议。

（六）“国家特支计划”特殊支持政策

“国家特支计划”是一项“含金量”较高的、由国家对国内高层次人才提供重点支持的计划。对入选对象，在有关部门原有支持的基础上，国家再从荣誉称号、经费支持、政策支持、纳入中央联系的高级专家范围四个方面给予重点支持，形成集成效应。

一是荣誉支持。中央组织部、人力资源社会保障部为“国家特支计划”杰出人才和领军人才授予“国家特殊支持人才”称号，颁发“国家高层次人才特殊支持计划入选证书”。参照“青年千人计划”相关政策，青年拔尖人才不授予称号和颁发证书。

二是经费支持。为杰出人才、科技创新领军人才、哲学社会科学领军人才、百千万工程领军人才、教学名师提供每人不高于100万元的特殊支持经费。青年拔尖人才通过青年英才开发计划获得中央财政较大力度专项支持，不再另外提供特殊支持经费。“千人计划”提供每人100万元的安家补助，这是国内人才感到不平衡的突出问题，因此，“国家特支计划”也为入选者提供直接用于个人且力度较大的经费支持，与“千人计划”平衡。与“千人计划”的一次性补助主要用于引进人才的落户生活支出不同，“国家特支计划”特殊支持经费主要是用于入选对象开展自主选题研究、培养人才和团队建设等方面支出，同时鼓励地方和用人单位配套给予适当经费支持。

三是政策支持。各有关部门在科研管理、事业平台、人事制度、经费使用、考核评价、激励保障等方面制定具体支持政策，鼓励有关部门参照“千人计划”有关政策规定，结合国内人才实际，为“国家特支计划”制定落实工作条件、生活待遇等方面的特殊政策。

四是联系服务。入选“国家特支计划”的杰出人才和领军人才将被纳入中央联系的高级专家范围。

（七）“国家特支计划”的组织与实施

“国家特支计划”由中央人才工作协调小组领导实施，由中央组织部、人力资源社会保障部、中央宣传部、教育部、科技部、工业和信息化部、财政部、国资委、中科院、社科院、工程院等部门有关负责人同志组成的国家高层次人才特殊支持计划领导小组负责统筹协调。在中央人才工作协调小组办公室设立国家高层次人才特殊支持计划专项办，负责计划实施的日常具体工作。

领导小组在有关部门设立评选平台，组织开展相关类别人才的申报和初选。科技部设立杰出人才、科技创新领军人才、科技创业领军人才等评选平台；中央宣传部设立哲学社会科学领军人才评选平台；教育部设立教学名师评选平台；人力资源社会保障部设立百千万工程领军人才评选平台；中央组织部设立青年拔尖人才评选平台。科技部、中央宣传部、人力资源社会保障部会同教育部等部门开展科技领军人才、哲学社会科学领军人才、百千万工程领军人才的申报初选工作。

（八）“国家特支计划”首批工作考虑

“国家特支计划”是一项涵盖领域广、涉及部门多、实施周期长的宏大计划，在计划开始时可以不求全，像“千人计划”那样在实践中不断拓展完善、逐步形成自身完善的体系。

四、申请注意事项

2018年8月2日，科技部办公厅、中央组织部办公厅、人力资源社会保障部办公厅关于做好2018年创新人才推进计划暨国家“万人计划”科技创新领军人才、科技创业领军人才推荐选拔工作的通知（http：//www. kjc. ecnu. edu. cn/b7/93/c8149a178067/page. htm？from = groupmessage&isappinstalled =0）明确提出，根据国家

"万人计划"总体工作安排，科技部设立"万人计划"评审平台，从创新人才推进计划中青年科技创新领军人才和重点领域创新团队负责人中推荐产生国家"万人计划"科技创新领军人才建议人选；从创新人才推进计划科技创新创业人才中推荐产生国家"万人计划"科技创业领军人才建议人选；按照《国家高层次人才特殊支持计划管理办法》，不再单独设立"百千万人才工程"领军人才平台，与科技创新领军人才优化整合，其支持对象纳入科技创新领军人才统筹安排，各推荐单位做好衔接。

第三节　百千万人才工程

一、出台背景

1995年以来，人力资源和社会保障部会同科学技术部、教育部、财政部、国家发展和改革委员会、国家自然科学基金会、中国科协组织实施了旨在培养造就中青年学术技术带头人的"百千万人才工程"。涌现了一批杰出的科学家、各行业领域学术技术领军人才，在国家重大科研项目攻关和重点工程建设等方面发挥了重要作用，为提高我国自主创新能力，推动经济科技跨越式发展作出了突出贡献。以"百千万人才工程"为龙头，各地区、各部门组织实施了一系列高层次人才培养工程，初步形成了分层次、多渠道、自下而上的中青年学术技术领军人才培养工作体系，逐步健全了创新型高层次人才选拔培养机制，对推动国家高层次专业技术人才队伍建设起到了重要的引领作用。

《国家中长期人才发展规划纲要（2010～2020年）》和《专业技术人才队伍建设中长期规划（2010～2020年）》明确提出，要进一步实施并完善百千万人才工程，制定不同层次、不同类别、不同地区的人才培养计划。2012年中组部、人力资源社会保障部等11部门共同印发了《国家高层次人才特殊支持计划》，将"百千万人才工程"纳入"国家高层次人才特殊支持计划"统筹实施。贯彻落实《国家中长期人才发展规划纲要》《专业技术人才队伍建设中长期规划》和《国家高层次人才特殊支持计划》精神，为进一步实施并完善百千万人才工程，加强高层次创新型专业技术人才队伍建设，现介绍下《国家百千万人才工程实施方案》。

二、实施方案

2012年，人力资源和社会保障部出台《国家百千万人才工程实施方案》，具体内容如下。

国家百千万人才工程实施方案

一、指导思想和目标任务

（一）指导思想。以邓小平理论和"三个代表"重要思想为指导，深入贯彻落实科学发展观，更好实施人才强国战略，以选拔培养国家战略发展需要的中青年学术技术领军人才为目标，遵循社会主义市场经济规律和人才成长规律，建立健全人才科学识别和科学培养机制，创新培养模式、优化政策环境、强化保障措施，加快培养造就一批具有世界水平的科学家、技术领军人才，引领和带动我国高层次专业技术人才队伍发展，为提高我国自主创新能力、建设创新型国家提供坚强的人才保障。

（二）总体目标。从2012年起，用10年左右时间，有计划、有重点地选拔培养4000名左右“工程”国家级人选，重点选拔培养瞄准世界科技前沿，能引领和支撑国家重大科技、关键领域实现跨越式发展的高层次中青年领军人才。其中，纳入“国家高层次人才特殊支持计划”的基础学科、基础研究领域领军人才1000名左右。

“工程”地方部门人选选拔30000名左右，重点选拔培养在各学术技术领域起骨干作用、具有发展潜能的中青年领军后备人才。国家百千万人才工程与国家重大人才计划、各地各部门专业技术人才培养工程相互协调衔接，形成分层次的高层次人才培养选拔体系。

二、人选选拔

（一）选拔范围和数量。“工程”面向各类企事业单位专业技术人员选拔。选拔工作围绕国家中长期人才发展规划纲要和国家中长期科学技术发展规划纲要确定的经济社会发展重点领域，向引导基础理论原始创新、推动基础学科创新发展的中青年领军人才倾斜。

“工程”国家级人选每年选拔一次，每次选拔400人左右，其中纳入“国家高层次人才特殊支持计划”基础学科、基础研究领域领军人才100名左右。“工程”国家级人选一般从各地区、各部门专业技术人才培养工程人选中产生。

（二）选拔条件。“工程”国家级人选应具备以下基本条件：

1. 热爱祖国，遵纪守法，坚持科学精神，恪守职业道德，潜心一线科研工作，具有副高级以上专业技术职称，年龄在50周岁以下（含50周岁）；

2. 学术技术水平处于国内领先地位，具有创新思维，能够敏锐把握国家战略需求和世界科技发展态势，提出战略性、前瞻性、创造性的研究构想，能够引领原创性重大理论与实践问题的研究和关键领域攻关；

3. 潜心基础研究，揭示自然规律和社会发展规律，为社会提供新知识、新原理、新方法，引导基础理论原始创新，对基础学科发展具有重要推动作用；

4. 具有承担基础研究课题、重点科研任务等经历，具有良好的沟通协调能力和组织管理能力，能有效组织并领导创新团队攻克学术技术难关。

同等条件下，以下人选可优先入选：

1. 国家自然科学二等奖、国家发明二等奖、国家科技进步二等奖以上及中国青年科技奖等国家级科技奖励获得者；

2. 国家杰出青年科学基金、长江学者奖励计划、中科院百人计划等国家重大人才工程入选者等；

3. 国家自然科学基金、国家社会科学基金等国家重点资助项目、科研课题主要负责人，国家重大科研任务、科技计划和工程项目等主要负责人。

（三）选拔程序。“工程”国家级人选按以下程序进行推荐和选拔：

1. 个人申报。拟申报人员应向所在单位提出申请，由单位进行资格审核和组织推荐。基层单位按照隶属关系逐级向上级人力资源社会保障（人事、干部）部门申报。非公有制单位中符合条件的人选，向所属地方人力资源社会保障部门申报。

2. 组织推荐。各地区、各部门人力资源社会保障（人事、干部）部门会同有关部门，按照“公开、平等、竞争、择优”原则，采取专家评审、组织考察等形式进行综合评议，提出本地区、本部门推荐人选，报送“工程”领导小组办公室。

3. 专家评议。“工程”领导小组办公室按照规定对推荐人选进行资格审查，并组织专家评审委员会对推荐人选进行综合评议、提出拟入选名单，报“工程”领导小组审定。

4. 公布入选名单。入选名单审定后，“工程”领导小组办公室以适当方式向社会公布，并颁发证书。其中，纳入“国家高层次人才特殊支持计划”的“百千万工程领军人才”报专项办复评后，由“国家高层次人才特殊支持计划”领导小组审定发布。

各地区、各部门要结合实际情况，制定本地区、本部门“工程”人选具体选拔范围、选拔条件、选拔程序等。

三、保障措施

（一）创新培养模式。建立高级研修和实践锻炼相结合、国内培养和国际交流合作相衔接的开放式培养体系。支持各地区、各部门以国家专业技术人才知识更新工程、高层次专家国情研修规划为依托，举办多层次、多领域、多渠道的高级研修班，加大培养力度。加强学术技术交流，探索建立学术休假制度，分领域、分类别举办多种形式的学术论坛、学术报告会等，支持“工程”人选参加国际学术会议、出国（出境）进修考察等，有计划、有重点的选送到国内外一流大学、科研机构、知名企业等从事研修工作。

（二）大胆使用“工程”人选。坚持以用为本、用当其时、用当尽才，积极营造有利于他们脱颖而出的制度环境。各地区、各部门和用人单位要在职务安排、考核评价、工作条件和生活待遇等方面制定相应措施，对其重点培养、大胆使用。事业单位引进“工程”国家级人选而无相应空缺岗位的，可按规定申请设置特设岗位，不受单位岗位总量、最高等级和结构比例限制。对于工作需要跨地区选调的“工程”国家级人选，各省（自治区、直辖市）应予开辟绿色通道，及时办理有关调动手续。充分发挥“工程”人选智囊团和思想库的作用，支持他们参与重大政策咨询、重大项目论证、重大科研计划和国家标准制定、重点工程建设等。积极组织“工程”人选参加各类专家服务基层实践活动，引导他们在服务基层一线中建功立业。各级各类学术团体、学术技术委员会等要积极吸收“工程”人选参加，并安排其担任一定职务，积极培养支持他们到国际组织任职。

（三）推进“工程”人选与项目、基地有机结合。坚持项目、基地、人才相结合，支持“工程”人选通过竞争承担国家或省部级重大科研项目、重大科技计划和重大工程项目等。对符合条件的“工程”国家级人选，863、973等重大科技计划，国家自然科学基金、国家杰出青年科学基金等在同等条件下优先立项，已承担重点项目的，完成项目任务后优先给予持续滚动支持。积极创造条件，择优安排“工程”国家级人选到国家重点实验室、工程技术研究中心、重点科研基地、重点建设学科等担任首席专家等重要职务。

（四）加强团队建设。支持“工程”人选自主组建创新团队，在选题立项、科研管理、人才配置等方面给予更多自主权。对以“工程”国家级人选为核心的研究团队，自然科学基金会按规定优先遴选为创新研究群体。支持“工程”人选依托重大科研项目等招收项目博士后，对其组建团队急需人才或助手，可打破所有制和地域限制，通过多种形式予以聘请。鼓励用人单位依托重点实验室、技术研发中心、博士后科研流动站、工作站和专家工作站等，加强以“工程”国家级人选为支撑的创新团队建设，形成领军人才和科研辅助人才衔接有序、梯次配备的人才培养使用机制。

（五）完善激励保障措施。做出突出贡献的“工程”国家级人选，可优先纳入全国杰出专业技术人才、中国青年科技奖获得者等国家科学技术和人才奖励选拔推荐。“工程”国家级人选可按规定享受国务院政府特殊津贴，授予“国家有突出贡献中青年专家”称号。进一步完善工资分配激励机制，事业单位绩效工资分配要向做出突出贡献的“工程”人选倾斜，对部分紧缺或者急需引进的高层次人才，按国家有关规定经批准可实行协议工资、项目工资等灵活多样的分配办法，支持用人单位为他们建立补充养老、医疗保险。

（六）健全多元投入机制。落实人才投资优先保证的要求，逐步健全部门、地方和单位相结合的多元投入机制，多渠道筹措资金，加大对“工程”投入力度。各地区、各部门和用人单位要将“工程”国家级人选纳入本地区（部门、单位）重大人才培养工程、计划等优先资助，并对其承担重点科研项目等给予充分的科研自主权。加大中青年领军后备人才支持力度，对符合中国博士后科学基金资助、留学人员科技活动项目择优资助等条件的优先给予资助。统筹国家重大人才工程支持经费、国家科技计划专项经费和相关基金，对“国家高层次人才特殊支持计划”百千万工程领军人才给予特殊支持，地方和用人单位可配套给予适当经费支持。

四、管理服务

（一）加强考核管理。建立健全“工程”人选考核制度，重点考核其创新能力、业绩贡献、领衔作用、人才培养和团队建设等内容。考核工作由各地区、各部门人力资源社会保障（人事、干部）部门会同用人单位共同组织实施。对于考核合格、做出突出贡献的，予以相应表扬或奖励；对于考核结果较差、培养效果不明显的，要及时分析查找原因，调整培养计划和措施；对违反学术道德规范，产生不良社会影响以及因个人原因不能发挥作用的，由用人单位提出意见并报“工程”领导小组办公室取消其资格。

（二）加强动态跟踪。按照统筹管理、分级实施的原则，建立信息档案，加强动态跟踪。“工程”人选学术技术有重大突破、获重大奖励的，所在单位要及时报本地区、本部门人力资源社会保障（人事、干部）部门。各级人力资源社会保障部门要根据动态跟踪和考核情况，不断完善信息数据库，及时核定、调整数据库信息。

（三）加强联系服务。将“工程”人选纳入各级政府重点联系专家范围，组织开展多种形式的联谊、座谈、交流、休假等活动，体现党和政府对他们的关心和爱护。探索建立“工程”人选联谊会、专业委员会等，搭建信息交流平台，加强“工程”

人选的交流与联系，及时掌握他们的思想动态、工作生活状况，听取建议和意见。建立健全动态信息反馈系统，健全服务体系，丰富服务内容，创新服务方式，提供全方位、个性化的服务。

（四）加强舆论宣传。加大宣传力度，通过开设报刊专栏、网站平台、编印先进事迹等形式，宣传“工程”人选及其团队的突出业绩和重要贡献。树立先进典型，打造工程品牌，增强他们的成就感和责任感，激发其进取精神和创新意识，营造“尊重劳动、尊重知识、尊重人才、尊重创造”的良好社会环境。

五、组织实施

（一）加强组织领导。人力资源社会保障部、科技部、教育部、财政部、发展改革委、中科院、工程院、自然科学基金会、中国科协组成“工程”领导小组，共同负责“工程”组织实施。领导小组下设办公室，办公室设在人力资源社会保障部专业技术人员管理司。“国家高层次人才特殊支持计划”在人力资源社会保障部设立“百千万工程领军人才”评选平台，负责百千万工程领军人才的申报和初选工作。各级人力资源社会保障部门结合实际情况，会同有关部门组织成立本地区、本部门工程领导小组及办公室。

（二）健全工作体系。各地区、各部门要根据本方案精神，因地制宜，突出重点，制定实施不同层次、不同类别的高层次人才培养计划，做好选拔培养、跟踪管理和联系服务等工作，逐步建立上下贯通、相互衔接的高层次人才培养工作体系。充分发挥政府人才工作综合管理部门的职能作用，加强与相关部门的沟通协作，形成工作合力，逐步健全分层次、多渠道的高层次人才选拔培养工作机制。

（三）完善配套政策措施。各地区、各部门要结合实际，以培养造就中青年学术技术领军人才为重点，制定出台配套的政策措施，充分调动和发挥用人单位的主体作用，积极采取有效措施，为中青年学术技术领军人才更好更快成长创造条件。要认真总结成功经验和有效做法，及时研究解决“工程”实施中出现的新情况、新问题，加强地区行业间高层次人才选拔培养工作的经验交流，不断创新工作方法，提高管理服务水平，推动“工程”实施不断创新发展。

资料来源：人力资源和社会保障部，http://www.mohrss.gov.cn/zyjsrygls/ZYJSRYGLSzhengcewenjian/201301/t20130115_82418.htm。

三、国家百千万人才工程的特点[①]

（一）选拔范围拓展到非公领域

国家百千万人才工程面向各类企事业单位专业技术人员选拔。围绕国家中长期人才发展规划纲要和国家中长期科学技术发展规划纲要确定的经济社会发展重点领域，向引导基础理论原始创新、推动基础学科创新发展的中青年领军人才倾斜。工程由过去的主要在国有企事业单位中选拔扩大到面向各类企事业单位，为非公领域专业技术

① 赵超．坚持高端引领　选拔领军人才——人社部相关负责人谈国家百千万人才工程［N］．新华社，2013年2月12日，http://www.gov.cn/jrzg/2013-02/12/content_2331582.htm.

人才发展畅通渠道。

（二）特殊培养 大胆使用

在职务安排、考核评价、工作条件和生活待遇等方面制定相应措施，对工程人选重点培养、大胆使用。事业单位引进工程国家级人选而无相应空缺岗位的，可按规定申请设置特设岗位，不受单位岗位总量、最高等级和结构比例限制。支持工程人选参与重大政策咨询、重大项目论证、重大科研计划和国家标准制定、重点工程建设。

（三）支持自主组建创新团队

支持工程人选自主组建创新团队，在选题立项、科研管理、人才配置等方面给予更多自主权。对以工程国家级人选为核心的研究团队，自然科学基金会按规定优先遴选为创新研究群体。支持工程人选依托重大科研项目等招收项目博士后，组建团队急需人才或助手，可打破所有制和地域限制，通过多种形式予以聘请。

（四）紧缺人才可实行项目工资

做出突出贡献的工程国家级人选，可优先纳入全国杰出专业技术人才、中国青年科技奖获得者等国家科学技术和人才奖励选拔推荐。事业单位绩效工资分配向做出突出贡献的工程人选倾斜，对部分紧缺急需引进的高层次人才，经批准可实行协议工资、项目工资等分配办法，支持用人单位为他们建立补充养老、医疗保险。

（五）领军人才给予优先资助

加大中青年领军后备人才支持力度，对符合中国博士后科学基金资助、留学人员科技活动项目择优资助等条件的优先给予资助。统筹国家重大人才工程支持经费、国家科技计划专项经费和相关基金，对“国家特支计划”百千万工程领军人才给予特殊支持，地方和用人单位可配套给予适当经费支持。

四、2019 年百千万人才工程国家级人选选拔推荐工作

百千万人才工程国家级人选具体工作由各地省级人力资源和社会保障厅办公室负责组织实施，下面就以浙江 2019 年百千万人才工程国家级人选选拔推荐工作加以说明。

关于开展 2019 年百千万人才工程国家级人选选拔推荐工作的通知

各市人力资源和社会保障局，省直有关单位：

根据人社部办公厅《关于开展 2019 年百千万人才工程国家级人选选拔工作的通知》（人社厅函〔2019〕49 号）精神，现就我省 2019 年百千万人才工程国家级人选推荐工作有关事项通知如下：

一、 推荐重点

推荐工作要紧紧围绕国家重大战略、重大科技项目、重大工程以及我省八大万亿

产业和重点领域，突出联系培养，进一步聚焦“高精尖缺”人才、聚焦人工智能和数字经济领域、聚焦打赢脱贫攻坚战等重大战略。高等院校、科研院所等高层次人才密集单位要聚焦重点，从“卡脖子”的关键核心技术、重大基础科学研究领域推荐人选；地市人社部门要进一步拓宽推荐渠道，优先推荐服务于贫困地区的优秀人才，努力发现体制外优秀人才，产业创新类人选推荐应以非公企业人才为主；行业主管部门要结合国家重大战略，重点推荐在核心技术开发、关键工程项目、成果转化推广、国际市场竞争等环节中发挥重要作用的创新人才和团队，对有潜力的中青年领军人才，要努力支持、积极推荐。

二、 推荐条件

推荐人选应热爱祖国、遵纪守法，坚持科学精神，恪守职业道德，潜心一线科研工作，具有副高级以上专业技术职称，年龄在50周岁以下（1969年1月1日以后出生），并具备以下条件之一：

（一）学术技术水平处于国内领先地位，具有创新思维，能够引领原创性重大理论与实践问题的研究和关键领域攻关；

（二）潜心基础研究，揭示自然规律和社会发展规律，能够提供新知识、新原理、新方法，促进理论原始创新，对学科发展具有重要推动作用；

（三）具有承担重大基础研究课题、重点科研任务等经历，具有良好的沟通协调能力和组织管理能力，能有效组织并领导创新团队攻克学术技术难关。

（四）拥有核心技术和自主知识产权，具有良好的市场意识和国际视野，有效组织团队开展技术含量高、关联度大、支撑引领作用较强的产业创新项目，在推进产业关键技术创新和科技成果转化中作出积极贡献，取得良好经济和社会效益。

已经入选其他国家级人才计划（含项目、工程）支持的人员，特别是已经入选国家“千人计划”“万人计划”的人选一般不再推荐。

三、 推荐数量

人社部今年下达我省推荐候选人指标16名。各市、各有关部门（单位）要严格推荐程序，综合考虑候选人的论文、获奖、专利、工作经历等因素，杜绝“四唯”，严把人选质量。杭州、宁波推荐人数不超过3名，其他地市、省直有关单位推荐人数不超过2名，重点推荐省151人才工程重点资助和第一层次培养人选。推荐人选申报材料须在单位内部进行全信息公示。我厅将组织专家评审后择优推荐上报。

四、 材料要求

（一）纸质材料：推荐函1份（说明人选推荐情况并注明联系人及电话）、推荐人员情况汇总表、推荐人选个人登记表（由人社部百千万人才工程信息采集工具生成后打印）、申报佐证材料1份（控制在40页以内）。

（二）电子材料：由人社部百千万人才工程信息采集工具（登录 http://rsb.appms.cn 下载）生成的电子数据（RPU文件格式）。

书面材料与电子材料应真实一致。涉密推荐材料需进行脱密处理。对于弄虚作假或电子数据与书面材料不一致的，取消推荐人选推荐资格。

请各市、各有关单位于4月30日前报送上述材料，同时将电子文档发至523345144@qq.com，逾期不予受理。

联系人：略
通信地址：略
邮政编码：略。

浙江省人力资源和社会保障厅办公室
2019 年 3 月 28 日

资料来源：浙江省科技厅，http：//www.zjhrss.gov.cn/art/2019/3/29/art_1392230_10371.html。

五、其他说明

由于百千万人才工程国家级人选要求比较高，数量有限，各省级行政区为了能够吸收更多的高层次人才，也都结合各自情况制定了百千万人才工程省级人选遴选方案，关注本政策的人士应该了解所在省级行政区人力资源和社会保障厅的相关政策。

第四节 创新人才推进计划

一、实施意义

组织实施创新人才推进计划是落实人才强国战略的重大部署。推进计划作为高层次创新型人才特殊支持计划（以下简称特支计划）的一个重要基础，是科技部门人才工作的重要抓手。在特支计划总体部署的 10100 人中有 5100 人由科技部通过推进计划来组织推荐，特支计划 7 类人才中 3 类是在推进计划中产生。推进计划和特支计划增强了科技部门抓人才工作的手段。组织实施推进计划对整个人才工作有着非常重要的意义。

二、实施方案

科技部、人力资源和社会保障部、财政部、教育部、中国科学院等七部门印发《创新人才推进计划实施方案》，具体内容如下。

创新人才推进计划实施方案

根据《国家中长期人才发展规划纲要（2010~2020 年）》，制定本实施方案。

一、目标和任务

创新人才推进计划（以下简称推进计划）旨在通过创新体制机制、优化政策环境、强化保障措施，培养和造就一批具有世界水平的科学家、高水平的科技领军人才和工程师、优秀创新团队和创业人才，打造一批创新人才培养示范基地，加强高层次创新型科技人才队伍建设，引领和带动各类科技人才的发展，为提高自主创新能力、建设创新型国家提供有力的人才支撑。

到 2020 年，推进计划的主要任务是：

1. 设立科学家工作室。为积极应对国际科技竞争，提高自主创新能力，重点在我国具有相对优势的科研领域设立 100 个科学家工作室，支持其潜心开展探索性、原创性研究，努力造就世界级科技大师及创新团队。

2. 造就中青年科技创新领军人才。瞄准世界科技前沿和战略性新兴产业，重点培养和支持 3000 名中青年科技创新人才，使其成为引领相关行业和领域科技创新发展方向、组织完成重大科技任务的领军人才。

3. 扶持科技创新创业人才。着眼于推动企业成为技术创新主体，加快科技成果转移转化，面向科技型企业，每年重点扶持 1000 名运用自主知识产权或核心技术创新创业的优秀创业人才，培养造就一批具有创新精神的企业家。

4. 建设重点领域创新团队。依托国家重大科研项目、国家重点工程和重大建设项目，建设 500 个重点领域创新团队，通过给予持续稳定支持，确保更好地完成国家重大科研和工程任务，保持和提升我国在若干重点领域的科技创新能力。

5. 建设创新人才培养示范基地。以高等学校、科研院所和科技园区为依托，建设 300 个创新人才培养示范基地，营造培养科技创新人才的政策环境，突破人才培养体制机制难点，形成各具特色的人才培养模式，打造人才培养政策、体制机制“先行先试”的人才特区。

二、实施原则

1. 坚持与科技、教育规划相衔接。全面落实《国家中长期人才发展规划纲要(2010～2020 年)》要求，加强与《国家中长期科学和技术发展规划纲要（2006～2020 年)》和《国家中长期教育改革和发展规划纲要（2010～2020 年)》实施工作的紧密结合。

2. 坚持与重大任务相结合。加强高端引领，突出科技前沿、重点领域和战略需求，在国家重大科技项目、重点工程建设项目和重大科技成果转化中培养、造就和集聚人才。

3. 坚持体制机制创新。遵循人才成长规律，深化科技管理体制改革，重点在人才发现、培养、使用和评价激励等方面积极探索，着力激发科技人才敬业奉献、求真务实的内在动力，建立有利于科技人员潜心研究和专心创业的良好环境。

4. 坚持统筹协作。加强项目、基地、人才的紧密结合，统筹推进现有科技计划和人才培养计划实施，加强部门协作和区域统筹，做好与部门、地方现有人才计划的有效衔接，形成部门协调有效、地方落实有力、组织实施有序、资源配置合理的工作格局。

5. 坚持分类推进。按照“整体部署、分类推进、试点先行、逐步完善”的工作原则，针对不同任务特点，确定具体的实施方法和工作步骤。对于探索性强、实施难度大的任务先行开展试点，逐步完善，积累经验后全面展开。

三、遴选条件及方式

根据推进计划各项任务的不同特点，结合现有的工作基础，支持对象分别按照以下条件和方式进行遴选。

1. 科学家工作室。

科学家工作室实行首席科学家负责制。首席科学家原则上应具备以下基本条件：

——研究方向处于我国具有相对优势的世界科技前沿领域；

——取得了国内外同行公认的突出成就，具有发展成为世界级科技大师的潜力；

——能够坚持全职潜心研究；

——坚持科学精神、品德高尚。

首席科学家由有关部门、地方或国内外权威专家推荐产生。科学家工作室要有具体的科研规划、建设方案和部门（地方）支持措施，加强与国家相关人才计划的衔接。科技部组织专家对首席科学家人选和工作室建设方案进行论证，会同有关部门或地方批准建设。

2. 中青年科技创新领军人才。

中青年科技创新领军人才原则上应具备以下基本条件：

——在科技前沿和战略性新兴产业领域取得高水平创新成果，具有较大的发展潜力；

——具有主持承担国家或地方重要科技项目的经验；

——表现出较强的领军才能、团队组织能力；

——拥有博士学位或副高级以上职称，年龄在45周岁以下。

中青年科技创新领军人才由有关部门、省级科技行政管理部门、重点科研基地等限额推荐或知名专家特别推荐。科技部组织专家进行咨询论证，经公示无异议后批准支持。

3. 科技创新创业人才。

科技创新创业人才原则上应具备以下基本条件：

——科技型企业的主要创办人，具有本科以上学历和较强的创新创业精神；

——企业创办不足5年；

——企业拥有核心技术或拥有自主知识产权；

——企业具有较好的经营业绩和成长性。

科技创新创业人才由省级科技行政管理部门限额推荐，科技部组织专家咨询论证，经公示无异议后批准支持。

同等条件下，科技型中小企业创新基金项目承担单位的主要创办人、法人科技特派员的法人代表以及“千人计划”创业人才入选者优先。

4. 重点领域创新团队。

重点领域创新团队原则上应具备以下基本条件：

——所从事科研工作符合国家、行业重点发展方向和长远需求；

——具有承担国家重大科研课题、重点工程和重大建设项目的经历；

——团队创新业绩突出，具有较好的发展前景；

——团队组织结构合理、核心人员相对稳定；

——团队具有明确的创新目标和科研规划。

重点领域创新团队由国家重大科研项目、重点工程和重大建设项目牵头组织单位择优限额推荐，科技部组织专家咨询论证，经公示无异议后批准支持。

5. 创新人才培养示范基地。

创新人才培养示范基地原则上应具备以下基本条件：

——牵头单位为高等学校、科研院所和科技园区；

——牵头单位应有丰富的科技资源、较强的创新能力和良好的人才培养基础；

——牵头单位建立了产学研紧密结合的人才培养机制，积极开展国际化人才交流与合作培养；

——牵头单位建立了科教资源面向社会开放共享的机制；

——在人才培养的体制机制改革和政策创新方面先行先试，能够发挥较强的示范、辐射和带动作用。

创新人才培养示范基地由部门和地方择优限额推荐，科技部组织专家对基地建设方案进行论证，经推进计划部际协调小组批准后建设。

四、支持措施

1. 落实和制定配套政策。加大现有人才政策落实力度，结合《国家中长期人才发展规划纲要（2010～2020年）》的实施，研究制定《关于加强高层次创新型科技人才队伍建设的意见》等政策文件。根据推进计划各项任务的具体情况，在科研管理、人事制度、经费使用、考核评价、人员激励等方面制定相关配套措施，并先行先试、逐步完善。

2. 加强人才与项目、基地的有机结合。在国家科技计划实施和重点创新基地建设中，进一步突出对人才和团队的培养。改革科技计划管理办法，简化立项程序，对推进计划入选对象中已承担科研项目的，完成项目任务后优先给予滚动持续支持；未承担科研项目的，可自主提出研究项目，符合国家科技计划要求的，按程序给予优先立项。具备条件的依托单位优先建设国家（重点）实验室、工程中心等创新基地。

3. 进一步加大经费投入。统筹国家科技计划等相关经费的安排，调整投入结构，创新支持方式，加大对推进计划入选对象的支持力度。在充分利用现有资源的基础上，设立中央财政专项经费，对科学家工作室等重点任务给予支持。加强专项经费监督管理，提高经费使用效益。

4. 探索建立适应不同任务特点的具体支持措施。对科学家工作室采取“一事一议、按需支持”的方式，给予充分的经费保障，不参与竞争申请科研项目；首席科学家实行聘期制，赋予其充分的科研管理自主权，建立国际同行评议制度。对中青年科技创新领军人才、创新团队加大培养和支持力度，扩大科研经费使用自主权。落实期权、股权和企业年金等中长期激励措施，加强科技与金融结合，加大对科技创新创业人才的支持力度。鼓励创新人才培养示范基地加强体制机制改革与政策创新，大胆探索，先行先试。

5. 营造良好社会氛围。推进计划入选对象所在单位、园区、地方和部门要集成各方资源，加大政策和资金支持力度；及时总结推广在推进计划实施过程中创造的典型经验和成功做法，加强对优秀科技人才和创新团队的宣传报道，为加强创新人才队伍建设营造良好的社会氛围。

五、进度安排

推进计划分三个阶段实施：

1. 2011年，为部署启动阶段。发布推进计划实施方案，制定具体实施措施；开展科学家工作室建设试点，启动各项任务的具体组织实施工作。

2. 2012年至2015年，为全面实施阶段。到“十二五”中期，完成相关政策措施和管理办法的制定完善工作。到“十二五”末期，推进计划各项任务完成过半，开展中期考核评估。

3. 2016年至2020年，为深化完善阶段。到2020年，在培养高层次创新型人才、创新体制机制、优化政策环境、建设人才培养基地等方面完成推进计划总体目标，带动和引领各类创新型科技人才队伍发展。

六、组织实施

在中央人才工作协调小组的指导下，科技部会同有关部门共同做好推进计划的组织实施工作。

1. 建立工作协调机制。成立由科技部牵头，人力资源社会保障部、财政部、教育部、中国科学院、中国工程院、国家自然科学基金委员会和中国科学技术协会参加的推进计划实施工作部际协调小组，研究协商重大问题。协调小组办公室设在科技部。

2. 建立专家咨询机制。择优遴选一批国内外科技、经济、管理等方面的高水平专家作为推进计划咨询专家，完善咨询机制，充分发挥专家在推进计划组织实施中的决策咨询作用。

3. 建立绩效评估机制。根据推进计划的实施进度和目标要求，实施定期的报告制度和评估制度，参照国际通行做法，建立以创新和质量为导向的科研评价办法，加强对推进计划入选对象的跟踪管理和评估考核，不断完善实施工作，提高推进计划实施效果。

资料来源：中国科学技术大学先进技术研究院，https：//iat. ustc. edu. cn/policy/762. html。

三、政策解读①

（一）科学家工作室：科学大师助跑器

推进计划提出：到2020年，建设100个科学家工作室，能在世界科学前沿取得具有重大国际影响的科研成就；增强原始创新和技术突破能力，提高重点科研领域的国际竞争力，带动相关学科和技术的整体发展进步；培养和造就相关领域的顶级科学家和工程师，在国际上具有权威性、享有重要话语权；进而探索具有中国特色的科技管理体制和运行机制、人才培养和使用机制。

这主要是为了在优势领域培养出顶尖人物。希望科学家工作室能成为科学大师的助跑器。科学家工作室主要为在我国具有相对优势的科技前沿领域或符合国家发展战略需求的重点领域、具有国际水平的科技人才而设立，助其围绕若干重大科学问题开展探索性、开创性研究，积极探索高层次创新人才培养的新机制、新方法，营造潜心

① 田晓冰，袁志勇．五维度全面解读《创新人才推进计划实施方案》［N］．中国财经报，2013－05－09，http：//news. hexun. com/2013－05－09/153944723. html.

研究、自主探索、稳定支持、交叉融合、激励创新的环境和文化，努力造就世界级科技大师及创新团队。

科学家工作室将实行首席科学家制。首席科学家负责制度将赋予科学家充分科研自主权，自组团队、自主管理、自由探索、自我约束。同时完善经费支持和管理方式，进一步扩大科研经费使用自主权。在科学家工作室的另选、评估、验收等环节引入国际同行评议制度，在全球范围内选择国际一流的顶级科学家，以体现准确性和公信力，在管理上强化创新和质量导向，完善科技人才评价激励机制。

（二）中青年科技创新领军人才：关注潜力　鼓励探索

2012 年创新人才推进计划组织推荐工作的通知对年龄提出了需求，中青年科技创新领军人才的推荐条件之一就是原则上不超过 45 周岁，推进计划的组织实施部门科技部政策司和人才中心则表示：从初评开始就严格把关年龄，无一超龄参选者进入复评，最后进入公示的 205 名领军人才平均年龄 41.74 岁。

对于科研活动来说，不同年龄段有不同的创新活力，美国科学社会学家朱克曼对 1901～1972 年 286 名诺贝尔奖获得者的年龄进行分析得出，获诺贝尔奖研究室的年龄平均为 38.7 岁。培养和造就一大批具有较强创新能力的青年科技人才才是全社会的责任，党和国家一贯高度重视青年科技人才的培养，推进计划正是基于此背景下，选择在世界科技前沿和战略性新兴产业的重点领域，对一批有潜力的中青年科技人才进行重点支持和培养，使其成为在相关行业和领域能够得到国内外同行认可、引领科技创新发展方向、组织完成重大科技任务的科技带头人。

创新来源于探索，科学研究更需要自由探索，很多问题在突破以前，很难在科技界形成共识。没有形成共识，就很难获得研究经费，难以实现自由探索。然而事实上，在自然科学研究领域，许多“真理”往往在少数人手里。没有科学精神，科学前沿是不可能有所突破的。自由探索可能体现的是一种学术氛围、学术方法、学术精神。不论是根据好奇心驱动的科学研究，还是以科学任务、科学项目以及以国家和社会需求来牵引的科学研究，在研究过程中，都需要提倡自由探索创新。推进计划不但鼓励个人研究自由创新，尤其鼓励团队领军人才具有带动整个团队自由探索的精神。

（三）重点领域创新团队：鼓励长期稳定合作

如果说科学家工作室、领军人才重点关注的是领军人物创新能力，创新团队则重点关注的是结构合理性和持续性。此次创新团队除负责人年龄放宽至 50 周岁，其他各项均需符合领军人才的基本条件，且增加了对团队的硬性要求：团队结构稳定、合理，具有一定的延续性。其核心成员一般不少于 5 人、不超过 15 人。

共同的信念追求，知识结构、能力学历的互补，彼此的磨合适应均到一定程度，方能造就一个结构合理、有内在创新动力的团队。推进计划所支持的是依托国家重大科研项目、国家重点工程和重大建设项目，建设具有较高学术造诣的学术带头人、良好的创新氛围和持续创新能力、年龄结构和专业结构合理的重点领域创新团队。通过给予创新团队持续稳定支持，确保更好地完成国家重大战略任务，保持和提升我国在若干重点领域的科技创新能力和国际竞争力。推进计划鼓励团队长期稳定的合作态度，杜绝为申报计划而临时组建的团队出现。

（四）科技创新创业人才：政策松绑为创业加油

科技创新创业人才将通过三个方面为其创业加油。

一是鼓励成果转化。推进计划科技创新创业人才的支持对象定位为所在企业拥有核心技术或自主知识产权的创业人才，同时该企业开发的产品具备技术先进或服务模式创新，有较强的市场潜力和竞争力或公益性价值。

二是鼓励企业为主体。推进计划要求申报人为企业主要创办人，且全职创业。也就是说，体制内的工作人员要申报的话，必须辞去原单位工作。但推进计划并不主张有科技成果或专利技术的科技人员都去创业，推进计划对科技创新创业人才的导向是具有较强的创新创业精神、市场开拓和经营管理能力的人才。

三是加大对成长型企业的扶持。推进计划的科技创新创业人才重点向初创期和成长期企业倾斜，要求创办的企业在中华人民共和国大陆境内注册，企业创办一般不超过5年。科技型企业创业之初最需要扶持，推进计划将落实期权、股权和企业年金等中长期激励措施，加强科技与金融结合，加大对科技创新创业人才的支持力度。

（五）创新人才培养示范基地：突破体制机制试验田

有业内专家表示，推进计划中改革力度要求最大的就是创新人才培养示范基地建设。创新人才培养示范基地牵头单位要求为科技园区或有独立法人资格的高等学校、科研机构等；需要单位负责人高度重视人才培养工作，在政策和机制创新方面应凸显自身特色，具有明确的改革思路和切实可行的落实措施；尤其是在人才培养的体制机制改革方面积极探索且取得明显成效，能够发挥较强的示范、辐射和带动作用；换言之，只要是对培养创新人才有利的，在体制机制上可大胆尝试，勇于突破。

此次人才培养示范基地也鼓励产学研结合。要求基地充分发挥企业在创新人才培养中的主体作用，结合区域经济发展和产业发展趋势，整合优质资源，对创新人才培养基地进行合理规划和布局。企业结合对高层次人才的实际需求，与相关高等院校、科研院所制定培养计划，提供实习场地，共同建立高层次创新人才校企合作培养制度。

四、其他说明

创新人才推进计划主管单位是科技部及地方科技厅，2018年8月2日科技部办公厅、中央组织部办公厅、人力资源社会保障部办公厅关于做好2018年创新人才推进计划暨国家“万人计划”科技创新领军人才、科技创业领军人才推荐选拔工作的通知（http://www.kjc.ecnu.edu.cn/b7/93/c8149a178067/page.htm?from=groupmessage&isappinstalled=0）对条件要求、推荐办法、工作要求、申报流程、联系方式做了详细规定，福建省省级科技创新领军人才、科技创业领军人才遴选工作具体由科技厅负责组织实施，因此关注该项政策的读者要及时关注所在地区科技厅的网站信息。

第五节　科技特派员制度

一、科技特派员制度的定义

科技特派员制度，是现阶段国家和地方推行并实施的一项重大决策，它通过选派有一定科技专业理论、技术、工作经验、管理能力的专家、教授、研究员、博士等中青年知识分子，深入农村第一线，长年累月地和农民在一起，工作在农村、服务于农业，把自己的才能贡献给“三农”。一般有省级、市级（地区）、县级三级科技特派员。

二、科技特派员制度的由来

20 世纪 90 年代中后期，作为闽北农业大市，南平市粗放型农业经济陷入困境。雪上加霜的是，1998 年 6 月，当地又遭遇了一场百年不遇的洪灾，农业农村受损严重。为破解发展难题，南平 3000 多名干部下基层问计于民，基层科技力量不足和科技服务缺位是农民反映最突出的问题。1999 年 2 月，南平市选派 225 名科技人员到乡村开展科技服务，成为首批“科技特派员”。2002 年，时任福建省省长的习近平同志到南平调研，对南平科技特派员的创新做法给予充分肯定，科技特派员制度迅速在福建省推广。

国家科技部对南平市的做法给予了充分肯定，2002 年科技部在宁夏等西北五省区开展试点，之后在全国推广，至今已经有 20 年的历史。2003 年，时任浙江省委书记习近平同志作出重要批示，指出科技特派员制度是一项创新举措，旨在解决农民生产经营中的现实科技难题和培训适用技能。2009 年科技部等八部门出台《关于深入开展科技特派员农村科技创业行动的意见》，科技特派员工作进入了新的发展阶段。2016 年 5 月 19 日，国务院办公厅公开发布《关于深入推行科技特派员制度的若干意见》，使该制度进一步上升为国家层面的重大决策行动。目前已经覆盖全国大部分省级行政区。

三、关于深入推行科技特派员制度的若干意见政策

《国务院办公厅关于深入推行科技特派员制度的若干意见》的具体内容如下。

国务院办公厅关于深入推行科技特派员制度的若干意见

各省、自治区、直辖市人民政府，国务院各部委、各直属机构：

科技特派员制度是一项源于基层探索、群众需要、实践创新的制度安排，主要目

的是引导各类科技创新创业人才和单位整合科技、信息、资金、管理等现代生产要素，深入农村基层一线开展科技创业和服务，与农民建立“风险共担、利益共享”的共同体，推动农村创新创业深入开展。当前，我国正处在全面建成小康社会的决胜阶段，农村经济社会发展任务艰巨繁重。为深入实施创新驱动发展战略，激发广大科技特派员创新创业热情，推进农村大众创业、万众创新，促进一二三产业融合发展，经国务院同意，现提出如下意见。

一、总体要求

（一）指导思想。

全面贯彻党的十八大和十八届三中、四中、五中全会精神，按照党中央、国务院决策部署，牢固树立创新、协调、绿色、开放、共享的发展理念，深入实施创新驱动发展战略，壮大科技特派员队伍，完善科技特派员制度，培育新型农业经营和服务主体，健全农业社会化科技服务体系，推动现代农业全产业链增值和品牌化发展，促进农村一二三产业深度融合，为补齐农业农村短板、促进城乡一体化发展、全面建成小康社会作出贡献。

（二）实施原则。

——坚持改革创新。面对新形势新要求，立足服务“三农”，不断深化改革，加强体制机制创新，总结经验，与时俱进，大力推动科技特派员农村科技创业。

——突出农村创业。围绕农村实际需求，加大创业政策扶持力度，培育农村创业主体，构建创业服务平台，强化科技金融结合，营造农村创业环境，形成大众创业、万众创新的良好局面。

——加强分类指导。发挥各级政府以及科技特派员协会等社会组织作用，对公益服务、农村创业等不同类型科技特派员实行分类指导，完善保障措施和激励政策，提升创业能力和服务水平。

——尊重基层首创。鼓励地方结合自身特点开展试点，围绕农村经济社会发展需要，建立完善适应当地实际情况的科技特派员农村科技创业的投入、保障、激励和管理等机制。

二、重点任务

（三）切实提升农业科技创新支撑水平。

面向现代农业和农村发展需求，重点围绕科技特派员创业和服务过程中的关键环节和现实需要，引导地方政府和社会力量加大投入力度，积极推进农业科技创新，在良种培育、新型肥药、加工贮存、疫病防控、设施农业、农业物联网和装备智能化、土壤改良、旱作节水、节粮减损、食品安全以及农村民生等方面取得一批新型实用技术成果，形成系列化、标准化的农业技术成果包，加快科技成果转化推广和产业化，为科技特派员农村科技创业提供技术支撑。

（四）完善新型农业社会化科技服务体系。

以政府购买公益性农业技术服务为引导，加快构建公益性与经营性相结合、专项服务与综合服务相协调的新型农业社会化科技服务体系，推动解决农技服务“最后一公里”问题。加强科技特派员创业基地建设，打造农业农村领域的众创空间——“星创天地”，完善创业服务平台，降低创业门槛和风险，为科技特派员和大学生、返乡农民工、农村青年致富带头人、乡土人才等开展农村科技创业营造专业化、便捷化的创业环境。深化基层农技推广体系改革和建设，支持高校、科研院所与地方共建新农村发展研究院、农业综合服务示范基地，面向农村开展农业技术服务。推进供销合作社综合改革试点，打造农民生产生活综合服务平台。建立农村粮食产后科技服务新模式，提高农民粮食收储和加工水平，减少损失浪费。支持科技特派员创办、领办、协办专业合作社、专业技术协会和涉农企业等，围绕农业全产业链开展服务。推进农业科技园区建设，发挥各类创新战略联盟作用，加强创新品牌培育，实现技术、信息、金融和产业联动发展。

（五）加快推动农村科技创业和精准扶贫。

围绕区域经济社会发展需求，以现代农业、食品产业、健康产业等为突破口，支持科技特派员投身优势特色产业创业，开展农村科技信息服务，应用现代信息技术推动农业转型升级，大力推进“互联网+”现代农业，加快实施食品安全创新工程，培育新的经济增长点。落实“一带一路”等重大发展战略，促进我国特色农产品、医药、食品、传统手工业、民族产业等走出去，培育创新品牌，提升品牌竞争力。落实精准扶贫战略，瞄准贫困地区存在的科技和人才短板，创新扶贫理念，开展创业式扶贫，加快科技、人才、管理、信息、资本等现代生产要素注入，推动解决产业发展关键技术难题，增强贫困地区创新创业和自我发展能力，加快脱贫致富进程。

三、政策措施

（六）壮大科技特派员队伍。

支持普通高校、科研院所、职业学校和企业的科技人员发挥职业专长，到农村开展创业服务。引导大学生、返乡农民工、退伍转业军人、退休技术人员、农村青年、农村妇女等参与农村科技创业。鼓励高校、科研院所、科技成果转化中介服务机构以及农业科技型企业等各类农业生产经营主体，作为法人科技特派员带动农民创新创业，服务产业和区域发展。结合各类人才计划实施，加强科技特派员的选派和培训，继续实施林业科技特派员、农村流通科技特派员、农村青年科技特派员、巾帼科技特派员专项行动和健康行业科技创业者行动，支持相关行业人才深入农村基层开展创新创业和服务。利用新农村发展研究院、科技特派员创业培训基地等，通过提供科技资料、创业辅导、技能培训等形式，提高科技特派员创业和服务能力。鼓励我国科技特派员到中亚、东南亚、非洲等地开展科技创业，引进国际人才到我国开展农村科技创业。

（七）完善科技特派员选派政策。

普通高校、科研院所、职业学校等事业单位对开展农村科技公益服务的科技特派员，在5年时间内实行保留原单位工资福利、岗位、编制和优先晋升职务职称的政策，其工作业绩纳入科技人员考核体系；对深入农村开展科技创业的，在5年时间内保留其人事关系，与原单位其他在岗人员同等享有参加职称评聘、岗位等级晋升和社会保险等方面的权利，期满后可以根据本人意愿选择辞职创业或回原单位工作。结合实施大学生创业引领计划、离校未就业高校毕业生就业促进计划，动员金融机构、社会组织、行业协会、就业人才服务机构和企事业单位为大学生科技特派员创业提供支持，完善人事、劳动保障代理等服务，对符合规定的要及时纳入社会保险。

（八）健全科技特派员支持机制。

鼓励高校、科研院所通过许可、转让、技术入股等方式支持科技特派员转化科技成果，开展农村科技创业，保障科技特派员取得合法收益。通过国家科技成果转化引导基金等，发挥财政资金的杠杆作用，以创投引导、贷款风险补偿等方式，推动形成多元化、多层次、多渠道的融资机制，加大对科技特派员创业企业的支持力度。引导政策性银行和商业银行等金融机构在业务范围内加大信贷支持力度，开展对科技特派员的授信业务和小额贷款业务，完善担保机制，分担创业风险。吸引社会资本参与农村科技创业，办好中国农业科技创新创业大赛、中国青年涉农产业创业创富大赛等赛事，鼓励银行与创业投资机构建立市场化、长期性合作机制，支持具有较强自主创新能力和高增长潜力的科技特派员企业进入资本市场融资。对农民专业合作社等农业经营主体，落实减税政策，积极开展创业培训、融资指导等服务。

四、组织实施

（九）强化组织领导。

发挥科技特派员农村科技创业行动协调指导小组作用，加强顶层设计、统筹协调和政策配套，形成部门协同、上下联动的组织体系和长效机制，为推行科技特派员制度提供组织保障。各地方要将科技特派员工作作为加强县市科技工作的重要抓手，建立健全多部门联合工作机制，结合实际制定本地区推动科技特派员创业的政策措施，抓好督查落实，推动科技特派员工作深入开展。

（十）创新服务机制。

加强对各类科技特派员协会的指导，继续实行科技特派员选派制，启动科技特派员登记制。支持科技特派员协会等社会组织为科技特派员提供电子商务、金融、法律、合作交流等服务。建立完善科技特派员考核评价指标体系和退出机制，实行动态管理。加强对科技特派员工作的动态监测，完善科技特派员统计报告工作。

（十一）加强表彰宣传。

对做出突出贡献的优秀科技特派员及团队、科技特派员派出单位以及相关组织管理机构等，按照有关规定予以表彰。鼓励社会力量设奖对科技特派员进行表彰奖励。宣传科技特派员农村科技创业的典型事迹和奉献精神，组织开展科技特派员巡讲活动，激励更多的人员、企业和机构踊跃参与科技特派员农村科技创业。

国务院办公厅

2016 年 5 月 1 日

资料来源：中国政府网，http：//www. gov. cn/zhengce/content/2016 – 05/19/content_5074696. htm。

四、政策解读[①]

《关于深入开展科技特派员农村科技创业行动的意见》的出台首次在国家层面对

① 国务院新闻办公室，http：//www. scio. gov. cn/34473/34515/Document/1478435/1478435. htm。

科技特派员工作进行了顶层设计和谋篇布局，明确了四大目标，部署了三项重点任务。四大目标是壮大科技特派员队伍、完善科技特派员制度、培育新型农业经营和服务主体、促进农村第一、第二、第三产业深度融合。三项重点任务是切实提升农业科技创新水平、完善新型农业社会化科技服务体系、加快推动农村科技创业和精准扶贫。

政策措施上有六个方面的支持：一是壮大科技特派员队伍，支持普通高校、科研院所、职业学校和企业的科技人员到农村开展创业与服务，并且引导大学生、返乡农民工、退伍转业军人、退休技术人员、农村青年、农村妇女等积极参与农村创业，壮大科技特派员队伍；二是完善科技特派员选派政策，对深入农村创业的科技特派员 5 年内保留人事关系，对开展公益服务的科技特派员 5 年内保留原单位工资福利、岗位、编制和优先晋升职称职务，工作业绩纳入科技人员考核体系；三是为强化农村科技成果转移转化，明确科技特派员创业的合法收益权，鼓励通过许可、转让、技术入股等方式支持科技特派员转化科技成果开展创业服务；四是加大对科技特派员创业的支持，发挥财政资金的杠杆作用，通过国家科技成果转化引导基金等，引导政策性银行和商业银行等金融机构在业务范围内加大信贷支持，吸引社会资本参与农村科技创业；五是搭建科技特派员创业舞台，打造农业农村领域的众创空间——“星创天地”，营造专业化、社会化、便捷化的农村科技创业环境；六是创新科技特派员社会化服务，继续实行科技特派员选派制，启动科技特派员登记制，支持科技特派员协会等社会组织开展科技特派员电子商务、金融、法律、合作交流等服务。

政策内容有六个亮点：第一，过去科技特派员工作是在部门和地方层面推动，这次作为国务院办公厅文件下发，科技特派员是作为一个国家制度进行了明确；第二，建立“部门协同、上下联动”的组织体系和长效机制，科技特派员的工作体系是“横向到边、纵向到底”，这对推进工作提供了保障机制；第三，不管是派出型还是自发型的科技特派员，在五年之内回原单位都得到保障，尤其是对派出开展农村科技公益服务的科技特派员的工资福利、岗位、编制等在五年时间内都能得以保留，优先晋升职务职称；第四，鼓励创业，科技特派员带着成果，开展农村科技创业，保障科技特派员取得合法权益，给予充分的政策空间；第五，在优化创业创新环境方面，要建立“星创天地”，完善服务体系，为他们在农村、基层一线创新创业提供更好的环境；第六，要给这些从事一线创业、带着农民致富、做出重大贡献的科技特派员一个崇高的社会地位，进行宣传表彰，在精神上给予支持。

“星创天地”是科技特派员良好的创业环境和平台：现在创新创业的热潮在中国大地上涌动，党中央国务院非常重视这项工作。创新创业要有一个好的环境和平台，在农村提出建设“星创天地”，简单理解就是众创空间在农村基层一种表现形式。1986 年“星火计划”开始实施，意思是星星之火可以燎原，“星创天地”，是对星火计划的一种传承和发扬，既落实了党中央国务院在新形势下的战略部署，也体现出基层同志、农村同志对“星火计划”的感情。“星创天地”简单地说就是环境比较好的创业平台，这个平台为科技特派员在农村创新创业提供一个良好的环境，降低了创业门槛和风险。不仅通过政策支持他们，解除他们的后顾之忧，更希望他们到农村去，通过“星创天地”这个平台带动更多的农民致富，对“三农”工作有更大的帮助。

在推动科技特派员工作的同时，也非常关注科技特派员国际合作。我国科技部和联合国开发计划署已有了初步的接触，目前，云南、新疆、宁夏、广西等省区的科技特派员和周边国家开展了一些合作。比如云南，科技主管部门认定了16家法人国际科技特派员、22名自然人国际科技特派员。

五、地方政策

自从2016年国务院办公厅公开发布《关于深入推行科技特派员制度的若干意见》以来，全国各地也结合自身的实际情况制定了省、市（地区）、县（区）三级地方政策对该制度的实施加以支持，不同省、市（地区）、县（区）政策都有差别，感兴趣的读者在所在地区的政府网站查询。这里重点介绍福建省相关政策文件。该政策省级文件主要有两个：《福建省人民政府关于深入推行科技特派员制度的实施意见》和《福建省科学技术厅关于做好2018年省级科技特派员选认和工作经费申请的通知》。

福建省人民政府关于深入推行科技特派员制度的实施意见

各市、县（区）人民政府，平潭综合实验区管委会，省人民政府各部门、各直属机构，各大企业，各高等院校：

科技特派员制度源于我省南平市，是一项基层探索、群众需要、实践创新的制度安排。为深入贯彻国务院办公厅《关于深入推行科技特派员制度的若干意见》（国办发〔2016〕32号）和省委、省政府《关于实施创新驱动发展战略建设创新型省份的决定》，建立科技特派员工作长效机制，推动农村科技创新创业和精准扶贫，特提出以下意见。

一、创新选派机制，确保精准对接

（一）明确主要任务。推行科技特派员制度要面向新形势下农村农业发展需求，引导科技、人才、资金、信息、管理等要素向农村聚集，切实提升农业科技创新支撑水平，完善新型农业社会化科技服务体系，推动农村科技创业和精准扶贫，加快推进现代农业发展，促进农村一二三产业深度融合。

（二）拓宽选派渠道。按照省市县三级联动、供需精准对接的原则，鼓励和支持科技人员发挥职业专长，到农村开展创业服务。鼓励和支持高校、科研院所、企业等单位向科技行政主管部门推荐科技特派员选派人选。科技特派员原则上需具有中级（含中级）以上专业技术职称（或硕士以上学历），并有相关农业科技成果和科技服务经验的人员。

（三）改进选认方式。对为农户提供技术公益服务，创办、领办经济实体和星创天地，或与经济实体开展实质性技术合作的个人和团队，经县级科技行政主管部门选拔推荐，设区市科技特派员联席会议办公室审定，报省科技特派员联席会议办公室备案，认定为省级科技特派员。省级科技特派员或团队每年认定一次，可连选连任。市、县可参照此做法，选派认定市、县级科技特派员。

（四）突出精准扶贫。继续实施“省级扶贫开发工作重点县人才支持计划科技人员专项计划”，选派的科技人员作为省级科技特派员，到23个省级扶贫开发工作重点县开展科技扶贫、精准扶贫工作。至2020年，在重点县组织实施100项以上科技特派员项目，支持每个县建成1个以上星创天地等创业服务平台。

二、实行分类扶持，规范项目管理

（五）采取分类扶持方式。科技特派员专项资金采用以奖代补的方式，对科技特派员工作、项目和建设的省级星创天地予以支持。

根据省级科技特派员的工作业绩，每人每年给予一定数量的工作经费，主要用于支付科技特派员在受援地的工作补助、交通差旅费用、保险和培训费用等。工作经费可拨付给所在单位或服务区域县级科技行政主管部门。每年安排2000万元，补助人数1000人。

对科技特派员创办、领办经济实体，或与经济实体开展实质性技术合作的项目，按取得成效给予一次性资金奖励。每年安排2000万元，奖励项目200项。

对科技特派员创办的为大学生、返乡农民工、农村青年致富带头人、乡土人才等开展农村科技创业提供创业服务，并取得成效的省级星创天地给予一次性资金奖励。每年安排800万元，奖励数量20个。

对影响和成效特别重大的科技特派员项目和平台建设项目，可向省科技特派员工作联席会议办公室提出申请，采取“一事一议”的方式，给予经费支持。

上述经费，从2017年开始，省发改委、科技厅、财政厅每年调整安排1600万元，共同设立4800万元的科技特派员专项资金。专项资金管理办法由省科技厅、发改委和财政厅等部门另行制定。设区市、县政府应切实保障市、县级科技特派员所需资金。

（六）规范项目管理。科技特派员项目和星创天地纳入省科技计划体系。根据省科技厅关于申报科技特派员计划项目和星创天地的年度通知，经县级科技行政主管部门推荐，设区市科技特派员联席会议办公室审核汇总，设区市科技局统一向省科技厅申报。

三、落实双创政策，加强宣传表彰

（七）落实创新创业政策。将科技特派员工作全面纳入省政府《大力推进大众创业万众创新十条措施》（闽政〔2015〕37号）范畴，享受相关优惠政策。全面落实国家和省促进科技成果转化有关政策，鼓励科技特派员以科技成果和知识产权入股企业，取得合法收益。发挥财政资金的杠杆作用，通过引进创投、贷款风险补偿等方式，推动形成多元化、多层次、多渠道的融资机制，吸引社会资金参与科技特派员创新创业。

（八）加强宣传表彰。在福建日报和福建省电视台等主流媒体设立“科技特派员风采”等栏目，定期宣传科技特派员的先进事迹和奉献精神，总结推广典型经验，形成全社会关注、支持科技特派员的良好氛围。

在劳动模范、三八红旗手、先进工作者等各级各类评优评先工作中，对做出突出贡献的科技特派员予以优先推荐。鼓励社会力量设奖对科技特派员进行表彰奖励。

四、完善保障措施，强化组织管理

（九）完善保障政策。对到农村开展技术公益服务的科技特派员，在5年时间内保留其人事关系、职务等，工资、奖金、福利等待遇从优，由原单位发放，其工作业绩纳入科技人员考核体系，作为其评聘和晋升专业技术职务（职称）的重要依据。对深入农村开展科技创业的科技特派员，在5年时间内保留其人事关系，保留原聘专业技术职务，工龄连续计算，并与原单位其他在岗人员同等享有参加职称评定、岗位等级晋升和社会保险等方面的权利，期满后可以根据本人意愿选择辞职创业或回原单位工作。

（十）健全科技信息服务系统。以星火科技12396为依托，开发覆盖全省的科技特派员综合科技信息服务平台，将各级科技特派员纳入平台统一管理。建立科技特派员服务、创业成果数据库，开展科技特派员创业成果展示交流。提供技术供需信息，定期公布高校、科研院所的科技人员专业技术特长和基层需求等情况。

启动科技特派员登记制，经选派认定的省、市、县级科技特派员须登录“国家科技特派员网”进行登记。高校、科研院所、科技成果转化中介服务机构以及龙头企业等企事业法人以及个人，实际从事科技特派员工作的，也可登录“国家科技特派员网”进行登记。

（十一）强化服务管理。成立由省政府分管领导为召集人，省科技厅、人才办、发改委、教育厅、财政厅、人社厅、农业厅等为成员单位的福建省科技特派员工作联席会议，安排部署年度工作。联席会议办公室设在省科技厅，负责联络协调督促落实。各设区市也要建立科技特派员工作联席会议制度，统筹推进本地区科技特派员工作。

各地要认真调查基层的技术需求，加强与高校、科研院所、科技成果转化中介服务机构以及龙头企业的沟通联系，及时做好供需对接和推进工作落实。派出单位要为科技特派员提供技术、人才、信息等方面支持。

各设区市、县（市、区）人民政府要根据本意见，结合本地实际情况，制定具体实施办法。

福建省人民政府

2017年2月8日

资料来源：福建省人民政府，http://www.fujian.gov.cn/xw/ztzl/qyjrdd/szfjszfbgtwj/201702/t20170216_1469760.htm。

福建省科学技术厅关于做好2018年省级科技特派员选认和工作经费申请的通知

各设区市科技局、平潭综合实验区社会事业局，各有关单位：

根据《福建省人民政府关于深入推行科技特派员制度的实施意见》（闽政〔2017〕5号）和《福建省科技特派员专项资金管理办法》（闽财教〔2017〕44号），

为做好2018年省级科技特派员选认和工作经费申请工作，现将有关事项通知如下：

一、选认方式

要跨界别、跨区域选择科技人才，广开科技特派员选认渠道，推动科技特派员工作由第一产业向第二、第三产业拓展，推进“三产”融合，引领和带动乡村振兴。县级科技行政主管部门要紧密围绕乡村振兴战略，根据当地实际情况，负责选拔推荐在属地范围内已经为当地农户提供技术公益服务，创办、领办经济实体和星创天地，或与经济实体开展实质性技术合作的科技人员（单位）作为省级科技特派员选认对象，经设区市科技特派员联席会议办公室审核后，报送省科技特派员联席会议办公室（省科技厅）。

二、选认对象

（一）科技特派员。选认对象须符合《福建省人民政府关于深入推行科技特派员制度的实施意见》要求，不限来源（省内外高校、科研院所、企业均可）、不限服务领域、不限名额。选拔推荐对象与已参与本年度《省级扶贫开发工作重点县人才支持计划科技人员专项计划》的科技人员不重复。

（二）团队科技特派员。以推进我省或当地优势产业发展为目标，围绕产业链（或已有的科技特派员创业链），依托龙头企业，建立技术服务团队。科技特派员均可牵头组建团队科技特派员，团队可以由多学科或多单位人员组成，成员可吸纳非科技特派员参加。

（三）法人科技特派员。利用本单位的人才、项目、成果等优势，通过产学研合作的方式，服务地方特色产业的高校、科研院所和企业等法人单位。

三、选认流程

选认对象需在规定的时间内登录福建省科技特派员实名登记注册管理系统（http：//ktp.fjsp.gov.cn）注册，县级科技行政主管部门在规定的时间内完成审核后，在线提交设区市科技局。设区市科技特派员联席会议办公室对选认对象审核后，在线提交省科技厅。

四、工作经费补助申请

（一）县级科技行政主管部门推荐的选认对象均可申请工作经费。请登录福建省科技特派员实名登记注册管理系统详细填写相关信息。此项补助与《省级扶贫开发工作重点县人才支持计划科技人员专项计划》的福建省科技特派员补助不重复。

（二）申请补助标准：2万元/人

五、其他事项

（一）登记注册时间安排

个人和法人科技特派员：6月10日~6月25日

团队科技特派员：6月26日~7月2日

县级科技行政主管部门审核时间：6月26日~7月6日

设区市科技局审核时间：7月6日~16日

设区市科技局审核后，通过系统分别打印个人、团队科技特派员汇总表，盖章后报送至省科技厅农业科技处。

（二）注意事项

各市、县（区）应统筹考虑，合理布局，科技特派员要覆盖所有乡镇；服务本单位的科技人员，不作为省级科技特派员选认对象。

联系人：略。

福建省科学技术厅
2018 年 5 月 23 日

资料来源：福建省人民政府，http：//www. fujian. gov. cn/zc/zxwj/bmwj/201806/t20180605_2764161. htm。

六、政策实效

科技特派员制定起源于南平市，据南平市科技特派员工作办公室 2018 年最新统计，自 1999 年初，225 名来自南平市、县两级涉农机关和事业单位的首批科技特派员被派往农村一线。19 年来，南平市先后选派 10 批共 9350 人次进驻 1631 个村（场、基地），围绕绿色发展七大产业的三次产业开展科技服务，村、企业覆盖面达 90% 以上。[①]

第六节　福建省创新人才支撑政策

我国除了国家层面制定若干人才政策外，各省、自治区、直辖市都结合自身实践制定了各具特色的省级创新人才支撑政策，这里重点介绍福建省创新人才支撑政策，关注本部分政策一定要结合所在省级地区的实际情况了解相应政策。

一、福建省创新人才支撑政策概况

为了适应福建省社会经济发展对创新人才实际需求，福建省委省政府先后制定了《福建省中长期人才发展规划纲要（2010 ~ 2020 年）》《福建省“十三五”人力资源和社会保障事业发展专项规划》，对福建省的人才建设提出了一系列战略性的目标，为了高层次创新创业人才引进目标，福建省先后制定了《福建省引进高层次人才评价认定办法（试行）》《引进高层次创业创新人才及团队的工作条件和生活待遇的若干规定》《福建省引进高层次创业创新人才服务》《福建人才限价商品住房销售管理》和《新福建人才建设行动纲（2018 ~ 2022）思路框架》等政策加以配套，以上政策对于培养和吸收福建省经济建设和社会发展过程中所急需的高层次创新创业人才具有十分重要的支撑作用，因此下面一一加以介绍。

① 南平市人民政府，http：//www. np. gov. cn/cms/html/npszf/2018 - 05 - 09/796288837. html。

二、福建省引进高层次人才评价认定办法

《福建省引进高层次人才评价认定办法试行》的具体内容如下。

福建省引进高层次人才评价认定办法（试行）

一、引进高层次人才的主要对象

本办法所称的引进高层次人才，是指从福建省外引进，按照本办法直接审核确认的杰出人才、创业创新领军人才、急需紧缺创业创新人才。不含正式调入福建省的综合管理类、专业技术类、行政执法类公务员，及以引进生方式选拔引进的优秀毕业生。以政府雇员、政府特聘专家等形式引进的，可按条件和程序确定为引进高层次人才，并享受相关待遇。

引进高层次人才应具有较强的创业创新能力，学术技术、经营管理水平达到国际先进或国内领先，能够引领和带动福建省某一领域科技进步、产业升级、文化繁荣、社会发展和管理服务水平提升。个人（含曾创办企业）信用记录良好。

从境外引进的，应为目前在境外，或近3年内从境外到中国大陆（不含福建）工作或自主创业（超过3年的视同境内引进）。

二、引进高层次人才的方式及基本条件

1. 受聘。近1年内来福建省工作，与用人单位签订3年以上、每年在福建省工作时间不低于6个月的劳动合同，担任企事业高管以上职务或相当技术职务；用人单位支付年薪达到所在设区市（区）上一年度城镇单位在岗职工平均工资一定比例以上的（企业4倍，事业单位2.5倍）。

2. 合作。近1年内，个人或所在机构与福建省机构合作创建公共平台（含创业服务中心、大学科技园、软件园、留学人员创业园、大学生创业孵化基地等人才发展平台，政产学研合作平台，金融、贸易、旅游、电商、文化艺术、文化创意、科研设计等综合平台）；担任项目主要负责人或首席技术官，项目建设和运营3年内每年在闽工作时间不少于3个月；自有资金（含技术入股）或海内外跟进的风险投资占项目投资10%以上；拥有项目运营所需的人才团队或战略性伙伴。

3. 创办企业。近1年内正式在福建省内注册企业，担任企业法人代表、董事长、总裁或技术总负责人之一，自有资金（含技术入股）或跟进的风险投资占创业投资30%以上，拥有项目研发、成果转化所需的部分资金（不少于50万元）和一支技术研发、生产管理、市场开发等方面人才组成的创新人才团队。

4. 受派。受省外企业（机构）选派到福建省内分支机构、企业或项目工作，在选派企业（机构）担任中层正职以上管理人员或相当技术职务，在福建省内受派机构（企业、项目）担任高管以上管理人员或相当技术职务；3年内每年在闽工作时间不少于6个月；选派和受派单位支付年薪合计达到所在设区市（区）上一年度城镇单位在岗职工平均工资8倍及以上。

三、引进高层次人才的分类及评价认定标准

福建省引进高层次人才分为杰出人才（A类引进高层次人才）、创业创新领军人

才（B类引进高层次人才）、急需紧缺创业创新人才（C类引进高层次人才），各类引进高层次人才应符合的资格条件为：

（一）A类引进高层次人才（杰出人才）应符合下列条件之一：1. 诺贝尔奖获得者（物理、化学、生理或医学、经济等奖项）。2. 以下国际奖项获得者：中国国家最高科学技术奖、美国国家科学奖章、美国国家技术创新奖章、法国全国科研中心科研奖章、英国皇家金质奖章、科普利奖章、图灵奖、菲尔兹奖、沃尔夫数学奖、阿贝尔奖、拉斯克奖、克拉福德奖、日本国际奖、京都奖、邵逸夫奖。3. 中国、美国、英国、德国、法国、日本、意大利、加拿大、瑞典、丹麦、挪威、芬兰、比利时、瑞士、奥地利、荷兰、西班牙、澳大利亚、新西兰、俄罗斯、以色列、印度、乌克兰、新加坡、韩国的科学院院士、工程院院士（即成员（member）或高级成员（fellow），见中国科学院国际合作局网站 http：//www. bic. cas. cn）；台湾当局中央研究院院士。4. 担任过世界500强企业（见说明1）总部董事会成员、首席技术官或技术研发负责人；或上证50样本股、沪深300样本股、深证成分股、深证100成份股、上证180成分股等上市公司董事长、总裁、首席技术官或技术研发负责人。5. 国际成熟自由港、自贸试验区或国际知名开发区管理机构负责人。6. 国际著名金融机构（见说明2）首席执行官或首席专家，国际著名会计师事务所（见说明3）首席执行官。7. 担任过国际著名学术组织（见说明4）主席或副主席，担任过国际标准组织（ISO）标样委员会委员。8. 国际公认的三大世界大学排名最新同时排前100名大学（见说明5）的校长、副校长。9. 美国、英国、德国、法国、日本、意大利、加拿大重大科技计划项目成果负责人或首席科学家。10. 担任过国际著名艺术比赛（见说明6）评委会主席、副主席。11. 近5年内，获得过国际著名建筑奖（见说明7）、著名文学奖（见说明8）、著名电影、电视、戏剧奖（见说明9）、著名音乐奖（见说明10）、著名广告奖（见说明11）中最高级别个人奖项及国际一类艺术比赛（见说明6）大奖。12. 近5年内，获得过国际著名工业设计iF奖的金奖，或红点奖的至尊奖。13. 拥有国际发明专利或核心技术国内发明专利，或掌握核心竞争力、形成有独创性领先性的商业模式，年销售额1亿元人民币以上或年纳税额500万元人民币以上，近3年内企业成长性年平均100%以上的企业董事长、总经理或首席技术专家。14. 经设区市（区）或省（中）直单位组织人事部门研究，并报省人社厅、省委人才办研究同意，有明确资格条件标准可直接确认的。

（二）B类引进高层次人才（创业创新领军人才）应符合下列条件之一：1. 近10年内担任过国际公认的三大世界大学排名最新同时排前200名大学的教授1年以上，或前100名大学的副教授3年以上。2. 具有下述各岗位经历之一的高层次人才：担任过世界500强企业（见说明1）二级公司或地区总部高管以上、技术研发负责人；近10年内担任过上证50样本股上市公司中层正职管理人员或相当技术岗位3年以上，或沪深300样本股、深证成份股、深证100成份股、上证180成分股等上市公司公布的高管以上高级经营管理人员或相当技术岗位1年以上。3. 近7年内担任过下述企业之一的高管以上高级经营管理人员或相当技术岗位1年以上的：年营业收入30亿元以上，市值100亿元以上，年税收5000万元以上，公司规模3000人以上。4. 近5年内所在企业获得以下荣誉或称号之一，并担任企业（集团、总公司）

副总经理以上高级经营管理人员或相当技术岗位1年以上的：中国驰名商标、国家创新型企业、国家级企业技术中心、国家级技术创新示范企业、国家高新技术企业、国家规划布局内重点软件企业、国际科技合作基地、国家高技术研究发展（863）计划承担单位、中国软件100强、工信部计算机信息系统集成一级资质、全国企事业知识产权试点单位、国家引进外国智力示范单位、国家级博士后科研工作站、中国优秀诚信企业。5. 近5年内，担任过国际高水平科技期刊（《期刊引用报告》JCR一、二区）正、副总编（主编）。6. 有1年以上工作经历、近5年内毕业于国际公认的三大世界大学排名最新同时排前100名大学（见说明5）的博士；7. 师从符合A类引进高层次人才资格条件的高层次人才的博士。8. 担任过美国、英国、德国、法国、日本、意大利、加拿大国立研究所所长、首席研究员或国家实验室主任、高级研究员。9. 担任过国际著名学术组织的高级成员（fellow，见说明4）。10. 近5年内，获得美国、英国、德国、法国、日本、意大利、加拿大科学基金杰出青年类资助的人才。11. 担任过国际著名艺术比赛（见说明6）评委会评委，或担任过国家级重大艺术比赛或艺术节评委会主任。12. 近5年内，获得过国际一类艺术比赛二等奖以上或国际二类艺术比赛大奖（见说明6），或获得过国家级重大艺术比赛或艺术节政府奖项一等奖。13. 近5年内，获得过国际著名工业设计iF奖或红点奖的产品设计奖、传达设计奖、包装设计奖。14. 近7年内，在Nature、Science、Cell或所在专业领域影响因子25以上的著名科技期刊发表论文的第一或通讯作者（含同等贡献作者）。15. 近10年担任过下列职务之一：中国社会科学院学部委员、荣誉学部委员，国家重点学科、重点实验室、工程（技术）研究中心首席专家，“973计划”、“863计划”的首席科学家，国家科技支撑（攻关）计划项目负责人，国家一级学会理事长或执行理事长（常务副理事长），全国专业标准化技术委员会主任委员，国家临床重点专科（学科）带头人，国家中医药管理局重点专科（学科）带头人。16. 国家级人才计划人选，包括：国家“千人计划”入选者，国家杰出专业技术人才，国家“特支计划”入选者，国家有突出贡献中青年专家，国家“百千万工程”国家级人选，长江学者特聘教授，中科院“百人计划”入选者，国家杰出青年基金获得者，国家青年科技奖获得者。17. 近5年获得以下奖项之一者：国家自然科学奖一等奖，国家自然科学奖二等奖前3位完成人，国家技术发明一等奖，国家技术发明奖二等奖前3位完成人，国家科技进步奖特等奖前5位完成人、一等奖前3位完成人，国家级教学成果奖特等奖前3位完成人，长江学者成就奖，中国青年科学家奖，中国专利金奖前3位专利发明人或设计人，孙治方经济科学奖，茅盾文学奖，鲁迅文学奖。18. 在福建省外获得符合中组部、人社部等五个部门《关于为外籍高层次人才来华提供签证及居留便利有关问题的通知》（人社部发〔2012〕57号）规定可提供签证及居留便利的（见说明12）。19. 用人单位支付年薪达到所在设区市（区）上年度城镇单位在岗职工平均工资8倍及以上的（凭个人所得税完税证明）。20. 经符合A类资格条件的高层次人才推荐，且符合下列条件之一的：①最高科学技术奖、国家自然科学奖、国家技术发明奖、国家科学技术进步奖、国际科学技术合作奖的主要完成人；②国家科技支撑计划、国家重点工程建设项目的主要负责人；③所携带项目基础稳固，技术水平达到国内领先，掌握核心技术、拥有自主知识产权或具有较高成长性项目的创业人才；④具有博士学位，在海外知名高校或科研机构担任副教授以上及相当职务；⑤在海外知名企业或机构担任中高级职务，熟悉相关领域或国际规则、有较强的经营管理能力。21. 近5年内在国际成熟自由港、自贸试验区或国际知名开发区管理机构担任中层正职或相当管理岗位3年以上。22. 福建省精准引才目标库人选。23. 拥有国际发明专利或核心技术国内发明专利，或掌握核心竞争力、形成有独创性领先性的商业模式，年销售额5000万元人民币以上或年纳税额250万元人民币以上，近3年内企业成长性年平均50%以上的企业董事长、总经理或首席技术专家。24. 经设区市（区）或省（中）直单位组织人事部门研究，并报省人社厅、省委人才办按程序研究同意，有明确资格条件标准可直接确认的。

（三）C类引进高层次人才（急需紧缺创业创新人才）应符合下列条件之一：1. 担任过国际公认的三大世界大学排名最新同时排前200名（见说明5）大学的助理教授；2. 有1年以上工作经历、近5年内毕业于国际公认的三大世界大学排名最新同时排前200名大学（见说明5）的博士，但未被确认为B类引进高层次人才的。3. 近7年内，以第一作者或通讯作者（含同等贡献作者）在国际高水平科技期刊（所在专业领域《期刊引用报告》JCR二区以上）发表论文5篇。4. 近5年内担任过上市公司公布的高管以上高级经营管理人员及相当技术岗位1年以上，但未确认为A、B类引进高层次人才的。5. 经符合A类资格条件的高层次人才推荐，但不符合B类引进高层次人才条件的；或经符合B类资格条件的高层次人才推荐，且符合相当于B类引进高层次人才资格条件中第20款所列推荐条件之一的。6. 近5年内在国际成熟自由港、自贸试验区或国际知名开发区管理机构担任中层副职或相当技术岗位3年以上。7. 以受聘方式引进，55周岁以下，在国内外知名企业、院校、医疗机构、科研院所、跨国公司、政府间国际组织、非政府机构中具有副高级以上职称或博士学位的专业技术人才，或担任过中层以上职务的经营管理人才，且所携带项目基础稳固，掌握核心技术、拥有自主知识产权并经设区市以上科技部门（知识产权部门）组织专家确认技术水平达到国内领先以上，具有较高成长性项目的。8. 以受聘方式引进，在A、B类引进高层次人才创领办企业（机构、项目），福建省院士专家示范工作站、省级以上重点实验室、省级以上工程研究中心、省级以上企业技术中心、省级以上生产力促进中心等科研平台所在企业，省级以上高科技企业，福建省龙头企业，所在设区市纳税前10强企业等企业（机构）工作的核心科技研发人员；用人单位支付年薪高于所在引进市（区）上一年度城镇单位在岗职工平均工资达一定比例以上的（企业6倍，事业单位4倍）。9. 近5年内，获得过下列奖项之一者：国际著名工业设计红点奖的设计概念奖，国际一类艺术比赛三等奖或国际二类艺术比赛二等奖以上（见说明6）10. 近5年内，获得下列奖项之一者：国家科技进步奖二等奖前3位完成人，中国专利优秀奖或中国外观设计金奖，国家级重大艺术比赛或艺术节政府奖项二等奖，全国精神文明建设“五个一工程”奖单项奖主要作者和主要演员前3名，中国文化艺术政府奖“文华奖”单项奖一等奖、二等奖第1名，全国播音主持“金话筒”奖，中国服装设计金顶奖，华夏建设科学技术奖特等奖、一等奖前两位完成人，中国出版政府奖优秀出版人物奖，光华龙腾设计创新奖（中国设计业十大杰出青年），教育部“高等学校教学名师奖”。11. 近5年内，担任过下列职务之一，且负责项目通过验收者；国家科技重大专项专家组成员，或项目（课题）第一副组长、分课题组长；国家科技支撑（攻关）计划课题第一负责人；国家“973计划”项目首席科学家助理或课题组第一负责人；国家“863计划”主题项目或重大项目首席专家或专题组组长、副组长；国家软科学研究计划重大项目第一负责人；科技部国际科技合作计划项目中方项目第一负责人；国家社会科学基金优秀成果项目第一负责人。12. 近5年内，担任过下列职务之一者：全国专业标准化委员会副主任委员；国家级重大艺术比赛或艺术节评委会副主任；国家精品课程负责人；高等院校国家重点学科带头人。13. 拥有国际发明专利或核心技术国内发明专利，或掌握核心竞争力、形成有独创性领先性的商业模式，年销售额1000万元人民币以上或年纳税额100万元人民币以上，近3年内企业成长性年平均30%以上的企业董事长、总经理或首席技术专家。14. 经设区市（区）或省（中）直单位组织人事部门研究，并报省人社厅、省委人才办按程序研究同意，有明确资格条件标准可直接确认的。

四、引进高层次人才的审核确认

引进高层次人才来闽前或来闽后，由推荐人、用人单位或本人向各设区市（平潭综合实验区）人才服务窗口申报。由所在市（区）组织部会同人社、发改、科技、经信、财政及相关部门，在收到申报书1个月内研究出具确认意见书，对符合资格条件的直接确认为引进高层次人才（省直、中央在闽单位引进的由省人社厅确认）。

确认后，报备省委组织部、省人社厅、省财政厅及相关部门，由福建省委人才工作领导小组办公室分别发给《福建省引进高层次人才证》（A、B、C三类）及《服务手册》。属外国人才的，同时报备省公安厅、省外办、省外专局，由省外专局分类发给外国专家证及中外文版的《服务手册》。

五、引进高层次人才的政策支持

安家补助。A、B、C三类高层次人才到岗落地后，由省级人才专项经费一次性给予用人单位安家补助。其中，境外引进的，分别按200万元、100万元、50万元的标准给予补助；国内引进的，分别按100万元、50万元、25万元的标准给予补助（中直单位和厦门市引进的，省财政按上述标准的一半补助）。属受派方式引进的，按照上述标准，由省级人才专项经费给予用人单位岗位补贴，同一企业（机构、项目）补贴不超过10人。安家补助（岗位补贴）由所在设区市（平潭综合实验区）或省直、中直部门先行垫付给用人单位，年终统一结算，之后入选福建省引才“百人计划”的，按“就高从优不重复”原则，相应抵扣省级补助部分。

确认为福建省引进高层次人才的，相应纳入设区市（平潭综合实验区）或省直、中直单位引进高层次人才计划给予相关政策支持。之后又入选省引才“百人计划”的，按照福建省引才“百人计划”和《福建省引进高层次创业创新人才暂行办法》等规定给予支持。

六、附则

申报对象应提交真实有效的申请材料。发现弄虚作假骗取支持资金的，由相应设区市（区）或中直、省直组织人事部门负责追回支持资金，并向省内外高层次人才协会等社团组织、省直有关部门、省内金融机构、个人信用征信部门通报。申报人一律取消今后参评福建省人才计划的资格；申报企业原则上3年内不得享受省委人才工作领导小组成员单位（含省委组织部、省发改委、经信委、教育厅、科技厅、财政厅、人社厅、农业厅、商务厅、文化厅等部门）负责的项目经费支持。情节严重的，提请有关部门依法追究法律责任。

各设区市（区）、省直部门可按照本办法评价认定引进高层次人才，或参照本办法所设的资格条件，结合本地实际和发展需要，相应制定重点产业引进高层次人才评价认定标准，三明、南平、龙岩、宁德、平潭等市（区）及扶贫开发工作重点县可适当放宽评价认定条件，报省人社厅、省委人才办按程序研究同意后公布执行。

引进高技能人才的评价认定标准另行研究制定，或由各设区市（区）、省直部门参照本办法所设的资格条件提出认定标准，报省人社厅、省委人才办按程序研究同意后公布执行。

福建省引才“百人计划”人选按现行办法另行遴选确认。

本办法由福建省委人才工作领导小组办公室负责解释，自印发之日起实施。

说明：

1. “世界500强”即美国《财富》杂志每年评选的“全球最大500家公司”。

2. 国际著名金融机构：美国高盛（Goldman Sachs）；摩根士丹利（Morgan Stanley）；摩根大通（JPMorgan Chase）；花旗银行（Citibank）；美国国际集团（AIG，American International Group）；英国汇丰银行（HSBC）；法国兴业银行（Societe Generale）；法国巴黎银行（BNP Paribas）；法国巴黎百富勤有限公司（BNP Paribas Peregrine）；荷兰银行（ABN AMRO Bank）；荷兰国际集团（ING Group）；德意志银行（Deutsche Bank）；德累斯顿银行（Dresdner Bank AG）；瑞士信贷第一波士顿（Credit Suisse First Boston）；瑞士联合银行集团（United Bank of Switzerland）；日本瑞穗集团（Mizuho Financial Group，Inc.）；三菱UFJ金融集团（Mitsubishi UFJ Financial Group，Inc.）；三井住友金融集团（Sumitomo Mitsui Financial Group）；新加坡星展银行（DBS Bank Limited）。

3. 国际著名会计师事务所：普华永道会计师事务所（Pricewaterhouse Coopers）；德勤会计师事务所（Deloitte & Touche）；安永会计师事务所（Ernst & Young）；毕马威会计师事务所（KPMG）；捷安国际会计师事务所（AGN International）；艾格斯国际会计师事务所（IGAF）；安博国际会计联盟（INPACT International）；博太国际会计师事务所（Baker Tilly International）；贝克国际会计师事务所（BKR International）；德豪国际会计师事务所（BDO International）；费都寿国际会计师事务所（Fiducial Global）；浩华国际会计师事务所（Horwath International）；浩信国际会计师事务所（HLB International）；华利信国际会计师事务所（Morison International）；均富国际会计师事务所（Grant Thornton International）；克瑞斯顿国际会计师事务所（Kreston International）；罗申美国际会计师事务所（RSM International）；联合会计师国际会计师事务所（CPAAI）；摩斯伦国际会计师事务所（Moores Rowland International）。

4. 国际著名学术组织：电气与电子工程师学会（美国）—IEEE（The Institute of Electrical And Electronics Engineers）；电气工程师学会（英国）—IEE（The Institutions of Electrical Engineers）；国际电工委员会—IEC（International Electrotechnical Commission）；美国物理学会—APS（American Physical Society）；美国医药生物工程学会—

AIMBE（American Institute for Medical and Biological Engineering）；美国计算机协会—ACM（Association for Computing Machinery）。

5. 国际公认的三大世界大学排名指上海交通大学世界一流大学研究中心研究发布的世界大学学术排名（ARWU）、国际高等教育研究机构 Quacquarelli Symonds 发布的 QS 世界大学排名和《泰晤士高等教育》（Times Higher Education）发布的 THE 世界大学排名。

6. 以文化部举办或鼓励参加的国际艺术比赛名单为准。

7. 国际著名建筑奖：普利兹克建筑奖（Pritzker Prize）；金块奖（Gold Nugget）；国际建筑奖（International Prize for Architecture）；阿卡汉建筑奖（Aga Khan Awards for Architecture）；亚洲建协建筑奖（ARCASIA awards for Architecture）；开放建筑大奖（Open Architecture Prize）。

8. 国际著名文学奖：诺贝尔文学奖（Nobel Prize in Literature）；美国国家图书奖（National Book Award）；普利策文学奖（Pulitzer Prize for Literature）；英国布克奖（The Man Booker Prize）；法国龚古尔文学奖（Prix Goncourt）。

9. 国际著名电影、电视、戏剧奖：奥斯卡电影金像奖（Academy Awards）；戛纳电影节（Festival De Cannes）；威尼斯电影节（Venice International Film Festival）；柏林电影节（Berlin International Film Festival）；香港电影金像奖（Hong Kong Film Awards）；台湾金马奖（Golden Horse Awards）；艾美奖（Emmy Awards）；班夫世界电视节奖（Banff World Television Festival）；东尼奖（Tony's Awards）。

10. 国际著名音乐奖：格莱美音乐奖（Grammy Awards）；英国水星音乐奖（Mercury Prize）；美国乡村音乐协会大奖（CMT Music Awards）；全美音乐奖（American Music Awards）；全英音乐奖（British Record Industry Trust Awards）；公告牌音乐大奖（Billboard Music Awards）；朱诺奖（Juno Awards）；保拉音乐奖（Polar prize）。

11. 国际著名广告奖：美国金铅笔奖（The One Show）；伦敦国际广告奖（London International Advertising Awards）；戛纳广告大奖（Cannes Lions Advertising Campaign）；莫比杰出广告奖（The Mobius Advertising Awards）；克里奥国际广告奖（Clio Awards）；纽约广告奖（The New York Festivals）。

12. 包括：中央和国家机关各部委、各直属机构、中央企业开展并报中组部、人社部或国家外专局同意的各类高层次人才计划；各省、自治区、直辖市和副省级城市开展并报中组部、人社部或国家外专局备案同意的各类高层次人才计划；省级以下开展的规模较大、层次较高、具有较强影响力、经各省（自治区、直辖市）和副省级城市党委组织部、人社局或外专局审核，报中组部、人社部或国家外专局审批同意的各类高层次人才计划。

资料来源：闽南师范大学，http：//www. mnnu. edu. cn/info/1046/9427. htm。

三、高层次创业创新人才及团队的工作条件和生活待遇

《福建省引进高层次创业创新人才及团队的工作条件和生活待遇的若干规定》的具体内容如下。

福建省引进高层次创业创新人才及团队的工作条件和生活待遇的若干规定

为贯彻《中共福建省委办公厅、省人民政府办公厅关于印发〈福建省引进高层次创业创新人才暂行办法〉等三个文件的通知》（闽委办〔2010〕2号），认真落实各项政策待遇，营造有利于高层次人才来闽创业创新的良好环境，现就我省引进的高层次创业创新人才及团队提供相应工作条件和特定生活待遇作如下规定：

一、优惠政策

1. 资金补助。省政府给予每个海外引进人才200万元人民币补助（其中中央在闽单位或厦门市引进的，省政府给予每人100万元人民币补助）；给予省属（含市、县）单位引进的国内人才每人100万元人民币补助（其中厦门市引进的由其给予补助）。补助资金主要用于科技创新、创业启动和改善工作生活条件等，视同省政府奖金，免征个人所得税。

由省财政厅、省地税局，厦门市委人才工作领导小组，中央在闽单位负责落实。省财政年度预安排人才专项经费2亿元，专项用于引进高层次创业创新人才补助。省委人才工作领导小组将入选名单发省财政厅，省财政厅根据有关标准将补助资金核拨给省公务员局引进人才服务中心，由该中心将资金拨付各有关单位，用人单位按照有关规定使用。厦门市委人才工作领导小组、中央在闽单位负责落实海外引进人才其余补助资金的发放，免税事宜由省公务员局引进人才服务中心向省地税局（所得税处）发函提供资金补助使用单位和引进人才名单，由省地税局负责落实。

2. 工作场所。落户到园区创（领）办科技型企业的，由园区提供不少于100平方米的工作场所，5年内免租金。

由各类园区及其主管部门、各设区市委人才工作领导小组负责落实。

3. 创业投资。从事科技项目产业化，并由其控股或拥有不低于20%股权的企业，各级政府创业投资资金可按有关规定给予创业投资。

由省经贸委、省发改委、省科技厅，各设区市委人才工作领导小组负责落实。省经贸委、省发改委、省科技厅按照福建省经贸委等三委厅《关于印发福建省省级创业投资资金管理办法（试行）的通知》（闽经贸企业〔2009〕331号）的相关规定和部门工作职能，根据省委人才办提供的引进高层次创业创新人才名单，审核所在企业科技产业化项目，符合规定条件的，列入《福建省省级创业投资资金投资目录》；负责省级创业投资资金运营与管理的福建省投资开发集团有限责任公司和地方创业投资企业在《投资目录》范围内，主动与创业企业洽谈创业投资业务，对项目进行评审；省创业投资引导资金对创业投资企业投资于科技产业化项目企业，符合《福建省创业投资引导资金管理实施办法（试行）》及相关规定的，给予创业投资风险补偿。

4. 政府采购。符合《福建省自主创新产品认定管理办法（试行）》（闽科高〔2007〕21号）中认定条件的产品，在实行政府采购时予以优先待遇。

根据《福建省自主创新产品认定管理办法（试行）》（闽科高〔2007〕21号），由省科技厅、省经贸委、省发改委、省财政厅负责自主创新产品认定工作的落实。根据《福建省政府采购自主创新产品暂行办法》（闽财购〔2007〕40号），省经贸委、省发改委、省财政厅、省科技厅负责积极引导对符合认定条件的企业参与省科技主管部门组织的自主创新产品评审及认定，对经认定的产品纳入《自主创新产品目录》；省财政厅、省机关事务管理局负责对省直各单位落实有关自主创新产品优先采购政策情况的监督。

5. 税收返还。引进人才认定后3年内，缴纳个人所得税地方留成部分，当地财政全额奖励返还。

由省财政厅、各设区市委人才工作领导小组负责落实。各级财政部门负责办理相关手续。

6. 担任职务、编制、岗位。可担任高校、科研机构、国有企（事）业中高级管理职务（外籍人士担任法定代表人的除外）；引进到事业单位的，不受单位编制、岗位限制。

由省委组织部、省教育工作委员会、省委编办，省国资委、省公务员局（省人力资源开发办公室）负责落实。高层次创业创新人才引进到事业单位，由引进人才单位提交申请，并附组织人事部门同意引进的批文后，由各级编办办理入编手续。

7. 职称。可按其业绩和能力，申报评审高级专业技术资格，聘任时不受评聘时限和岗位职数的限制。

由省公务员局（省人力资源开发办公室）负责落实。按本人实际专业技术水平和福建省专业技术职务任职资格评审绿色通道的规定，评聘相应专业技术职务，不受评聘时限和岗位职数的限制。

8. 科技项目申请。可申请省级科技项目，所获得的资金用于在闽开展科学研究。

由省科技厅负责落实。根据《福建省科技计划项目管理办法》（闽科计〔2007〕86号）规定，引进高层次创业创新人才可向省科技厅申请省级科技项目（计划单列市除外）。

9. 科研经费使用、工作人员聘用。担任项目负责人的，在国家和省有关规定职责范围内，有权决定科研经费的使用，包括人力成本投入；有权决定团队成员的聘任，所聘人员可采取协议工资制，不受本单位现有编制、工资总额和科研经费成本比例限制。

由省科技厅、省公务员局（省人力资源开发办公室），省委编办负责落实。

二、生活待遇

10. 住房。引进人才申请公共租赁房或限价住房，各地各部门给予优先安排。未购买自用住房的，用人单位为其提供不少于120平方米的住房，5年内免租金，或提供相应的租房补贴。

由省住建厅、省财政厅、省公务员局（省人力资源开发办公室）、省机关事务管理局，各设区市委人才工作领导小组负责落实。根据《福建省公务员局、福建省人力资源开发办公室、福建省人民政府机关事务管理局关于印发〈福建人才限价商品住房销售管理暂行办法〉的通知》（闽人发〔2010〕84号），在榕工作的引进高层次人才申购福建人才限价商品住房的，由省公务员局（省人力资源开发办公室）负责申请人条件的认定、评估等工作，省人民政府机关事务管理局房改工作部门负责申请人住房情况核查工作，人才限价房项目开发建设单位（福建留学人员创业园建设发展有限公司）负责受理申请人申报、初审、上报核准、组织选房、销售等工作。省住房和城乡建设厅督促各地将引进高层次创业创新人才纳入公共租赁住房和限价商品住房保障范畴，并在同等条件下给予优先安排，有条件的地方应在当地公共租赁住房中预先安排部分房源，用于引进高层次创业创新人才周转住房；省机关事务管理局对在建或拟建的省直单位保障性住房，优先考虑供应给申请的引进高层次创业创新人才；省财政厅测算租金补贴标准，并将补贴拨至用人单位发放。

11. 子女就学。引进人才的子女可按照本人意愿，选择当地公办学校就读，当地教育行政部门负责为其办理入学手续。

由省教育厅、各设区市委人才工作领导小组负责落实。（1）引进人才子女入（转）学的，须持引进人才的有效证明及其子女入（转）学相关材料（户口本、暂住证、有关学籍材料等），按属地管理原则，到引进人才用人单位所在地的县（市、区）教育行政部门申请办理（如在设区市所在地，可向设区市教育行政部门申请办理）。（2）入（转）学手续一般应在学期开学前办理，若引进人才子女确需在学期中途转学的，受理机关也应及时为其协调办理转学手续。当地教育行政部门应按其本人意愿安排引进人才子女就近到当地公办幼儿园、中小学或中等职业学校就读，不得收取我省规定收费项目之外的其他任何费用。（3）已安排入学的引进人才随迁子女小学升初中、初中升高中，按当地“小升初”方案和中考中招有关规定执行，享受与当地学生同等待遇。

12. 社会保险。引进人才的用人单位，应按有关规定为其缴交基本养老、城镇职工基本医疗、工伤保险等社会保险，用人单位可为引进人才购买商业补充保险。

由省人力资源和社会保障厅、各设区市委人才工作领导小组、用人单位负责落实。

13. 医疗。在闽创业或工作期间，引进的海外人才享受二级医疗保健待遇，引进的国内人才享受省内相当条件人员同等医疗待遇，所需医疗资金通过现行医疗保障制度解决，不足部分由用人单位按照有关规定予以解决。

由省卫生厅、省人力资源和社会保障厅，各设区市委人才工作领导小组负责落实。（1）由用人单位持引进人才的有效证明材料，根据属地管理原则，到相应的省直或设区市卫生行政部门或医疗保险经办机构，按照同类人员待遇办理相关手续，其医疗经费来源按用人单位同类人员医疗经费开支渠道解决。（2）由省直和中央在榕单位引进、符合享受我省二级医疗保健待遇的人才，由省保健办发放保健证，享受省直单位同类人员相同的医疗保健待遇。（3）由设区市引进、符合享受我省二级医疗保健待遇条件的人才，按照所在设区市现行政策进行管理，享受相应的医疗保健待遇。（4）引进人才不符合二级医疗保健待遇条件的，按照属地管理原则，由用人单位到所属的医疗保险经办机构为其办理城镇职工基本医疗保险，按属地基本医疗保险政策享受相应医疗待遇。（5）省直和各设区市及其所辖县（市、区）卫生行政部门、人力资源和社会保障部门及其所属有关机构应按照各自职能，优化服务，限时为引进人才办理相关手续和落实相应医疗待遇。

14. 配偶安置。引进人才的配偶愿意在闽就业的，由用人单位或当地政府妥善安排；暂时无法安排的，用人单位可参照本单位人员平均工资水平，以适当方式为其发放生活补贴。

由省公务员局（省人力资源开发办公室）、省人力资源和社会保障厅，各设区市委人才工作领导小组，用人单位负责落实。

15. 税收政策。引进人才认定后5年内，境内工资收入中的住房补贴、伙食补贴、搬迁费、探亲费、子女教育费等，按照国家税收法律法规的有关规定，予以税前扣除。进境合理数量的生活自用物品，按现行政策规定执行。

由省地税局，福州海关、厦门海关负责落实。根据《福建省公务员局、福建省人力资源开发办公室、福建省公安厅、福州海关转发人力资源和社会保障部、公安部、海关总署关于海外高层次留学人才回国工作绿色通道有关入出境及居留便利问题的通知》（闽人发〔2010〕21号）等文件规定，当地海关凭海外高层次人才身份证明按照规定为其办理相关手续。

16. 薪酬待遇。引进人才的薪酬待遇，本着待遇从优的原则，参照引进人才回国前的收入水平，一并考虑为其支付住房（租房）补贴、子女教育补贴、配偶生活补贴等，由用人单位和引进人才协商确定。用人单位对引进人才可实施期权、股权和企业年金等中长期激励方式。

由用人单位负责落实。

三、引进创新团队优惠政策

17. 奖励资助。（1）对承担我省重大科技项目、重大工程、重点建设项目，能突破产业关键共性技术难题，带来重大经济效益和社会效益的创新团队，省政府给予100万元~300万元人民币的奖励；（2）对掌握自主知识产权且在我省进行产业化、有望形成新的经济增长点的创新团队，省政府给予300万元~500万元人民币的专项工作经费，当地政府给予一定配套经费。

由省委组织部，省发改委、省科技厅、省财政厅、省经贸委、省公务员局（省人力资源开发办公室），各设区市委人才工作领导小组负责落实。省政府上述奖励资助从省财政年度预安排人才专项经费2亿元中列支，专项用于引进高层次创业创新人才补助。省委人才工作领导小组将入选名单发省财政厅，省财政厅根据有关标准将补助资金核拨给省引进人才服务中心，由该中心将资金拨付各有关单位，用人单位按照有关规定使用。当地政府负责落实其余补助资金的发放。

四、引进台湾专家支持政策

18. 专项经费支持。设立闽台专家产学研合作资金，对闽台专家合作开展技术攻关、技术转移、学术交流等活动，给予一定的专项经费支持。

由省委组织部、省台办，省科技厅、省财政厅、省经贸委负责落实。根据《中共福建省委组织部、福建省公务员局、福建省人民政府台湾事务办公室等九部门关于做好引进台湾地区高层次人才有关工作的通知》（闽人发〔2010〕68号）有关规定，申请科研启动经费、省青年科技人才创新项目、杰出青年科学基金项目、访问研究和工作经费资助以及办理税收返还、安家补贴费等等。

19. 项目支持。台湾专家申请或与我省专家联合申请省、市科技项目的，给予优先立项。

由省科技厅、省发改委、省经贸委，各设区市委人才工作领导小组负责落实。

(1) 鼓励台湾企业或与企业合作共建重点实验室、工程技术研究中心、企业技术中心等，并享受同等优惠政策。(2) 鼓励台商和台资机构来闽创办或合办科技中介服务机构。对其从事技术转让、技术开发业务和与之相关的技术咨询、技术服务业务取得的收入，免征营业税。(3) 加强在闽的对台科技产业合作基地建设，加大福建省科技合作计划闽台科技合作项目的支持力度。对符合国家和省支持的，如低碳技术、新能源技术、动力电池、互联网、生物医药、现代农业等新兴产业领域的项目优先支持；对申请省自然科学基金项目的台湾籍在闽的科技人员给予优先支持。

20. 聘请专家。聘请台湾专家担任高校、职业院校、科研机构、文化场馆、台商投资区、保税物流园区、台湾农民创业园等单位、园区的管理职务或专家顾问。

由省委组织部、省台办、省教育工作委员会，省公务员局（省人力资源开发办公室）、省科技厅，各设区市委人才工作领导小组负责落实。根据《中共福建省委组织部、福建省公务员局、福建省人民政府台湾事务办公室等九部门关于做好引进台湾地区高层次人才有关工作的通知》（闽人发〔2010〕68号）有关规定办理。

五、居留和出入境

21. 由省公务员局（省人力资源开发办公室）、省公安厅负责落实。根据《福建省公务员局、福建省人力资源开发办公室、福建省公安厅、福州海关转发人力资源和社会保障部、公安部、海关总署关于海外高层次留学人才回国工作绿色通道有关入出境及居留便利问题的通知》（闽人发〔2010〕21号）等文件规定，由设区市公安机关出入境管理部门负责受理海外高层次人才永久居留手续、审批签发居留许可和多次签证。

(1) 简化引进高层次创业创新人才居留和出入境手续。引进高层次创业创新人才需在闽申请居留许可的，由就职的工作单位持引进高层次创业创新人才确认函件向省公务员局、省人力资源和社会保障厅申请办理《外国专家证》或《外国人就业证》。公安机关在2个工作日内为引进高层次创业创新人才办结签证或居留许可：①引进高层次创业创新人才申请签证或居留许可，各设区市公安机关出入境管理部门凭省公安厅通知为其签发2~5年多次入境有效F签证或居留许可，签发次数不限。②引进高层次创业创新人才首次申请居留许可，必须由本人到公安机关办理，再次申请可由工作单位代办。③引进高层次创业创新人才申请在闽居留、出入境等，各设区市公安局出入境管理部门主动给予方便，分别提供上门受理、上门送证，以及签证和居留许可到期预告等服务。

(2) 引进高层次创业创新人才申请在闽永久居留。可按国家有关规定，提供国务院所属主管部、委、局或省人民政府出具的推荐函，向拟定居地的设区市公安局出入境管理部门申请《外国人永久居留证》，省、市两级公安机关在30日内完成受理审核工作，上报公安部审批。

(3) 引进高层次创业创新人才申请国籍。对引进高层次创业创新人才申请加入、恢复或退出中国国籍的，予以优先受理、审核上报。引进高层次创业创新人才的配偶和不满18周岁的子女在闽申请签证、居留许可或永久居留，与引进高层次创业创新人才享受同等待遇。

六、提供窗口服务

22. 省引进人才服务中心设立引进人才服务窗口，为引进人才统一提供一站式服务（详见《福建省引进高层次创业创新人才服务办法》）。

资料来源：华侨大学人事处，http：//rsc. hqu. edu. cn/info/1035/1796. htm。

四、福建省引进高层次创业创新人才服务

《福建省引进高层次创业创新人才服务办法》的具体内容如下。

福建省引进高层次创业创新人才服务办法

为加快实施人才强省战略，推动福建科学发展、跨越发展，根据《福建省引进高层次创业创新人才暂行办法》（闽委办〔2010〕2号）、国家有关引进高层次人才优惠政策和待遇的规定，积极为引进高层次创业创新人才建立服务绿色通道，提供"一站式、全程式、保姆式"服务，促进人才优惠政策的落实，努力实现人才"引得进、用得好、留得住"，制定本办法。

一、服务对象

（一）我省入选国家"千人计划"专家；（二）福建省高层次创业创新人才及团队。

二、服务绿色通道

引进人才服务涉及多个职能部门和单位，各责任部门、单位要履行职责，按照统分结合、分级负责的原则，构建分工合作、运转协调、服务周到、快捷高效的引进人才服务绿色通道。

（一）省委人才工作领导小组办公室为服务对象发放"福建省引进高层次创业创新人才证书"，凭证可享受本办法规定的绿色通道服务。

（二）在省公务员局（省人力资源开发办公室）所属的省引进人才服务中心设立"省引进高层次人才一站式服务窗口"，安排服务专员负责受理省直及中央驻闽单位引进人才优惠政策和待遇的落实工作，实行"一站式受理、一次性告知、一条龙服务"。在各设区市公务员局（人事部门）引进人才专门服务机构设立"市引进高层次人才一站式服务窗口"，按照属地原则，负责为所属区域引进人才协调办理相关手续和落实政策。需省直相关责任部门办理的事项，应按要求备齐材料及时报送省引进人才服务中心协调落实。各级引进人才服务机构尽快设立网上服务专区，尽快实现部门之间互联互通、信息资源共享和网上受理、网上办事，打造网上"一站式"服务平台。

（三）"一站式"服务涉及的责任部门要按照国家和省有关规定细化特殊政策和服务内容，设立服务绿色通道，明确服务内容的办理程序、受理材料、办结时限和责任人，提供便捷、高效的服务。

（四）各级引进人才服务机构和用人单位安排服务专员，负责为引进人才提供政策咨询、接待洽谈、代办各项审批手续等服务。

（五）服务流程。省引进人才服务中心根据服务项目和省直各责任部门提供的材料，编制《福建省引进高层次创业创新人才服务手册》和《福建省引进高层次创业

创新人才服务需求登记表》（以下简称《登记表》），各设区市引进人才专门服务机构根据服务项目以及市直各责任部门提供的材料，编制《各设区市引进高层次创业创新人才服务手册》，采用“征集需求、一窗接件、并联预审、集中反馈、专员办理、统一建档”的方式，为引进人才提供全过程服务。1. 征集需求：各级引进人才专门服务机构向用人单位发放《登记表》。用人单位服务专员向引进人才全面介绍引才政策，准确了解引进人才服务需求，认真填写《登记表》。2. 一窗接件：各级引进人才专门服务机构受理用人单位服务专员递交的《登记表》和相关申请材料。3. 并联预审：各级引进人才专门服务机构将相关材料传送至有关责任部门，责任部门在5个工作日内完成预审，并将预审意见反馈给各级引进人才专门服务机构。4. 集中反馈：各级引进人才专门服务机构汇总各责任部门预审意见，将预审结果一次性反馈给用人单位。用人单位根据反馈意见，一次性补齐相关材料。5. 专员办理：各级引进人才专门服务机构持“福建省引进高层次创业创新人才证书”和相关材料到有关责任部门办理手续。各责任部门根据预审意见对材料进行审核，在规定时限内办结相关手续。对确需引进人才本人办理的项目，应尽可能提供上门服务或预约服务。对因条件限制等原因一时无法解决的，各级引进人才专门服务机构应做好与用人单位及引进人才的沟通、解释工作，由省引进人才服务中心及时汇总并向省委人才工作领导小组办公室报告。6. 统一建档：各级引进人才专门服务机构为引进人才建立档案，实行跟踪服务。设区市引进人才服务机构应于每年12月底前将本地区引进人才服务情况报送省引进人才服务中心。省引进人才服务中心建立省引进高层次创业创新人才信息库，实行定期更新、动态管理的网络化、信息化服务，及时掌握引进人才有关情况。

三、服务项目及分工

（一）资金补助

1. 责任部门：省委组织部、省财政厅、省公务员局（省人力资源开发办公室）。

2. 承办部门：省委组织部人才工作处、省财政厅行政政法处、省公务员局引进人才服务中心。

3. 办结时限：30个工作日。

（二）工作场所

1. 责任部门：各类园区的主管部门。

2. 承办部门：各类园区或用人单位。

3. 办结时限：15个工作日。

（三）创业投资

1. 责任部门：省经贸委、省发改委、省科技厅。

2. 承办部门：省投资开发集团有限公司、各级创业投资机构。

3. 办结时限：根据实际情况确定。

（四）自主创新产品列入政府采购

1. 责任部门：省科技厅。

2. 承办部门：省科技厅发展计划处。

3. 办结时限：每年申报认定两批。

（五）税收返还

1. 责任部门：省财政厅。

2. 承办部门：省财政厅税政处。

3. 办结时限：根据实际情况确定。

（六）担任职务、编制、岗位

1. 责任部门：省委组织部、省委编办、各用人单位。

2. 承办部门：各设区市委人才工作领导小组办公室、各级编办、各用人单位。

3. 办结时限：根据实际情况确定。

（七）职称

1. 责任部门：省公务员局（省人力资源开发办公室）。

2. 承办部门：省公务员局专业技术人员管理处。

3. 办结时限：60 个工作日。

（八）申请科技项目

1. 责任部门：省科技厅、省财政厅。

2. 承办部门：省科技厅发展计划处、省财政厅教科文卫处。

3. 办结时限：按科技计划项目年度申报通知和立项程序完成。

（九）住房

1. 责任部门：省住房和城乡建设厅。

2. 承办部门：各级住房保障管理部门。

3. 办结时限：根据实际情况确定。

（十）子女就学

1. 责任部门：省教育厅。

2. 承办部门：学校所在地教育行政主管部门。

3. 办结时限：15 个工作日。

（十一）社会保险

1. 责任部门：省人力资源和社会保障厅。

2. 承办部门：省机关事业社会保险局、各级社会保险办理机构。

3. 办结时限：15 个工作日。

（十二）医疗

1. 责任部门：省卫生厅、省人力资源和社会保障厅、各设区市委人才工作领导小组办公室。

2. 承办部门：省保健办、省医疗保险管理中心；用人单位所在地卫生行政主管部门、用人单位所在地人力资源和社会保障部门。

3. 办结时限：省保健办管理的对象，15 个工作日办结；非省保健办管理的对象，根据实际情况确定。

（十三）配偶安置

1. 责任部门：省公务员局（省人力资源开发办公室）、省人力资源和社会保障厅。

2. 承办部门：省公务员局流动调配处、省人力资源和社会保障厅劳动就业中心。

3. 办结时限：根据实际情况确定。

（十四）申请进境科研、教学、自用物品及自用机动车辆审批

1. 责任部门：福州海关、厦门海关。

2. 承办部门：福州海关现场业务处、厦门海关监管通关处。

3. 办结时限：根据实际情况确定。

（十五）薪酬待遇

1. 责任部门：各用人单位及其主管部门。

2. 承办部门：各用人单位。

3. 办结时限：根据实际情况确定。

（十六）居留和出入境

1. 责任部门：省公安厅。

2. 承办部门：居住地（或户口所在地）公安机关出入境管理处（科）。

3. 办结时限：根据实际情况确定。

（十七）落户

1. 责任部门：省公安厅。

2. 承办部门：居住地（或户口所在地）公安机关户政处（科）。

3. 办结时限：根据实际情况确定。

（十八）开办中外合资（合作）企业审批

1. 责任部门：省外经贸厅。

2. 承办部门：省外经贸厅外资处。

3. 办结时限：法定时间为三个月，如果送审材料齐全，可在9个工作日内办结。

（十九）申办营业执照

1. 责任部门：省工商局。

2. 承办部门：所在地工商局（分局、工商所）。

3. 办结时间：15个工作日。

（二十）申办税务登记

1. 责任部门：省国税局、省地税局。

2. 承办部门：各地主管税务机关办税服务厅、所在地税务局（分局、所）。

3. 办结时限：20个工作日（提供资料完整，填写内容准确，各项手续齐全、无违章问题，符合条件的当场办结；其他资料的传递、审核、录入应在20个工作日）。

（二十一）高新技术企业认定

1. 责任部门：省科技厅、省财政厅、省国税局、省地税局。

2. 承办部门：省科技厅高新处、省财政厅税政处、省国税局所得税处、省地税局所得税处。

3. 办结时限：每年的4月、6月、9月申报认定三批。

（二十二）办理华侨、归侨身份证明

1. 责任部门：省侨办。

2. 承办部门：省侨办经济科技处。

3. 办结时限：10个工作日。

（二十三）办理外国专家证

1. 责任部门：省公务员局（省人力资源开发办公室）。

2. 承办部门：省公务员局直属外国专家局。

3. 办结时限：5个工作日。

（二十四）开办外汇账户

1. 责任部门：国家外汇管理局福建省分局。

2. 承办部门：国家外汇管理局福建省分局经常项目管理处（经常项目外汇账户）、资本项目管理处（资本项目外汇账户）。

3. 办结时限：根据实际情况确定。

四、保障措施

1. 建立联席会议制度。联席会议由省委组织部牵头，省公务员局（省人力资源开发办公室）具体组织，各有关部门组成。联席会议每年召开一次，必要时可临时召开会议。

2. 实行奖惩制度。省公务员局（省人力资源开发办公室）定期对各地、各部门和用人单位的引进人才服务工作进行考评，向省委人才工作领导小组上报总体情况和意见建议。省里每3年表彰一批引进人才服务工作先进单位、先进工作者；对引进人才服务工作中出现的故意拖延和推诿扯皮等行为，根据有关规定对相关部门负责人和责任人给予问责处理。

3. 落实经费保障。各有关单位要在部门预算经费中确保引进人才服务所需的日常工作经费。省财政在部门预算中安排引进人才工作专项经费，各有关单位根据实际需要，严格按要求进行管理和使用，切实加强监管，做到专款专用。

资料来源：华侨大学人事处，http：//rsc. hqu. edu. cn/info/1035/1796. htm。

五、福建人才限价商品住房销售管理办法

《福建人才限价商品住房销售管理办法》的具体内容如下。

福建人才限价商品住房销售管理办法

第一条　为贯彻落实省委、省政府人才引进政策，解决好引进高层次人才和青年专业人才住房问题，根据《中共福建省委、福建省人民政府关于引进高层次人才和青年专业人才的若干规定》（闽委发〔2000〕10号）、《中共福建省委、福建省人民政府关于贯彻落实〈中共中央、国务院关于进一步加强人才工作的决定〉的实施意见》（闽委发〔2004〕11号）、《中共福建省委办公厅、省人民政府办公厅关于印发〈福建省引进高层次创业创新人才暂行办法〉等三个文件的通知》（闽委办〔2010〕2号）、《福建省人民政府办公厅关于引进高层次人才和青年专业人才有关住房问题的通知》（闽政办〔2000〕211号）和《关于研究福建人才公寓建设有关工作的会议纪要》（福建省人民政府专题会议纪要〔2009〕127号）等文件精神，制定本办法。

第二条　福建人才限价商品住房（以下简称人才限价房）销售管理工作遵循公

开透明、公平公正，自愿申请、逐级审核，限制交易、动态监管的原则。

第三条　省公务员局（省人力资源开发办公室）负责申请人条件的认定、评分等工作，省人民政府机关事务管理局（以下简称省机关管理局）房改工作部门负责申请人住房情况核查工作，人才限价房项目开发建设单位（福建留学人员创业园建设发展有限公司）负责受理申请人申报、初审、上报核准、组织选房、销售等工作。

第四条　在福州市鼓楼、台江、仓山、晋安、马尾五城区范围内工作且符合本办法第五条规定条件之一的高层次人才和青年专业人才，其本人及配偶（单身的仅指本人）在福州市五城区无私有住房的，可以申请购买人才限价房。

第五条　对象条件：（一）国家“千人计划”人选、我省引进的高层次创业创新人才、海西产业人才高地领军人才、海西创业英才。以上人选予以优先保证。（二）在企事业单位工作，具有博士学位或副高级以上专业技术资格，或具有高级技师资格的人才。2000 年 5 月以来从省外、海外引进到企事业单位工作的人才，予以优先考虑。（三）机关和参照公务员法管理事业单位中具有博士学位的工作人员。

第六条　人才限价房的销售实行申请、审核、公示、确认制度。每位申请人只能申请购买一套限价房，夫妻双方均符合申请条件的，确定一人作为申请人。销售时，采用评分的办法，按累计积分高低确定购房人及其选房顺序，分数相同情况下依次以高学历、高职称、引进时间长、工龄长、配偶高学历为优先，仍未能分出先后的，通过随机抽签方式确定。

第七条　申请程序：（一）申请。申请人如实填写《购买福建人才限价商品住房申请表》，并准备好本办法第八条规定的相关材料后向所在工作单位提出申请。（二）受理。用人单位将申请人情况在本单位内部公示并在申请表上审核签章后，福州市属单位报福州市政府人事行政主管部门审核签章后统一向项目建设单位申报；省属单位经主管部门审核签章后由用人单位向项目建设单位申报。项目建设单位受理并初审申报的材料，对其中不符合申请条件的，退回申请材料并说明理由；对材料不齐全的，限期在 10 个工作日内补正，在限期内没有补正的，视同申请不符合条件予以退回申请材料。（三）上报。项目建设单位将初审合格的申报材料上报省公务员局（省人力资源开发办公室），省公务员局（省人力资源开发办公室）对申请人是否符合本办法第五条规定的对象条件进行认定。（四）核查。省机关管理局房改工作部门、福州市房地产交易中心共同核查申请人在榕住房情况并提供核查结果。（五）评分。省公务员局（省人力资源开发办公室）根据审核的有关情况，对符合条件的申请人进行评分（具体评分要素详见《福建人才限价商品住房申购评分表》），并将评分结果书面通知申请人。若有异议者，可在 5 个工作日内进行复核。（六）公示。省公务员局（省人力资源开发办公室）根据申请情况和评分结果并结合房源情况确定购房人名单。并将房源情况和购房人名单在福建省公务员局（省人力资源开发办公室）门户网、福建机关后勤网上和购房人所在工作单位公示 10 个工作日。（七）选房。由项目建设单位组织经公示无异议或异议不成立的购房人分批公开选房；未在规定时间内参加公开选房的购房人，视为自动放弃资格。（八）签约。购房人在规定时间内到项目建设单位办理签订购房合同等手续。逾期不办理的，视为自动放弃资格。

第八条　申请人应提交的材料：（一）《购买福建人才限价商品住房申请表》；

（二）申请人及参加申请的家庭成员的身份证、户口簿原件及复印件；（三）申请人及参加申请的家庭成员的学位、专业技术职务任职资格等证件原件及复印件；（四）申请人与用人单位签订的聘用合同（劳动合同或毕业生报到证）原件及复印件；（五）已婚的申请人还须提供结婚证原件及复印件；（六）属于省外、海外引进的，须提供省、市人事行政主管部门引进人才批复文件或确认函的原件、复印件。属于留学人员来榕工作的，须提供省人事行政主管部门出具的《留学回国人员身份认定审核表》或《留学人员来闽工作证》的原件、复印件；（七）其他需提供的材料。

第九条　在资格审核过程中，需要县级以上人民政府有关部门出具审核意见的，请有关部门积极予以配合。

第十条　销售价格。

人才限价房的销售价格由省物价局在综合考虑建设、管理成本和开发建设企业合理利润（开发建设企业的利润为项目综合建设成本的3%）的基础上，参考周边同品质普通商品住房销售价格的70%至80%的比例核定。

第十一条　按照本办法核定的价格为销售基准价的最高限价，零售单套住房时，以核定的销售价格为基准，按整幢（单元）增减的代数和为零的原则确定楼层、朝向等差价调节系数。

第十二条　人才限价房销售后不得空置、出租或转借，除自住外不得用于其他用途，购房人在交房后一年内必须入住。除购房按揭外，限价房不得进行商业抵押。

第十三条　购房人对人才限价房拥有有限产权。限价房在取得房地产权属登记之日起5年内不得上市交易；购买限价房不满5年，购房人因特殊原因确需转让的，可向省机关管理局或者其所在单位申请回购，回购价格按原购房价格并结合折旧和物价水平等因素确定。购买限价房取得产权满5年后上市转让的，应按福州市人民政府的相关规定缴纳土地收益等价款。

限价房的产权登记在购房人名下，房屋权属登记部门在进行房屋权属登记时应当注明限价商品住房性质和限制上市交易的内容。

第十四条　人才限价房销售合同中应对本办法第十二、十三条规定的内容作出约定，购房人违反以上约定的，一经查实，由省机关管理局按原购房价格并结合折旧等因素作价收回所购限价房。

第十五条　具备购房资格的申请人参加选房后又放弃购买已选住房的，视为放弃购买限价商品住房资格，3年后方可再次申请。

第十六条　对有弄虚作假、隐瞒情况及伪造相关证明等情形的申请人，其申请资格自动丧失，5年内不得再次申请购买限价商品住房；已骗购人才限价房的，由省机关管理局按原购房价格并结合折旧等因素作价收回所购限价房或责令购房人按市场价补足购房款。

第十七条　申请人弄虚作假、隐瞒情况及伪造相关证明的，其所在单位或者有关部门应当依据法律和有关规定追究其责任。任何单位和个人都有权对违反本办法规定的行为进行检举和控告。

有关单位为申请人出具虚假证明的，依法追究相关人员的责任。

第十八条　已购买人才限价房的，今后不再享受其他政策性住房保障。

第十九条　本办法由省公务员局（省人力资源开发办公室）、省机关管理局负责解释。

第二十条　本办法自印发之日起施行。

资料来源：福建医科大学福建省口腔医院，http：//www. fjkqyy. com/zwgk/zcwj/2051. html。

六、福建2018~2022年人才建设行动

《新福建人才建设行动纲（2018~2022）思路框架》的具体内容如下。

新福建人才建设行动纲（2018~2022）思路框架

一、总体目标

着眼于打造机制活、政策优、环境好的人才高地，聚天下英才推进新福建建设。力争通过5年努力，到2022年，全省人才资源总量达到900万，人才资源总量占人力资源总量的比重提高到30%以上；省市县三级合计投入人才专项资金200亿元；人才政策更加积极开放有效，人才环境营造取得明显成效，人才工作在全国位次超前于经济社会位次的2~3位，人才贡献率排名进入全国前5位，部分做法经验能引领全国人才工作，为新福建建设提供磅礴的人才力量。

二、重大工程

坚持“引育并举、两条腿走路”，对原有的省内高层次人才工程等进行整合融通，在借鉴现有引进高层次人才ABC类的基础上，增加“特级人才”类别，形成新的特级人才和引进高层次人才ABC四类，并提高资金补助等待遇，形成更具竞争优势的人才政策。

1. 实施新一轮“海纳百川”人才聚集工程（针对引进人才）。5年内全省支持100个产业领军团队，评价认定1000名以上特级人才（含省市县三级）、10000名以上高层次人才（指高层次人才ABC类，含省市县三级），引导推动各设区市引进各类优秀人才10万名以上（含柔性引进人才）。重点采取七项举措：一是制定实施福建省领军团队支持办法。每年精选一批，分别给予每个团队每年1000万~5000万元以内支持，连续支持5年。二是提高特级和ABC共4类高层次人才支持力度。对院士、战略科学家等特级人才，采取“一事一议”政策支持，额度不低于1000万元；高层次人才ABC类补助标准，由现有50万~200万元提高到100万~300万元，引进的A、B类人才团队（省引才“百人计划”团队）按500万元补助。三是继续实施引进生项目。选拔引进一批优秀毕业生，战略性培养党政后备干部及国有企业、城乡规划、医疗、科研人才。四是加大柔性引才力度。坚持不求所有、只求共赢，健全柔性引才机制，采取顾问指导、技术联姻等方式，引进“星期天工程师、候鸟人才”，探索符合福建省情、体现福建特色的柔性引才之路，借梯登高、借势发展。五是打造两项引才活动品牌。针对“走出去”引才，赴中国北京、中国香港、美国等世界各地开展“人才福建周”活动；针对“请进来”引才，举办多种形式、不同类型的“福

建省高层次人才创新创业周”活动。六是促进一批高水平平台建设。采取事后奖励的机制，打包式每年支持20个国家重点实验室、工程技术研究中心、省级高水平科研平台等人才平台开展引才引智工作。七是构建人才战略合作平台。5年内省级层面力争与100家国内外著名机构开展合作。充分发挥富闽基金会和海外引才联络站作用，推进海外引才工作；继续与北大、清华、人大等省外高校开展战略合作，适时拓展到国（境）外其他著名高校、科研院所及各类智库。

2. 实施“八闽英才”培育工程（针对存量人才）。每年通过遴选一批有培养潜质、成长潜能　发展潜力的高层次人才以及青年人才进行重点培养、重点跟踪、重点支持，推动引进或存量的ABC类人才分别向更高一级层次人才发展。重点推动“五个项目”：一是特级人才支持项目，研究制定特级人才支持措施，对现有的特级人才补齐补助资金至1000万元，用同一标准，向海内外、省内外、体制内外人才开放，形成各方人才同台竞争的机制。二是特级人才后备人选培养项目，每三年从高层次人才中遴选20～30名作为特级后备人才进行重点培养，每人给予500万元补助。三是青年优秀人才“雏鹰计划”项目，每年培养支持100名左右，按B类人才标准，给予200万元补助资金等相关支持政策。四是“福腾200”项目，按市场化方式对每年全省高考前200名学生进行跟踪服务。五是“创业之星”项目，鼓励支持各地评选一批，给予相应的资金和政策扶持。此外，鼓励支持各地各部门结合实际，开展各类型的人才培育支持计划。

三、重点任务

1. 闽台人才交流合作计划。深入实施台湾引才“百人计划”；制定发布《台湾人才在闽工作生活指南》，积极探索台湾人才享受大陆居民待遇项目清单，解决台湾人才在科研项目申请、职业资格认证、医疗保障、住房待遇、信用卡办理等方面存在的障碍。

2. 重点产业精准引才计划。按照“领域精准、需求精准、政策精准、对接精准、服务精准”等思路，以招商引资相关的产业工作部门为牵头单位，制定不同阶段、不同年度、不同需求的人才规划，并绘制省内外产业分布图及其对应的专业院校、研究机构和人力资源服务机构分布等人才地图。制定实施精准引才特殊支持政策，在普惠性政策基础上，对预期能实现重大产业突破的高层次人才团队或高端紧缺人才实行“一事一议”“一人一议”原则，从人才、科技、工业等专项经费中统筹给予最高1亿元的综合支持。

3. 补齐民生短板人才培育计划。围绕打赢脱贫攻坚战、实施乡村振兴战略、民生社会事业发展，加强高技能人才、农村实用人才、社会工作人才队伍建设。以教育、卫生部门为主，分别制定实施加强教育人才队伍建设的意见、加强卫生医疗人才队伍建设的意见。

四、机制创新

1. 完善人才发展与经济社会发展深度融合的有效机制。探索成立福建省人才集团。建设省“海纳百川”高层次人才信息共享平台。建立联席会议制度。实行人才工作专项述职制度。完善人才工作目标责任制。

2. 完善人才评价激励机制。坚持以人才对经济社会发展的贡献率评价人才，分层分类建立人才评价体系，着力破除唯学历、唯职称、唯论文倾向。探索实施国有企业股权激励和员工持股制度，试点国有科技创新型企业对重要科研人员和管理人员实施股权、期权激励。设立人才工作先进奖，研究制定人才工作奖励办法，对人才工作考核成绩优秀的设区市（含平潭）或县（市、区），实行以奖代补方式，分别给予奖励补助；设立人才引荐伯乐奖，将现有3万~10万补助资金提高至10万~20万元。

3. 完善人才合理流动机制。引导人才向重点实验室、创新型企业、现代产业集聚，向艰苦地区和基层一线流动。试行体制外人才“挂职200”计划，每年遴选40名体制外（非公经济组织和社会组织）优秀人才，到体制内急需地方开展挂职服务。

4. 完善人才服务保障机制。着眼打造“近者悦，远者来”的良好人才生态环境，支持各地各部门构建“人才之家（社区）”、建立人才驿站；推进人才服务“一卡通”建设，使“八闽人才卡”成为高层次人才尊贵名片；开展“人才服务110”和高层次人才“秘书式”服务试点工作。加强对人才的政治引领、政治吸纳，完善党委政府决策专家咨询、论证制度。加强人才宣传工作。

资料来源：福建省职业经理服务行业协会，http：//www.fpmsa.org.cn/webnews/detail/83/6。

思考题

1. 不同省级、市级、县级地区都有相应的各种创新人才支撑政策，请收集所在市县的相关创新人才支撑政策，并谈谈这些政策对当地经济发展和社会进步的影响。

2. 创新人才支撑政策是和科技创新型企业、科技创新奖励和项目、科技创新平台相呼应的，请谈谈本章所列举的各种创新人才政策是如何支撑前三章的政策内容。